X.media.press

X.media.press ist eine praxisorientierte Reihe zur Gestaltung und Produktion von Multimedia-Projekten sowie von Digital- und Printmedien.

Lothar Riedl

Videos mit künstlicher Intelligenz gestalten

Kreative Tools und professionelle Workflows für die Videoproduktion

Lothar Riedl
Filmproduzent
Salzburg, Österreich

Die Online-Version des Buches enthält digitales Zusatzmaterial, das durch ein Play-Symbol gekennzeichnet ist. Die Dateien können von Lesern des gedruckten Buches mittels der kostenlosen Springer Nature More Media App angesehen werden. Die App ist in den relevanten App-Stores erhältlich und ermöglicht es, das entsprechend gekennzeichnete Zusatzmaterial mit einem mobilen Endgerät zu öffnen.

ISSN 1439-3107 ISSN 2523-3998 (electronic)
X.media.press
ISBN 978-3-658-46662-6 ISBN 978-3-658-46663-3 (eBook)
https://doi.org/10.1007/978-3-658-46663-3

Die Deutsche Nationalbibliothek verzeichnet diese Publikation in der Deutschen Nationalbibliografie; detaillierte bibliografische Daten sind im Internet über https://portal.dnb.de abrufbar.

© Der/die Herausgeber bzw. der/die Autor(en), exklusiv lizenziert an Springer Fachmedien Wiesbaden GmbH, ein Teil von Springer Nature 2025

Das Werk einschließlich aller seiner Teile ist urheberrechtlich geschützt. Jede Verwertung, die nicht ausdrücklich vom Urheberrechtsgesetz zugelassen ist, bedarf der vorherigen Zustimmung des Verlags. Das gilt insbesondere für Vervielfältigungen, Bearbeitungen, Übersetzungen, Mikroverfilmungen und die Einspeicherung und Verarbeitung in elektronischen Systemen.
Die Wiedergabe von allgemein beschreibenden Bezeichnungen, Marken, Unternehmensnamen etc. in diesem Werk bedeutet nicht, dass diese frei durch jede Person benutzt werden dürfen. Die Berechtigung zur Benutzung unterliegt, auch ohne gesonderten Hinweis hierzu, den Regeln des Markenrechts. Die Rechte des/der jeweiligen Zeicheninhaber*in sind zu beachten.
Der Verlag, die Autor*innen und die Herausgeber*innen gehen davon aus, dass die Angaben und Informationen in diesem Werk zum Zeitpunkt der Veröffentlichung vollständig und korrekt sind. Weder der Verlag noch die Autor*innen oder die Herausgeber*innen übernehmen, ausdrücklich oder implizit, Gewähr für den Inhalt des Werkes, etwaige Fehler oder Äußerungen. Der Verlag bleibt im Hinblick auf geografische Zuordnungen und Gebietsbezeichnungen in veröffentlichten Karten und Institutionsadressen neutral.

Planung/Lektorat: Leonardo Milla
Springer Vieweg ist ein Imprint der eingetragenen Gesellschaft Springer Fachmedien Wiesbaden GmbH und ist ein Teil von Springer Nature.
Die Anschrift der Gesellschaft ist: Abraham-Lincoln-Str. 46, 65189 Wiesbaden, Germany

Wenn Sie dieses Produkt entsorgen, geben Sie das Papier bitte zum Recycling.

Springer Nature More Media App

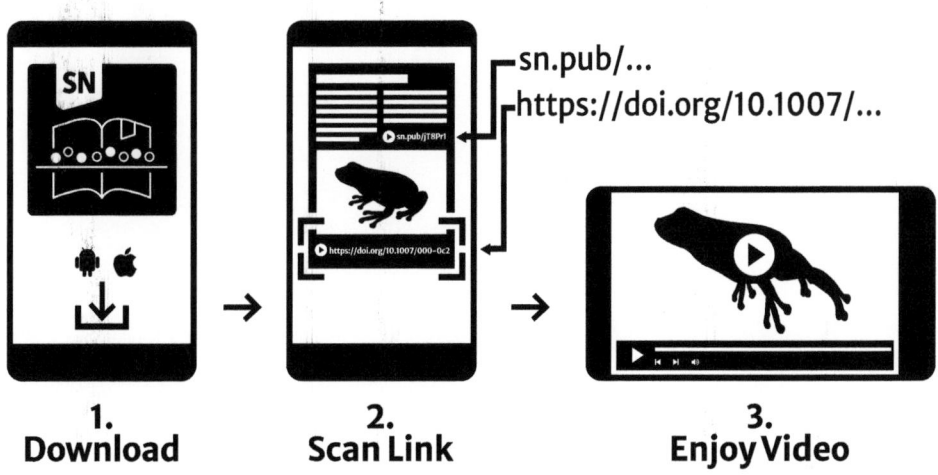

Support: customerservice@springernature.com

Videos mit künstlicher Intelligenz gestalten

Vorwort

Willkommen in der aufregenden Welt der Videogestaltung mit künstlicher Intelligenz! Auf den folgenden Seiten werden Sie entdecken, wie diese Technik Ihr kreatives Potenzial entfalten und Ihre Produktionen auf ein neues Niveau heben kann.

Arbeiten Sie in der Film- und Fernsehproduktion, oder drehen Sie Videoclips und möchten wissen, wie KI Ihre Arbeit bereichern kann? Sie wollen wissen, wie Sie KI smart einsetzen können, um einzigartige Ergebnisse zu erzielen? Dieses Buch habe ich für Sie geschrieben! Sie finden darin praktische Beispiele für geeignete KI-Modelle, erfahren von den professionellen Abläufen der Film- und Videoproduktion und können alles, was mit dem Schaffensprozess zusammenhängt, selbst ausprobieren. Ich lade Sie ein, neue kreative Wege zu gehen. Lernen Sie, Ihr Publikum zu fesseln!

Ich habe bei Kinospielfilmen Regie geführt, habe Werbe- und PR-Filme gedreht und geschnitten. Ich habe Fernsehdokumentationen produziert. Und seit über zwei Jahrzehnten habe ich auch Freude daran, das, was ich nach und nach lerne und immer besser verstehe, an Studierende weiterzuvermitteln. Die rasante Entwicklung der KI bringt mich bei jedem Projekt zum Staunen und lehrt mich immer wieder Neues. Ich erinnere mich noch genau an den Moment, als ich zum ersten Mal ein KI-Tool für Farbkorrektur und Upscaling eingesetzt habe – es war ein Aha-Erlebnis, das mir die Möglichkeiten von KI in der Filmproduktion verdeutlichte. Da habe ich verstanden, dass KI die Art und Weise, wie wir Filme machen, für immer verändern wird – und uns helfen kann, die Qualität und Authentizität unserer Filme weiter zu verbessern.

Weshalb habe ich dieses Buch geschrieben? Ich bin überzeugt, dass KI nicht nur ein technisches Hilfsmittel, sondern ein Erfahrungsraum sein kann, ein kreatives Atelier! Deshalb möchte ich meine Einsichten und mein Wissen mit Ihnen teilen. Ich möchte zeigen, dass die neuen Tools, welche die generative KI uns zur Verfügung stellt, eine Bereicherung unserer handwerklichen Methoden darstellen und wie sie in professionelle Workflows sinnvoll integriert werden können.

Ich habe das vorliegende Buch aus meinen Lehrmaterialien entwickelt. Es richtet sich in erster Linie an Studierende der Fachhochschulen und Universitäten, die sich auf ihre berufliche Zukunft vorbereiten wollen. Sie lernen nicht nur aktuelle Methoden kennen, sondern erhalten auch das notwendige Rüstzeug, um die dynamische Entwicklung der KI aktiv mitzugestalten. Doch gleichgültig, ob Sie in der Film- und Fernsehproduktion arbeiten, Content Creator sind oder einfach nur Ihre kreativen Projekte auf das nächste Level heben möchten – dieses Buch zeigt Ihnen, wie Sie KI gezielt und effektiv einsetzen können. Das Buch ist auch für den Unterricht an höheren Schulen geeignet. Für wertvolle Rückfragen und Ergänzungen danke ich allen Teilnehmerinnen und Teilnehmern meiner KI-Videokurse. Für das Korrekturlesen des Manuskripts danke ich meinem Vater L. K. Riedl, Herrn Leonardo Milla und Frau Stefanie Adam. Mein Dank gilt außerdem Herrn Jens Börner für den Use Case in Kap. 4 und Herrn Helmut Hofmüller für das Bereitstellen von drei Musikstücken in Kap. 5.

Mein besonderer Dank gilt Frau Ass.-Prof.in Mag.a Dr.in Ingeborg Mottl von der Paris-Lodron-Universität Salzburg (Fachbereich Privatrecht) für die Durchsicht und einige Korrekturen aus rechtlicher Sicht in Kap. 8. Bitte beachten Sie, dass diese rechtlichen Informationen keine Rechtsberatung ersetzen können.

Soweit im Folgenden personenbezogene Bezeichnungen in der männlichen oder weiblichen Form angeführt sind, sind damit nicht nur Frauen und Männer gemeint, sondern ausdrücklich auch Personen mit nichtbinärer Geschlechtsidentität. Generisches Femininum und generisches Maskulinum werden dabei bewusst abwechselnd verwendet.

Es wird darauf hingewiesen, dass alle Angaben trotz sorgfältiger Bearbeitung ohne Gewähr erfolgen. Eine Haftung des Verlags oder des Autors ist ausgeschlossen.

Noch ein Hinweis: Plattformen und Techniken der künstlichen Intelligenz entwickeln sich sehr schnell. Während der Bearbeitung dieses Buches sind laufend neue Tools hinzugekommen, Funktionen haben sich verändert, andere wurden reduziert. Dieses Buch ist nicht als Marktüberblick gedacht, da es für jede Funktion viele konkurrierende Plattformen und Apps gibt, die sich nur geringfügig unterscheiden. Die Beispiele sind eher als Hinweis gedacht, als Anregung, Anwendungen und Workflows selbst auszutesten, Angebote zu vergleichen und jene auszuwählen, die den eigenen Bedürfnissen am besten entsprechen.

Ich lade Sie ein, mit diesem Buch die atemberaubenden Möglichkeiten der KI in der Videogestaltung zu entdecken und Ihre ureigensten Ideen zum Leben zu erwecken. Brechen wir gemeinsam auf, um Neues zu entdecken!

Salzburg, Österreich   Lothar Riedl

Interessenkonflikt

Der/die Autor*in hat keine für den Inhalt dieses Manuskripts relevanten Interessenkonflikte.

Inhaltsverzeichnis

1	**Intro**	1
1.1	Wie Sie den größten Nutzen aus diesem Buch ziehen.	2
1.2	Die Zukunft der Filmproduktion	3
1.3	Wie funktioniert generative künstliche Intelligenz?	7
	1.3.1 Künstliche Intelligenz und menschliche Kreativität	9
	1.3.2 Die Bedeutung der Trainingsdaten.	12
	1.3.3 Foundation Models	15
1.4	Generative Video-KI: Stand heute	17
	1.4.1 Transformermodelle.	17
	1.4.2 Diffusionsmodelle	18
	1.4.3 Flowbasierte Modelle.	19
	1.4.4 Generative Adversarial Networks	19
	1.4.5 Convolutional Generative Adversarial Networks.	20
	1.4.6 Autoregressive Modelle.	20
	1.4.7 Variational Autoencoder.	20
	1.4.8 Metriken für die Qualität von Videogeneratoren	21
1.5	Forschung zu Prompts	23
1.6	Künstliche Intelligenz im Einsatz für die Filmproduktion	25
1.7	Praktische Hinweise.	26
	1.7.1 Lokale Installation oder Zugang über Web oder Discord?	26
	1.7.2 Das Open-Source-Tool OmniGen lokal installieren	27
	1.7.3 MFLUX lokal auf einem Mac installieren.	28
	1.7.4 fal.ai	28
	1.7.5 Womit werden Sie experimentieren?	29
	Literatur.	31
2	**Screenwriting.**	35
2.1	Stoffentwicklung als mehrstufiger Prozess	36
	2.1.1 Wozu kann künstliche Intelligenz beim Schreiben eingesetzt werden?.	37
	2.1.2 Wie genau funktionieren Chatbots?.	40

2.2	Ideenfindung		41
	2.2.1	Das „Carnet"	41
	2.2.2	Die zentrale Idee	42
	2.2.3	Strukturelle Paradigmen über Bord werfen	45
	2.2.4	Tipps zum kreativen Schreiben	48
	2.2.5	Helfen Genres wirklich?	50
	2.2.6	Projektauswahl	50
2.3	Chatbot als kreativer Sparringspartner		52
	2.3.1	Archetypen statt Stereotypen	52
	2.3.2	Charakterfehler	54
	2.3.3	Erzählstandpunkte	55
	2.3.4	Grundstruktur konsolidieren	55
	2.3.5	Szenen entwickeln	56
	2.3.6	Über das Offensichtliche hinausgehen	57
	2.3.7	Dialoge schreiben	57
	2.3.8	Ein gutes Drehbuch ist nie geschrieben, es wird umgeschrieben	57
2.4	Schreiben mit Drehbuchsoftware		60
	2.4.1	Filmdrehbücher mit Squibler schreiben	60
	2.4.2	Künstliche Intelligenz im Writers' Room	64
	2.4.3	Dokumentarfilmdrehbücher	65
	2.4.4	Comedy schreiben	65
2.5	Mit diesen Tools sind Sie vorn dabei		65
2.6	Pitching		66
2.7	Storyboards generieren		66
	2.7.1	Wozu braucht es Storyboards?	66
	2.7.2	Drehbuchrecherche	67
	2.7.3	Prompts für Storyboards	67
	2.7.4	Storyboarding-Software	68
Literatur			72

3 Bilder prompten 75
   3.1 Welche Bilder es zur Erzeugung von Videos braucht 76
   3.2 Prompts schreiben und schreiben lassen 78
       3.2.1 Englische oder deutsche Prompts? 79
       3.2.2 Prompt Library und Prompt Optimizer 83
   3.3 Formeln und Parameter für das Prompten von Bildern 85
       3.3.1 Einfache Midjourney Prompts 85
       3.3.2 Wie werden Stilreferenz, Bildreferenz und Moodboard verwendet? 88
       3.3.3 Personalisierung 90
       3.3.4 Einstellungsgrößen 91
       3.3.5 Erweiterte Formel für das Prompten von Bildern für Videos 91

3.4		Aufmerksamkeit gewinnen und halten	98
	3.4.1	Wovon hängt Aufmerksamkeit ab?	98
	3.4.2	Die Wirkung von Farben nutzen	100
	3.4.3	Führungslinien	102
	3.4.4	Lichtsetzung	102
	3.4.5	Multi-Image-Fusion	104
3.5		Figuren mit Bildern charakterisieren	104
	3.5.1	Von der Drehbuchfigur zum Figurenprompt	104
	3.5.2	Filmstars in Midjourney kreieren	106
	3.5.3	Figuren mit RenderNet erschaffen	110
3.6		Die Akzeptanzlücke	110
3.7		Five-Shot-Technik	111
3.8		Profitieren Sie von diesen Tools	113
	3.8.1	Flux	113
	3.8.2	DALL-E und GPT Image 1	113
	3.8.3	Style Transfer in einem ComfyUI-Workflow	115
	3.8.4	360-Grad-Panoramen	116
3.9		Bildbearbeitung, Farbkorrektur und Upscaling	116
Literatur			117

4 Videos generieren ... 121

4.1		Experimentieren mit Video-Prompts	123
	4.1.1	Video-Prompts nur mit Text	123
	4.1.2	Video-Prompts mit Keyframes	125
	4.1.3	Prompting für einen filmischen Look	128
	4.1.4	Kamerabewegungen	131
	4.1.5	Style Presets und Custom Style	133
	4.1.6	Platzhalter in eckigen Klammern	133
4.2		Wie Videogeneratoren funktionieren	135
	4.2.1	Sora	135
	4.2.2	Google Lumiere	136
4.3		Konsistente Szenen erschaffen	137
	4.3.1	Ideen von Storyboard-Bildern aufgreifen	137
	4.3.2	Figuren animieren	137
	4.3.3	Der Workflow im Detail	138
	4.3.4	Konsistenz bei zwei Figuren im Bild	139
4.4		Filmisch erzählen	139
	4.4.1	Konventionen filmischer Narrative	139
	4.4.2	Kurze und lange Einstellungen	139
	4.4.3	Keine Slideshow	140
	4.4.4	Ungewöhnliche Einstellungen	141

		4.4.5	Ganz- und Teilgestalten	142
	4.5	Videos bearbeiten		144
		4.5.1	Bearbeitungswerkzeuge in Runway Aleph	144
		4.5.2	Motion Brush	145
		4.5.3	Upscaling	145
	4.6	Entdecken Sie diese Top-Tools		146
	4.7	Fallstudie „Grenzleben – mit Mut gegen Hitler in Osttirol"		148
		4.7.1	Workflow	149
		4.7.2	Herausforderungen und Lösungsansätze	150
	Literatur			155
5	**Audios generieren**			**157**
	5.1	Sprache generieren		158
	5.2	Musikeinsatz im Film		159
	5.3	Musik mit künstlicher Intelligenz generieren		160
		5.3.1	Songtexte schreiben	160
		5.3.2	Musik komponieren lassen	161
		5.3.3	Gesang und Instrumente anpassen	161
		5.3.4	Arrangement, Mix und Mastering	161
		5.3.5	Terminologie	162
	5.4	Prompting in der Praxis		162
	5.5	Tool-Check		164
	5.6	Genres		165
	5.7	Praxisbeispiele		167
		5.7.1	Rap Song: South Rap Boom v7	167
		5.7.2	EDM House: Friends Forever	169
		5.7.3	Spanish Reggaeton with Rap and Guitars: Caliente Flow	170
	Literatur			171
6	**Postproduktion mit innovativen KI-Lösungen**			**173**
	6.1	Workflows vor der Disruption		174
	6.2	Kreativer Schnitt mit KI-Inspiration		176
		6.2.1	Ordnen, Sichten, Strukturieren und Neuanordnen	176
		6.2.2	Balance und Wirkung von Schnitten	177
		6.2.3	Aufmerksamkeit gewinnen und halten	177
		6.2.4	Rhythmus und Struktur	178
		6.2.5	Montage	180
		6.2.6	Continuity-Schnitt	181
		6.2.7	Schnitt von Spielfilmszenen	184
		6.2.8	Filmzeit und Zeit im Film	185
		6.2.9	Rhythmus, Timing, Pacing	186
		6.2.10	Trajectory Phrasing	186

		6.2.11	Gliederung, Anspannung – Entspannung.	186
	6.3		Künstliche Intelligenz als Leistungsschub für die Postpro	187
	6.4		KI-gestützte Audiobearbeitung: Sound, der begeistert	191
	6.5		Perfekte Farben mit KI-gestütztem Grading	192
	6.6		Schrifteinblendung.	194
	6.7		Exportieren.	197
		6.7.1	Videos für Social Media.	197
		6.7.2	Ausgabe für YouTube und Vimeo	197
		6.7.3	Ausspielen für Streaming und TV.	198
		6.7.4	Für Kino ein DCP ausgeben	207
	6.8		Praxisbeispiel.	211
		6.8.1	Auftrag und Konzept	211
		6.8.2	Freigabe und rechtliche Klärung	211
		6.8.3	Quellen, Bearbeitung und Montage.	212
		6.8.4	Sprachaufnahmen und Musikmischung.	213
		6.8.5	Color Grading, Grafik, Mastering und Export.	213
	Literatur.			218
7	**Content Creation, Werbung und Animatics**.			221
	7.1		Welche Videos sind im Netz erfolgreich?	222
	7.2		KI-Unterstützung für Content Creators	223
	7.3		Posten und Übersetzen.	225
		7.3.1	Vorlagen und Formate	225
		7.3.2	Optimale Dauer und beste Zeitpunkte	226
		7.3.3	Posting planen und Content mit KI entwickeln.	226
		7.3.4	Editing und mit künstlicher Intelligenz übersetzen	228
	7.4		Streaming und TV.	229
		7.4.1	Keine Stangenware	229
		7.4.2	Titel und Thumbnails.	232
		7.4.3	Monetarisierung.	232
	7.5		Werbe- und Marketingvideos.	233
	7.6		Animatics, Visuals und Videopräsentationen.	236
	7.7		Tools, die Kreativität und Produktivität steigern	237
	7.8		Praxisbeispiel.	238
	Literatur.			245
8	**So bleiben Sie auf der sicheren Seite: Rechtliche und ethische Rahmenbedingungen**			247
	8.1		Welche Gesetze sind für KI-Videogestalter bedeutsam?.	248
	8.2		Wer hat Rechte an KI-generierten Werken?.	253
	8.3		Wie können Sie als Urheberin anerkannt werden?	254
	8.4		Für welche Bearbeitung brauche ich eine Zustimmung?.	257
	8.5		Wann ist etwas Unwesentliches Beiwerk?.	259

8.6	Was und wie muss ich kennzeichnen?	259
8.7	Checklist	263
8.8	Medienethische Fragen	264
Literatur.		267

9 Avatare, 3D-Animation, Ausblick ... 273

- 9.1 Avatare in der Filmproduktion: Künstliche Schauspieler und ihre Möglichkeiten ... 274
  - 9.1.1 Dreidimensionalität, die in flachen Bildern steckt ... 274
  - 9.1.2 Gestalten mit Elementen ... 274
  - 9.1.3 Avatare zum Generieren von künstlichen Darstellerinnen ... 276
  - 9.1.4 Workflows in der Praxis ... 281
  - 9.1.5 Gesichter tauschen und mehr ... 282
- 9.2 Fakes erkennen ... 284
- 9.3 Authentische Herkunft kennzeichnen ... 288
- 9.4 3D-Animation und virtuelle Realität ... 290
- 9.5 Künstliche Intelligenz für Live-Events ... 293
  - 9.5.1 Veränderungen in der Live-Produktion ... 293
  - 9.5.2 Automatisiertes Live-Streaming ... 293
- 9.6 Die Zukunft von künstlicher Intelligenz im Film: Was kommt als Nächstes? ... 294
- 9.7 Ausblick für Medien im Zeitalter der KI ... 295
- Literatur ... 298

10 Begriffe und Abkürzungen ... 301
Literatur ... 312

Abbildungsverzeichnis

Abb. 1.1	Schlafwandlerin (erstellt mit Runway Gen-3, 2024) (▶ https://doi.org/10.1007/000-h4e)	3
Abb. 1.2	Traumbild (erstellt mit Kling AI 1.6, 2025) (▶ https://doi.org/10.1007/000-h4a)	5
Abb. 1.3	KI-generierter Kurzfilm Final Glimpse von Jeffrey Qiu (▶ https://doi.org/10.1007/000-h4b)	6
Abb. 1.4	KI-generierter Kurzfilm Falling von Peter Zarko-Flynn (▶ https://doi.org/10.1007/000-h4c)	6
Abb. 1.5	Coalescense von Brian Dressel (▶ https://doi.org/10.1007/000-h4d)	8
Abb. 1.6	Wir suchen ein menschliches Ebenbild in Tieren und Gegenständen (erstellt mit Kling 1.0, 2024) (▶ https://doi.org/10.1007/000-h49)	11
Abb. 1.7	Wir bauen anthropomorphe Maschinen (erstellt mit Firefly, animiert mit Runway, 2024) (▶ https://doi.org/10.1007/000-h4f)	11
Abb. 1.8	Warum sitzt die Schnecke am Kopf der Schildkröte? (generiert mit Luma, 2025) (▶ https://doi.org/10.1007/000-h4g)	13
Abb. 1.9	Invideo verwendet Stock Footage von Getty Images (erstellt mit Invideo, 2024) (▶ https://doi.org/10.1007/000-h4h)	14
Abb. 1.10	Trainingsdaten machen einen großen Unterschied (erstellt mit Kling 1.0, 2024) (▶ https://doi.org/10.1007/000-h4j)	15
Abb. 1.11	Wie funktionieren generative Videomodelle?	16
Abb. 1.12	Text-zu-Video-Prompts unterscheiden sich deutlich von Text-zu-Bild-Prompts. (Wang & Yang, 2024b, Fig. 4)	23
Abb. 1.13	Analyse von acht Millionen Text-zu-Video-Prompts mit WordCloud. (Wang & Yang, 2024a, Fig. 5a)	24
Abb. 1.14	Analyse von acht Millionen Text-zu-Video-Prompts mit WizMap. (Wang & Yang, 2024b, Fig. 5)	25

Abb. 1.15	Workflow für das Produzieren von Videos mit KI	26
Abb. 1.16	Experimentalfilm Hysteresis von Robert Seidel, Gewinner der Publikumspreise in der Wettbewerbskategorie „Abstrakt" beim London International Animation Festival und in der Kategorie „Animation Avantgarde" beim Vienna Shorts Festival (▶ https://doi.org/10.1007/000-h4k)	30
Abb. 2.1	Der Drehbuchentwicklungsprozess (erstellt mit Claude 3.5 Sonnet, 2024) (▶ https://doi.org/10.1007/000-h4n)	37
Abb. 2.2	Pilot und Schriftsteller Antoine de Saint-Exupéry in einem KI-animierten Video (erstellt mit Kling 1.6, 2025) (▶ https://doi.org/10.1007/000-h4m)	42
Abb. 2.3	Die Phasen der Stoffentwicklung in der Filmproduktion	51
Abb. 2.4	Figuren beobachten, ohne Einfluss auf sie zu nehmen (erstellt mit Firefly, 2024)	54
Abb. 2.5	Dramadreieck (erstellt mit ChatGPT und Lucidchart, 2025)	56
Abb. 2.6	Squibler unterstützt bei der Figurenbeschreibung (Screenshot, erstellt 2025)	60
Abb. 2.7	Locations beschreiben (Screenshot, erstellt 2025)	61
Abb. 2.8	Props beschreiben (Screenshot, erstellt 2025)	62
Abb. 2.9	Squibler hilft dabei, Ideen zu entwickeln und auszuformulieren (Screenshot, erstellt 2025)	63
Abb. 2.10	Storyboarder ist eine Desktop-App, die KI mit der Möglichkeit, manuell zu zeichnen, kombiniert (Storyboard, erstellt von Bernhard Ellmauer mit Storyboarder.ai, 2024)	69
Abb. 3.1	Emotionen in den Prompt aufnehmen (Screenshot, erstellt mit Leonardo® Phoenix 0.9, 2024)	78
Abb. 3.2	Mit deutschem Prompt entstandenes Bild (erstellt mit Midjourney Gen-3 Alpha, 2025)	80
Abb. 3.3	Mit wörtlich übersetztem englischem Prompt entstandenes Bild (erstellt mit Midjourney Gen-3 Alpha, 2025)	80
Abb. 3.4	Im Prompt sollten nicht nur Äußerlichkeiten, sondern auch emotionale Aspekte ausgedrückt werden (Screenshot Firefly Image 3, 2024)	82
Abb. 3.5	Prompt Optimizer helfen bei der Formulierung (erstellt mit PromptPerfect und Midjourney, 2024)	84
Abb. 3.6	Das dynamische Video ist unter anderem auf Basis eines energiegeladenen Referenzbildes gelungen (erstellt mit Runway Gen-3 Alpha, 2024) (▶ https://doi.org/10.1007/000-h4q)	84
Abb. 3.7	Prompt-Struktur zur Bildgenerierung (erstellt mit whimsical.com, 2024)	86

Abb. 3.8	Gute Prompts verzichten auf dekorative Wörter (erstellt mit Midjourney Gen-3 Alpha, 2024)	88
Abb. 3.18	Erweiterte Prompting-Formel für Bilder (erstellt mit whimsical.com, 2014)	95
Abb. 3.19	Mit erweiterter Prompting-Formel generiertes Bild (erstellt mit Midjourney 6.1, 2025)	97
Abb. 3.20	Intensive Farben und Farbkontraste – besonders Komplementärfarben – ziehen die Aufmerksamkeit an (erstellt mit Midjourney, 2024)	99
Abb. 3.21	Goldener Schnitt (erstellt mit Midjourney 6.1, 2025, und Photoshop)	99
Abb. 3.22	Nicht alle Zonen eines Bildschirms erhalten gleich viel Aufmerksamkeit (erstellt 2011, upscaled 2025)	99
Abb. 3.23	Weite und Freiheit werden durch die Farbe Blau symbolisiert (erstellt mit Kling AI 1.6, 2024) (▶ https://doi.org/10.1007/000-h4p)	100
Abb. 3.24	Die Coen-Brüder verwenden häufig die Symbolik der Farbe Grün. (Foto Public domain)	101
Abb. 3.25	Die Lichtsetzung wertet dieses Bild auf und steuert die Aufmerksamkeit (erstellt mit Firefly, 2024)	103
Abb. 3.26	Ein Bild ist der Ausgangspunkt für die Charakterisierung einer Figur (erstellt mit Midjourney 6.1, 2024)	105
Abb. 3.27	(generiert mit Midjourney 6.1, 2025)	105
Abb. 3.28	Figuren symbolisieren durch ihr Äußeres etwas von ihrem inneren Charakter (erstellt mit Midjourney 6.1, 2025)	106
Abb. 3.29	Dieses Bild dient als Referenz für die Figur der Reiterin (erstellt mit Midjourney, 2024)	107
Abb. 3.30	Es kann ein Bild, dasselbe Bild, gleichzeitig als Style Reference und als Character Reference verwendet werden (Screenshot Midjourney 6.1, 2024)	108
Abb. 3.31	Die Funktion der Character Reference kann auch auf Gegenstände angewandt werden (erstellt mit Midjourney 6.1, 2024)	109
Abb. 3.32	Die Akzeptanzlücke: Menschen finden abstraktere Figuren mitunter sympathischer als Figuren, die besonders „natürlich" gestaltet sind. (Bildnachweis: Mori Uncanny Valley.svg von Smurrayinchester)	111
Abb. 4.1	Struktur eines einfachen Video-Prompts	123
Abb. 4.2	Bergsee (erstellt mit Runway Gen-3 Alpha) (▶ https://doi.org/10.1007/000-h4y)	124
Abb. 4.3	Basis-Prompt für Videos	125
Abb. 4.4	Teich mit Lotuisblumen im Stil einer japanischen Malerei. (erstellt mit Runway, 2024) (▶ https://doi.org/10.1007/000-h4s)	126

Abb. 4.5	Unbrauchbares Video von Steinböcken (▶ https://doi.org/10.1007/000-h4t)	127
Abb. 4.6	Steinblöcke (erstellt mit Midjourney 6.1, 2025, Text-Prompt)	127
Abb. 4.7	Wikimedia Commons Steinbock	128
Abb. 4.8	Standbild Steinböcke (erstellt mit Midjourney 6.1, 2024)	129
Abb. 4.9	Ein Video von Steinböcken (generiert mit einem Endframe mit Runway Gen-3 Alpha, 2025) (▶ https://doi.org/10.1007/000-h4v)	129
Abb. 4.10	Struktur eines detaillierten, umfangreichen Video-Prompts	130
Abb. 4.11	Screenshot (erstellt mit Runway Gen-3 Alpha Turbo, 2024)	132
Abb. 4.12	Datenreduktion von Videos mit Patches als erster Schritt im Training	135
Abb. 4.13	Das Generieren von Videos funktioniert mit einem Decoder-Prozess	136
Abb. 4.14	Symbolische Darstellung von Googles Diffusionsmodell namens Space-Time U-Net	136
Abb. 4.15	Einstellungen hintereinander wie in einer Slideshow (erstellt mit Kling und Adobe Premiere Pro, 2025) (▶ https://doi.org/10.1007/000-h4w)	140
Abb. 4.16	Unterbrechung einer gleichförmigen Schnittabfolge durch eine Kamerabewegung (erstellt mit Kling und Adobe Premiere Pro, 2025) (▶ https://doi.org/10.1007/000-h4x)	141
Abb. 4.17	Klare Gesamtgestalt, klare Teilgestalt (erstellt mit Kling 1.6, 2024) (▶ https://doi.org/ 10.1007/000-h4r)	142
Abb. 4.18	Unklare Gesamtgestalt, klare Teilgestalt (erstellt mit Kling 1.6, 2024) (▶ https://doi.org/ 10.1007/000-h4z)	143
Abb. 4.19	Klare Gesamtgestalt, unklare Teilgestalt (erstellt mit Kling 1.6, 2024) (▶ https://doi.org/ 10.1007/000-h50)	143
Abb. 4.20	Unklare Gesamtgestalt, unklare Teilgestalt (erstellt mit Kling 1.6, 2024) (▶ https://doi.org/10.1007/000-h51)	144
Abb. 4.21	Banjo erstellt mit Luma Ray 2, 2025 (▶ https://doi.org/10.1007/000-h52)	147
Abb. 4.22	Jens Börner (erstellt mit Midjourney, 2023)	149
Abb. 4.23	Jens Börner (erstellt mit Midjourney, 2023)	149
Abb. 4.24	Jens Börner (erstellt mit Midjourney, 2023)	150
Abb. 4.25	Jens Börner (erstellt mit Midjourney, 2023)	151
Abb. 4.26	Jens Börner (erstellt mit Midjourney, 2023)	151
Abb. 4.27	Die Dokumentation *Mit Mut gegen Hitler in Osttirol* von Börner und Mayr 2023 (24 min) (▶ https://doi.org/10.1007/000-h53)	152
Abb. 5.1	Interface eines Text-to-Speech-Tools (Screenshot ElevenLabs, 2024)	159
Abb. 5.2	Ein mit Suno generierter Rap (▶ https://doi.org/10.1007/000-h55)	167
Abb. 5.3	Eine mit Suno generierte Pop-Melodie (▶ https://doi.org/10.1007/000-h54)	169

Abb. 5.4	Ein mit Suno generierter Reggae (▶ https://doi.org/10.1007/000-h56)	170
Abb. 5.5	Coverdesign von Helmut Hofmüller	170
Abb. 6.1	Konzipieren, Generieren, Adaptieren und Distribuieren von KI-Filmen (erstellt mit Whimsical Pro, 2024)	174
Abb. 6.2	Der klassische Postproduktionsworkflow gilt auch für KI-Filme (erstellt mit Whimsical Pro, 2024)	175
Abb. 6.3	Musikvideo Neobliss Dizziness von Johnny Ranger (Montreal, 2024) (▶ https://doi.org/ 10.1007/000-h5a)	179
Abb. 6.4	Karen Pearlmans Modell zur Beschreibung von Schnitt	179
Abb. 6.5	Schnitt in der Bewegung (erstellt mit warpvideo.ai, 2025) (▶ https://doi.org/10.1007/000-h58)	183
Abb. 6.6	Schnitt nach der Bewegung (erstellt mit warpvideo.ai, 2025) (▶ https://doi.org/10.1007/000-h59)	183
Abb. 6.7	Zwei der drei Gesichter wurden verpixelt (erstellt mit Segment Anything 2, 2024) (▶ https://doi.org/10.1007/000-h57)	189
Abb. 6.8	Das Grading-Tool von DaVinci Resolve 19 (Screenshot, 2025)	193
Abb. 6.9	Schriftart Inter, eine serifenlose Schrift für Inserts und Untertitel	195
Abb. 6.10	Botera – eine kostenlose Schriftart, die für Titeleinblendungen geeignet ist. (Ryan, 2025)	196
Abb. 6.11	Schriftanimation (generiert mit Runway, 2025) (▶ https://doi.org/10.1007/000-h5b)	196
Abb. 6.12	Ein Videofile besteht aus Videodaten, Audiodaten und Metadaten in einem Container	198
Abb. 6.13	Loudness-Messung nach EBU-R128 (Screenshot Premiere Pro, 2024)	200
Abb. 6.14	Vor Ausgabe von Musik-, NAT- und GFX-Spuren muss das Audiodipping entfernt werden. (Screenshot Premiere Pro, 2024)	201
Abb. 6.15	Eine neue 8-Spur-Sequenz für den Export erstellen (Screenshot Premiere Pro, 2024)	202
Abb. 6.16	Die Einstellungen der Exportsequenz (Screenshot Premiere Pro, 2024)	203
Abb. 6.17	Format der 8-Spur-Sequenz für HD-Ausgabe (Screenshot Premiere Pro, 2024)	204
Abb. 6.18	Spurausgaben-Kanalzuweisungen überprüfen (Screenshot Premiere Pro, 2024)	205
Abb. 6.19	Das mxf-File exportieren (Screenshot Premiere Pro, 2024)	206
Abb. 6.20	Einstellungen für die Ausgabe eines KI-Werbefilmes für das Kino (Screenshot DCP-o-matic 2, 2025)	209
Abb. 6.21	Die Loudness-Werte richtig einstellen (Screenshot DCP-o-matic 2, 2025)	210

Abb. 6.22	Upscaling mit TopazLabs AI Video (Screenshot, 2024)	212
Abb. 6.23	Trennen von Stimme, Geräuschen und Musik mit lalal.ai (Screenshot, 2024).	213
Abb. 6.24	Exportieren gemäß den Spezifikationen des öffentlichen Rundfunks (Screenshot Premiere Pro, 2024).	214
Abb. 6.25	Durch die Bearbeitung mit mehreren KI-Tools war ein authentischer Spot realisierbar (Screenshot ORF Humanitarian Broadcast, 2024) (▶ https://doi.org/10.1007/000-h5c)	215
Abb. 7.1	Marcel Siem. (Foto: Wolf Blur)	231
Abb. 7.2	Auswahl eines Workflows (Screenshot Fliki.ai, 2025)	238
Abb. 7.3	Texte, Geschwindigkeit, Dauer, und Musik können für jeden Satz angepasst werden (Screenshot Fliki.ai, 2025).	239
Abb. 7.4	Korrigieren der Aussprache einzelner Wörter (Screenshot Fliki.ai, 2025)	239
Abb. 7.5	Auswählen des Ausgabeformats (Screenshot Fliki.ai, 2025)	240
Abb. 7.6	Download (Screenshot Fliki.ai, 2025).	240
Abb. 7.7	Ergebnis eines automatisiert erstellten Erklärvideos (generiert mit Fliki.ai, 2025) (▶ https://doi.org/10.1007/000-h5d)	241
Abb. 7.8	Erstellen von mehreren Sprachversionen (Screenshot Fliki.ai, 2025)	242
Abb. 8.1	OpenAI weist den Vorwurf von Schauspielerin Scarlett Johansson zurück, ihre Stimme für KI-Training verwendet zu haben. (Foto: Andrea Raffin Shutterstock)	249
Abb. 8.2	Prompt, Input, Trainingsdaten und der Output können urheberrechtlich relevant sein (erstellt mit Whimsical Pro)	251
Abb. 8.3	Schöpfungshöhe = Individualität plus Originalität (Diagramm erstellt mit Whimsical Pro)	254
Abb. 8.4	Bearbeitung oder Nachschöpfung (Diagramm erstellt mit Whimsical Pro, 2024)	258
Abb. 9.1	Animation aus einem Anfangsbild (Image-Prompt) (erstellt mit Runway, 2025) (▶ https://doi.org/10.1007/000-h5g)	275
Abb. 9.2	Claude Monet: Studie einer Figur im Freien – *Frau mit Sonnenschirm nach links blickend* (1886, Leinwand).	276
Abb. 9.3	Reales Foto mit Gesicht von der Seite zum Vergleich (Ana Heman, 2024).	277
Abb. 9.4	Foto von einem Tauchgang als Element	278
Abb. 9.5	freigestelltes Bild eines Bikes als Element	278
Abb. 9.6	NASA-Foto des Mondes als Element	279
Abb. 9.7	Radtour am Mond (erstellt mit Kling 1.6, 2025) (▶ https://doi.org/10.1007/000-h5f)	279
Abb. 9.8	Zwei-Minuten-Aufnahme, Video vor Greenscreen	280

Abb. 9.9	Ein mit Textprompt animierter Avatar vor eingeblendeten Hintergründen (erstellt mit HeyGen und Premiere Pro, 2025) (▶ https://doi.org/10.1007/000-h5e)	280
Abb. 9.10	Den Bot InsightFace zum Midjourney-Server hinzufügen (Screenshot Discord, 2025)	282
Abb. 9.11	Mann vor einer P-38 Lightning (Screenshot Midjourney, 2025)	283
Abb. 9.12	Gesichter mit InsightFaceSwap tauschen (Screenshot FaceSwap, 2025)	283
Abb. 9.13	Schauspielerin Zendaya in einem Bild, das mittels Recraft (2024) nur durch einen Text-Prompt – ohne Bildvorlage – generiert wurde	285
Abb. 9.14	An mehreren Merkmalen ist die KI-Generierung erkennbar (erstellt mit Kling AI 1.0) (▶ https://doi.org/10.1007/000-h5h)	287
Abb. 9.15	Ein 3D-Objekt das mit einem einzeiligen Text-Prompt generiert wurde. Meshy 2025 (▶ https://doi.org/10.1007/000-h5j)	292

Tabellenverzeichnis

Tab. 3.1	Einstellungsgrößen	92
Tab. 3.2	Die Five-Shot-Technik ist eine Anregung für die minimale Auflösung einer Situation	112
Tab. 3.3	Funktionen von Flux-AI-Fotostilen. (AI Tools Arena, 2024)	114
Tab. 4.1	Beispiele für Schlüsselwörter. (Runway Prompting Guide, 2024)	134
Tab. 6.1	Belegung der Audiospuren für eine Dirty-Version	205
Tab. 6.2	Belegung der Audiospuren für eine Clean-Version	206
Tab. 6.3	Audiokanalzuweisung für UHD	208

Videolink

Videolink 1.1 Das Design dieses Bühnenbildes wurde mit KI-Unterstützung entworfen https://vimeo.com/1007381365
Videolink 1.2 Film von Gisele Tong https://challenges.reply.com/ai-film-festival/home
Videolink 2.1 Film von Ken Shinozaki https://youtu.be/bqdXWKKAiPY
Videolink 3.1 Film von Aishwarya Ashok https://vimeo.com/1008312448
Videolink 6.1 Kurzfilm Alone von Daniel Ti https://vimeo.com/1004202323
Videolink 6.2 Experimentalfilm von Paul Trillo https://vimeo.com/874986396
Videolink 6.3 A Lakeside Spell von J. C. Photofeed https://www.youtube.com/watch?v=nXJmX1RtzRU

Intro   1

Inhaltsverzeichnis

1.1	Wie Sie den größten Nutzen aus diesem Buch ziehen	2
1.2	Die Zukunft der Filmproduktion	3
1.3	Wie funktioniert generative künstliche Intelligenz?	7
	1.3.1 Künstliche Intelligenz und menschliche Kreativität	9
	1.3.2 Die Bedeutung der Trainingsdaten	12
	1.3.3 Foundation Models	15
1.4	Generative Video-KI: Stand heute	17
	1.4.1 Transformermodelle	17
	1.4.2 Diffusionsmodelle	18
	1.4.3 Flowbasierte Modelle	19
	1.4.4 Generative Adversarial Networks	19
	1.4.5 Convolutional Generative Adversarial Networks	20
	1.4.6 Autoregressive Modelle	20
	1.4.7 Variational Autoencoder	20
	1.4.8 Metriken für die Qualität von Videogeneratoren	21
1.5	Forschung zu Prompts	23
1.6	Künstliche Intelligenz im Einsatz für die Filmproduktion	25

Ergänzende Information Die elektronische Version dieses Kapitels enthält Zusatzmaterial, auf das über folgenden Link zugegriffen werden kann [https://doi.org/10.1007/978-3-658-46663-3_1]. Die Videos lassen sich durch Anklicken des DOI-Links in der Legende einer entsprechenden Abbildung abspielen, oder indem Sie diesen Link mit der SN More Media App scannen.

© Der/die Autor(en), exklusiv lizenziert an Springer Fachmedien Wiesbaden GmbH, ein Teil von Springer Nature 2025
L. Riedl, *Videos mit künstlicher Intelligenz gestalten*, X.media.press,
https://doi.org/10.1007/978-3-658-46663-3_1

1.7	Praktische Hinweise		26
	1.7.1	Lokale Installation oder Zugang über Web oder Discord?	26
	1.7.2	Das Open-Source-Tool OmniGen lokal installieren	27
	1.7.3	MFLUX lokal auf einem Mac installieren	28
	1.7.4	fal.ai	28
	1.7.5	Womit werden Sie experimentieren?	29
Literatur			31

▶ **Auftakt** Die Digitalisierung hat die Medien bereits massiv verändert, doch es steht noch viel mehr bevor. Seit jeher verändern technologische Innovationen die Art und Weise, wie Inhalte produziert und genutzt werden, und nun ist es die künstliche Intelligenz, die Umwälzungen in der Welt der Information und Kommunikation verursacht. Durch die Öffnung neuer Wege für Ausdruck und Kommunikation sind KI-Videotools zu spektakulären Werkzeugen für Kreative geworden. Für Profis und Anfänger gleichermaßen hat diese Reise in die KI-gestützte Videokreation Potenzial für eine sensationelle Innovation.

Ist die experimentelle Phase der KI vorbei? Jetzt ist der richtige Moment, KI in den beruflichen Alltag zu integrieren und von smarten Prozessen zu profitieren! Viele Anwendungen sind jedenfalls bereits im Routineeinsatz und liefern hochwertige, lösungsorientierte Ergebnisse.

1.1 Wie Sie den größten Nutzen aus diesem Buch ziehen

Angesichts der rasanten Entwicklung generativer Modelle und verfügbarer Plattformen stellt sich die Frage, ob ein Buch eigentlich die richtige Vermittlungsform für Wissen und Fertigkeiten im Bereich der KI ist. Auf jeden Fall! Und zwar dann, wenn das Buch als *base camp* für eigenes, exploratives Lernen oder als Lehrbuch im Rahmen hochschulischer Ausbildung verwendet wird.

Vertiefen Sie die Fragen, die Sie interessieren, testen Sie die vorgestellten Plattformen selbst! Experimentieren Sie mit eigenen Workflows! Zeigen Sie Videos, die Sie gestaltet haben, Ihren Dozentinnen und Dozenten, den Online-Communitys und Ihren Freundinnen und Kollegen!

Exploratives Lernen gelingt auch dann besser, wenn Sie sich die Videos in diesem Buch mit der Springer Nature More Media App ansehen – für alle Bilder, die mit einer Wiedergabetaste markiert sind, sind nämlich Videos verfügbar. Die App können Sie über den Play Store oder den App Store auf jedem Mobilgerät installieren. Testen Sie diese App gleich jetzt mit dem Video der Schlafwandlerin (Abb. 1.1)!

Abb. 1.1 Schlafwandlerin (erstellt mit Runway Gen-3, 2024) (▶ https://doi.org/10.1007/000-h4e)

1.2 Die Zukunft der Filmproduktion

KI optimiert Abläufe in Unternehmen und spart so Zeit, Geld und Personalressourcen. Sie wird in den nächsten Jahren eine wichtige Rolle für die Beschleunigung von digitalen Prozessen spielen. Die Kreativbranche steckt schon jetzt mitten drin in dieser neuen Welle der digitalen Transformation.

Im Jahr 2024 wurden weltweit 33,9 Milliarden US-Dollar in generative KI investiert (Maslej et al., 2025). Standard and Poor's schätzt, dass der jährliche Umsatz für generative KI-Software bis 2028 auf 36 Milliarden US-Dollar steigt (Patience & Johnston, 2023). Die Studie „*Embracing the GenAI Opportunity*" von *Strategy&*, der globalen Strategieberatung von PricewaterhouseCoopers (PwC), hat das gesamte Wertschöpfungspotenzial von generativer KI in 20 Industrieländern analysiert. Für Europa beziffert die Analyse das mögliche BIP-Plus durch generative KI bis 2030 auf 470 bis 960 Milliarden Euro (Schlemmer et al., 2024). Das McKinsey Global Institute prognostiziert, dass im Zeitraum zwischen 2030 und 2050 mit generativer KI die Hälfte aller wissensbasierten Aufgaben automatisiert werden wird.

Laut dem Marktforschungsunternehmen Global Information (GII) wird der Markt für Videobearbeitungssoftware, der im Jahr 2023 rund 2,43 Milliarden US-Dollar betrug, bis 2030 voraussichtlich auf 3,17 Milliarden US-Dollar wachsen (Kyusik, 2025). Was bei Podcasts und Radio schon länger funktionierte, wird nun auch ins Bewegtbild übertragen. Radioshows für verschiedene Regionen werden schon jetzt von KI-Moderatoren gestaltet; Wetter, Verkehr, Nachrichten und Werbung können lokalisiert werden. „KI kann vieles nicht, was ein guter Moderator macht. Aber sie ist sehr fleißig und skalierbar", sagt dazu etwa Christian Brenner von Radio.cloud.

Ein Beispiel: NBC hat bei den Olympischen Spielen in Paris ein tägliches Highlight-Reel mit KI-generiertem Kommentar angeboten. Der bekannte Sportmoderator Al Michaels hatte die Zustimmung gegeben, seine Stimme dafür zu verwenden. Abonnenten konnten Schwerpunkte und Sportarten auswählen, die sie interessierten. Die KI erzeugte dann abends ein maßgeschneidertes Video, das die besten Momente mit der rekonstruierten Stimme von Michaels zusammenfügte. Es gab dabei eine menschliche Qualitätsprüfung der KI-generierten Highlights (Koblin, 2024).

In der Umwälzung der Filmindustrie geht es um alle Stufen der Produktion. Die Gestaltung von Bühnenbildern ist etwa ein Bereich, in den KI schon Einzug gehalten hat. Als Beispiel sei auf ein konzeptionelles Bühnenbild für Valentinos Zusammenarbeit mit der Sängerin FKA Twigs hingewiesen. Ausgehend von KI-generierter Konzeptkunst wurde das Design dann mit Cinema 4D und Redshift 3D modelliert, um präzise Skalierung und Funktionalität sicherzustellen (Videolink 1.1).

Videolink 1.1 Das Design dieses Bühnenbildes wurde mit KI-Unterstützung entworfen
https://vimeo.com/1007381365

Spannend wird es für den Beruf der Kameraleute werden, besonders der Fernseh- oder Videojournalistinnen. Werden sie künftig vielleicht nicht mehr nur Berichterstatter sein, die zusammenfassen und Ereignisse in Form von Geschichten erzählen, sondern werden sie quasi zu Zeuginnen werden, die – ähnlich wie Notare oder Sachverständige – das beglaubigen, was im Video aufgenommen wurde? Dass Journalistinnen in dieser neuen Medienwelt weiterhin vertraut werden wird, ist nicht selbstverständlich. Hinsichtlich der Unabhängigkeit, Unvoreingenommenheit und Verlässlichkeit wird die Latte künftig wohl höher gelegt werden müssen – denn nur so kann das, was Videojournalisten in Augenschein genommen haben, als ein Beleg für Fakten akzeptiert werden.

Bei KI-generierten Filmen fasziniert uns aber oft nicht so sehr die Nähe zur Realität, sondern viel mehr die Nähe zu Traumbildern. Und wie im Traum stört uns vieles nicht, was wir im Wachzustand als unlogisch oder unwirklich beurteilen würden (Abb. 1.2).

„It's a peoples' business", sagte Andrea Bogad-Radatz, Film- und Serienchefin des ORF, am Media Summit 2024 über die Medienbranche, „und das wird es auch bleiben." Damit meinte sie wohl nicht nur, dass direkte und indirekte Personalkosten bis zu 80 % der Kosten der europäischen Medienhäuser ausmachen, sondern dass es auch künftig ohne menschliche Gestalterinnen nicht gehen wird.

Das *Reply AI Film Festival* hat gelungene Beispiele von KI-generierten Kurzfilmen vorgestellt. Platz 1 ging 2024 an *To Dear Me* der Drehbuchautorin und Professorin für Medienkunst und Kommunikation an der Universität von China, Gisele Tong aus Peking. Es geht um die albtraumartigen Erinnerungen einer jungen Frau an die Scheidung ihrer Eltern und die einsame Trauer ihrer Mutter. Den Mut, Liebe zu finden, hat sie verloren. In ihren schwierigsten Momenten erkennt sie jedoch, dass nur ihr ganzes Ich sie retten kann (Videolink 1.2).

Videolink 1.2 Film To Dear Me von Gisele Tong
https://challenges.reply.com/ai-film-festival/home/

1.2 Die Zukunft der Filmproduktion

Abb. 1.2 Traumbild (erstellt mit Kling AI 1.6, 2025) (▶ https://doi.org/10.1007/000-h4a)

Sehenswert ist *Letzter Blick* von Geschichtenerzähler und Filmemacher Jeffrey Qiu. Dieser kleine Film erkundet menschliche Reaktionen angesichts einer unvermeidlichen existenziellen Krise und durchläuft Phasen von der chaotischen Ablehnung der Realität bis zur endgültigen ruhigen Akzeptanz. Er geht der Frage nach, was am Ende des Lebens wirklich zählt, wie in unseren letzten Augenblicken die Schönheit des Lebens und die menschlichen Verbindungen das Einzige sind, was hell leuchtet (Abb. 1.3).

Wie entsteht so ein Film? Bildgenerierungstools werden verwendet, um Standbilder zu gestalten. Audiogenerierungstools werden verwendet, um Dialogzeilen und Soundeffekte zu kreieren. Generative Videotools werden verwendet, damit die Figuren synchron zu den Dialogzeilen sprechen. Alle Elemente werden durch Nachbearbeitungsprozesse am klassischen Schnittplatz zusammengefügt und mit KI-generierter Filmmusik unterlegt.

Und noch ein gelungener Kurzfilm: *Falling* (Remake) vom australischen Fotografen und Filmemacher Peter Zarko-Flynn (Abb. 1.4).

Abb. 1.3 KI-generierter Kurzfilm *Final Glimpse* von Jeffrey Qiu (▶ https://doi.org/10.1007/000-h4b)

Abb. 1.4 KI-generierter Kurzfilm *Falling* von Peter Zarko-Flynn (▶ https://doi.org/10.1007/000-h4c)

1.3 Wie funktioniert generative künstliche Intelligenz?

Generative KI ist ein Sammelbegriff für KI-basierte Systeme, mit denen Bilder, Videos, Sprache, Musik, Texte, Codes und 3D-Modelle erzeugt werden können. Das Gegenteil von generativer KI könnte man als **analytische KI** oder **reaktive KI** bezeichnen. Diese Einteilung spiegelt allerdings nicht die Komplexität von KI-Modellen wider, die in der Praxis oft mehrere dieser Merkmale kombinieren. Es gibt in der Fachliteratur keine klar abgrenzbare Unterscheidung zwischen generativer KI, analytischer KI und reaktiver KI. Der Hauptunterschied liegt in der Art und Weise, wie sie mit Information umgehen:

- **Generative KI:** Sie ist darauf ausgerichtet, neue Inhalte zu schaffen oder bestehende Inhalte zu transformieren. Dies ist ein zentraler Anwendungsbereich von Deep Learning. Generative KI kann Texte, Bilder, Musik oder Videos ausgeben, auf der Grundlage von Mustern, die sie mit großen Datensätzen gelernt hat. Beispiele hierfür sind Sprachmodelle wie GPT oder Videogeneratoren wie Runway.
- **Analytische KI:** Im Gegensatz dazu ist analytische KI darauf trainiert, bestehende Daten zu analysieren, Muster zu erkennen und daraus Schlussfolgerungen zu ziehen. Sie ist nicht darauf ausgerichtet, neue Inhalte zu schaffen, sondern zu verstehen, zu klassifizieren oder zu interpretieren. Beispiele dafür sind Systeme zur Vorhersage von Trends, zur Analyse von Marktbewegungen oder zur Diagnose von Krankheiten auf Basis medizinischer Daten. Machine Learning ist auch dafür die Grundlage, als analytisches Verfahren, das Trainingsdaten nutzt, um Muster zu erkennen und Vorhersagen oder Entscheidungen zu treffen.
- **Reaktive KI:** Das sind KI-Systeme, die keine neuen Inhalte erschaffen oder auf lange Sicht lernen. Stattdessen reagieren sie auf vorgegebene Inputs mit festen, programmierten Antworten oder Handlungen. Sie sind auf spezifische Aufgaben ausgerichtet, wie etwa frühere Chatbots, die einfache Fragen beantworten können, oder Maschinen, die in der Fertigung bestimmte Prozesse ausführen, ohne sich weiterzuentwickeln. Es handelt sich um KI, die nicht lernt, sondern auf festgelegte Regeln reagiert.

Nicht für alle Anwendungsbereiche ist generative KI sinnvoll (Tao, 2024). Generative KI kann folgende Aufgaben besser ausführen als andere KI-Modelle:

- **Neuartige Videos erstellen:** KI-Modelle sind in der Lage, beispiellose, staunenswerte Videos zu erstellen. Mithilfe von Inputs wie Fotos, Zeichnungen oder Textbeschreibungen erstellen sie imposante Videos. Dies ist besonders nützlich für Vermarkterinnen, die unvergleichliche Werbespots kreieren möchten, oder für Content Creators, die nach unkonventionellem, frischem Material suchen.
- **Videobearbeitung und -verbesserung:** Generative Modelle können mit Kameras gedrehte Videos verfremden oder verfeinern. Sie können die Auflösung verbessern, Farben und Beleuchtung anpassen, Spezialeffekte hinzufügen oder unerwünschte Elemente entfernen. Diese Funktionen kommen vorrangig Videoeditoren und Filmemacherinnen zugute, die nach hochwertigen, ausgefeilten Endprodukten streben.

- **Animationserstellung:** Eine der bemerkenswertesten Fähigkeiten generativer KI-Modelle ist Animation. Man kann Figuren und ganze Szenen animieren, was sie zu einer effizienten Ressource für Animationsstudios und Grafikdesignern macht. Die Tools vereinfachen den Animationsprozess enorm und ermöglichen die Erstellung komplexer animierter Sequenzen mit vergleichsweise wenig Aufwand.
- **Schulungs- und Lehrvideos:** In Bildungseinrichtungen werden KI-Videos eine wachsende Rolle einnehmen. Immersive und interaktive Schulungsvideos helfen, komplexe Themen oder Verfahren zu visualisieren und zu verstehen, und werden so ein unschätzbares Werkzeug für Lernende und Trainerinnen.

Die Visualisierung in Abb. 1.5 von Vorgängen in Flüssigkeiten soll genau das zeigen. Dabei handelt es sich um Nachbildungen chemischer Reaktionen und Flüssigkeitseffekte. Koaleszenz ist der Vorgang, bei dem zwei oder mehr Tröpfchen, Blasen oder Partikel bei Kontakt verschmelzen und ein einzelnes Tröpfchen, eine einzelne Blase oder ein einzelnes Partikel bilden. Ausgehend von einem in Midjourney erstellten Bild wurde mit Runway Gen-2 ein Video generiert und mit Topaz Video AI auf 4K/60P hochskaliert. Nach der Bearbeitung in Da Vinci Resolve wurde es mit 24 Bildern pro Sekunde exportiert. Die Musik wurde von Brian Dressel mit Ableton Live komponiert.

Generative KI-Modelle basieren auf Algorithmen für maschinelles Lernen. Die Modelle müssen mit einem umfangreichen Datensatz an Trainingsdaten (also beispielsweise Bildern oder Videos) angelernt werden. Die Funktion der Trainingsdaten besteht darin, das grundlegende Wissen über Muster und die Vorhersagefähigkeiten zu erwerben, die für die gewählten Aufgaben bei der Entwicklung von Software für KI erforderlich sind. Generative KI ist darauf ausgelegt, danach Inhalte wie KI-Audio, KI-Text, KI-Bilder und andere KI-Medien gemäß den ihr gegebenen Eingabeaufforderungen – genannt **Prompts** – zu generieren.

Abb. 1.5 *Coalescense* von Brian Dressel (▶ https://doi.org/10.1007/000-h4d)

Generative KI-Videomodelle haben **Vorteile** gegenüber herkömmlichen Tools:

- **Effizienz:** Wenn schnell große Mengen an neuen Videoinhalten produziert werden müssen, können generative Videomodelle nützlich sein.
- **Anpassung:** Generative Videomodelle können bei der Optimierung von Videomaterial helfen, um Tonalität, Genre und Stil anzupassen.
- **Vielfalt:** Generative Videomodelle stellen eine breite Palette von innovativen Videoinhalten bereit, mit denen neue Möglichkeiten des Geschichtenerzählens geschaffen werden können.
- **Datenerweiterung:** Nicht zu unterschätzen ist der Umfang, in dem generative Videomodelle wiederum Trainingsdaten für maschinelle Lernmodelle produzieren, um die KI-Modelle weiterzuentwickeln.

Generative Videomodelle sind andererseits mit mehreren **Herausforderungen** verbunden:

- Sie benötigen einen bemerkenswert hohen **Aufwand an Rechenleistung**, denn generative KI-Modelle verfügen über mehrere Parameter und benötigen effiziente Datenpipelines zum Trainieren. Die wichtigsten Voraussetzungen für die Wartung und Erstellung generativer Modelle sind eine groß angelegte Computerinfrastruktur, technisches Fachwissen und erhebliche Kapitalinvestitionen. KI-Plattformen brauchen Hunderte GPUs, um ihre Modelle zu trainieren. Die erforderliche Rechenleistung ist auch aus Sicht des CO_2-Abdrucks von Server-Infrastruktur nicht unerheblich.
- Aufgrund des Umfangs generativer Modelle ist weiterhin eine beachtliche **Rechenzeit** erforderlich. Für interaktive Anwendungsfälle, insbesondere KI-Sprachassistenten, Chatbots und Kundendienstanwendungen, müssten Gespräche aber präzise und sofort erfolgen – hier stoßen generative Modelle noch an Grenzen.
- Eine weitere Herausforderung ist der begrenzte Umfang an **qualitativ hochwertigen und lizenzierbaren Trainingsdaten**. Alle generativen KI-Modelle benötigen qualitativ hochwertige Daten, möglichst ohne schon in den Trainingsdaten enthaltene Voreingenommenheit (*bias*), um brauchbare Ergebnisse zu liefern. In vielen Bereichen gibt es jedoch nicht ausreichend frei verfügbare Daten, um Modelle zu trainieren. Einige Unternehmen weltweit hatten deshalb in den letzten Jahren Schwierigkeiten, eine kommerzielle Lizenz für die Nutzung der vorhandenen Datensätze und die Erstellung maßgeschneiderter Datensätze zum Trainieren generativer Modelle zu erhalten. Dies ist von entscheidender Bedeutung, um Verstöße gegen geistiges Eigentum zu vermeiden (Codiste, 2023).

1.3.1 Künstliche Intelligenz und menschliche Kreativität

KI beschreibt die Fähigkeit einer Maschine, **menschenähnlich** zu agieren und logisches Denken, Lernen, Planen und Kreativität zu **imitieren**. KI-Systeme sind mittels **neuronaler Netze** in beschränktem Umfang in der Lage, ihre Umwelt zu analysieren, um auf diese Weise Probleme zu lösen. Solange Large Language Models (LLMs) nicht die Fähigkeit beweisen, mit ungewohnten Aufgaben gut umgehen zu können, sollten sie damit auch nicht betraut werden (De Gregorio, 2024).

Hinter den Versprechungen generativer KI-Modelle verbirgt sich eine Dualität, die jedem Aspekt der KI zugrunde liegt. Obwohl viele KI-Ergebnisse noch nicht herausragend sind, verbessert sich die Gesamtleistung unüberschaubar schnell. Dieser Fortschritt ist teilweise auf das kontinuierliche Training zurückzuführen, das sie auch durchläuft, wenn wir sie nutzen. Was die Medienwelt betrifft: Auch wenn nicht alle Ergebnisse gut sind, kann KI sehr schnell eine Vielzahl von Ideen generieren, sie kann Texte und Bilder bearbeiten, visuelle Konzepte erstellen, Gespräche führen und alternative Sichtweisen bieten. Außerdem ist KI eine hervorragende Plattform für A/B-Tests.

KI-Modelle beeindrucken zwar mit ihrer Leistung, können jedoch auch unerwartet scheitern oder diskriminierend sein. Wird sie nicht richtig eingesetzt, kann KI zu erheblichen Problemen führen. Dazu gehören Voreingenommenheit, Stereotype, eklatante Fehler, Desinformation und die Unfähigkeit, ihre Entscheidungen zu erklären und damit Transparenz über Entscheidungen herzustellen.

Auch wenn KI möglicherweise schneller ist, sind Menschen immer noch glaubwürdigere Autoren als Maschinen. Originalität von Klischees zu unterscheiden, ist jedenfalls noch eine menschliche Stärke; und das bedeutet, dass dem Auswählen – Editieren und Kuratieren – künftig mehr Bedeutung zukommen wird als dem handwerklichen Produzieren. Authentizität wird bei synthetischen Inhalten zu einer besonderen Herausforderung.

Wieso verwendet man für generative Softwaremodelle eigentlich den Begriff „Intelligenz"? Offensichtlich wird hier die Analogie zur menschlichen Intelligenz hergestellt. Ist nicht schon da eine große Schieflage in der Begrifflichkeit passiert? Wir unterstellen, dass menschenähnliche Maschinen etwas (zunehmend besser) leisten könnten, was bisher Menschen geleistet haben.

Dabei ist die Tatsache, dass wir anthropomorphe („menschenartige") Maschinen bauen, nichts Neues (Salles et al., 2020). Der schottische Philosoph David Hume (1957) schrieb: „There is a universal tendency among mankind to conceive all beings like themselves. […] we find faces in the moon, armies in the clouds." Wie Abb. 1.6 illustriert, suchen wir immer schon nach unserem Ebenbild – in Kindern, Tieren und Gegenständen (Spotola & Chaminade, 2022).

Bewusst oder unbewusst entwerfen wir Maschinen menschenartig (Abb. 1.7). Und weil wir die Mechanismen einer durch Machine Learning geschaffenen generativen KI-Anwendung nicht verstehen und durchschauen können, neigen wir erst recht dazu, ihr anthropomorphe Züge zuzuschreiben, denn dadurch können wir unsere eigene kognitive Unsicherheit reduzieren (Kruglanski & Webster, 1996). Anthropomorphismus vergrößert dabei den Eindruck von Effizienz und Kompetenz, den wir im Umgang mit KI bekommen (Cappucio et al., 2021). Zusätzlich täuscht die Vermenschlichung eine soziale Beziehung vor, die eine größere Nähe zur Maschine herstellt, als es sonst der Fall wäre (Airenti et al., 2019). Anweisungen an die KI am Beginn eines Prompts wie etwa

```
Sie sind ein höchst erfolgreicher Hollywood-Screenwriter.
```

1.3 Wie funktioniert generative künstliche Intelligenz?

Abb. 1.6 Wir suchen ein menschliches Ebenbild in Tieren und Gegenständen (erstellt mit Kling 1.0, 2024) (▶ https://doi.org/10.1007/000-h49)

Abb. 1.7 Wir bauen anthropomorphe Maschinen (erstellt mit Firefly, animiert mit Runway, 2024) (▶ https://doi.org/10.1007/000-h4f)

ändern nichts an den vorhandenen Trainingsdaten, auf die das verwendeten KI-Modell zugreifen kann. Die Auswahl der Ergebnisse und die Formulierungen des Outputs mögen sich zwar in Abhängigkeit von einer derartigen Rolle verändern, die inhaltliche Kompetenz der KI jedoch nicht. Wer hier den Antworten eine ganz besondere fachliche Qualität unterstellt, könnte enttäuscht werden.

Vielleicht liegt in dieser Vermenschlichung der Maschinen auch der Grund für die emotionale Brisanz in der Auseinandersetzung um KI in der Kunst. Ein Beispiel dafür war die Kontroverse um das Bild *Ein Mädchen mit einer schwarzen Katze* des Illustrators Roger Haus. Als seine KI-generierten Bilder viral gingen, reagierten traditionelle Illustratoren damit, dass sie eigene Versionen erstellten und veröffentlichten und den Einsatz von KI in der Kunst als inakzeptabel kritisierten. Sie forderten Roger Haus auf, „seinen Beitrag zu löschen" und „den Bleistift in die Hand zu nehmen". Dass seine KI-generierten Bilder viral gegangen sind, hat die Diskussionen über die Zukunft von Kunst und Technologie deutlich angeheizt (Exquisite Workers, 2024).

Die negative Stimmung gegenüber generativen KI-Tools wird vorübergehen, da sich diese Werkzeuge nicht grundsätzlich von bisherigen Kreativ-Apps unterscheiden, im Gegenteil, sie ermöglichen eine vergleichsweise effizientere und kleinteiligere Formung von digitalen Werken. Solange der Mensch in diesen Prozess involviert ist, kann er Ausdruck unseres Lebens – und damit als Kunst – verstanden werden. Anwendungen der generativen KI werden es immer mehr Menschen ermöglichen, sich auszudrücken, ihre Geschichten und ihre Werke mit anderen zu teilen.

KI hat vieles verändert, es gibt aber in den Medien Prinzipien, die konstant bleiben, unter anderem, dass menschliche Kommunikation ihre Wurzeln immer im Menschen hat und von unterschiedlichen Menschen auf jeweils ihre Art und Weise benutzt werden kann. KI wird für politische Propaganda und Desinformation missbraucht, das zeigen Erfahrungen mit Fälschungen (mehr zur Frage von Fakes in Abschn. 9.2). Doch es gibt auch einen anderen Umgang mit dieser Technologie. In Indien nutzten Politiker etwa gezielt synthetische Medien – also eigentlich Fakes – für Wahlkampagnen des Jahres 2024. Sie erstellten Avatare, die Tausende personalisierte Videobotschaften produzierten. Damit sprachen sie Wählerinnen und Wähler namentlich an, erwähnten staatliche Leistungen und baten um Unterstützung – und das in Dutzenden Sprachen, angepasst an die Muttersprache der Empfängerinnen. Solche Videos werden als Softfakes bezeichnet, und ihr Ziel ist nicht zu schaden, sondern eine neue, persönliche Wähleransprache zu versuchen. Kandidaten auf diese Weise populär zu machen, hat vermutlich zusätzliche Wählerinnen mobilisiert – die Wahlbeteiligung in Indien war 2024 jedenfalls sehr viel höher als im Schnitt der letzten 20 Jahre (Da Silva, 2024).

1.3.2 Die Bedeutung der Trainingsdaten

Generative KI ist ein Bereich der KI, der sich auf die Entwicklung von Algorithmen und Modellen konzentriert, die in der Lage sind, neue und realistische Daten zu erzeugen, die den Mustern eines Trainingsdatensatzes ähneln. Einfach ausgedrückt handelt es sich bei generativer KI um eine Klasse von KI-Systemen, die vollständig neue Daten generieren können. Diese Systeme werden darauf trainiert, aus großen Datensätzen zu lernen und basierend auf diesen Informationen etwas völlig Neues zu schaffen, daher der Begriff „generativ".

1.3 Wie funktioniert generative künstliche Intelligenz?

Generative KI nutzt verschiedene Techniken, darunter **neuronale Netzwerke** und **Deep-Learning-Algorithmen**, um Muster zu erkennen und basierend darauf neue Ergebnisse zu erzeugen. Der Trainingsprozess eines generativen Modells umfasst das Einspeisen von großen Datensätzen, wie Bildern, Texten, Audiodateien oder Videos. Das Modell analysiert die Muster innerhalb der Eingabedaten, um die zugrunde liegenden Regeln des Inhalts zu „verstehen". Es ist danach in der Lage, neue Daten zu erzeugen, indem es aus einer **Wahrscheinlichkeitsverteilung** schöpft, die es während des Trainings gelernt hat. Dabei passt das Modell seine Parameter kontinuierlich an, um die Wahrscheinlichkeit zu maximieren, präzise Ausgaben zu generieren. Es gibt mehrere populäre generative KI-Modelle, die jeweils ihre eigenen Stärken und Schwächen haben (Dhaduk, 2023).

Wie entscheidend der Einfluss der Trainingsdaten auf die generierten Videos ist, kann folgendes Beispiel deutlich machen: Mit dem folgenden Prompt sollte eine Schnecke auf dem Panzer einer Schildkröte sitzen, die sich fortbewegt. Mit mehreren KI-Videogeneratoren gelang es nicht, das angestrebte Video zu erzeugen. Die Schnecke saß dummerweise immer wieder auf dem Kopf der Schildkröte (Abb. 1.8), nicht auf dem Rückenpanzer.

```
Create a funny TikTok video using exactly this script: eine Schnecke
sitzt auf einer Schildkröte, die sich gemächlich fortbewegt, und ruft
erfreut „huiiii!"
```

Der Versuch, Invideo mit derselben Aufgabe zu prompten, zeigte dann überraschenderweise einen Clip aus lizenzierbaren Stockmedien (erkennbar am Wasserzeichen iStock von Getty Images), in dem ebenfalls eine Schnecke am Kopf der Schildkröte saß (Abb. 1.9).

Abb. 1.8 Warum sitzt die Schnecke am Kopf der Schildkröte? (generiert mit Luma, 2025) (▶ https://doi.org/10.1007/000-h4g)

Abb. 1.9 Invideo verwendet Stock Footage von Getty Images (erstellt mit Invideo, 2024) (▶ https://doi.org/10.1007/000-h4h)

```
Create a TikTok video using exactly this script
eine Schnecke sitzt auf einer Schildkröte, die sich gemächlich fort-
bewegt, und ruft erfreut "huiiii!"
Make the background music humouros.
```

Der Schluss, dass dieser (oder ein sehr ähnlicher) Clip nicht nur über Getty Images angeboten wird, sondern auch für das Training mehrerer KI-Modelle genutzt worden ist, liegt nahe. Die (chinesische) KI-Plattform Kling dagegen dürfte andere Trainingsdaten genutzt haben und lieferte auf Anhieb das intendierte Video (Abb. 1.10). Hier ist der Kling-Prompt:

```
Create a funny TikTok video using exactly this script: eine Schnecke
sitzt auf einer Schildkröte, die sich gemächlich fortbewegt, und ruft
erfreut „huiiii!"
```

Spannend sind die Untersuchungen der Fachhochschule Kiel zur Wiedererkennbarkeit von Trainingsdaten. In ihrer Forschungsarbeit zeigten sie, dass mithilfe des KI-Tools Genmo Videoclips erstellt werden konnten, die dem jeweiligen Originalfilm sehr ähnlich waren, beispielsweise für Szenen aus den Hollywood-Filmen *Star Wars* und *Spiderman*. In den generierten Szenen waren sogar Details aus den Originalszenen zu erkennen, die im Prompt gar nicht enthalten waren. Außerdem ähnelten die Figuren in diesen Filmszenen auffallend stark den Originalfilmfiguren. Aus diesen Beobachtungen zogen die Forscherinnen den Schluss, dass das KI-Tool Genmo auf Trainingsdaten basiert, die offensichtlich Bild- oder Videodaten aus den Originalfilmen enthalten. Für das Tool *Runway Gen-2* dagegen kamen die Forscherinnen zum gegenteiligen Schluss (Drensek & Schmähl, 2023).

Im selben Jahr wurde eine Partnerschaft von Lionsgate und Runway bekannt gegeben. Das Ziel dieser Zusammenarbeit sei die Entwicklung und das Training eines maßgeschneiderten KI-Modells, das auf dem exklusiven Katalog von Lionsgate basiere. Li-

1.3 Wie funktioniert generative künstliche Intelligenz?

Abb. 1.10 Trainingsdaten machen einen großen Unterschied (erstellt mit Kling 1.0, 2024)
(▶ https://doi.org/10.1007/000-h4j)

zenzen der entwickelten Modelle würden auch an Kreative und Studios weitergegeben, um ihnen zu ermöglichen, ihre eigenen KI-Modelle zu entwickeln und zu nutzen. Diese Zusammenarbeit habe das Potenzial, den professionellen Einsatz von KI in der Filmwelt weiter voranzutreiben (Pinker, 2024).

1.3.3 Foundation Models

Foundation Models (Grundmodelle oder Basismodelle, z. B. GPT-4, Gemini oder Runway Gen-3 Alpha) werden Lernmodelle der KI genannt, die durch **selbstüberwachtes Lernen** oder **halbüberwachtes Lernen** mit einer großen Menge von Daten so trainiert werden können, dass sie auf eine Vielzahl von nachgelagerten Aufgaben angepasst werden können. Meist handelt es sich dabei um künstliche neuronale Netze und um **Deep Learning**. Die neue Generation von Basismodellen wird für multimodales Training im großen Maßstab entwickelt, um Verbesserungen in Bezug auf Wiedergabetreue, Konsistenz und Bewegung zu erzielen, und sie sind ein Schritt in Richtung des Aufbaus allgemeiner Weltmodelle (General World Models) (Center for Research on Foundation Models, 2023).

Wir wollen uns nun genauer ansehen, wie Videogenerierungsmodelle in der Lage sind, fotorealistische Videos zu erzeugen (Webisoft Blog, 2024). Abb. 1.11 gibt einen Überblick über den Ablauf im Großen.

Abb. 1.11 Wie funktionieren generative Videomodelle?

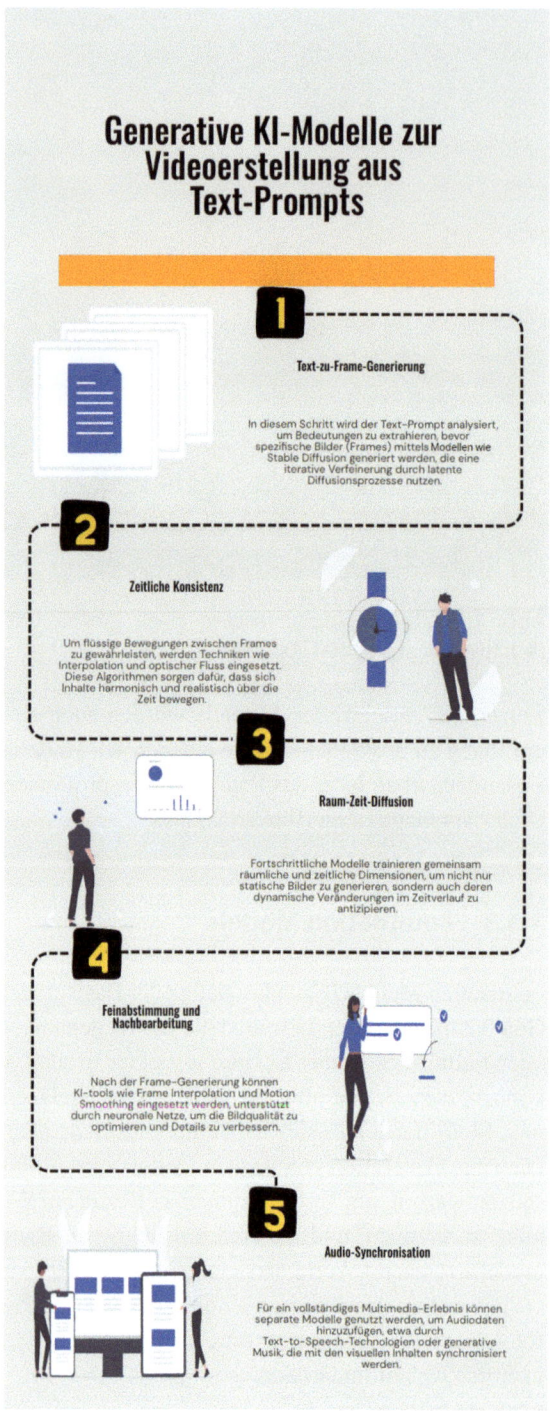

1.4 Generative Video-KI: Stand heute

Die Geschichte der KI-Videogeneratoren ist lang. Doch erst 2022 machten Text-zu-Bild-Modelle wie DALL-E und Midjourney Schlagzeilen mit ihrer Fähigkeit, aus Textbeschreibungen Bilder zu generieren. Diese Modelle legten den Grundstein für anspruchsvollere KI-Modelle, die nicht nur optisch ansprechende Bilder erzeugten, sondern auch die Zusammenstellung dieser Bilder zu einem zusammenhängenden Videoclip möglich machten. Nach und nach wurden die Modelle verfeinert. Die Entwicklung von Text-zu-Bild- zu Text-zu-Video-Modellen schritt danach sehr schnell voran und lässt auch für die nächsten Jahren noch Qualitätssprünge erwarten.

Die zurzeit größte Herausforderung besteht darin, Inhalte zu erstellen, die nicht nur optisch ansprechend, sondern auch zeitlich und räumlich konsistent sind. Zeitliche Konsistenz bedeutet, dass das generierte Video logisch von einem Bild zum nächsten fließt und die im Prompt beschriebenen Aktionen, Bewegungen und Erzählabläufe genau widerspiegelt. Diese Konsistenz ist entscheidend, damit das im Video Dargestellte einen Sinn ergibt und die beabsichtigte Geschichte vermitteln kann.

Die technologischen Durchbrüche bei Text-zu-Video-Modellen wurden durch intensive Forschungs- und Entwicklungsarbeit ermöglicht. Im Gegensatz zu statischen Bildern enthalten Videos Bewegung und Kontinuität in sequenzieller Abfolge, was bedeutend höhere Herausforderungen für die chronologische Kohärenz und die narrative Konsistenz mit sich bringt. Zu den weiteren Challenges gehören die Rechenkomplexität und ein gutes Abschneiden bei den aktuellen Bewertungsmetriken (Abschn. 1.4.8).

KI-Videogeneratoren haben gemeinsame **Komponenten**:

- Videodiffusionsmodelle, die eigentlichen Bilderzeuger
- Steuerung durch Texteinbettungen – das Modell wird ja durch Prompts in „natürlicher Sprache" gesteuert (Natural Language Processing, NLP)
- Modelle für zeitliches und räumliches Upsampling, um die vorerst kleinen Bilder bzw. kurzen Videos größer und länger zu machen (Ghodgaonkar, 2024)

Die Architektur von Text-zu-Video-Modellen ist notwendigerweise komplex und umfasst mehrere neuronale Netzwerkschichten, die zusammenwirken müssen, um die endgültige Videoausgabe zu erstellen. Die Entwickler generativer KI-Modelle lassen sich aufgrund der Konkurrenzsituation meist nicht in die Karten schauen. Da geht es nicht nur um die Parameter beim Anlernen der KI, sondern um die spezifische Auslegung und Verbindung der neuronalen Netze. Doch bei aller Unterschiedlichkeit fußen generative-Video-KIs auf grundsätzlichen Modellen, die im Folgenden beschrieben werden.

1.4.1 Transformermodelle

Transformermodelle sind die Grundlage großer Sprachmodelle. Sie nutzen Datensequenzen statt individueller Datenpunkte, um den Kontext zu erfassen – bei Texten, die eben nicht Wort für Wort, sondern in Sätzen interpretiert werden müssen. Mit dem sogenannten Attention-Mechanismus werden bei einem Transformermodell den Worten unterschiedlich hohe Aufmerksamkeit (engl. *attention*) zugewiesen, um die Aussage eines Satzes besser interpretieren zu können. Relevant ist diese Architektur bei der Erfassung des Text-Prompts von Videomodellen (Lux, 2023).

Einige KI-Modelle verwenden ein transformerbasiertes Framework auch, um Bilder direkt sequenziell – eines nach dem anderen – zu generieren und so die zeitliche Konsistenz des Videos sicherzustellen. Andere verwenden hybride Methoden, die die Stärken von Bildgenerierungstechniken mit zeitempfindlichen Transformermodulen kombinieren. Ein hybrider Ansatz ermöglicht die Generierung von Videos, die nicht nur visuell genau, sondern auch zeitlich kohärent sind und sich gut an die vom Text bereitgestellte Erzählstruktur anpassen (Singh, 2024).

1.4.2 Diffusionsmodelle

Diffusionsmodelle haben sich als eine leistungsstarke Klasse von generativen KI-Modellen etabliert, insbesondere in der Bildgenerierung. Nach dem Anlernen mit Videos und deren Beschreibungen können diese Modelle neue Datenmuster erzeugen, die denen ähnlich sind, mit denen sie trainiert wurden. Diffusionsmodelle funktionieren, indem Bilder durch Hinzufügen von zufälligem Rauschen „dekonstruiert" und schrittweise in ein gleichmäßiges Rauschen verwandelt werden. Durch diesen Prozess werden die „Muster" gelernt. Nach dem Training kann das Modell Bilder erzeugen, indem es zufälliges Rauschen durch diesen Entrauschungsprozess leitet und eine zugehörige Bildbeschreibung dazugibt (Lux, 2023). Der iterative Prozess des Hinzufügens und Entfernens von Rauschen ist sehr ressourcenintensiv.

Diffusionsmodelle haben bemerkenswerte Fähigkeiten bei der Generierung hochauflösender, fotorealistischer Bilder mit beeindruckender Detailgenauigkeit und Klarheit gezeigt. Sie können gut für verschiedene Aufgaben angepasst werden, die über die Bildgenerierung hinausgehen, wie beispielsweise Text-zu-Bild-Synthese, Bild-zu-Bild-Übersetzung und Videogenerierung. Weil das Ausführen von Diffusionsmodellen erhebliche Ressourcen fordert, kann die Erzeugung hochwertiger Bilder manchmal langsam sein.

Stable Diffusion (SD) ist eine spezifische Weiterentwicklung des allgemeinen Diffusionsmodells, entwickelt von der Firma Stability AI. Es verwendet Techniken, die das Training und die Generierung effizienter machen und eine einfachere Steuerung der Ausgabe ermöglichen. SD-Modelle zeichnen sich durch die Erstellung sehr detaillierter Bilder und Videos aus. Sie sind als *flowbasierte* generative Modelle bekannt. Beispielsweise verwendet das Open-Source-Modell Wan2.1 ein *Flow-Matching*-Framework, um mehrsprachige Eingabetexte zu codieren.

1.4.3 Flowbasierte Modelle

Flowbasierte Modelle sind generative KI-Modelle, die auf invertierbaren Transformationen basieren, um komplexe Datenverteilungen exakt zu modellieren. Sie sind besonders nützlich für Anwendungen, die eine explizite Wahrscheinlichkeitsbewertung erfordern, wie zum Beispiel Anomalieerkennung und Datenkompression. Im Gegensatz zu anderen generativen Modellen ermöglichen sie eine deterministische und verlustfreie Umwandlung zwischen dem Daten- und Merkmalsraum, wodurch sie für präzise Bild- und Audiosynthese sowie für Unsicherheitsbewertungen ideal sind. Auf Basis dieser Information können sie neue Datenpunkte generieren, die die gleichen statistischen Eigenschaften und Merkmale aufweisen. Ein bemerkenswertes Merkmal von flowbasierten Modellen ist die Anwendung einer „einfachen umkehrbaren Transformation" auf bestehende Daten, die leicht rückgängig gemacht werden kann. Sie beginnen mit einer einfachen Ausgangsverteilung (zufälligem Rauschen) und erzeugen durch die Rückwärtsanwendung der Transformation neue Proben, ohne komplexe Optimierungen durchführen zu müssen.

Dieser iterative Verfeinerungsprozess trägt dazu bei, die Objektkonsistenz und Bewegungskohärenz im gesamten Video aufrechtzuerhalten, was für die Erzielung hochwertiger Ergebnisse von großer Bedeutung ist. Flowbasierte Modelle sind dadurch auch schneller bei der Erzeugung von Inhalten und benötigen weniger Rechenressourcen als andere Modelle (Dhaduk, 2023). Das Beispiel für ein Open-Source-Modell wäre Pyramid Flow (Tjonwolf, 2024).

1.4.4 Generative Adversarial Networks

Generative Adversarial Network (GANs) ist ein Deep-Learning-Modell, bei dem zwei neuronale Netzwerke miteinander konkurrieren: Das eine erstellt aus einem gegebenen Datensatz neue Daten (wie Bilder oder Musik), und das andere versucht festzustellen, ob die Daten echt oder gefälscht sind. Dieser Prozess wird so lange fortgesetzt, bis die generierten Daten durch die KI nicht mehr vom Original zu unterscheiden sind (Patterson & Gibson, 2024).

GANs basieren also auf einem zweiteiligen Modell, bei dem der erste Teil der Generator ist. Dieser Generator wird verwendet, um eine Auswahl an Daten zu generieren. Der zweite Teil ist der Diskriminator, der die „Authentizität" der künstlichen Daten bewertet. Das Hauptziel des Generators besteht darin, künstliche Daten zu produzieren und den Diskriminator davon zu „überzeugen", dass er nicht vollständig zwischen echten und künstlichen Daten unterscheiden kann. Dieses Hin und Her soll sicherstellen, dass die Videos realistisch und von hoher Qualität sind (Khan, 2024). Der Nutzen von GANs in der Videogenerierung ist wegen der Herausforderungen, Kohärenz auf der Zeitachse zu erzeugen, begrenzt.

1.4.5 Convolutional Generative Adversarial Networks

Ein *Convolutional Generative Adversarial Network (CGANs)* ist ein spezialisierter GAN-Typ, der sich auf das Verständnis des Layouts und der Struktur von Videos konzentriert. Es ist besonders gut darin, Videos zu erstellen, die einem bestimmten Muster oder Design folgen müssen (Foster, 2023).

Wenn beispielsweise ein Video einer Stadtlandschaft oder eines detaillierten Innenraumes erstellt werden soll, sind CGANs gut geeignet, realistische und strukturell genaue Szenen zu erstellen (Webisoft Blog, 2024).

1.4.6 Autoregressive Modelle

Autoregressive Modelle erstellen Daten Stück für Stück. Sie sagen das nächste Datenelement auf Grundlage des vorherigen Elements voraus, generieren also jeweils ein Bild in einem Video nach dem anderen. Bei autoregressiven Modellen geht es darum vorherzusagen, was als Nächstes in einem Video passiert. Das Modell analysiert die vorhandenen Frames und „schätzt" dann ab, welche weiteren Frames wahrscheinlich sind. Dadurch eignen sich autoregressive Modelle gut für die Erstellung flüssiger und kohärenter Videosequenzen.

Sie können beispielsweise gut verwendet werden, um Animationen zu erstellen, bei denen jedes Frame nahtlos in das nächste übergeht (Codiste, 2023).

1.4.7 Variational Autoencoder

Variational Autoencoders (VAEs) funktionieren so, dass sie Videodaten komprimieren und dann rekonstruieren. Sie nehmen detaillierte Videoinformationen und komprimieren sie in eine abstraktere Datenstruktur. Anschließend verwenden sie diese komprimierten Daten, um neue Videos zu generieren (Foster, 2023). Genau genommen handelt es sich dabei nicht um Deep Learning, sondern sie basieren auf stochastischen Mustern (Wahrscheinlichkeiten).

VAEs sind generative Modelle, die eine abstrakte, „latente" Darstellung der Videos lernen und neue Videosequenzen erstellen, indem sie ein Sampling aus dem gelernten „latenten Raum" durchführen. Sie funktionieren so, dass sie den vollständigen Trainingsdatensatz in die niedrigdimensionale Repräsentation codieren und diesen latenten Code dann auf Abruf zurück in den ursprünglichen Datenraum decodieren können. Latente Codes sollen – im Gegensatz zu semantischen Codes – die „darunterliegende" oder implizite Bedeutung erfassen. VAEs sind für ihre Effizienz bei großen Videodatenmengen bekannt, und sie sind in Bereichen wertvoll, in denen große Mengen an Videoinhalten gespeichert und neu erstellt werden müssen (Codiste, 2023). Das Open-Source-Modell Wan 2.1 etwa verwendet einen VAE zum Transformieren der Eingangsvideos in den latenten Raum.

Die oben beschriebenen Architekturen haben jeweils unterschiedliche Stärken und sind auf verschiedene Daten- und Aufgabenarten zugeschnitten. Die Auswahl und Kombination dieser Modelle richtet sich nach den spezifischen Anforderungen einer Plattform oder eines Projekts: Für Projekte, die Objekterkennung, Bildklassifikation oder andere Aufgaben mit visuellen Eingaben umfassen, sind etwa *Convolutional Neural Networks (CNNs)* ideal. Sie eignen sich hervorragend zur Analyse der räumlichen Hierarchie in Bildern und sind robust gegenüber fast allen Transformationen in Bilddaten. Für die Datengenerierung, also das Erstellen neuer Bilder, Texte oder Musik, bieten sich dagegen GANs an, denn mit dieser Architektur können realistischere Outputs produziert werden, die in vielen Anwendungen einen Mehrwert bieten (Mathew, 2024).

Die oben beschriebenen Modelle werden oft nicht isoliert, sondern in komplexen Wechselwirkungen eingesetzt, das heißt, die tatsächlichen Architekturen können sehr komplex und hybrid sein. Die Forschung in diesem Bereich entwickelt sich sehr schnell weiter, daher ist es wichtig, sich darüber im Klaren zu sein, dass diese Information eine Momentaufnahme darstellen.

Die besprochenen generativen Modelle werden zur Zeit vor allem für zweidimensionale Bilder und Videos eingesetzt. Künftig werden vermutlich KI-3D-Modelle immer wichtiger. 3D-Modelle mit generativer KI ermöglichen zwar eine im Vergleich zu herkömmlichen 3D-Programmen schnellere und kostengünstigere Modellerstellung, bieten jedoch derzeit noch nicht die Qualität manueller Prozesse und erlauben nur begrenzte Kontrolle über die Detailbearbeitung (Abschn. 9.4).

1.4.8 Metriken für die Qualität von Videogeneratoren

Wie kann denn überhaupt die Qualität von Videogeneratoren festgestellt werden – gibt es objektive Kriterien abseits subjektiver Geschmacksfragen? Das ist insofern von Bedeutung, weil eine Messung der visuellen Qualität entscheidend ist, um die Modelle weiterzuentwickeln zu können. Die Qualitätsbeurteilung von Text-zu-Video-Modellen umfasst eine Kombination aus objektiven Metriken und menschlichem Einschätzungsvermögen. Objektive Metriken bewerten die technische Qualität von Videos, während menschliche Bewerter Einblick in die Wahrnehmungsqualität geben, vor allem hinsichtlich Natürlichkeit und hinsichtlich semantischer Übereinstimmung mit den Prompts.

Videoqualitätsbewertung (VQAA und VQAT): Diese Metriken bewerten die Ästhetik und Technik der generierten Videos. Aus der Dover-Methode, die an einem großen Datensatz mit menschengeschriebenen Labels trainiert wurde, wurden sowohl für die ästhetische (VQAA) als auch für die technische (VQAT) Qualität – sie misst häufige Verzerrungen wie Rauschen und Artefakte – Bewertungen abgeleitet.

Inception Score (IS): Der Inception Score wird häufig in Publikationen über Text-zu-Video-Modelle verwendet und bewertet die Vielfalt und Qualität des generierten Inhalts mithilfe des vorab trainierten sogenannten *Inception Network* auf dem *ImageNet*-Datensatz. Ein höherer IS weist auf vielfältigere und qualitativ hochwertigere Inhalte hin.

Übereinstimmung zwischen Prompt und Video: Die Bewertung der Übereinstimmung zwischen dem Input Prompt und dem generierten Video ist entscheidend, um sicherzustellen, dass der Videoinhalt die Textbeschreibung genau wiedergibt. Diese Bewertung umfasst mehrere Metriken:

- **Text-Video-Konsistenz (CLIP-Score):** Diese Metrik verwendet das CLIP-Modell, um die Ähnlichkeit zwischen Eingabetextaufforderungen und generierten Videos zu quantifizieren. Durch Berechnung der Kosinus-Ähnlichkeit zwischen bildweisen Bildeinbettungen und Texteinbettungen wird der Gesamt-CLIP-Score abgeleitet.
- **Bild-Video-Konsistenz (SD-Score):** Diese neu vorgeschlagene Metrik vergleicht die generierten Videobilder mit Bildern, die mithilfe des SD-Modells generiert wurden, und befasst sich mit Konzeptvergessensproblemen bei der Feinabstimmung von Text-zu-Bild-Modellen auf Videomodelle.
- **Text zu Text-Konsistenz (BLIP-BLEU):** Diese Metrik bewertet die Übereinstimmung zwischen den generierten Textbeschreibungen des Videos und der Eingabeaufforderung unter Verwendung von BLIP2 zur Untertitelgenerierung und BLEU zur Bewertung.
- **SAMTrack und DeepFace:** Tools wie SAMTrack und DeepFace werden verwendet, um auszuwerten, ob gepromptete Objekte im Video vorhanden sind (*Dectection Score*), ob deren Anzahl richtig ist (*Count Score*), ob die Farbe stimmt (*Color-Score*).
- **Celebrity ID Score**: Diese Metrik bewertet die Richtigkeit menschlicher Gesichter in generierten Videos mithilfe der DeepFace-Analyse-Toolbox und vergleicht generierte Promi-Gesichter mit echten Bildern.
- **OCR-Score:** Diese Metrik bewertet die Fähigkeit von Text-zu-Video-Modellen, Typografie innerhalb des Videos zu erzeugen – und dabei die Texte richtig zu schreiben.

Bewegungsqualität: Die Bewegungsqualität ist ein Qualitätsmerkmal bei der Videogenerierung im Vergleich zur Generierung statischer Bilder. Die Bewertung der Bewegungsqualität umfasst:

- **Action-Score:** Mithilfe vorab trainierter Modelle wie VideoMAE V2 leitet diese Metrik menschliche Aktionen in generierten Videos ab und konzentriert sich dabei auf die Klassifizierungsgenauigkeit für gängige Bewegungen und Handlungen.
- **Flow-Score:** Diese Metrik verwendet RAFT, um die allgemeine Bewegungsqualität zu bewerten.
- **Motion AC-Score:** Diese Metrik bewertet, ob die Bewegungsamplitude im generierten Video mit der in der Textaufforderung angegebenen Amplitude übereinstimmt.

Zeitliche Konsistenz: Zeitliche Konsistenz stellt sicher, dass das generierte Video über alle Frames hinweg kohärent bleibt. Zu den Metriken für diese Bewertung gehören:

- **Verzerrungsfehler:** Diese Metrik berechnet pixelweise die Unterschiede zwischen verzerrten Bildern und vorhergesagten Bildern und verwendet eine optische Flussschätzung, um die Konsistenz über alle Frames hinweg zu bewerten.

- **Semantische Konsistenz (CLIP-Temp):** Diese Metrik berechnet die Kosinus-Ähnlichkeit zwischen Einbettungen aufeinanderfolgender Frames, um die semantische Kontinuität zu bewerten.
- **Gesichtskonsistenz:** Diese Metrik bewertet die Konsistenz der menschlichen Figuren über Video-Frames hinweg, indem sie die Kosinus-Ähnlichkeit von Einbettungen vom ersten Frame zu den nachfolgenden Frames berechnet.

Neben objektiven Messwerten sind Benutzermeinungen entscheidend für die Bewertung der Gesamtleistung von Text-zu-Video-Modellen. Benutzer werden zu Aspekten wie Videoqualität, Text-Video-Übereinstimmung, Bewegungsqualität und zeitliche Konsistenz befragt (Singh, 2024). Das Feld der KI-Videogenerierung entwickelt sich schnell, wobei auch laufend neue Metriken entwickelt werden.

1.5 Forschung zu Prompts

Wang und Yang (2024b) analysierten 1,67 Millionen Text-zu-Video-Prompts und 6,69 Millionen generierte Videos von realen Usern aus einem Zeitraum von acht Monaten. Die Prompts stammten aus offiziellen Pika-Discord-Kanälen, und die Videos wurden von Pika, Text2Video-Zero, VideoCraft2 und ModelScope generiert. Es konnte festgestellt werden, dass die Prompts im Schnitt deutlich länger und komplexer sind als Text-zu-Bild-Prompts. Die Verteilung hinsichtlich der Wortanzahl ist aus Abb. 1.12b ersichtlich.

Außerdem unterscheiden sich die Prompts thematisch. Beide Gruppen interessieren zwar beispielsweise Autos, Essen und niedliche Tiere. Doch Text-zu-Video-Nutzer neigen eher dazu, allgemeine menschliche Aktivitäten wie „Gehen" zu generieren, die von Text-zu-Bild-Nutzern selten geprompted werden (Abb. 1.12c).

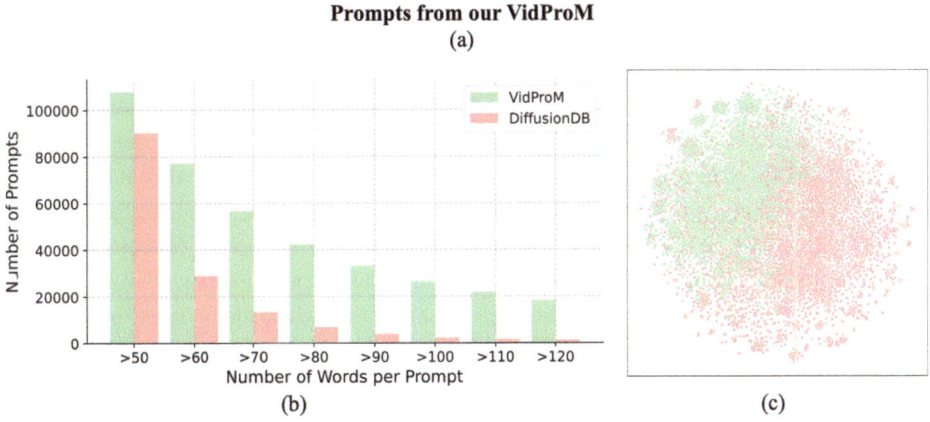

Abb. 1.12 Text-zu-Video-Prompts unterscheiden sich deutlich von Text-zu-Bild-Prompts. (Wang & Yang, 2024b, Fig. 4)

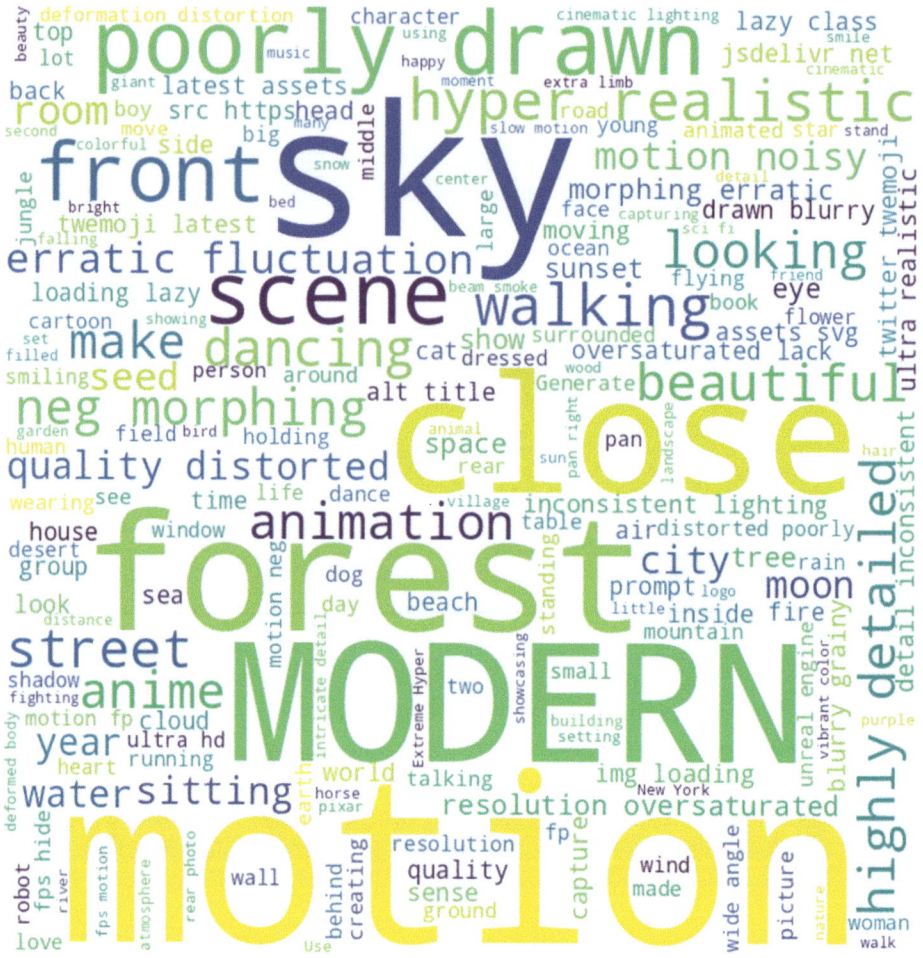

Abb. 1.13 Analyse von acht Millionen Text-zu-Video-Prompts mit WordCloud. (Wang & Yang, 2024a, Fig. 5a)

Die Forscher waren daran interessiert, an welcher Art Video-User interessiert sind. Um die thematischen Unterschiede zu Bild-Usern sichtbar zu machen, verwendeten Wang und Yang zwei Methoden, nämlich WordCloud und WizMap. WordCloud (Abb. 1.13) ist eine visuelle Darstellung von Text, bei der die Größe jedes Wortes seine Häufigkeit im Text angibt. WizMap (Abb. 1.14) ist ein Visualisierungstool, mit dem sich große Einbettungsräume interpretieren lassen. In der WordCloud konnten die häufigsten Prompts grob in zwei Gruppen unterteilt werden: Wörter, die die Eigenschaften der generierten Videos beschreiben und den gewünschten Stil angeben, wie „modern", „Bewegung" und „nah", und Wörter, die das Thema der Generierung beschreiben, wie „Wald" und „Himmel". Zu den bevorzugten Themen gehören Menschen, Science-Fiction, niedliche Tiere wie Katzen und Hunde sowie wilde Tiere wie Tiger und Löwen. Schließlich werden in den Eingabeaufforderungen auch häufig Themen wie Autos und sogar Theologie erwähnt (Wang & Yang, 2024a).

1.6 Künstliche Intelligenz im Einsatz für die Filmproduktion

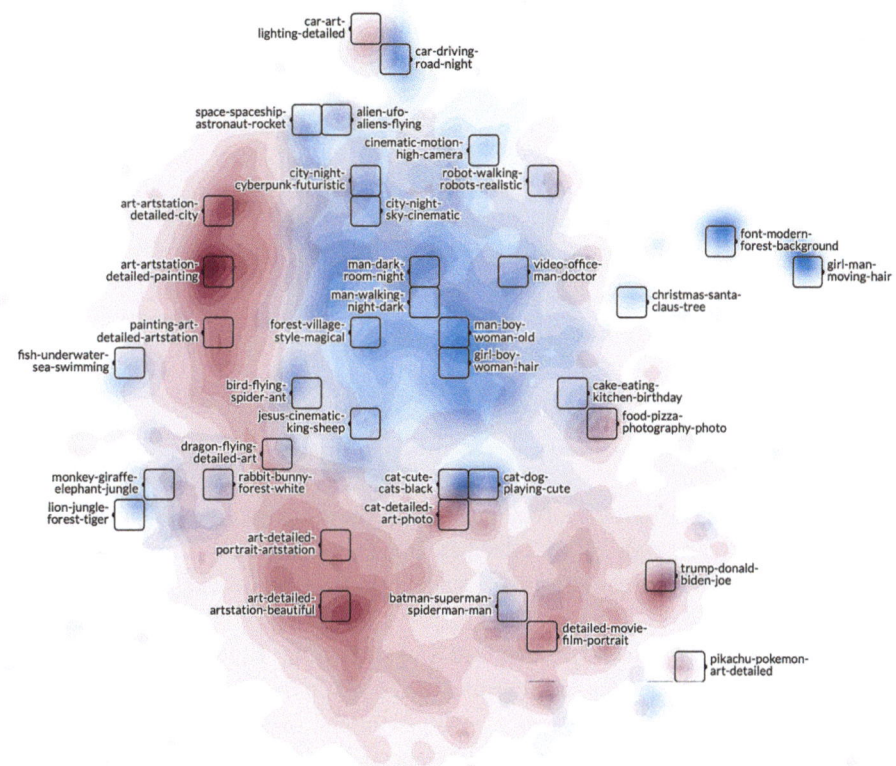

Abb. 1.14 Analyse von acht Millionen Text-zu-Video-Prompts mit WizMap. (Wang & Yang, 2024b, Fig. 5)

1.6 Künstliche Intelligenz im Einsatz für die Filmproduktion

Kommen wir nun konkret zum Einsatz von KI-Software in der Filmproduktion. Es werden im Videobereich unterschiedliche Kategorien von KI eingesetzt:

- **Generative Apps** generieren aus Anweisungen (Prompts) direkt eine eigene Videoausgabe (Kap. 4).
- **Videoeditoren** mit KI-Bearbeitungstools sollen den Bearbeitungsprozess beschleunigen. Einige dieser Funktionen gibt es inzwischen bei Adobe After Effects und Adobe Premiere Pro und anderen Schnittprogrammen. Eigenständige Tools werden in Kap. 6 besprochen.
- **Videoproduktivitäts-Apps**, die KI nutzen, um Inhalte für mehrere Marketingkanäle oder Plattformen zu erstellen (Kap. 7).
- **Andere Tools** können etwa Videos durchsuchen und auswerten (Kap. 9).

Abb. 1.15 Workflow für das Produzieren von Videos mit KI

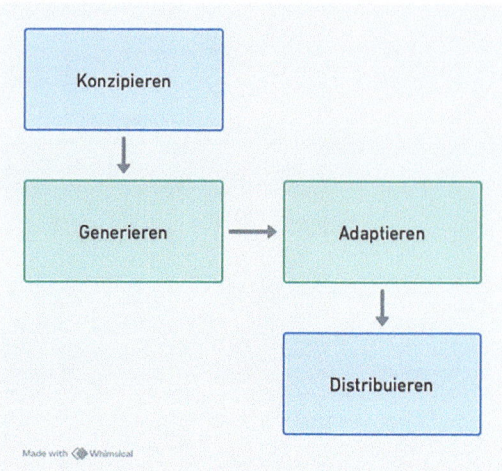

Workflow für das Gestalten professioneller Videos: Solange die vorhandenen KI-Tools noch nicht alle Schritte gleich gut erledigen können, empfiehlt es sich zurzeit noch, folgende Prozessschritte mit jeweils unterschiedlichen Tools abzuwickeln (Abb. 1.15):

- **Konzipieren, Drehbuchschreiben und Storyboarding:** Etwa mit ChatGPT, Gemini, Claude oder spezialisierter *Scriptwriting- und Storyboarding-Software* (Kap. 2)
- **Bilder generieren:** Filmische und, wenn gewünscht, fotorealistische Bilder, etwa mit *Midjourney* und anderen Text-zu-Bild-Generatoren (in hoher Auflösung) erzeugen (Kap. 3)
- **Videos generieren:** Etwa mit Runway, Luma, Kling oder vergleichbaren Tools (Kap. 4) **Audios generieren** (Kap. 5)
- **Adaptieren und Distribuieren:** Nachbearbeitung und Export für die gewünschte Distribution (Kap. 6)

Mit dem Generieren von Animatics, Werbefilmen und Social-Media-Clips beschäftigt sich Kap. 7. Kap. 8 geht auf die rechtlichen und ethischen Rahmenbedingungen von KI-generierten Videos ein, und Kap. 9 gibt einen Ausblick auf die Verwendung von Avataren, 3D-KI-Modellen und den Einsatz von KI in der Live-Produktion.

1.7 Praktische Hinweise

1.7.1 Lokale Installation oder Zugang über Web oder Discord?

Zum Testen von KI-Modellen und für gelegentliche Anwendungen werden meist Web-Plattformen genutzt, die schnell und einfach zugänglich sind. Andere nutzen gerne den Zugang über Discord. In bestimmten Situationen ist aber auch eine lokale Installation möglich und sinnvoll. Welche Vorteile bringt eine lokale Installation eines generativen KI-

Modells? Einige Open-Source-Modelle können lokal ausgeführt werden. Die folgenden Gründe sprechen dafür:

- **Datenschutz:** Informationen bleiben auf dem eigenen Computer; das ist besonders wichtig, wenn mit personenbezogenen Daten gearbeitet wird.
- **Kosten:** Keine Abonnements oder API-Kosten, die Nutzung ist kostenlos.
- **Anpassung:** Viele KI-Modelle können mit spezifischen Systemaufforderungen oder Datensätzen optimiert oder über APIs in andere Anwendungen integriert werden.
- **Offline-Funktionalität:** Es ist keine Internetverbindung erforderlich.
- **Uneingeschränkte Nutzung:** Sie sind frei von Einschränkungen durch externe APIs.

DeepSeek V3-0324 läuft stabil auf einem Mac Studio (DeepSeek-AI, 2025). Ein Open-Source-Projekt, mit dem die Installation eines Large Language Model (LLM) lokal auf PCs getestet werden kann, ist Ollama. Es bietet eine Auswahl an vorab trainierten Modellen – darunter Llama 3 (von Meta) und Gemma 2 (von Google). Die Einrichtung eines lokalen KI-Modells braucht etwas Zeit. Hier finden Sie eine Schritt-für-Schritt-Anleitung, die Ihnen bei der Installation und Ausführung dieses Open-Source-Modells auf Ihrem eigenen Computer hilft:

https://towardsdatascience.com/running-local-llms-is-more-useful-and-easier-than-you-think-f735631272ad

1.7.2 Das Open-Source-Tool OmniGen lokal installieren

OmniGen ist ein **Open-Source-KI-Modell** zur Bildgenerierung und -bearbeitung. Es kann per Prompt Objekte in Bildern identifizieren und Veränderungen vorschlagen oder umsetzen. Damit unterstützt es bei Aufgaben der Bildbearbeitung, die sonst mehrere Schritte erfordern würden, wie etwa Schärfen, Farb- oder Stilanpassungen. Je nach Version und Implementierung sind auch komplexere Eingriffe – wie das Austauschen von Bildteilen oder das Anpassen von Posen – möglich, wobei diese Funktionen noch experimentell sein können. OmniGen lässt sich lokal auf dem eigenen Rechner betreiben und über eine Browser-Oberfläche nutzen.

Voraussetzung ist eine CUDA-fähige Grafikkarte mit mindestens 12 GB VRAM. Und so gehen Sie vor:

- Git auf Windows installieren
- OmniGen Repository clonen von https://github.com/VectorSpaceLab/OmniGen
- Miniconda installieren, mit conda ein neues Environment erstellen und aktivieren
- OmniGen installieren, Dependencies und weitere Requirements für OmniGen installieren
- Gradio-Interface installieren, Dependencies und weitere Requirements für Gradio
- Die lokale URL des Gradio-Interface in einem Browser aufrufen

Ein Tutorial finden Sie hier: https://www.youtube.com/watch?v=PCL9SAlHqzw

1.7.3 MFLUX lokal auf einem Mac installieren

Wenn Sie am Mac ein kostenloses Modell lokal testen wollen, das mit führenden Bildgeneratoren mithalten kann, könnten Sie MFLUX installieren.
Ein Apple-System sollte die folgenden Mindestanforderungen erfüllen:

- MacBook Pro mit M3 Max Chip oder leistungsstärker
- Mindestens 40 GB verfügbarer RAM
- macOS Sonoma oder höher
- Xcode Command Line Tools installiert
- Homebrew-Paketmanager

Um die beste Leistung von Flux Schnell auf Ihrem MacBook zu erzielen, gehen Sie wie folgt vor:

- Schließen Sie nicht benötigte Anwendungen, um RAM- und CPU-Ressourcen freizugeben.
- Sorgen Sie für gute Belüftung Ihres MacBooks, um eine thermische Drosselung zu verhindern.
- Experimentieren Sie mit num_inference_steps. Eine Erhöhung dieses Wertes kann die Bildqualität verbessern, verlängert jedoch auch die Generierungszeit. Mit einem Heruntersetzen des Wertes beschleunigen Sie die Verarbeitung.
- Passen Sie max_sequence_length an: Längere Sequenzen ermöglichen detailliertere Vorgaben, erfordern dagegen mehr Speicher und Verarbeitungszeit.

Eine Installationsanleitung ist hier zu finden: https://anakin.ai/de/blog/flux-schnell-local/
Eine Installationsanleitung für Windows-Systeme finden Sie hier: https://techsavvy-trends.medium.com/flux-ai-free-ai-image-generator-on-your-pc-925971b62189

1.7.4 fal.ai

Softwareentwickler können über APIs generative KI-Modelle in ihre Anwendungen integrieren, und **fal.ai** ist eine Plattform, die genau dafür eine Infrastruktur bereitstellt. Sie zielt darauf ab, KI-gestützte Mediengenerierung (Bild, Video, Audio) mit möglichst geringer Latenz zu realisieren und damit interaktive Benutzererlebnisse zu ermöglichen. Über die fal.ai-Model-Galerie lässt sich aus den verfügbaren Modellen wählen, etwa:

- **MiniMax Hailuo AI:** Videoclips aus Bildern mit dem MiniMax-Video-Modell erstellen
- **fal-ai/luma-dream-machine:** Videoclips aus Bildern mit Luma Dream Machine erstellen

- **fal-ai/kling-video/v1/standard:** Videoclips aus Bildern mit Kling erstellen
- https://fal.ai/models/fal-ai/wan-i2v: Auch das Videogenerierungsmodell Wan 2.1 von Alibaba ist hier zugänglich.

fal.ai stellt Client-Bibliotheken und eine Infrastruktur zur Verfügung, damit Entwickler ihre eigenen Modelle dort betreiben können.

Vorsicht bei der Eingabe von Kreditkartendaten
Beim Abschluss von kostenpflichtigen Abos ist meist die Eingabe von Kreditkartendaten erforderlich. Hier gilt es, vorsichtig zu sein, denn vereinzelt gibt es kriminelle KI-Plattformen, welche die Zahlungsdaten missbräuchlich verwenden. Das kann dazu führen, dass über die freigegebenen Beträge hinaus eine sehr große Zahl von Abbuchungen vorgenommen wird – manchmal in so unkontrollierbarem Umfang, dass Kreditkartengesellschaften gezwungen waren, die betroffenen Karten zu sperren.

Die in diesem Buch empfohlenen Plattformen wurden durch den Autor getestet und haben dabei kein problematisches Verhalten gezeigt. Beim Experimentieren mit neuen, noch unbekannten Plattformen empfiehlt es sich aber, vorsichtig zu sein und etwa eine Debitkarte zu verwenden, deren Ausgabenrahmen gedeckelt ist.

Kreditkarten für Agentic Commerce
Für Bezahlvorgänge von KI-Agenten haben die Zahlungsdienstleister wie beispielsweise PayPal inzwischen eigene Technologien entwickelt. Bei VISA kommen statt klassischer Kartendetails digitale Zugangsdaten (*AI-ready cards*) zum Einsatz, die die Sicherheit erhöhen und es KI-Agenten ermöglichen, Zahlungen im Namen des Nutzers auszuführen. Mastercard integriert KI-Agenten mit Agent Pay in KI-Plattformen, damit diese die Bezahlung direkt abwickeln können.

1.7.5 Womit werden Sie experimentieren?

Noch ein wichtiger Hinweis: Plattformen und Werkzeuge der KI entwickeln sich sehr rasch, neue Tools kommen hinzu, Funktionen verändern sich, Plattformen werden im Angebot reduziert oder erweitert. Derzeit gibt es viele Anbieter auf dem Markt, aber keinen klaren Gewinner. Das beste Tool von heute ist vielleicht nicht das beste von morgen. Der Wettbewerb ist äußerst dynamisch, und neue Funktionen verändern regelmäßig die Konkurrenzsituation. Dieses Buch ist nicht als Marktüberblick gedacht, da es für jede Funktion mehrere Werkzeuge gibt, die sich nur geringfügig unterscheiden. Alle Beispiele sind daher als Hinweis gedacht, **Workflows selbst auszuchecken**, **Angebote zu vergleichen** und **Software auszuwählen**, die Ihren Bedürfnissen entspricht. Sehen Sie deshalb die in diesem Buch vorgestellten Modelle nicht als Empfehlung an, sondern vergleichen Sie selbst, was Ihren Anforderungen am meisten entgegenkommt – vor allem, bevor sie kostenpflichtige Abos abschließen.

Während wir die Verfeinerung von KI-Videotools erleben, gewinnen sie Bedeutung für die Zukunft der digitalen Medienproduktion. Prüfen Sie diese neuen Methoden für sich, dann nehmen auch Sie teil an der großen Umwälzung der Medien durch KI, die einer historischen Zäsur gleichkommt. Zum Beleg des Ausmaßes dieses tiefgreifenden

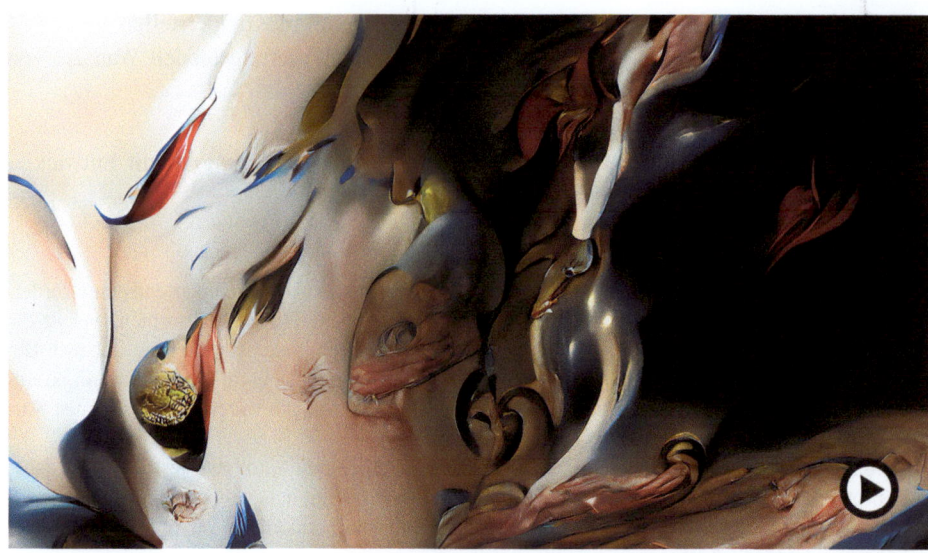

Abb. 1.16 Experimentalfilm *Hysteresis* von Robert Seidel, Gewinner der Publikumspreise in der Wettbewerbskategorie „Abstrakt" beim London International Animation Festival und in der Kategorie „Animation Avantgarde" beim Vienna Shorts Festival (▶ https://doi.org/10.1007/000-h4k)

Wandels sei ein Experimentalfilm von Robert Seidel aus dem Jahr 2021 ans Ende dieses Kapitels gestellt. Er ist eine Ode an den unvorhersehbaren Wandel durch KI und die tänzerische Bewegung einer Einzelnen, welche die kontinuierliche Mustererkennung stört. Unter dem Titel *Hysteresis* (übersetzt etwa „das Zu-spät-" oder „Zu-kurz-Kommen") – entfaltet sich ein Spiel aus malerischen Formen, verflüssigten Körpern und pulsierenden Texturen. Eine düstere Wendung bringt die Tänzerin zurück, in quecksilbrigen Formen, die reine musikalische Halluzinationen des Komponisten Markus Popp (OVAL) darstellen. „[…] such a web fascinates us because it resembles so closely the way that the mind works all the time, whether we're aware of it or not, reflecting the dense interconnections of all existence", schreibt der Autor David Finkelstein im Essay *Stem Cells of the Mind* über den Film (Abb. 1.16).

Fragen

1. Was wird mit dem Begriff „generative KI" beschrieben?
2. Was sind Text-zu-Video-Modelle?
3. Wie kann die Qualität von Text-zu-Video-Modellen bewertet werden?
4. Was sind die Herausforderungen bei der Text-zu-Video-Generierung?

Antworten
1. Generative KI erzeugt neue Inhalte (Texte, Bilder, Musik, Videos), basierend auf gelernten Mustern und Informationen. Sie nutzt Modelle wie *Generative Adversarial Networks (GANs)* oder Transformermodelle (wie GPT oder DALL·E), um Inhalte zu erstellen, die nicht einfach von Daten kopiert, sondern neu generiert werden. Dies ist ein in der Praxis wichtiger zentraler Anwendungsbereich von Deep Learning.
2. Text-zu-Video-Modelle sind KI-gesteuerte Systeme, die Videoinhalte aus Textbeschreibungen generieren. Sie verwenden maschinelles Lernen, um Text zu interpretieren und eine Bildsequenz zu erstellen, die ein zusammenhängendes Video bildet und sowohl räumliche als auch zeitliche Konsistenz mit dem Eingabetext gewährleistet.
3. Die Bewertung von Text-zu-Video-Modellen umfasst eine Kombination aus objektiven Metriken und menschlichem Urteilsvermögen. Objektive Metriken bewerten die technische Qualität von Videos, während menschliche Bewerterinnen Einblicke in die Wahrnehmungsqualität geben, wie Natürlichkeit und semantische Übereinstimmung mit den Textaufforderungen.
4. Zu den wichtigsten Herausforderungen gehören die Rechenkomplexität, die Aufrechterhaltung der räumlichen und zeitlichen Konsistenz über Frames hinweg und das Mithalten bei den aktuellen Bewertungsmetriken. Diese Herausforderungen erfordern kontinuierliche Forschung und Entwicklung, um die generativen Fähigkeiten von Text-zu-Video-Modellen zu verbessern.

Literatur

Airenti, G., Cruciano, M., & Plebe, A. (2019). *The cognitive underpinnings of anthropomorphism.* Frontiers Media.

Cappucio, M., Galliott, J., & Sandoval, E. (2021). Saving private robot: Risks and advantages of anthropomorphism in agent-soldier teams. *International Journal of Social Robotics.*, 2–5.

Center for Research on Foundation Models.(2023). Stanford University. https://crfm.stanford.edu. Zugegriffen am 11.12.2023.

Codiste (2023, Dezember 14). *How to create a generative AI video model?* https://www.codiste.com/how-to-create-a-generative-ai-video-model. Zugegriffen am 15.09.2024.

Da Silva, G. (2024). *Deepfakes können der Demokratie nützen. Machen wir die Technologie dahinter nicht zum Sündenbock für Probleme der Politik.* https://www.nzz.ch/meinung/deepfakes-koennen-der-demokratie-nuetzen-machen-wir-die-technologie-dahinter-nicht-zum-suendenbock-fuer-probleme-der-politik-ld.1861194. Zugegriffen am 01.01.2025.

De Gregorio, I. (2024) *Apple speaks the truth about AI. It's not good. Are we being lied to?* https://medium.com/@ignacio.de.gregorio.noblejas/apple-speaks-the-truth-about-ai-its-not-good-8f72621cb82d Zugegriffen am 15.11.2024.

DeepSeek-AI (2025). *DeepSeek-V3 Public.* https://github.com/deepseek-ai/DeepSeek-V3?tab=readme-ov-file#6-how-to-run-locally. Zugegriffen am 02.04.2025.

Dhaduk, H. (2023). *How does generative AI work: A deep dive into generative AI models.* https://www.simform.com/blog/how-does-generative-ai-work/. Zugegriffen am 22.12.2024.

Drensek, N., & Schmähl, J. (2023). *Einsatz von generativer KI in der Filmproduktion – Greifen generative KI-Tools auf Originalfilmszenen zu?* https://www.zukunft-ki-fh-kiel.de/ki-und-ethik/generative-ki-und-originalfilmszenen/. Zugegriffen am 02.01.2025.

Exquisite Workers (2024). *AI Artwork Hits 43 Million Views, Sparks Debate on X AI Artwork Hits 43 Million Views.* https://ai.gopubby.com/long-term-memory-for-agentic-ai-systems-4ae9b37c6c0f. Zugegriffen am 31.08.2024.

Foster, D. (2023). *Generative deep learning.* O'Reilly Media, Inc.

Ghodgaonkar, I. (2024). *How does Video Generation work?* https://www.determined.ai/blog/how-does-video-gen-work. Zugegriffen am 15.09.2024.

Hume, D. (1957). *The natural history of religion* (S. 29). Stanford University Press.

Khan, F. (2024). *Building an AI Text-to-Video Model from scratch using python: From zero to AI generated video.* https://levelup.gitconnected.com/building-an-ai-text-to-video-model-from-scratch-using-python-35b4eb4002de#9cdc. Zugegriffen am 15.09.2024.

Koblin, J. (2024). *Now Narrating the Olympics: A.I.-Al Michaels NBC will offer a customized, daily highlight reel with A.I.-generated narration that sounds like the longtime broadcaster.* https://www.nytimes.com/2024/06/26/business/media/nbc-olympics-ai.html. Zugegriffen am 27.06.2024.

Kruglanski, A., & Webster, D. (1996). Motivated closing of the mind: 'Seizing' and 'Freezing'. *Psychological Review, 103*(2), 263–283.

Kyusik, K. (2025, Februar 06). *Maeil Business Newspaper.* https://www.mk.co.kr/en/it/11234864. Zugegriffen am 25.02.2025.

Lux, L. (2023). *Generative AI – Eine Übersicht.* https://www.alexanderthamm.com/de/blog/generative-ai-eine-uebersicht/. Zugegriffen am 24.06.2024.

Maslej, N., Fattorini, L., Perrault, R., Gil, Y., Parli, V., Kariuki, N., Capstick, E., Reuel, A., Brynjolfsson, E., Etchemendy, J., Ligett, K., Lyons, T., Manyika, J., Niebles, J. C., Shoham, Y., Wald,R., Walsh, T., Hamrah, A., Santarlasci, L., Lotufo, J. B., Rome, A., Shi, A., & Oak, S. 2025). *The AI Index 2025 Annual Report* (S. 3). AI Index Steering Committee, Institute for Human-Centered AI, Stanford University.

Mathew, A. (2024). *Deep Learning Architectures: When to Use CNNs, RNNs and GANS.* https://medium.com/kinomoto-mag/deep-learning-architectures-when-to-use-cnns-rnns-and-gans-5297df759580. Zugegriffen am 27.11.2024.

Patience, N., & Johnston, A. (2023). *Generative AI software market to exceed $36bn in aggregate revenues by 2028, with 58% CAGR between 2023 and 2028. S&P Global Market Intelligence.* https://www.spglobal.com/marketintelligence/en/news-insights/research/generative-ai-software-market-to-exceed-36bn-in-aggregate-revenues-by-2028-with-58-cagr-between-2023-and-2028. Zugegriffen am 02.08.2024.

Patterson, J., & Gibson, A. (2024). *Deep Learning.* O'Reilly Media, Inc.

Pinker, A. (2024). *KI und Filmproduktion: Lionsgate und Runway revolutionieren die Branche.* https://medialist.info/2024/09/23/ki-und-filmproduktion-lionsgate-und-runway-revolutionieren-die-branche. Zugegriffen am 12.11.2024.

Salles, A., Evers, K., & Frisco, M. (2020). Anthropomorphism in AI. *AJOB Neuroscience, 11*(2), 91 f.

Schlemmer, M., Wackerbeck, P., Ettlin, D., & Rietzel, M. (2024). *Embracing the GenAI opportunity. How Europe can seize the vast potential of Generative Artificial Intelligence* (S. 14). https://www.strategyand.pwc.com/de/en/industries/financial-services/embracing-the-genai-opportunity/strategyand-embracing-the-genai-opportunity.pdf. Zugegriffen am 22.07.2024.

Singh, S. (2024). *Evaluating and Finetuning text to video model – Case study.* https://www.labellerr.com/blog/evaluating-and-finetuning-text-to-video-model/. Zugegriffen am 15.09.2024.

Spotola, N., & Chaminade, T. (2022). Cognitive load increases anthropomorphism of humanoid robot: the automatic path of anthropomorphism. *International Journal of Human-Computer Studies, 196*, 1–15.

Literatur

Tao, C. (2024). *Do not use LLM or generative AI for these use cases: choose correct AI techniques for the right use case families.* https://pub.towardsai.net/do-not-use-llm-or-generative-ai-for-these-use-cases-a819ae2d9779. Zugegriffen am 24.09.2024.

Tjonwolf, J. D. (2024). *Open-source AI: The future of data research.* Publiziert im Eigenverlag unter ASIN: B0CZJ5KR29

Wang, W., & Yang, Y. (2024a). *VidProM: A million-scale real prompt-gallery dataset for text-to-video diffusion models.* https://arxiv.org/pdf/2403.06098v1. Zugegriffen am 07.01.2025.

Wang, W., & Yang, Y. (2024b). *VidProM: A million-scale real prompt-gallery dataset for text-to-video diffusion models.* https://arxiv.org/abs/2403.06098v4. Zugegriffen am 06.01.2025.

Webisoft Blog (2024, März 04). *How to create a generative video model?* Blogpost. https://webisoft.com/articles/model-video/. Zugegriffen am 15.09.2024.

Screenwriting

Inhaltsverzeichnis

2.1 Stoffentwicklung als mehrstufiger Prozess 36
    2.1.1 Wozu kann künstliche Intelligenz beim Schreiben eingesetzt werden? 37
    2.1.2 Wie genau funktionieren Chatbots? 40
2.2 Ideenfindung 41
    2.2.1 Das „Carnet" 41
    2.2.2 Die zentrale Idee 42
    2.2.3 Strukturelle Paradigmen über Bord werfen 45
    2.2.4 Tipps zum kreativen Schreiben 48
    2.2.5 Helfen Genres wirklich? 50
    2.2.6 Projektauswahl 50
2.3 Chatbot als kreativer Sparringspartner 52
    2.3.1 Archetypen statt Stereotypen 52
    2.3.2 Charakterfehler 54
    2.3.3 Erzählstandpunkte 55
    2.3.4 Grundstruktur konsolidieren 55
    2.3.5 Szenen entwickeln 56
    2.3.6 Über das Offensichtliche hinausgehen 57
    2.3.7 Dialoge schreiben 57
    2.3.8 Ein gutes Drehbuch ist nie geschrieben, es wird umgeschrieben 57
2.4 Schreiben mit Drehbuchsoftware 60
    2.4.1 Filmdrehbücher mit Squibler schreiben 60
    2.4.2 Künstliche Intelligenz im Writers' Room 64

Ergänzende Information Die elektronische Version dieses Kapitels enthält Zusatzmaterial, auf das über folgenden Link zugegriffen werden kann [https://doi.org/10.1007/978-3-658-46663-3_2]. Die Videos lassen sich durch Anklicken des DOI-Links in der Legende einer entsprechenden Abbildung abspielen, oder indem Sie diesen Link mit der SN More Media App scannen.

© Der/die Autor(en), exklusiv lizenziert an Springer Fachmedien Wiesbaden GmbH, ein Teil von Springer Nature 2025
L. Riedl, *Videos mit künstlicher Intelligenz gestalten*, X.media.press, https://doi.org/10.1007/978-3-658-46663-3_2

2.4.3	Dokumentarfilmdrehbücher	65
2.4.4	Comedy schreiben	65
2.5	Mit diesen Tools sind Sie vorn dabei	65
2.6	Pitching	66
2.7	Storyboards generieren	66
2.7.1	Wozu braucht es Storyboards?	66
2.7.2	Drehbuchrecherche	67
2.7.3	Prompts für Storyboards	67
2.7.4	Storyboarding-Software	68
Literatur		72

▶ **Auftakt** Was ist Dramaturgie? Die Auseinandersetzung mit dem, was wirkt. Über viele Jahrhunderte hat sich Dramaturgie damit beschäftigt, was Geschichten erfolgreich macht.

Zu erzählen, ist etwas zutiefst Menschliches. Was wir denken und sagen, bildet unsere Wirklichkeit, formt unsere Beziehungen und prägt das Bild, das wir von anderen Menschen und von uns selbst haben. Das wollen wir niemals, *never ever*, auf gar keinen Fall einer Künstlichen Intelligenz überlassen. KI kann uns lediglich helfen, unsere Konzepte besser zu strukturieren und unsere Ideen klarer zu formulieren.

Drehbuchschreiben ist ein Eckpfeiler des Filmemachens, und Text ist eines der Hauptelemente der kreativen Gestaltung von Videos. Für manche kann Schreiben ein sehr zeitraubender Teil des Schaffensprozesses sein. Sie haben vielleicht schon eine sehr konkrete, spannende Geschichte im Kopf und denken darüber nach, was passiert und wie es passiert. Wenn es dann aber darum geht, das Drehbuch tatsächlich auszuformulieren, funktionierende Dialoge und fesselnde Off-Texte zu schreiben, kommt manchmal so etwas wie eine „Schreibblockade" ins Spiel. Genau dann kann KI helfen – selbst wenn der Beitrag an neuen Ideen durch die KI letztendlich nicht groß sein mag.

2.1 Stoffentwicklung als mehrstufiger Prozess

Stoffentwicklung ist ein umfangreicher Prozess. In diesem Kapitel geht es um den großen Bogen des Screenwritings, von der Ideenfindung über die Entwicklung des Drehbuches bis hin zum Pitching und dem Storyboarding. Wie Ideen gesammelt und ausgewählt werden, damit beschäftigen wir uns in Abschn. 2.2. Unterschiedliche Herangehensweisen an die Drehbuchentwicklung werden in Abschn. 2.3, 2.4 und 2.5 beschrieben. Begonnen mit kurzen schriftlich formulierten Ideen führt der Weg über immer längere Texte bis zum detaillierten und umfangreichen Drehbuch. Um eine Produktion in Angriff nehmen und finanzieren zu können, werden für unterschiedliche Zwecke wieder kürzere Textsorten erforderlich (Abschn. 2.6).

Und schließlich geht es in Abschn. 2.7 um den darauffolgenden kreativen Schritt: Ein Storyboard ist eine Serie von Zeichnungen, die die Geschichte eines Drehbuches oder

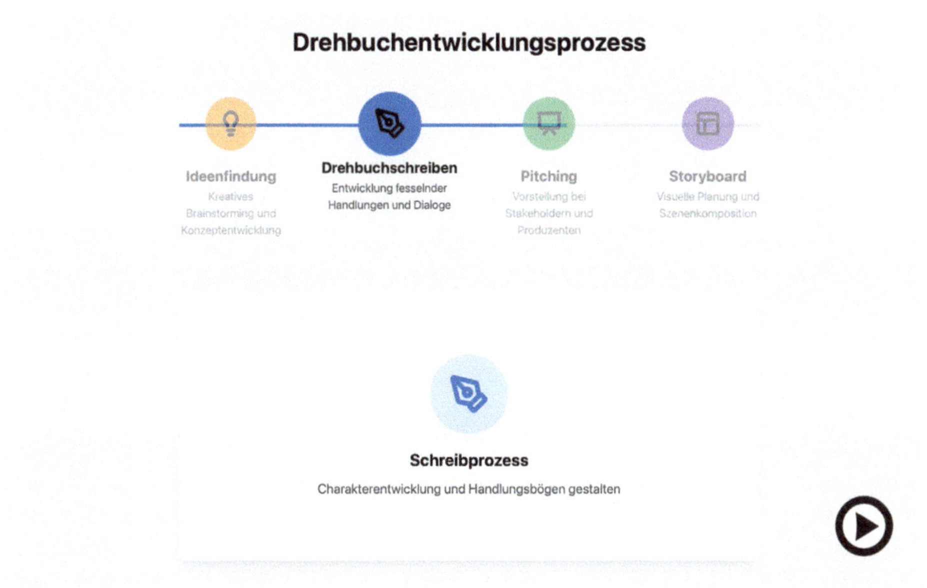

Drehbuchentwicklungsprozess

- Ideenfindung — Kreatives Brainstorming und Konzeptentwicklung
- Drehbuchschreiben — Entwicklung fesselnder Handlungen und Dialoge
- Pitching — Vorstellung bei Stakeholdern und Produzenten
- Storyboard — Visuelle Planung und Szenenkomposition
- Schreibprozess — Charakterentwicklung und Handlungsbögen gestalten

Abb. 2.1 Der Drehbuchentwicklungsprozess (erstellt mit Claude 3.5 Sonnet, 2024) (▶ https://doi.org/10.1007/000-h4n)

Skripts visuell erzählt. Die zentrale Funktion des Storyboards ist es, dem Produktionsteam eine klare Vorstellung davon zu vermitteln, wie die Geschichte umgesetzt werden soll (Abb. 2.1).

Hinweis: Alle Videos in diesem Buch können mit der *Springer Nature More Media* App angesehen werden.

2.1.1 Wozu kann künstliche Intelligenz beim Schreiben eingesetzt werden?

Im September 2023 schloss die Writers Guild of America (WGA) eine Vereinbarung mit der Alliance of Motion Picture and Television Producers (AMPTP), die den Schutz von Drehbuchautoren vor den Auswirkungen von KI verbessern soll. Der Vertrag legt fest, dass KI weder zum Schreiben noch zum Überarbeiten von Drehbüchern oder Konzepten eingesetzt werden darf. Studios sind verpflichtet offenzulegen, falls Material, das Autoren zur Verfügung gestellt wird, KI-generiert ist. Zudem wird sichergestellt, dass Drehbücher nicht ohne Zustimmung der Autorinnen verwendet werden dürfen, um KI-Modelle zu trainieren. Gleichzeitig erlaubt der Vertrag Autoren, KI nach eigenem Ermessen für ihre Arbeit zu nutzen. In einer Zeit, in der viele Berufsgruppen um ihre Arbeitsplätze durch generative KI fürchten, könnte diese Vereinbarung als wegweisend gelten – nicht nur für Hollywood, sondern auch in anderen Ländern weltweit (Bedingfield, 2023).

Tatsächlich wird von Autorinnen und Autoren ja immer häufiger KI eingesetzt. Neuere Modelle reduzieren gegenüber früher die Anzahl von Wortwiederholungen, die Narrative haben eine bessere Struktur und oft eine stärkere, faszinierendere Prämisse. Während alte Modelle zum Beispiel nur unmittelbare Erzählungen kannten, sind neue Modelle schon in der Lage, einen indirekten Ansatz zu verwenden (Gibbs, 2024b).

Im weiten Bereich des kreativen Schreibens lässt die Integration von KI erwarten, dass traditionelle Arbeitsweisen verändert werden und schnellere Abläufe Einzug halten. Spezielle Textverarbeitungsprogramme wie Final Draft, Celtx und WriterDuet stellten eine korrekte Formatierung von Drehbüchern sicher und galten seit Jahrzehnten als Standards für die Skripterstellung. Nun stehen neue Tools zur Verfügung. Von der Optimierung von Synopsis und Treatment über den raschen ersten Entwurf eines Drehbuches bis hin zum Pitch ist das Potenzial von KI im Screenwriting enorm. Ohne menschliche Kreativität ersetzen zu können, dient KI als fachkundige Assistentin, die Ideen verfeinert und verbessert.

Sam Altman, CEO von OpenAI, prognostiziert, dass die Zukunft des Geschichtenerzählens eine Mischung aus menschlicher Sensibilität und KI-gestützter Struktur sein wird, wobei die besten Elemente beider kombiniert würden, um uns erfolgreichere, eindringlichere und spannendere Erzählungen zu bieten. Diese Zukunftsvision für KI sieht nicht das Ersetzen, sondern die Unterstützung menschlicher Autorinnen vor. KI fungiert als „Sparringspartner" im kreativen Prozess, die Ideen kombiniert verbessert oder neue Denkanstöße gibt. Sie kann kreative Entscheidungen hinterfragen, ungewöhnliche Wendungen vorschlagen oder alternative Strukturen anregen. Diese dynamische Zusammenarbeit verstärkt das kreative Potenzial von Autorinnen, indem sie neue Perspektiven eröffnet und den Schreibprozess bereichert (Gesikowski, 2024).

Wo genau kann denn nun KI eingesetzt werden?

- **Drehbuchanalyse:** KI kann den Erfolg einer Filmidee abschätzen helfen, Einblicke in die Emotionen der Figuren geben und Vorschläge für Drehbuchänderungen machen. Dabei werden Themen, Dialogstile und Narrative analysiert und damit verglichen, was sich in der Vergangenheit bewährt hat.
- **Figurenentwicklung:** KI kann Figuren aus Tausenden von Filmen und Serien analysieren. Das hilft Drehbuchautorinnen, Figuren so zu zeichnen, dass sie beim Publikum nicht völlig fremd wirken und deshalb voraussichtlich breiten Anklang finden (Townsend, 2024).
- **Strukturentwicklung:** KI kann die dramaturgischen Abläufe bekannter Serien und Filme analysieren und Autorinnen Vorschläge für die Struktur ihrer Drehbücher geben.

Ein nicht zu unterschätzendes Risiko ist die dadurch zu erwartende Überstandardisierung kreativer Prozesse. KI-Systeme, die darauf trainiert sind, erfolgreiche Muster nachzuahmen, könnten zu einer Homogenisierung der Inhalte und einer Uniformität filmischer Narrative führen und dadurch unkonventionelle oder innovative Projekte an den Rand drängen (Bliedung von der Heide, 2024).

Was sind KI-Algorithmen im Grunde? Wahrscheinlichkeit statt Formel? Beides ist das Gegenteil von Kreativität! Die größte Schwächen dürfte KI beim Erfinden von überraschenden Wendungen und beim Schreiben unverwechselbarer Dialoge haben, also gerade bei dem, was herausragende Drehbücher ausmacht! Letztendlich hängt die sinnvolle

2.1 Stoffentwicklung als mehrstufiger Prozess

Verwendung von *Screenwriting*-Tools davon ab, wie sie von den kreativen Köpfen in ihre Workflows einbezogen werden.

Wie nützlich wird diese Technologie künftig für Autoren sein, die sie bei der Ideenfindung oder beim Verfeinern von Entwürfen heranziehen? Und wenn sie sie tatsächlich verwenden, werden die Zuschauer etwas davon merken?

Um diesen Fragen nachzugehen, hat *The Los Angeles Times* eine Reihe von Auszügen aus verschiedenen nicht produzierten Drehbüchern und Skripts zusammengestellt. Einige wurden von menschlichen Autorinnen (Mitgliedern der *Writers' Guild*) geschrieben, während andere von der generativen KI-Plattform GPT-4 generiert wurden. Es ist alles andere als einfach, den Unterschied zu erkennen (Contreras & Licari, 2023).

Das *Burano Artificial Intelligence Film Festival* hat eine eigene Kategorie „*AI in screenwriting distinction*", in der Filme ausgezeichnet werden, die am überzeugendsten den Einsatz von KI im *Screenwriting*-Prozess zeigen (https://baiff.eu/baiff-2023-awarded-films-en/). Einer der Gewinnerfilme ist *Intelligentia* von Regisseur und Kameramann Ken Shinozaki aus Los Angeles (Videolink 2.1).

Videolink 2.1 Intelligentia von Ken Shinozaki, Los Angeles
https://youtu.be/bqdXWKKAiPY

Warum ist KI im Drehbuchschreiben so schnell angekommen? Trotz ethischer und rechtlicher Herausforderungen bietet KI einige Vorteile. Sie erleichtert Arbeitsprozesse und verkürzt die Fertigstellungszeit – ein Gewinn für die Filmschaffenden und für die Studios. Wenn man Menschen, die in der Film- und Fernsehproduktion arbeiten, fragt, ob sie KI einsetzen, dann werden viele antworten: „Ja, zum Entwickeln von Ideen und zum Schreiben von Konzepten." Die vorhandenen Large Language Models (LLMs) erleichtern die Schreibarbeit doch einigermaßen.

Das Schreiben von Sprachkommentaren für Dokumentarfilme etwa geht mit Unterstützung eines Chatbots schneller. Von Sprachkommentaren wünschen wir uns, dass sie rhythmisch fließen, klar im Ausdruck, pointiert und mit Wortwitz formuliert sind. Das schaffen wir mit KI-generierten Texten – genauso wie mit selbst verfassten –, aber natürlich nur nach mehrmaliger Überarbeitung. Das Überarbeiten von Texten ist wie das Reduzieren von Saucen. Ob Fond, Sahne oder Gemüsebrühe – all diese Flüssigkeiten können reduziert werden, damit das Aroma intensiver wird. Die Texte von Sprachkommentaren brauchen dieses „Reduzieren" ebenfalls, mit oder ohne KI-Unterstützung.

Ähnliches gilt für Dialoge von fiktionalen Filmen. Dialoge sollen nicht nur etwas von der Figur ausdrücken, sie sollen auch die Handlung vorantreiben. Der amerikanische Regisseur Sidney Lumet (2006) untersucht jede Szene mit den Fragen „Trägt diese Szene etwas zum Grundthema bei?", „Wie?", „Trägt sie zur Handlung bei?", „Trägt sie zur Figur bei?", „Verläuft die Handlung in einem sich zunehmend steigernden dramaturgischen Spannungsbogen?" und im Fall einer Komödie „Wird sie lustiger?" und „Wird die Handlung von den Figuren vorangetrieben?".

Auf den Punkt gebrachte Dialoge wirken anfangs manchmal sperrig – das gilt besonders für viele von Chatbots geschriebene Texte, denn Menschen sagen oft nicht direkt, was sie fühlen, sondern gehen subtiler vor; sie überdecken ihre wahren Gefühle mit einer

Schicht sozial Akzeptablem. Eine mehrmalige Überarbeitung der Dialoge ist schon allein deshalb notwendig (Abschn. 2.1.7).

Was bringt es letztlich, KI beim Schreiben einzubeziehen? Man stelle sich KI als Coach vor, der beim Scripting zur Seite steht. KI ist wie ein Team von Expertinnen, das helfen kann, eine Erzählung zum Leben zu erwecken – wie ein Bibliothekar, eine Analystin, ein Redakteur oder eine Regisseurin. Sehen wir uns an, wie KI dafür geprompted werden muss.

Chatbots beruhen auf LLMs und lernen Sprache aufgrund von Tokens (s. Infobox „Basics"); sie antworten aufgrund von Wahrscheinlichkeiten. Die Vielfalt der Sprachmodelle nimmt zu, von spezialisierten Modellen wie etwa Coding-Modellen bis zu allgemeinen Chatbots. Am häufigsten werden zurzeit wohl Claude, OpenAIs ChatGPT, Microsofts Copilot (Bing Chat) und Googles Gemini verwendet. Llama von Meta AI, Grok 3 von X und DeepSeek von High-Flyer kommen gerade hinzu.

Ein weiteres Modell stammt von Cohere. Cohere Command ist daher darauf ausgelegt, in Unternehmensumgebungen gut zu funktionieren. Cohere legt Wert auf Datenschutz und Sicherheit, was für Unternehmen wichtig ist, die personenbezogene Daten verarbeiten.

Wenn wir hier ChatGPT-4 als Beispiel verwenden, soll ausdrücklich festgehalten werden, dass Sie ähnlich hochwertige Unterstützung von mehreren anderen Chatbots erwarten können. Für kreatives Schreiben kann etwa Mistral AI sehr empfohlen werden. Obwohl es als Open-Source-Software programmiert ist, überzeugt es in den Benchmarks (Andi, 2024).

2.1.2 Wie genau funktionieren Chatbots?

Damit ein Chatbot beim Schreiben unterstützen kann, müssen ihm Anweisungen in Form von sogenannten Prompts gegeben werden. Diese Prompts können sowohl Fragen als auch Befehle sein. Sie sind der Schlüssel zur produktiven Interaktion und beeinflussen die Art und Weise, wie ein Bot auf eine Anfrage reagiert. Man gibt dazu detaillierte Angaben über ein Projekt ein, einschließlich des geplanten Einsatzes des künftigen Filmes, der Zielgruppe und des gewünschten Stiles. Wichtige Details können hervorgehoben werden, beispielsweise bestimmte Aufnahmen oder Elemente, die für das Projekt entscheidend sind.

Generell gilt für Prompts, die ja mithilfe von LLMs interpretiert werden, dass die Leistung abnimmt, wenn überflüssige, redundante Angaben im Prompt enthalten sind. In einer Studie von Apple war selbst bei einigen neueren Modellen ein Leistungsabfall von bis zu 65 % zu verzeichnen (Mirzadeh et al., 2024). Das heißt für uns als Gestalterinnen, dass Prompts zwar nicht unbedingt kurz zu formulieren sind, aber dass redundante Inhalte wegzulassen sind.

Basics
Was ist ein Large Language Model?
Ein Large Language Model (LLM) ist ein komplexes maschinelles Lernmodell, das für sprachbezogene Aufgaben entwickelt wurde. LLMs wie GPT-4 basieren auf Deep-Learning-Architekturen und generieren komplexe Antworten auf der Grundlage von Mustern, die sie aus großen Textmengen gelernt haben. Kurz gesagt, alle LLMs können als Chatbots fungieren, aber nicht alle Chatbots sind LLMs.

Was sind neuronale Netze?

Neuronale Netze, auch künstliche neuronale Netzwerke genannt, haben ein biologisches Vorbild in der Verknüpfung der Neuronen im menschlichen Gehirn. Es geht allerdings mehr um eine Abstraktion (Modellbildung) dieser Informationsverarbeitung. Beim Trainieren des Netzes werden dabei die Gewichte der Verbindungen zwischen den Neuronen anhand einer Fehlerfunktion aktualisiert. Mit der Fehlerrückführung werden Fehler und Gewichte in einer Funktion abgebildet. Das Lernen korrespondiert nun mit einer Minimierung der Fehlerfunktion, indem die Gewichte angepasst werden. Grundsätzlich unterscheiden sich die Klassen der Netze vorwiegend durch die Netztopologien, Verbindungsarten und die Zahl der Schichten, so zum Beispiel einschichtige, mehrschichtige, Feedforward- oder Feedback-Netze.

Was sind Tokens?

Für Anwender eines LLM ist es nicht unbedingt notwendig, die tokenisierte Ausgabe zu verstehen, aber es ist interessant zu wissen, wie Sprache zerlegt wird (Otander, 2024).

Im Zusammenhang LLMs bezieht sich der Begriff „Token" auf einen Textbaustein, den das Modell liest oder generiert. Bei Tokens handelt es sich in der Regel um Unterwörter mit etwa vier englischen Zeichen. Es kann sich aber auch um eine kleinere Einheit handeln, beispielsweise um ein Zeichen oder den Teil eines Wortes, oder um eine größere Einheit, beispielsweise um eine ganze Phrase. Als Menschen verarbeiten wir Sprache und drücken sie in Wörtern aus. Wörter sind unsere Sprachbausteine. Maschinen funktionieren anders; sie arbeiten einerseits auf einer viel niedrigeren Ebene der Sprachverarbeitung, verfügen andererseits aber über beinahe unbegrenzten Kontext, der nur durch die Hardware und den Trainingsdatensatz begrenzt ist.

Open AI verwendet Byte-Pair Encoding (BPE). Betrachten Sie beispielsweise den Satz „Hallo Welt!". Es sind insgesamt 13 Zeichen, und daraus entstehen vier Tokens:

„Hallo"
„ "
„Welt"
„!"

Der Text wird also in etwas umgewandelt, das für Maschinen optimal ist, nämlich in numerische Vektoren, die dann in neuronalen Netzen weiterverarbeitet werden können (Beazley, 2024).

Hinweis: In unserem Kontext ist also mit Token etwas anderes gemeint als innerhalb des Blockchain-Ökosystems, in dem der Begriff „AI Token" KI-basierte Projekte, Anwendungen und Dienste bezeichnet. Dort geht es also um Investitionen, die im Wachstumstrend der KI-Industrie mitziehen.

2.2 Ideenfindung

2.2.1 Das „Carnet"

Der Pilot und Schriftsteller Antoine de Saint-Exupéry führte immer ein Notizbuch mit sich, in das er Überlegungen, Beobachtungen und Fragen notierte (Abb. 2.2). Diese Reflexionen wurden später als *Carnets* veröffentlicht. Wir finden darin Gedanken und Schlussfolgerungen, die zum Teil Eingang in seine Bücher gefunden haben. So wie er verwenden viele Kreative einen „Ideenkorb", den sie ständig bei sich haben, vielleicht auch einfach in Form einer Notiz im Smartphone.

Abb. 2.2 Pilot und Schriftsteller Antoine de Saint-Exupéry in einem KI-animierten Video (erstellt mit Kling 1.6, 2025) (▶ https://doi.org/10.1007/000-h4m)

Ideen fliegen uns meist nicht zu, wenn wir an der Tastatur sitzen. Sie kommen oft unerwartet, wenn wir gerade in Bewegung sind oder uns entspannen. Die ersten Ideen sind oft unzusammenhängende Bilder, Bewegungen, Rhythmen oder Klänge. Wie Traumfetzen, an die wir uns nur bruchstückhaft erinnern, sind sie widersprüchlich, unvollständig, unvernünftig, manchmal auch mit überraschenden Gefühlen verbunden.

Es ist wichtig, diese Ideen sofort festzuhalten, gleichgültig ob in einem Textfile oder in einem Traumtagebuch aus Papier, denn nur so entsteht Kontakt zu unseren inneren Figuren, die mit dem Unbewussten verbunden sind. Diese ersten, authentischen Gedanken zu früh zu strukturieren, enthielte ein Risiko, nämlich dass Lebendigkeit und Tiefe der Figuren verloren gingen.

2.2.2 Die zentrale Idee

Ideen, die uns über längere Zeit beschäftigen, wachsen, bekommen Querverbindungen zu anderen Ideen, und irgendwann kommt die Absicht auf, eine Geschichte davon zu erzählen. Und wenn genügend Rohmaterial vorhanden ist, macht es Sinn, die gesammelten Ideen zu einer konkreten Geschichte zu verbinden. Folgende Fragen können dabei helfen:

- Was möchte meine Hauptfigur unbedingt erreichen und kann es nicht (noch nicht, nie)?
- Was macht meine Hauptfigur einzigartig?
- Wer oder was ist das Gegenüber der Hauptfigur? Wie entwickelt sich diese Beziehung?

2.2 Ideenfindung

- Welche wichtigen Dinge erfährt das Publikum nicht gleich oder erst gegen Ende?
- Welcher Gegensatz (Antagonismus, Konflikt) liegt der Geschichte eigentlich zugrunde?

Machen Sie sich dabei auf die Suche nach der zentralen Idee. Durch diesen Prozess wird das Grundgerüst für die Erzählung entwickelt. Gut beschrieben ist das bei Bob Foss (1992). KI kann als gut belesener Freund dienen, der hilft, Geschichten zu entwerfen. Man gibt der KI Grundideen oder Handlungspunkte, und sie hilft, diese in ein Erzählgerüst einzubauen. Das Brainstorming könnte auch damit beginnen, Lieblingsfilme zu analysieren und ähnliche Ideen zu überlegen (Kominato, 2023).

```
Mein Lieblingsfilm ist „Das Leben ist schön" (Originaltitel: „La vita è
bella") aus dem Jahr 1997 von Roberto Benigni.
Aufgabe 1:
Gib eine Zusammenfassung der Geschichte in 400 Wörtern,
wobei du dich hauptsächlich auf die Hauptfiguren, die Schlüsselereig-
nisse und das Ende der Geschichte konzentrierst. Erkläre, wie der Schau-
platz zur Gesamterzählung beiträgt und wie er das Verhalten und die Ent-
scheidungen der Figuren beeinflusst.
Aufgabe 2:
Benenne die zugrunde liegenden Themen der Geschichte und erläutere, wie
sie sich im Laufe der Erzählung entwickeln. Identifiziere abschließend
den „Goldgrund", der diesen Film zu etwas Besonderem macht.
```

Antwort von Google Gemini (2.0 Flash, 2025):

Absolut! „Das Leben ist schön" ist ein wahrhaft bemerkenswerter Film. Hier sind die Antworten auf deine Fragen:

Aufgabe 1: Zusammenfassung

„Das Leben ist schön" erzählt die Geschichte von Guido Orefice, einem charmanten und humorvollen Mann, der in den späten 1930er-Jahren in Italien lebt. Er verliebt sich in Dora, eine Lehrerin, und gewinnt ihr Herz mit seiner Fantasie und seinem Witz. Gemeinsam gründen sie eine Familie und bekommen einen Sohn namens Giosuè.

Die Idylle wird jedoch durch den Aufstieg des Faschismus und die Verfolgung der Juden gestört. Guido und Giosuè werden in ein Konzentrationslager deportiert. Dora, die nicht jüdisch ist, folgt ihnen freiwillig. Um seinen Sohn vor den Schrecken des Lagers zu schützen, erfindet Guido ein ausgeklügeltes Spiel. Er erklärt Giosuè, dass das Lager ein Wettbewerb ist, bei dem sie Punkte sammeln können, um einen echten Panzer zu gewinnen.

Guido nutzt seinen Humor und seine Vorstellungskraft, um die brutale Realität des Lagers zu verbergen. Er spielt den Lageralltag als Teil des Spieles herunter, übersetzt die bedrohlichen Anweisungen der Wachen in harmlose Spielregeln und erfindet immer neue Herausforderungen, um Giosuè bei Laune zu halten.

Am Ende des Krieges, als die Alliierten näherkommen, wird Guido von einem Soldaten entdeckt. Um seinen Sohn zu schützen, gibt er vor, ein Spiel zu spielen, und wird erschossen. Giosuè überlebt und wird von einem amerikanischen Panzer gefunden, der genau dem entspricht, den sein Vater ihm versprochen hatte. Dora überlebt ebenfalls und wird mit Giosuè wieder vereint.

Der Schauplatz des Filmes, zunächst das malerische Italien der Vorkriegszeit und dann das grausame Konzentrationslager, trägt wesentlich zur Erzählung bei. Die anfängliche Leichtigkeit und Lebensfreude werden durch die düstere Atmosphäre des Lagers kontrastiert, wodurch Guidos Bemühungen, seinem Sohn Hoffnung zu geben, noch eindringlicher wirken. Der Schauplatz beeinflusst auch das Verhalten der Figuren: Die Angst und Unsicherheit im Lager führen dazu, dass Guido seine ganze Kreativität einsetzt, um eine Illusion der Normalität aufrechtzuerhalten.

Aufgabe 2: Themen und „Goldgrund"

- **Liebe und Opferbereitschaft:** Die Liebe zwischen Guido und Dora sowie die Vaterliebe zu Giosuè sind zentrale Motive. Guido opfert sein Leben, um seinen Sohn zu schützen.
- **Die Kraft der Vorstellungskraft:** Guidos Fähigkeit, aus jeder Situation ein Spiel zu machen, zeigt die Stärke der menschlichen Vorstellungskraft.
- **Humor als Überlebensstrategie:** Trotz der Grausamkeit des Lagers behält Guido seinen Humor, um sich und seinen Sohn am Leben zu erhalten.
- **Die Unmenschlichkeit des Holocaust:** Der Film zeigt auf eindringliche Weise die Schrecken des Holocaust, ohne dabei explizit gewalttätig zu sein.

Der „Goldgrund", der diesen Film so besonders macht, ist die einzigartige Mischung aus Komödie und Tragödie. Roberto Benigni gelingt es, ein ernstes Thema mit Humor und Menschlichkeit zu behandeln, ohne dabei die Grausamkeit des Holocaust zu verharmlosen. Der Film zeigt, dass selbst in den dunkelsten Zeiten die Liebe und die Vorstellungskraft die stärksten Waffen sein können. ◄

Manchen ist es in diesem Stadium wichtig, gemeinsam mit anderen zu brainstormen. Wie kann man so ein Brainstorming anfangen? KI kann helfen, Ideen für die Diskussion in Teams zu generieren. Experimentieren Sie mit einem Prompt, der den Kontext beschreibt und dabei banale Klischees von Anfang an vermeidet. Ein guter Prompt enthält klare präzise Information über das Format, den Stil und narrative Elemente (Wolff, 2023). Ein Beispiel:

```
Erschaffe Ideen für eine familientaugliche Komödie, die in Wien spielt
und von einer erfolglosen Schauspielerin handelt, die mit einer Schmerz-
mittelabhängigkeit kämpft.
```

Was gilt es zu berücksichtigen?

- **Klischees vermeiden:** Der Prompt sollte dazu anregen, unkonventionelle Ideen zu suchen. Beispiel:

```
Denke über neue Perspektiven nach und priorisiere unkonventionelle
Ideen. Lege den Fokus auf ungewöhnliche Milieus und Handlungswelten.
```

- **Thematische Erweiterung:** Prompts können durch zusätzliche thematische oder symbolische Ebenen vertieft werden. Beispiel:

```
Integriere die Themen „Kraft der Vernunft" versus „mythologische Über-
zeugungen" und „Mutter-Sohn-Beziehung".
```

- **Tonalität und Format:** Um Erzählduktus und Rahmen weiter zu präzisieren, können Tonalität, Stil oder Format konkretisiert werden. Beispiel:

```
Balanciere intensive Action und spannende Situationen mit humorvollen
und witzigen Elementen.
```

- **Alternativen statt negativen Prompts:** Das Vermeiden bestimmter Klischees oder Story-Elemente sollte stets mit der Angabe alternativer Ansätze kombiniert werden. Statt „Vermeide Coming-of-Age-Geschichten" macht es mehr Sinn zu prompten:

```
Entwickle ungewöhnliche Konzepte aus den Bereichen Patchworkfamilie und
Inklusion.
```

Wenn die Filmidee starke Figuren hat und einen glaubwürdigen Konflikt beschreibt, kann auf diese Weise rasch der erste Entwurf für ein Outline entstehen. Zur Filmidee gehören die Biografien der Hauptfiguren, Handlungszusammenfassungen oder spezifische Details. Ganz gleich, ob es um fiktionale oder nichtfiktionale Stoffe geht, die spannendsten Augenblicke eines Filmes entstehen oft dann, wenn jemand etwas unbedingt will und dabei Hindernisse überwinden muss; dann fesseln uns Filme am meisten. Dieser Konflikt sollte in der Beschreibung Ihrer Idee wiederzufinden sein: Wer ist Ihre Figur, was will sie, und was passiert, wenn sie es nicht schafft? Wenn Sie versuchen, Ihr Treatment so zu konstruieren, sind Sie ziemlich sicher auf einem guten Weg.

2.2.3 Strukturelle Paradigmen über Bord werfen

Wenn die Idee mit der Zeit immer klarer wird, kann in Richtung einer Struktur weitergedacht werden. Oft wird die Dreiaktstruktur empfohlen: Sie ist eine verlässliche Grundlage für einen klaren Erzählbogen, aber nicht die einzige Möglichkeit. Die Heldenreise ist ein von Joseph Campbell präzise beschriebener „Sonderfall" der Dreiaktstruktur: Die Protagonistin begibt sich auf eine Reise, besteht Prüfungen und kehrt transformiert zurück.

Doch es muss nicht immer die restaurative Dreiaktstruktur sein! Die Fünfaktstruktur, durch die Dramen Shakespeares vielen bekannt, erweitert die Dreiaktstruktur durch eine aufsteigende und eine absteigende Handlung. Manche Geschichten profitieren von alternativen Strukturen. Geschichten können nichtlinear erzählt werden, eben nicht chronologisch, sondern unter Verwendung von Rückblenden oder Traumsequenzen. Oft ergibt sich die Struktur organisch während des Schreibprozesses.

Die Erzählstruktur (also wie die erzählerischen Elemente angeordnet sind) muss nicht mit der Plotstruktur einhergehen (also mit dem Ablauf der Ereignisse in einer Geschichte, vorher – nachher, mit Fokus auf Ursache und Wirkung). Zusammengehalten werden sollten die dramaturgischen Elemente jedenfalls von einem starken Spannungsbogen.

Über Jahrzehnte waren Schemen, wie beispielsweise die restaurative Dreiaktstruktur oder Beat Sheets, eine wichtige Hilfe bei der Schaffung eines „Drehbuchskeletts". Mit KI kann die Struktur einer Serie oder eines Filmes heute viel individueller entworfen werden. Vielleicht haben Sie einen Film oder eine Serie im Kopf, und Sie spüren intuitiv, dass eine bestimmte Struktur zu Ihrer Geschichte passen könnte. Dann lassen Sie KI die Dramaturgie dieses Vergleichsfilmes analysieren:

```
Ich möchte, dass du die dramaturgischen Elemente (Beats) des Filmes
„[…]" detailliert analysierst und auflistest. Bitte gehe auf die Ebene
einzelner Szenen und beschreibe ihre Funktion für die Dramaturgie des
gesamten Filmes. Erstelle eine Liste mit der Dauer der Beats in
Minuten.
```

Mit Ihrer Filmidee und der nun extrahierten Struktur können Sie ein Experiment wagen:

```
<task> Erstelle ein Outline für einen Spielfilm in der Länge von […] Mi-
nuten, welches inhaltlich dem EXPOSÉ entspricht und sich von der Struk-
tur den dynamischen BEATS VON […] annähert </task>
<EXPOSE>
FIGUREN
[…]
PLOT
[…]
</EXPOSE>

<BEATS VON […]>
Exposition (0-20 Minuten)
0-5 Minuten:
Einführung in die Welt von ...

[…]
[…]
</BEATS VON […]>
```

2.2 Ideenfindung

Überprüfen Sie, ob die so ausgeworfene Struktur wirklich zu Ihrer Geschichte passt. Sonst experimentieren Sie mit anderen Serien oder Filmen. Wenn sich ein Outline im Groben stimmig anfühlt, braucht es trotzdem Zeit, es im Detail anzupassen und im Großen auszubalancieren.

Spitzklammern in ChatGPT
Durch die Verwendung von <Tags> (in Spitzklammern) können Anweisungen in Prompts klarer strukturiert werden, und die Qualität der Antworten von ChatGPT kann verbessert werden.
<Tags> helfen dabei, eine Eingabeaufforderung in unterschiedliche Abschnitte zu unterteilen. Auf diese Weise kann ChatGPT die Absicht besser verstehen und relevantere Antworten liefern.
Mit <Tags> können unter anderem Aufgaben, Variablen, Ziele oder Formate definiert werden, um maßgeschneiderte Antworten zu erhalten (Nick, 2024).

Jetzt ist meiner Ansicht nach der früheste Zeitpunkt, zu dem der **ChatGPT-Canvas** für das Schreiben hilfreich wird. Um ihn zu verwenden, wechseln Sie zum Modell o1, dann können nen Sie den Texteditor mit/canvas auslösen.

Man kann gezielte Kommentarvorschläge von ChatGPT erhalten, indem in der Werkzeugliste rechts „Bearbeitungen vorschlagen" oder „Länge anpassen" ausgewählt wird. Ein Teil des Inhalts kann ausgewählt werden, indem der Text markiert wird. Beim Klicken auf die Kommentarblase können Fragen gestellt oder spezifische Vorschläge von ChatGPT angezeigt werden. Man kann dann entweder den markierten Text direkt bearbeiten und den Kommentar schließen oder „Übernehmen" auswählen, damit ChatGPT die Änderung automatisch übernimmt.

Die Beschreibung der Filmidee kann schnell einen beträchtlichen Umfang einnehmen. Dann wird die Größe des Kontextfensters relevant.

Das **Kontextfenster** beschreibt den Bereich der Konversation, den ein Sprachmodell nutzen kann, um kohärente Antworten zu generieren. Es dient als eine Art „Kurzzeitgedächtnis" und bestimmt, wie weit zurück das Modell auf vorherige Äußerungen Bezug nehmen kann. Das Kontextfenster ermöglicht es dem Chatbot, den Gesprächsverlauf zu verfolgen und umfangreiche Texte (etwa ein ganzes Buch) zu analysieren. Das Kontextfenster hat in der Regel eine begrenzte Größe, was bedeutet, dass der Chatbot nur eine bestimmte Menge an vorherigen Konversationsdaten und Texteingaben verwerten kann. Ältere Informationen können verloren gehen, wenn das Fenster voll ist.

GPT-4 bietet in verschiedenen Versionen Kontextfenster, die bis zu 128.000 Tokens reichen. Claude 3 bietet Kontextfenster bis zu 200.000 Tokens. Google Gemini 1.5 Pro und 1.5 Flash haben zurzeit eine Million Tokens, mit einer 2-Millionen-Token-Option für spezielle Anwendungen in Google Cloud. Während für die Analyse von Drehbüchern und beim Screenwriting große Kontextfenster von Vorteil sind, haben sie gleichzeitig auch Nachteile. Da sie mit umfangreichen, komplexen Datensätzen arbeiten, haben sie einen höheren Ressourcenbedarf, und die Reaktionszeit wird verlängert.

Der maximale Umfang einer Texteingabe muss beim Entwickeln eines Stoffes im Blick behalten werden. Alles, was über diese Textmenge hinausgeht, bleibt von der KI unberücksichtigt.

Mit einem Chatbot kann das Outline in einem weiteren Schritt auf Handlungslücken und Unstimmigkeiten geprüft werden. Gerne werden dazu rollenbasierte Prompts geschrieben, um Feedback aus verschiedenen Perspektiven zu erhalten, etwa indem der Chatbot ersucht wird, das Drehbuch als Drehbuchautorin, Regisseur oder Produzentin zu analysieren. Dies kann blinde Flecken aufseiten der Autorin aufdecken und Bereiche hervorheben, die verbessert werden müssen (Nicholls, 2024).

```
<task> Erstellen Sie das Outline für eine fünfteilige Serie </task>
<target audience> Junge Berufstätige im Alter von 25 bis 35 Jahren </target audience>
<goal> Entwickeln Sie ein Narrativ, welches das Thema Mikroplastik relevant für die Zielgruppe macht </goal>
<format>
- Einleitung (5 Sätze)
- 5 Handlungsideen mit konkreten Beispielen
- Kurzbescheibung der Figuren
- Cliffhanger (5 Sätze)
</format>
<tone>Professionell für die Zielgruppe TV-Redaktionen, gleichzeitig locker und für ein junges und dynamisches Publikum geeignet </tone>
```

2.2.4 Tipps zum kreativen Schreiben

- Ein „Carnet" befüllen mit Tagträumen, Geistesblitzen, Bildern, Melodien, Wörtern, die unterwegs auftauchen, zum Beispiel in Form von Notizen im Smartphone.
- Zum kreativen Schreiben hilft es vielen, eine andere Umgebung zu suchen, weg vom üblichen Arbeitsplatz zu gehen (z. B. in einen anderen Raum, an einen anderen Tisch, dazu ein anderes Notebook zu verwenden).
- Wichtig ist, sich Zeit zu lassen. Die große Elefantenaufgabe, ein Drehbuch zu verfassen, kann in viele kleine „Scheiben" zerlegt werden. Wenn der erste Entwurf des Treatments fertig ist, braucht man beispielsweise nicht gleich mit dem Schreiben eines Bildertreatments beginnen, sondern man kann vorerst einmal den nächsten Schritt in Angriff nehmen, nämlich die Abfolge der Szenen überlegen und niederschreiben. Verwenden sie **Parameter**, um das Antwortverhalten in Ihrem Sinn zu steuern:

Parameter und ihre Auswirkung
Die richtige Einstellung sogenannter Parameter ermöglicht es, Chatbots optimal in unterschiedlichen Kontexten einzusetzen, sei es für Drehbücher, News oder andere Texte. Die folgenden Parameter kann man beispielsweise bei ChatGPT einfach unter eine Anfrage setzen.

Antwortlänge
Die Länge der generierten Antwort kann angepasst werden, um präzise oder ausführliche Informationen anzufordern. Zum Beispiel kann eine kurze Antwort für schnelle Ideen für eine Location ver-

2.2 Ideenfindung

wendet werden, während längere Antworten in die Beschreibung dieser Location passen. Die Standardwerte können bei den Modellen sehr unterschiedlich sein.

```
max_token = 20
```

Anzahl der Rückgabeseiten
Sie legt fest, wie viele Seiten Text auf einmal generiert werden. Dies kann nützlich sein, um längere Inhalte in übersichtlichen Abschnitten zu erstellen.

```
num_pages = 3
```

Temperatur
Die Temperatur beeinflusst die Zufälligkeit der Texte.
Eine niedrige Temperatur (beispielsweise 0,2) erzeugt konsistente, aber möglicherweise langweilige Antworten, während eine höhere Temperatur (beispielsweise 0,8) kreativere, aber weniger vorhersehbare Ergebnisse liefert. Bei Google Gemini heißt dieser Parameter übrigens **Kreativität**.

```
temperature = 0.2
```

Top-k-Sampling
Hierbei werden nur die 50 häufigsten Wörter ausgewählt, um den nächsten Textteil zu generieren, also um extreme Ausreißer zu vermeiden und die Ausgabe fokussierter zu gestalten. Dies sorgt dafür, dass die Texte besser kontrolliert werden und keine seltsamen oder unerwünschten Wörter auftauchen.

```
top_k = 50
```

Top-p-Sampling
Top-p ist eine alternative Methode zur Steuerung der Zufälligkeit, die sich auf die kumulative Wahrscheinlichkeit der Tokens konzentriert. Es wählt die wahrscheinlichsten Tokens aus, beispielsweise jene, deren kumulative Wahrscheinlichkeit 80 % nicht überschreitet. Das erlaubt eine flexiblere Steuerung der Textvielfalt und verhindert, dass der Text zu vorhersehbar wird. ChatGPT empfiehlt die Verwendung entweder von Temperatur oder von Top-p, aber nicht von beiden gleichzeitig, während Anthropic die gemeinsame Verwendung beider in der Claude-API zulässt.

```
top_p = 0.8
```

Obwohl die grundlegenden Konzepte gleich sind, können die genauen Implementierungen und Skalierungen dieser Parameter zwischen verschiedenen Modellen variieren. Dies bedeutet, dass die gleichen Parameterwerte in verschiedenen Modellen unterschiedliche Ergebnisse liefern können. Obwohl konzeptionell gleich, kann die genaue Skalierung zwischen den Modellen leicht abweichen, was bedeutet, dass eine Temperatur von 0,7 bei Claude im Vergleich zu 0,7 bei ChatGPT unterschiedliche Zufälligkeitsgrade erzeugen kann. Einige Modelle bieten zusätzliche Parameter an, wie etwa den „likelihood"-Parameter von Cohere Command oder den „max_tokens_to_sample"-Parameter von Claude. Open-Source-Umgebungen (etwa Ollama, LM Studio) bieten in der Regel mehr Einstellungsoptionen als kommerzielle Web-Interfaces an, was eine feinere Steuerung des Antwortverhaltens ermöglicht.

2.2.5 Helfen Genres wirklich?

Die Einordnung einer Serie oder eines Filmes in ein Genre ist unvermeidlich, wenn es um die Vermarktung an Zielgruppen geht. Um von vornherein im passenden Genre zu bleiben, wurden daher gängige Arten von Geschichten für Autorinnen beschrieben, mit den für sie typischen Wendungen. Wenn eine Autorin sich noch nicht ganz im Klaren war, um welche Art von Geschichte es sich handelte, konnte sie anhand dieser Genres überprüfen, wie sie ihre Geschichte zu einer Story über Transformation machen kann – denn um Transformation ging es meist in der formelhaften Beschreibung der Genres.

Filmgenres können Autoren immer noch dabei helfen, sich zu vergegenwärtigen, für welches Publikum sie eigentlich schreiben wollten. Gleichzeitig braucht es Achtsamkeit – die Eigenart der Geschichte darf durch die Angleichung an ein Genre nicht verloren gehen! Erzählen bleibt eine Gratwanderung zwischen konfektioniertem Einheitsbrei und exzentrischer Eigentümlichkeit.

2.2.6 Projektauswahl

Ist ein erstes Exposé oder Treatment oder die Pilotfolge einer Serie verfasst, ist es sinnvoll, sich die Frage zu stellen, ob tatsächlich das Vorhaben, ein ganzes Drehbuch zu verfassen, schon in Angriff genommen werden soll. Der Rat von Redakteuren, Produzentinnen oder Regisseuren kann hier helfen. Bei erfolgreichen Projekten kommt zu dem, was uns interessiert (Was löst meine Begeisterung aus?), oft eine besondere Qualität oder Kompetenz hinzu (Warum kann gerade ich diese Geschichte besonders gut erzählen?) und verbindet sich mit einer klaren Zielgruppe (Wer sind meine Auftraggeber und mein Publikum?).

Ob ein Projekt gute Chancen hat, produziert zu werden, hängt stark ab von

- einem einzigartigen Aufhänger der Geschichte,
- einem klar definierten Publikum,
- einem Projektfahrplan.

Das Schreiben eines Drehbuches ist ein so umfangreiches Unterfangen, dass man sinnvollerweise nur Projekte auswählen soll, die auch eine realistische Chance auf Umsetzung haben (Mundel, 2024).

Was ist der nächste Schritt? Ein Chatbot wie Claude kann dabei helfen, ein Exposé oder den ersten Entwurf eines Treatments zu überprüfen und auf Inkonsistenzen oder Handlungslücken hinzuweisen. Konsistenz ist wichtig. Bei allen Schritten, vom Erweitern eines Outlines bis hin zum ausformulierten Drehbuch, sollten Sie sicherstellen, dass die Geschichte zusammenhängend bleibt und dabei einen durchgehenden Stil und glaubwürdige Charaktereigenschaften der Figuren behält. Das ist etwas, bei dem ein Chatbot helfen kann (Nicholls, 2024).

Mögliche Stufen der Drehbuchentwicklung sind (Weingartner, 2024) (Abb. 2.3):

2.2 Ideenfindung

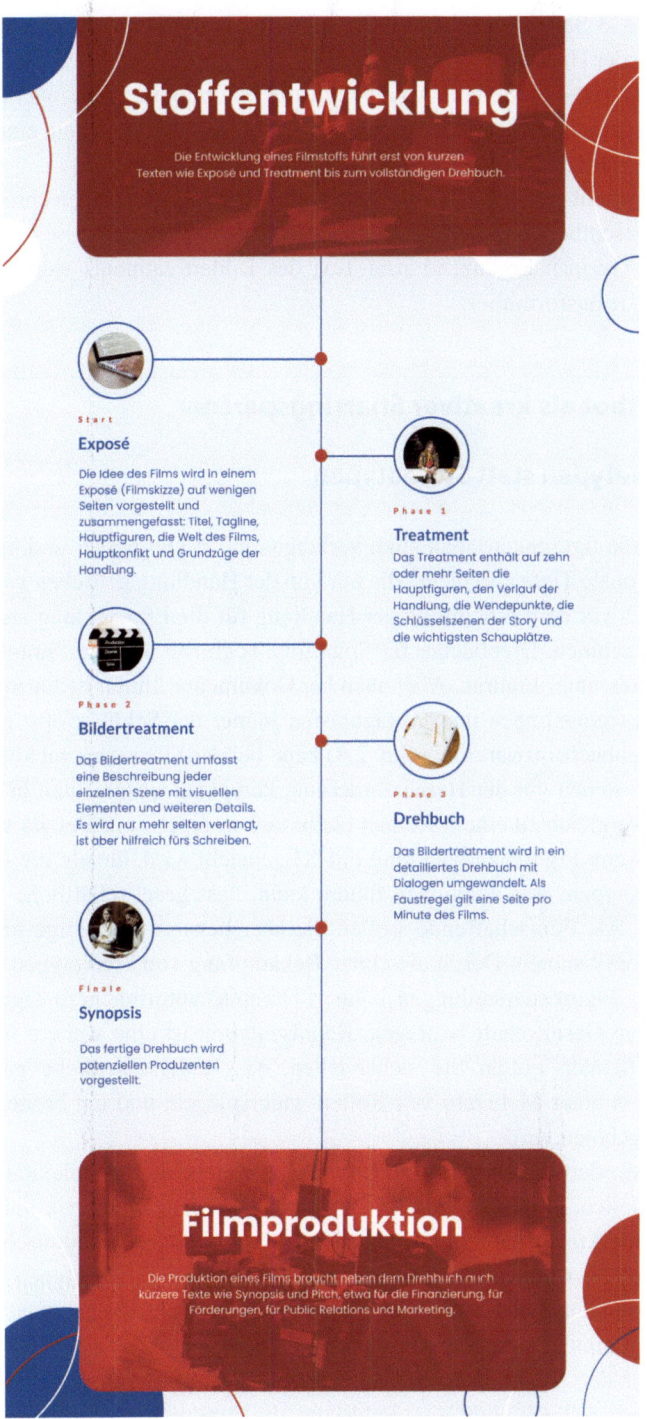

Abb. 2.3 Die Phasen der Stoffentwicklung in der Filmproduktion

- **Exposé:** 2 – 3 Seiten: Arbeitstitel, die zentrale Figur, Hauptkonflikt, Welt des Films, Grundzüge der Handlung
- **Treatment:** 10 – 15 Seiten: Arbeitstitel, die Hauptfiguren, die wichtigsten Erzählbögen, wesentliche Schauplätze. Als Arbeitshilfe für das Entwickeln eines Stoffes wird das Outline verwendet, vor allem bei Serien (Puchert, 2024)
- **Bildertreatment** (*scenes*): 20 – 30 Seiten: alle Figuren, alle Szenen chronologisch, alle weiteren wesentlichen Gestaltungselemente
- **Drehbuch** (*script*): Ergänzend zum Text des Bildertreatments werden Dialoge und Sprechertexte ausformuliert.

2.3 Chatbot als kreativer Sparringspartner

2.3.1 Archetypen statt Stereotypen

Geschichten, die figurengetrieben sind, verfangen meist viel besser und bekommen eine größere emotionale Tiefe als solche, die nur von der Handlung getrieben werden. Es lohnt sich daher, sich vor dem Finetuning der Handlung für die Entwicklung authentischer Figuren Zeit zu nehmen. Drehbücher für Spielfilme beginnen wohl fast immer mit der Entwicklung interessanter Figuren. Aber auch bei Dokumentarfilmen ist für mich das Finden geeigneter Protagonistinnen und Protagonisten immer der Schlüssel für ein spannendes Drehbuch. Drehbuchsoftware (Abschn. 2.4) kann bei der Figurenentwicklung helfen.

Autorinnen stehen vor der Herausforderung, komplexe Geschichten in kurzer Zeit zu erzählen. Im Vergleich zu einem Roman bleibt viel weniger Zeit, Details von einer Figur zu erzählen. Wenn Figurenentwicklung mit KI gemacht wird, ähneln die Figuren oft bekannten Stereotypen, was auch dazu führen kann, dass gesellschaftliche Vorurteile verstärkt werden. Als Filmschaffende wollen Sie aber bewusst vielfältige und nichtstereotypische Figuren kreieren. Durch die aktive Bekämpfung von Stereotypen und die Diversifizierung der Figurendarstellungen können Drehbuchautorinnen zu einer inklusiveren und gerechteren Gesellschaft beitragen. Repräsentation ist eine weitere wichtige Frage. Als Filmschaffender wollen Sie sicherstellen, dass unterschiedliche gesellschaftliche Gruppen sich in einer Mehrzahl von Rollen widerspiegeln und ein breites Spektrum an Role Models geboten wird.

Die Herausforderung, Narrative zu entwickeln, welche die Komplexität verschiedener Kulturen darstellen, ist groß. Wie kann vermieden werden, Menschen und Kulturen auf vereinfachte Merkmale zu reduzieren, nicht auf rassische oder ethnische Stereotypen zurückzufallen? Hier gibt es eine sehr hilfreiche Empfehlung: Archetypen können helfen, sich auf die Handlung und die Figurendynamik zu konzentrieren, anstatt klischeehafte Rollen mit bestimmten Gruppen assoziieren zu müssen.

Das Modell der Archetypen, das auf die Analytische Psychologie von C. G. Jung (1875 – 1961) zurückgeht, hilft dem Publikum, die Funktion von Figuren schneller zu erkennen und Handlungsstränge ganzheitlich zu verstehen. Archetypen sind also Schlüsselfiguren in Erzählungen und verfügen über vertraute und konsistente Konstellationen von Eigenschaften. Es sind universell anerkannte Figuren wie der Held, die Liebende oder der Unschuldige, die in alten Überlieferungen und in modernen Narrativen gleichermaßen zu finden sind (Kidd, 2016). Archetypen sind leicht erkennbar und werden in verschiedenen Kulturen verstanden. Sie wecken universelle Emotionen und wirken auf unbewusster Ebene.

Nach Ansicht der neoarchetypischen Theorie seien Archetypen mentale Konstrukte, die, wenn sie getriggert würden, starke emotionale Reaktionen hervorriefen. Das Archetypenkonzept basiere auf frühen emotionalen Begegnungen und Interaktionen einer Person mit ähnlichen Charakterzügen oder Ideen. So entstünden mentale Modelle, besonders auch das Selbstschema, und Archetypen beeinflussten auf diese Weise, wie Menschen sich selbst und andere wahrnehmen. Unbestritten ist, dass Archetypen kulturell beständig sind, was sie leicht erlernbar und weltweit erkennbar macht (Faber & Mayer, 2008, S. 307–322).

C. G. Jung schreibt: „Ich weiss, wie schwer es ist, den Begriff des Archetyps zu verstehen, denn ich versuche ja mit Worten etwas zu beschreiben, dessen Natur sich einer präzisen Definition entzieht. Aber da viele Leute die Archetypen behandeln, als ob diese Bestandteile eines mechanischen Systems wären, das man mit einiger Übung erlernen kann, muss ich betonen, dass es nicht nur Namen oder philosophische Begriffe sind. Es sind Bestandteile des Lebens selbst – Bilder, die mit dem lebendigen Menschen durch die Brücke der Emotionen verbunden sind" (Jung, 1968).

Archetypen, denen wir im Film häufig begegnen, sind der Liebende, die Heldin, der Zauberer, die Rebellin, der Entdecker, die Weise, der Unschuldige, die Schöpferin, der Herrscher, die Versorgerin, die Person von nebenan und die Närrin (Archetypen funktionieren unabhängig vom Gender). Diese ausgewählten zwölf Archetypen, mit ihren klar erkennbaren Eigenschaften, sind oft im Zusammenhang mit Drehbüchern und Filmen beschrieben worden (Patterson et al., 2024).

Empirisch konnte gezeigt werden, dass Archetypen geclustert werden können, dass sie zwar individuell unterschiedliche emotionale Auswirkungen haben, aber dass bestimmte Archetypen ähnliche Reaktionen bei allen hervorrufen. Im Wesentlichen neigen Individuen dazu, konsequent zu bestimmten Clustern von Archetypen in verschiedenen Medientypen zu tendieren, auch wenn ihnen diese Neigung möglicherweise nicht immer bewusst ist (Faber & Mayer, 2008, S. 318).

- **Cluster I:** Wissender, Schöpferin, Magier, Weise
- **Cluster II**: Pfleger, Betreuerin, Unschuldiger, Liebhaberin
- **Cluster III**: Streber, Heldin, Herrscher
- **Cluster IV**: Konfliktstifterin, Gesetzloser, Schatten
- **Cluster V:** Jedermann/Jedefrau, Entdeckerin, Narr

Die Resonanz auf Archetypen ist dabei interessanterweise unabhängig vom Geschlecht und sogar von den im Marketing häufig verwendeten Faktoren der Persönlichkeitsmerkmale Big Five (Faber & Mayer, 2008, S. 320).

2.3.2 Charakterfehler

Perfekte Figuren können schnell langweilig werden. Fehler von Figuren jedoch können ihnen Tiefe verleihen und die Geschichte unvorhersehbar machen. Bei der Figurenentwicklung sind es deshalb gerade die Schwächen in der Persönlichkeit eines Charakters, die Figuren sympathisch, menschlich und für das Publikum nahbar machen. Charakterfehler bieten Raum für Entwicklung und Wachstum. Fehler schaffen aber auch Konflikte, sowohl intern als auch extern, und diese Konflikte treiben die Handlung voran. Charakterfehler sind wesentliche Werkzeuge, um tiefe und fesselnde Figuren zu erschaffen, die beim Publikum ankommen (Hellermann, 2024).

Wie erfinden Sie Figuren? Man kann sich Figuren wie in einer Black Box vorstellen (Abb. 2.4) und die Figur in verschiedenen Situationen beobachten, ohne einzugreifen. Die Notizen zur Figur werden gesammelt und geordnet.

Abb. 2.4 Figuren beobachten, ohne Einfluss auf sie zu nehmen (erstellt mit Firefly, 2024)

Spannend kann sein, die Biografie der Hauptfigur zu schreiben. Welche Verbote (Einschärfungen) haben das Kind geprägt? Welche Antreiber prägen die Persönlichkeit (Streng dich an! Sei stark! Oder: Sei beliebt! usw.)? Welche Skriptüberzeugungen und welcher Lebensplan sind daraus entstanden? Welche Umstände und Ereignisse haben den Charakter der Figur im weiteren Leben geformt (Ian Stewart, 1991)?

Erst wenn auf diese Weise starke Figuren geschaffen worden sind, sollte man mit der Entwicklung des Erzählbogens beginnen.

2.3.3 Erzählstandpunkte

Eine Entscheidung, die für filmische Erzählungen relevant ist, betrifft den Erzählstandpunkt. Wer erzählt die Geschichte?

- **Subjektiver Erzählstandpunkt:** Ich erlebe die Geschichte, so wie sie der oder die Protagonistin erlebt. Der Zuseher erfährt von der Geschichte genauso viel, wie die Hauptfigur weiß. Der subjektive Erzählstandpunkt ist nicht zu verwechseln mit einer subjektiven Kameraposition; das ist eine Einstellung quasi aus den Augen einer Figur.
- **Omnipotenter Erzählstandpunkt:** Was Zuseherinnen wissen oder nicht, hängt vom Erzählenden ab.

Innerhalb einer Erzählung können beide Erzählstandpunkte vorkommen.

2.3.4 Grundstruktur konsolidieren

Aus den Augen der Erzählerin entwickelt sich nach und nach die Grundstruktur des Filmes und verfestigt sich (Arion, 2024):

- **Das auslösende Moment:** Was ist der entscheidende Augenblick, der die Aufmerksamkeit des Publikums fesselt und die Protagonistin in den zentralen Konflikt der Geschichte hineinwirft?
- **Die Entwicklung der Haupthandlung:** Wie entfaltet sich das Drama? Welche neuen Bedrohungen (Subplots) fordern den Protagonisten heraus und offenbaren seine wahre Stärke? Die Protagonistin stößt an ihre Grenzen, was die emotionale Bindung des Publikums zu ihr stärkt.
- **Die Klimax:** Wie gerät der Protagonist in die Krise und steht vor einer scheinbar unlösbaren Situation?
- **Die Auflösung:** Wie findet die Protagonistin einen Weg, um die Situation zu retten und ihre Ziele zu erreichen?
- **Das Ende:** Wie erreicht der Protagonist sein Ziel, und wie reagieren die restlichen Figuren auf den Ausgang der Geschichte?

2.3.5 Szenen entwickeln

Die Einteilung eines Filmes in Szenen wird im Bildertreatment und im Drehbuch vorgenommen. Die weitere Unterteilung einer Szene in Einstellungen entsteht erst im Zuge der szenischen Auflösung durch die Regie. Der Begriff **Szene** bezieht sich auf die Kontinuität der beobachteten Handlung – auf einen Zusammenhang von Zeit, Ort und Figuren, gleichgültig ob er schon aus dem Drehbuch ersichtlich wird oder erst im Kopf des Zuschauers entsteht (Wulff, 2024). Dagegen bezieht sich der Begriff **Sequenz** auf eine Kontinuität, die durch den Schnitt entsteht (Abschn. 6.2.1).

Szenen sind die Bausteine, mit denen Dramen gebaut werden, und fast immer wird jede einzelne Szene selbst in eine dramatische Form gegossen. Die Figuren können gewöhnlich den Rollen (Verfolger, Opfer, Retter) im sogenannten Dramadreieck zugeordnet werden (Abb. 2.5).

Die Transaktionsanalyse hat die Bezeichnung „Spiel" für diese Begegnungen zwischen zwei oder mehreren Menschen geprägt. Das auslösende Moment einer Szene kann eine „Spieleinladung" sein, die Figuren ordnen sich unbewusst den Rollen im Dramadreieck zu. Am Wendepunkt einer Szene können diese Rollen manchmal blitzschnell getauscht werden, und es kommt zur „Auszahlung", das heißt, die Szene zahlt ein auf das Konto des gesamten Dramas. Eric Berne (2022) hat diese Verhaltensweisen aus einer therapeutischen Sicht analysiert, seine wissenschaftlich kompetente Darstellung von Ehe-, Party-, Sex-, Räuber-, Doktor- und Lebensspielen ist aber auch für Screenwriter durchaus amüsant zu lesen.

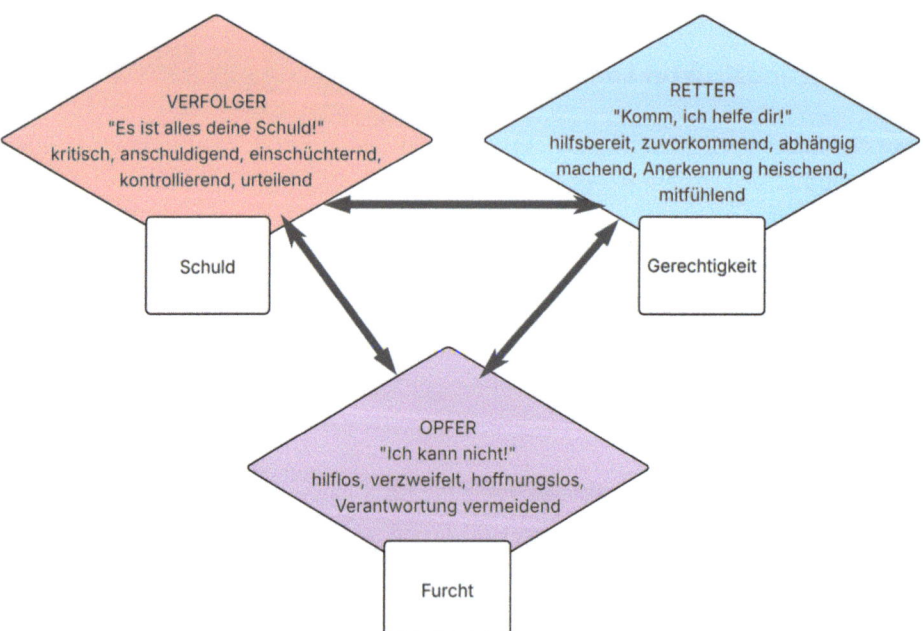

Abb. 2.5 Dramadreieck (erstellt mit ChatGPT und Lucidchart, 2025)

2.3.6 Über das Offensichtliche hinausgehen

Vermeiden Sie Plattitüden. „Da somit ein endloses Kopieren bereits geschaffener Werke ausgeschlossen ist, muß sich der Schöpfer bei seiner Suche nach Neuland vom Mut zum Risiko treiben lassen" (Vale, 2004, S. 282).

Ist Ihnen aufgefallen, dass in einigen Hollywood-Filmen immer wieder dieselben Lebensweisheiten wiederholt werden? Triviale Gemeinplätze entstehen durch übermäßigen Gebrauch „allgemeiner Wahrheiten". Versuchen Sie Neues zu schaffen, indem Sie weitergehen als alle anderen. Nehmen Sie eine schon oft gehörte Gewissheit und tun Sie etwas damit (Hughes, 2024):

- Geben Sie an, warum Menschen sich nicht an diese Regel halten,
- geben Sie eine spezielle Technik an, wie man sie anwenden kann, oder
- liefern Sie überzeugende Beweise dafür, dass diese Überzeugung wichtig ist.

2.3.7 Dialoge schreiben

„Gute Dialoge zu schreiben, ist sowohl Kunst als auch Handwerk", schreibt Stephen King. Dialoge im Spielfilm müssen nicht „natürlich" klingen wie reale Gespräche – eigentlich sind wirkliche Dialoge oft langweilig. Stattdessen sollten sie so konstruiert sein, dass sie die Handlung vorantreiben und sich dabei nahtlos in die fiktive Welt einfügen.

Tipps für das Schreiben von Dialogen (James, 2024):

- **Jede Figur hat ihre eigene Agenda:** Jede Figur bringt eigene Ziele ins Gespräch ein, was Konflikte und Dynamik erzeugt. Vermeiden Sie lineare „Pingpong"-Dialoge, bei denen Fragen direkt beantwortet werden. Figuren sollten nicht zum Drehbuchleser, sondern zu den anderen Figuren sprechen. Variieren Sie Syntax, Wortwahl und regionale Ausdrücke, um die Figuren unverwechselbar zu machen.
- **Konstruktion statt Realismus:** Dialoge folgen den Regeln der fiktiven Welt, nicht der realen. Streichen Sie überflüssige Wörter; Höflichkeitsfloskeln zum Beispiel sind oft überflüssig. Dialoge sollten prägnant und dynamisch sein.
- **Subtext nutzen:** Oft sind es die unausgesprochenen Wörter, die Figuren Tiefe verleihen. Weniger zu sagen, kann mehr ausdrücken.
- **Nichtlinearer Gesprächsfluss:** Brechen Sie den Dialog mit unbeantworteten Fragen oder unerwarteten Wendungen.

2.3.8 Ein gutes Drehbuch ist nie geschrieben, es wird umgeschrieben

Dieses geflügelte Wort von Frank Daniel, ehemaliger Drehbuchlehrer an der *University of Southern California*, betont die Wichtigkeit wiederholter Überarbeitung. In der Regel sind mehrere Neufassungen eines Drehbuches notwendig. Dazu sind Rückmeldungen von (realen) Regisseurinnen, Produzenten und von anderen Drehbuchautorinnen Gold wert. Teilen Sie Ihr Drehbuch mit vertrauenswürdigen Kolleginnen oder Mentoren.

Dieses Coaching kann nur bedingt mit einem Tool simuliert werden, indem Sie die KI als „virtuelle" Story-Expertin befragen. Sie macht dann tatsächlich auf Fehler in der Entwicklung einer Figur oder etwa auf Diskrepanzen im zeitlichen Ablauf oder in Kausalketten aufmerksam. Gepromptet werden könnten dafür folgenden Fragen (Edgar-Hunt, 2010):

- Sind die Figuren gut ausgearbeitet?
- In welcher Ursache-Wirkungs-Beziehung stehen die Ereignisse zueinander?
- Funktionieren die Szenenübergänge?
- Sind die Schauplätze ausreichend beschrieben?
- Gibt es Subtexte, die weiter ausgearbeitet werden sollten?
- Wird das zentrale Thema erfahrbar?

Gehen Sie spielerisch an die Sache heran und finden Sie heraus, was Ihrer Geschichte guttut. Scheuen Sie sich nicht davor, das Drehbuch mehrfach zu überarbeiten, bis nicht nur die Struktur und die Figuren stimmig sind, sondern bis Sie mit allen Details jeder einzelnen Szene zufrieden sind.

```
<Drehbuch-Entwurf>
(Fügen Sie hier Ihren Drehbuchentwurf ein)
</Drehbuchentwurf>
<Anweisungen>
Analysiere die Struktur, das Tempo und den Erzählbogen, um sicherzu-
stellen, dass die Geschichte fesselnd und spannend ist.
Identifiziere Ungereimtheiten, Handlungslücken oder Abschnitte, welche
die Leserinnen und Leser möglicherweise weniger interessieren könnten.
Das könnte mit der Figurenentwicklung, dem Handlungsverlauf, erzähleri-
schen Details, Elementen der Schauplätze oder anderen Aspekten der Ge-
schichte zusammenhängen. Benenne etwaige Probleme, die du findest, ganz
konkret und schlage mögliche Überarbeitungen vor, mit denen die Kohä-
renz der Geschichte verbessert wird.
Das Ziel ist, die Geschichte zu verbessern, aber unter Beibehaltung
ihrer ursprünglichen Intention.
Gib eine umfassende Kritik ab und fasse das Ergebnis auf 10 DIN-A4-
Seiten zusammen. </Anweisungen>
```

So bekommen Sie konkrete Hinweise, wo eine Überarbeitung notwendig ist. Für eine kreative Neuerfindung von Elementen eines Plots oder von Szenen ist ein Chatbot meist kein ergiebiger Ideengeber. Eine Unterstützung durch die KI bringt nur bei jenen Überarbeitungsschritten etwas, für die ganz spezifische, konkrete Anweisungen gegeben werden können. Hier ist das Beispiel für einen Prompt zum Überarbeiten eines Zwischenstands (Gibbs, 2024a):

2.3 Chatbot als kreativer Sparringspartner

Bitte schreiben Sie den folgenden KI-generierten Text neu, damit er menschlicher und ansprechender klingt, indem Sie die folgenden Richtlinien berücksichtigen:
Verwenden Sie abwechslungsreiche Satzstrukturen, um dem Text Rhythmus und Interesse zu verleihen.
Verwenden Sie emotionale Sprache, um Gefühle auszudrücken und Tiefe zu verleihen.
Fügen Sie, wo angemessen, Slang oder umgangssprachliche Ausdrücke ein, damit der Text sich gesprächiger anfühlt.
Geben Sie spezifische Details, Beispiele oder einzigartige Merkmale an, die Authentizität verleihen.
Erkennen Sie Unsicherheit oder Komplexität an, um zu zeigen, dass Sie sich der Nuancen bewusst sind, und verleihen Sie dadurch größere Glaubwürdigkeit.
Verwenden Sie nicht die folgenden Wörter oder Ausdrücke: Vertiefen, Eintauchen, Bestreitbar, Sicherlich, Folglich, Daher, Jedoch, Tatsächlich, Darüber hinaus, Dennoch, Nichtsdestotrotz, Somit, Zweifellos, Geschickt, Lobenswert, Dynamisch, Effizient, Sich ständig weiterentwickelnd, Aufregend, Vorbildlich, Innovativ, Von unschätzbarem Wert, Robust, Nahtlos, Synergistisch, Zum Nachdenken anregend, Dementsprechend, Zusätzlich, Transformativ, Äußerst, Lebendig, Lebenswichtig, Effizienz, Innovation, Institution, Integration, Implementierung, Landschaft, Optimierung, Bereich, Canvas, Transformation, Ausrichten, Erweitern, Begeben, Erleichtern, Maximieren, Unterstreichen, Nutzen, Ein Beweis für …, Abschließend …, Zusammenfassend …, Es ist wichtig zu beachten/zu bedenken …, Es ist bemerkenswert, dass …
Bitte stellen Sie mir vor Beginn mehrere klärende Fragen, die ich beantworten werde, um sicherzustellen, dass Sie das schreiben, was ich möchte.
Nachdem Sie mir klärende Fragen gestellt haben und ich Ihnen geantwortet habe, senden Sie mir bitte drei verschiedene überarbeitete Versionen des Textes, die diese Vorschläge berücksichtigen.

Für Serien und Filme werden manchmal Drehbuchaufstellungen gemacht. Indem verschiedene Varianten ausprobiert werden, können Autorinnen mit dieser analogen Methode Klarheit über die Stärken und Schwächen eines Drehbuches gewinnen. Indem man jeweils der stärksten Dynamik folgt, kann die Dramaturgie weiterentwickelt werden.

Abschließend ist zu sagen: KI kann Autorinnen dabei helfen, Ideen zu entwickeln, ihre Geschichte zu strukturieren, ihren Dialog zu verfeinern, und KI kann Feedback aus verschiedenen Perspektiven geben. KI ist ein nicht mehr wegzudenkendes Hilfsmittel für das Screenwriting, doch behalten Sie Ihr kritisches Denken bei und lassen Sie die KI nicht die kreative Ideenfindung oder wichtige dramaturgische Entscheidungen übernehmen. Es geht um Zusammenarbeit; es ist erlaubt, Grenzen zu überschreiten und neue Wege zu erkunden. Es geht nicht darum, fehlende menschliche Kreativität zu ersetzen, sondern vorhandene Ideen besser auszuarbeiten. KI kann dazu als Brainstorming-Partnerin, unermüdlicher Editor und als virtuelles Redaktionsteam in einer Person verstanden werden.

2.4 Schreiben mit Drehbuchsoftware

Falls Sie sich mit Screenwriting schon länger auseinandergesetzt haben, oder falls Sie wenigstens nicht mehr an Ihrem allerersten Drehbuch schreiben, kann spezielle Drehbuchsoftware einen Booster für Ihr Arbeitstempo beim Strukturieren Ihrer Ideen und beim Ausformulieren von Szenen sein. Eine smarte Planung macht das Schreiben der Szenen und Dialoge effektiver. Seien Sie originell, ohne das Rad neu zu erfinden: Nutzen Sie KI-Tools, um Ihre Geschichte zu erzählen, doch lassen Sie sich Ihre Einzigartigkeit nicht von standardisierten Normierungen abschwatzen.

2.4.1 Filmdrehbücher mit Squibler schreiben

Als Beispiel für viele sehr gute KI-gestützte Anwendungen sei Squibler.io vorgestellt. Wie kann diese Software fruchtbar gemacht werden? Dieses speziell für Drehbuchautorinnen entwickelte KI-Werkzeug kann bei der Figurenentwicklung, bei der Beschreibung der Schauplätze, beim Schreiben von Dialogen und bei der Überarbeitung von Entwürfen eingesetzt werden.

In Squibler können ausführliche Beschreibungen von Figuren eingegeben werden, die dann im weiteren Schreibprozess von der KI geordnet und sorgfältig zurückgespiegelt werden (Abb. 2.6).

Auf ähnliche Weise können auch Schauplätze (Abb. 2.7) und Requisiten (Abb. 2.8) beschrieben und verwendet werden. Auf Widersprüche wird dann im weiteren Schreibprozess durch die KI hingewiesen.

Auch bei der Verwendung dieser Screenwriting-Software kommt es auf prägnante Sprache an: Verwenden Sie durchgehend Präsens. Squibler kann kurz formulierte Ideen

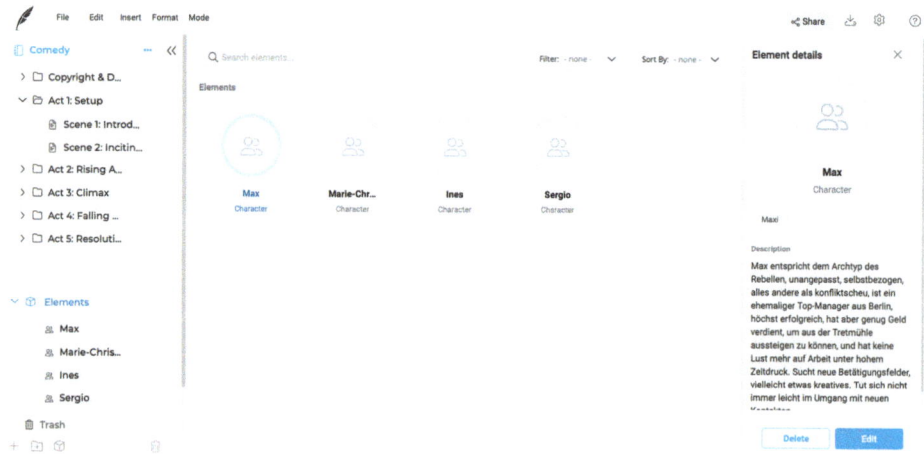

Abb. 2.6 Squibler unterstützt bei der Figurenbeschreibung (Screenshot, erstellt 2025)

2.4 Schreiben mit Drehbuchsoftware

Abb. 2.7 Locations beschreiben (Screenshot, erstellt 2025)

Element details

Group
Schauplätze

Supermarktkassa

Setting

Description

Der Kassenbereich ist kompakt und recht schmal, um Platz im Laden optimal zu nutzen. Er besteht aus einem Förderband, das die Ware zur Kassenkraft transportiert, und einem kleinen Abstellbereich, in dem die gescannten Artikel zur Seite gelegt werden.Direkt neben der Kasse befindet sich das Bezahlterminal, das Kartenzahlungen ermöglicht. Es gibt auch eine kleine Ladefläche für Bargeldzahlungen.

View less

Delete   Edit

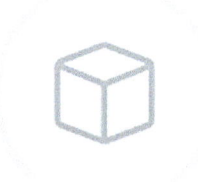

Element details ✕

Group
Props

Auto von Max

Object

Description

Ein SUV einer Premium-Marke, schwarz. Der Lack ist nach wie vor glänzend und makellos. Die Stoßstangen aber, einst glatt und glänzend, sind nun zerkratzt und an einigen Stellen möglicherweise leicht eingedellt. Eventuell fehlt eine Zierleiste oder ein Teil des Kunststoffs ist ausgebleicht.as Lenkrad zeigt starke Abnutzungsspuren, mit abgegriffenen Stellen, wo das Material abgenutzt ist.

View less

Delete   Edit

Abb. 2.8 Props beschreiben (Screenshot, erstellt 2025)

2.4 Schreiben mit Drehbuchsoftware

aufgreifen und Vorschläge für die ausführliche Formulierung von Szenen und Dialogen machen (Abb. 2.9).

Wenn man einzelne Szenen auswählt, kann man diese per Mausklick kürzen oder auch detaillierter beschreiben lassen; oder sie können bei Bedarf verändert werden, indem Figuren oder Schauplätze getauscht werden.

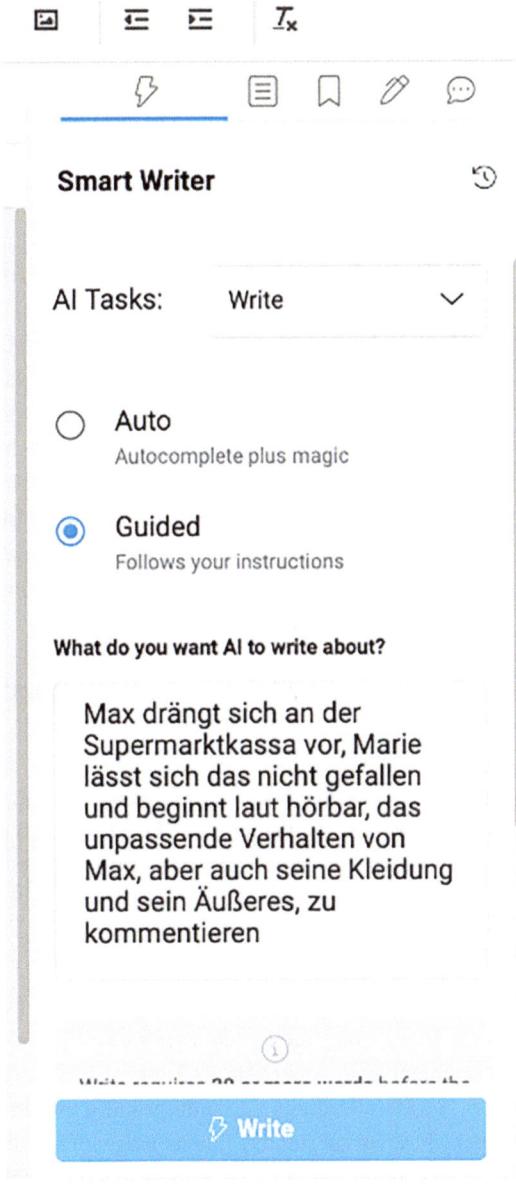

Abb. 2.9 Squibler hilft dabei, Ideen zu entwickeln und auszuformulieren (Screenshot, erstellt 2025)

Achten Sie darauf, dass beschrieben wird, was auf der Leinwand passiert, und verzichten Sie auf unnötige Hinweise wie Kamerawinkel oder Überblendungen. Ergänzen Sie Dialoganweisungen in Klammern (*personal direction*) – also wie eine Figur spricht – nur wenn unbedingt notwendig, selbst wenn die KI das häufig vorschlagen sollte (Cole & Haag, 1996).

Zurückhalten von Informationen Was Drehbuch-KI erfahrungsgemäß nicht so gut kann, ist, Dinge offenzulassen. Das Zurückhalten von Einzelheiten weckt aber die Neugierde der Zuschauer. Das kann so weit gehen, dass man die Zuschauer vorerst eine Fehlannahme treffen lässt, bevor die tatsächlichen Umstände im passenden Moment enthüllt werden. So kann eine interessante Wendung entstehen, die nicht durch die Ereigniskette an sich, sondern durch die Erzählung erzeugt wird (Vale, 2004, S. 84 f.).

Schreiben von Text und Subtext Unausgesprochene Gedanken und Gefühle, die eine Figur beeinflussen, die ihre Handlungen und Worte bestimmen, finden sich zwischen den Zeilen. Dieser Subtext ist ein entscheidendes Moment der Szenenkonstruktion.

Ein Beispiel findet sich in dem oscarprämierten Drehbuch *Sideways* von Alexander Payne und Jim Taylor. Während einer Tour durch das Weingebiet *Santa Ynez Valley* lernen Englischlehrer Miles und sein Freund Jack zwei Frauen kennen. Während Jack sich mit Stephanie mit eindeutigen Absichten zurückzieht, unterhält Miles sich mit der Kellnerin Maya. Vordergründig sprechen sie nur über Wein, gleichzeitig gelingt eine sehr persönliche Art, sich einander vorzustellen – obwohl Miles und Maya vordergründig nur ihr Verhältnis zu Wein offenbaren. Die verpasste Gelegenheit am Ende der Szene ist ein Wendepunkt in der Geschichte, der den gesamten weiteren Film bestimmt (Benedict, 2014).

2.4.2 Künstliche Intelligenz im Writers' Room

Serien werden häufig in Teams geschrieben, wobei der Writers' Room von einem Showrunner geleitet wird. Hier kann KI sehr wertvolle Unterstützung leisten, weil sie im Hintergrund Details der Figuren, der Handlung und der Locations im Blick behält und damit das kohärente Zusammenarbeiten im Team erleichtern kann. Hinsichtlich der Staffelstruktur unterscheidet man horizontale Serien (*Breaking Bad*), episodische Serien (*SOKO Köln*) und Mischformen (*Grey's Anatomy*). Das entscheidende Strukturmerkmal ist nicht die Akteinteilung, sondern es wird in Handlungssträngen (Storylines) erzählt. Die Komplexität der Erzählung wird oft dadurch gesteigert, dass sich der Wissensstand in jedem Handlungsstrang anders entwickelt und sogar die Zuseher erst nach und nach die Zusammenhänge verstehen. KI kann beim Schreiben helfen, den Überblick zu bewahren. Dort, wo sie allerdings zu vordergründig erklärt, sind Autorinnen gefordert, dagegenzuhalten, Fragen zu stellen, Dinge lange offenzuhalten und nach dem Grundsatz „*Show don't tell*" auf eine implizite Weise zu erzählen (Benedict, 2014, S. 130–156).

2.4.3 Dokumentarfilmdrehbücher

Dokumentarfilmdrehbücher können ebenfalls mit Unterstützung von KI schneller und effizienter verfasst werden, denn auch sie gewinnen sehr durch eine klare Struktur; und da kann eine Screenwriting-Software helfen. Behalten Sie gleichzeitig rechtliche Einschränkungen hinsichtlich personenbezogener Daten im Kopf. Aussagen oder personenbezogene Daten über reale Protagonisten dürfen nicht ohne Einwilligung dieser Personen auf Servern außerhalb der EU gespeichert werden, was bei vielen KI-Plattformen unvermeidlich wäre (Abschn. 8.1).

2.4.4 Comedy schreiben

Sketch-Comedy ist eines der beliebtesten Formate für Content-Ersteller, die ihren Humor unter Beweis stellen möchten. Sketche sind kurze, komödiantische Erkundungen von Situationen, Figuren und Ideen. Sie sind als Einstieg für Videoproduzenten gut geeignet, weil sie Fähigkeiten wie Storytelling und Timing vermitteln, die später auf größere Projekte angewandt werden können. Stars wie etwa Amy Poehler und Donald Glover haben die ersten Schritte ihrer Karriere als Mitglieder von Sketch-Gruppen gemacht. Großartige Beispiele für Comedy-Vignetten und Tipps dafür hat Fritts (2024) zusammengestellt.

Pointen und Witze sind jedenfalls alles andere als die Stärke gegenwärtiger KI-Modelle, auch wenn es ein paar speziell dafür entwickelte Plattformen gibt. Experimentieren Sie etwa mit https://punchlines.ai und lernen Sie Ihre neue KI-Komödien-Schreibpartnerin kennen. Vielleicht generiert sie nicht nur geistreiche oder abseitige Sprüche, sondern liefert hin und wieder dann doch eine Anregung für eine Pointe.

2.5 Mit diesen Tools sind Sie vorn dabei

Gegenwärtig konkurrieren viele KI-gestützte Apps am Markt, es werden hier nur einzelne erwähnt. Vergleichen und beurteilen Sie diese selbst:

- **Jasper AI** ist eines der vielseitigsten KI-Schreibtools. Es ist für seine intuitive Benutzeroberfläche bekannt und hat sich zu einer beliebten Lösung für Content-Ersteller entwickelt.
- **AI Screenwriter** ist ein ähnliches Tool wie Squibler, unterstützt Spanisch, Französisch, Deutsch, Portugiesisch, Tamil, Hindi, Mandarin und Russisch, sodass zum Schreiben die Muttersprache verwendet werden kann.
- **Longshot AI** zeichnet sich durch einen starken Fokus auf Recherchefunktionen und Faktenprüfung aus und ist damit eine ausgezeichnete Wahl für Dokumentarfilmautorinnen, die Wert auf Genauigkeit und Tiefe ihrer Inhalte legen. Der KI-Schreibassistent erstellt Inhalte mit integrierter Faktenprüfung: Der Recherchemodus

greift auf verifizierte Informationen aus seriösen Quellen zu. Die Plagiatsprüfung stellt die Originalität der generierten Inhalte sicher, und eine Stilanpassung erlaubt, die Tonalität und den Stil zu bearbeiten.

2.6 Pitching

Für die Realisierung einer Filmproduktion sind kürzere Textsorten erforderlich. Oft liegt das Treatment oder das fertige Drehbuch schon vor. Um das Projekt für Produzenten, Koproduktionspartnerinnen oder Fördereinrichtungen schmackhaft zu machen (es zu „pitchen", wie man sagt), wird eine Projektpräsentation geschrieben. Man unterscheidet

- die **Synopsis** (eine Drehbuchzusammenfassung, die häufig für Auftraggeberinnen, Redakteure und Förderanträge gebraucht wird,
- den **klassischen Pitch** (in etwas längerer Form),
- den **Pixar-Pitch** (reduziert auf sechs ganz spezifische Sätze),
- den **Elevator-Pitch** (nützlich, um ins Gespräch über ein neues Projekt zu kommen) und schließlich
- die **Logline**.

Eine Logline entwickelt Überzeugungskraft aus ihrer Kompaktheit. Sie besteht aus ein oder zwei Sätzen und umfasst

- eine **Protagonistin** (den Helden),
- den **Antagonisten** (die Gegnerin oder das Hindernis),
- einen **Konflikt** (Was hält den Protagonisten auf?), und
- eine **„offene Frage"** (Was wird passieren?).

Drehbuch-KI und Chatbots ganz allgemein sind nicht schlecht darin, das Wesentliche aus längeren Texten herauszuschälen und zusammenzufassen – und beschleunigen sehr die Formulierung dieser kurzen Textsorten.

2.7 Storyboards generieren

2.7.1 Wozu braucht es Storyboards?

Das Gestalten von Storyboards (Szenenbüchern) gehört nicht zu den Aufgaben einer Drehbuchautorin, sondern fällt in die Verantwortung der Regie. Manche Regisseure, zum Beispiel Steven Spielberg, arbeiten immer mit Storyboards. Andere visualisieren nur bestimmte Szenen (wie etwa Verfolgungsjagden oder intime Szenen), wieder andere verzichten gänzlich auf diesen Teilprozess. Manchmal wird eine Storyboard-Artistin mit der

Konzeption beauftragt. Sie setzt dann das Drehbuch zeichnerisch und bereichert es mit konkreten Gestaltungselementen wie Blickwinkel, Perspektive und Einstellungsgröße.

Ein Storyboard hat den Vorteil, dass der Film schon in der Phase der Pre-Production visualisiert wird und eventuelle dramaturgische Herausforderungen in einem frühen Stadium erkannt werden. Es hilft allen Kreativen der Produktion, die Ideen der Regie und das Design des Gesamtprojekts zu verstehen. Eine animierte Form des Storyboards wird **Animatic** genannt (Abschn. 7.6).

2.7.2 Drehbuchrecherche

„Detective Work on Scripts" nennt Nicholas (2005) das Entwickeln eines Storyboards. Er vergleicht den Spielfilm mit einem Wald, und Regie sollte in der Lage sein, jeden dramatischen Augenblick (wie einen einzelnen Baum) in den Blick zu nehmen und dessen Platz in der Gesamtdramaturgie bewusst zu machen.

Wessen Film ist es? Das ist die Frage nach der Protagonistin. Welche dynamische Beziehung hat sie zu anderen Figuren? Was ist ihr Bedürfnis (Was strebt sie an)? Welche Handlungen setzt der Protagonist? Was sind die *acting beats* (Was entscheidet und tut er?)? Was ist die *activity* (Womit ist sie beschäftigt?)? Was im Drehbuch in großen Linien oder einem durchgehenden Dialog beschrieben wird, muss jetzt in viele einzelne *beats* für die Figuren und für die Kamera heruntergebrochen werden.

2.7.3 Prompts für Storyboards

Wird der weitere Film mit KI-Bildgeneratoren erstellt, ist Storyboarding beinahe unverzichtbar, um für jede einzelne Szene eine organische Abfolge lebendiger Bilder zu designen.

```
Help me storyboard below scene with 16:9 aspect ratio in the US Wild
West era, set against a vast steppe-like landscape, keep the character
highly consistent and create an ultra photorealistic cinematic image
for every line on the synopsis. I want you to visually describe every
image of this storyboard one by one.
```

Das von einer KI vorgeschlagene Storyboard kann jedoch nur der Ausgangspunkt sein – Lehm oder Ton gewissermaßen, der erst durch Storyboard Artist und Regie zu einer Figur geformt wird!

> *Beispiel für den ersten Entwurf einer KI*
>
> 1. **Einstellung**
>   Handlung: Jane reitet allein durch die karge Wüste. Der heiße Wind wirbelt Staub auf. In der Ferne ist das Dorf Dusty Ridge zu sehen.
>   Kamera: Totale, leicht von oben, um die Weite der Landschaft zu betonen. Die Kamera schwenkt langsam nach rechts, um das Dorf ins Bild zu bringen.
> 2. **Einstellung**
>   Handlung: Jane nähert sich dem Dorf. Der Schatten ihres Pferdes fällt lang auf die ausgetrocknete Erde.
>   Kamera: Halbtotale, von schräg unten, mit Fokus auf Jane und dem Pferd. Die Kamera folgt ihrem langsamen Ritt.
> 3. **Einstellung**
>   Handlung: Die Dorfbewohner, sichtbar nervös, eilen hin und her, während staubige Cowboys ankommen und ihre erschöpften Pferde absatteln.
>   Kamera: Halbtotale, mit Bewegung durch die Menge, um die hektische Stimmung einzufangen. ◄

2.7.4 Storyboarding-Software

Storyboarding kann zwar mit vielen Chatbots gemacht werden (s. Beispiel oben), spezielle Software erleichtert aber den Workflow enorm. Einzelne Screenwriting-KIs, wie etwa **CapCut** oder **Storyboard AI**, können fertige Drehbuchszenen sofort in Vorschläge für Storyboards umwandeln.

Es gibt eine ganze Menge spezifischer Storyboarding-KI, mit unterschiedlichen Funktionen und Stärken. **Plot** ist beispielsweise eine webbasierte App, mit der Storyboards aus einem Skript erstellt werden können. Es verfügt über eine Bibliothek mit Vorlagen und Genres. **Boords** ist eine webbasierte App, mit der Storyboards gemeinsam bearbeitet werden können. Es verfügt über ein KI-Tool zum Generieren von Bildern basierend auf Prompts sowie über eine Funktion zum Erstellen von „Animatics" mit Ton und Bewegung. **Storyboarder** ist eine Desktop-App, die KI mit manuellem Zeichnen kombiniert (Abb. 2.10). Man kann eigene Panels zeichnen oder den KI-Assistenten verwenden. Optional bietet Storyboarder sogar eine Bild-zu-Video-Funktion.

> **Fragen und Aufgaben**
>
> 1. Was ist Dramaturgie, und warum wird betont, dass die Erzählkunst etwas zutiefst Menschliches ist und nicht vollständig an KI delegiert werden sollte?
> 2. Welche Rolle kann KI bei der Überwindung von Schreibblockaden spielen, und welche Einschränkungen werden in diesem Kapitel bezüglich der kreativen Beiträge von KI genannt?

2.7 Storyboards generieren 69

Scene: 5 | Shot: 2
Lena wird von der Polizei aus dem Gebäude eskortiert

Scene: 5 | Shot: 3
Nahaufnahme von Lenas Gesicht, die ihre Reaktion zeigt

Scene: 5 | Shot: 4
Ein Polizeiauto fährt davon, mit Lena drin

Scene: 6 | Shot: 1
Eine Datenspezialistin sitzt an einem Schreibtisch mit mehreren Bildschirmen, von denen einer das Kamerabild des Verhörraums zeigt

Abb. 2.10 Storyboarder ist eine Desktop-App, die KI mit der Möglichkeit, manuell zu zeichnen, kombiniert (Storyboard, erstellt von Bernhard Ellmauer mit Storyboarder.ai, 2024)

3. Welche ethischen Herausforderungen werden im Zusammenhang mit KI-generierten Drehbüchern beschrieben, und wie reflektiert dies die Vereinbarung zwischen der Writers Guild of America und der Alliance of Motion Picture and Television Producers?
4. Welche Risiken der inhaltlichen Homogenisierung durch KI-gestützte Drehbuchentwicklung werden in diesem Kapitel diskutiert, und wie könnten diese den kreativen Prozess langfristig beeinflussen?
5. Wie unterscheiden sich Treatment, Bildertreatment und Drehbuch?
6. Was unterscheidet Archetypen von Stereotypen in der Figurenentwicklung, und warum können Archetypen helfen, universelle Geschichten zu erzählen, ohne Stereotypen zu reproduzieren?
7. Analysieren Sie erfolgreiche Drehbücher: Untersuchen Sie die Struktur eines Ihrer Lieblingsfilme und beschreiben Sie diese in zumindest 150 Wörtern.
8. Analysieren Sie eine Szene aus einem Ihrer Lieblingsfilme im Hinblick auf Subtext in Dialogen.
9. Schreiben Sie eine Szene, in der zwei Figuren einander anziehend finden, dies aber nicht zeigen – und schon gar nicht einander sagen – wollen.

Antworten
1. Dramaturgie ist die Auseinandersetzung mit dem, was Geschichten im Kern erfolgreich macht.
   Es wird angesprochen, dass die Erzählkunst etwas zutiefst Menschliches ist, weil das, was wir denken und sagen, unsere Wirklichkeit bildet, unsere Beziehungen formt und das Bild prägt, das wir von uns selbst und anderen haben. Diese tiefgreifenden menschlichen Aspekte sollen nicht an KI delegiert werden, da diese lediglich helfen kann, Konzepte zu strukturieren und Ideen klarer zu formulieren, aber nicht die menschliche Essenz des Erzählens ersetzen kann.
2. KI kann bei Schreibblockaden helfen, indem sie Ideen generiert, Dialoge entwirft oder alternative Handlungsstränge vorschlägt. Sie kann als „Sparringspartner" dienen, der neue Perspektiven eröffnet und den Schreibprozess bereichert.
   Die kreativen Beiträge von KI werden als Unterstützung und nicht als Ersatz für menschliche Kreativität gesehen. KI kann zwar Ideen verfeinern und verbessern, aber sie kann nicht die menschliche Sensibilität, Originalität und emotionale Tiefe ersetzen, die für herausragende Drehbücher erforderlich sind. Zudem besteht das Risiko einer Homogenisierung der Inhalte, da KI dazu neigt, erfolgreiche Muster nachzuahmen.
3. Die ethischen Herausforderungen umfassen den Schutz der Arbeitsplätze von Drehbuchautoren, die Gefahr der Überstandardisierung kreativer Prozesse und die Frage der Urheberschaft bei KI-generierten Inhalten. Die Vereinbarung zwischen der Writers Guild of America (WGA) und der Alliance of Motion Picture and Television Producers (AMPTP) spiegelt diese Herausforderungen wider. Sie legt fest, dass KI nicht zum Schreiben oder Überarbeiten von Drehbüchern verwendet werden darf und dass Studios KI-generiertes Material offenlegen müssen. Gleichzeitig erlaubt sie Autoren, KI

2.7 Storyboards generieren

nach eigenem Ermessen zu nutzen, was einen Kompromiss zwischen Schutz und Innovation darstellt.

4. KI-Systeme, die darauf trainiert sind, erfolgreiche Muster nachzuahmen, könnten zu einer Uniformität filmischer Narrative führen und unkonventionelle oder innovative Projekte an den Rand drängen. Langfristig könnte dies dazu führen, dass die Vielfalt und Originalität von Filmen abnehmen, da KI dazu neigt, bewährte Formeln zu reproduzieren, anstatt neue kreative Wege zu gehen.
5. Das Treatment, typischerweise zwischen 5 und 20 Seiten, dient dazu, die Handlung eines Filmes oder einer Serie in Prosaform zusammenzufassen.

    Das Bildertreatment konzentriert sich auf die strukturelle Umsetzung des Filmes, alle Figuren und der detaillierte Handlungsablauf sind beschrieben, jede einzelne Szene (jedes „Bild") ist bereits ausformuliert.

    Das Drehbuch wird in einer standardisierten Form verfasst (Drehbuchformat), es enthält alle Dialoge und wichtigen Details des Filmes. Es dient als Grundlage für die Dreharbeiten und die Postproduktion. Die Länge entspricht der des fertigen Filmes (eine Drehbuchseite entspricht etwa einer Minute Film).
6. Stereotypen sind vereinfachte, oft negative und verallgemeinerte Vorstellungen über bestimmte Gruppen von Menschen. Sie sind starr und unflexibel, beruhen auf Vorurteilen und können zu diskriminierenden Darstellungen führen.

    Archetypen basieren auf universellen, tief verwurzelten Mustern im kollektiven Unbewussten, wie von C. G. Jung beschrieben. Sie sind grundlegende, wiederkehrende Muster von Charakteren, Motiven oder Symbolen, die in der menschlichen Erfahrung und in Geschichten aus verschiedenen Kulturen vorkommen, und dienen als Grundlage, um komplexe menschliche Erfahrungen und Beziehungen zu symbolisieren. Sie sind flexibel und können in verschiedenen Kontexten und mit unterschiedlichen Eigenschaften dargestellt werden. Warum Archetypen helfen, universelle Geschichten zu erzählen, ohne Stereotypen zu reproduzieren:
    - Archetypen sprechen universelle menschliche Erfahrungen und Emotionen an, was es ermöglicht, Geschichten zu erzählen, die Menschen aus verschiedenen Kulturen und Hintergründen verstehen und die sich damit identifizieren können.
    - Im Gegensatz zu Stereotypen sind Archetypen nicht auf bestimmte Merkmale oder Verhaltensweisen festgelegt. Sie bieten einen Rahmen, der mit individuellen Eigenschaften und Nuancen gefüllt werden kann, wodurch komplexe und vielschichtige Figuren entstehen.
    - Archetypen helfen, die Komplexität menschlicher Erfahrungen darzustellen, ohne Menschen auf vereinfachte oder klischeehafte Rollen zu reduzieren. Sie ermöglichen es, die Vielfalt der menschlichen Natur zu zeigen, ohne in Stereotypen zu verfallen.
    - Durch die Verwendung von Archetypen können Drehbuchautoren vielfältige und inklusive Geschichten erzählen, die ein breites Spektrum an Erfahrungen und Perspektiven widerspiegeln, ohne auf Stereotypen zurückzugreifen.

- Archetypen sind mit Emotionen verbunden und helfen somit dem Publikum, die Rollen von Figuren schnell zu erkennen und Handlungsstränge ganzheitlich zu verstehen.

Zusammenfassend lässt sich sagen, dass Archetypen ein wertvolles Werkzeug für Drehbuchautoren sind, um universelle und tiefgründige Geschichten zu erzählen.

Literatur

Andi (2024). *Mistral AI: Europe's Free ChatGPT Alternative Revolutionizes the AI Market.* https://medium.com/kinomoto-mag/mistral-ai-europes-free-chatgpt-alternative-revolutionizes-the-ai-market-47e1b6377232. Zugegriffen am 27.11.2024.

Arion, P. (2024). *Get ready to supercharge your screenplay.* https://aimistral.com. Zugegriffen am 03.01.2025.

Beazley, D. (2024). *Tokenizing text.* O'Reilly Media Inc.

Bedingfield, W. (2023). *Hollywood writers reached an AI deal that will rewrite history.* https://www.wired.com/story/us-writers-strike-ai-provisions-precedents/. Zugegriffen am 06.08.2024.

Benedict, B. (2014). *Schreiben für Film und Serie. Drehbücher selbst entwickeln* (S. 103–107). Duden.

Berne, E. (2022). *Spiele der Erwachsenen: Psychologie der menschlichen Beziehungen.* Rowohlt. Aus dem Englischen von Wolfram Wagmuth. Titel der Originalausgabe: Berne, E. Games People Play. New York: Grove Press 1964.

Bliedung von der Heide, S. (2024). Künstliche Intelligenz im Film: Innovationen, Chancen und Herausforderungen. *Politik & Kultur* 6/2024. https://politikkultur.de/ki/kuenstliche-intelligenz-im-film/. Zugegriffen am 02.12.2024.

Cole, H. R., & Haag, J. H. (1996). *The complete guide to standard script formats. Part I: The screenplay.* CMC Publishing.

Contreras, B., & Licari, K. (2023). *Can you tell which script was written by AI?* https://www.latimes.com/projects/writers-strike-deal-ai/. Zugegriffen am 27.07.2024.

Edgar-Hunt, R. (2010). *Basics Film Regie* (S. 42). Stiebner.

Faber, M. A., & Mayer, J. D. (2008). Resonance to archetypes in media: There's some accounting for taste. *Journal of Research in Personality, 43*(2009).

Foss, B. (1992). *Filmmaking narrative & structural techniques* (S. 144–180). Silmkan-James Press.

Fritts, E. (2024). *An introduction to writing sketch comedy.* https://www.creatorhandbook.net/comedy-the-ultimate-introduction-to-writing-sketch-comedy. Zugegriffen am 24.09.2024.

Gesikowski, C. (2024). *The key to writing with AI according to sam Altman.* https://medium.com/design-bootcamp/the-key-to-writing-with-ai-according-to-sam-altman-ccea276b1ed1. Zugegriffen am 27.11.2024.

Gibbs, J. (2024a, Oktober). *GPT-o1: The Endgame of Humanized AI Writing.* https://medium.com/@jordan_gibbs/gpt-o1-the-endgame-of-humanized-ai-writing-f5e455b629aa. Zugegriffen am 12.10.2024.

Gibbs, J. (2024b, Dezember). *This ChatGPT update is a writer's dream.* https://medium.com/@jordan_gibbs/this-chatgpt-update-is-a-writers-dream-64f2a73a8b31. Zugegriffen am 17.12.2024.

Hellermann, J. (2024). *What is a character flaw? And why do you need them in your writing?* https://nofilmschool.com/how-to-write-text-messages-in-a-script. Zugegriffen am 09.08.2024.

Hughes, D. (2024). *I gained 15,000 folllowers with these 3 dead simple steps*. https://medium.com/practice-in-public/i-gained-15-000-followers-with-these-3-dead-simple-steps-1e439282bb03. Zugegriffen am 04.12.2024.

Stewart, I. (1991). *Transaktionsanalyse in der Beratung*. Junfermann.

James, G. (2024). *On writing better dialogue in fiction*. https://medium.com/writing101/on-writing-better-dialogue-in-fiction-8ebcc1d2e522. Zugegriffen am 15.09.2024.

Jung, C. G. (1968). *Der Mensch und seine Symbole*. Olten (10. Aufl., S. 96). Walter. 1979.

Kidd, M. A. (2016). Archetypes, stereotypes and media representation in a multi-cultural society. *Procedia – Social and Behavioral Sciences, 236*(2016), 25–28.

Kominato, H. (2023). *How to tell story using AI: Beginner's guide to AI-driven storytelling*. https://medium.com/aimovies/how-to-tell-story-using-ai-beginners-guide-to-ai-driven-storytelling-38cda6d3857d. Zugegriffen am 08.08.2024.

Lumet, S. (2006). *Filme machen. Vom Drehbuch zum fertigen Film* (S. 42). Autorenhaus.

Mirzadeh, I., et al. (2024). *GSM-symbolic: Understanding the limitations of mathematical reasoning in large language model*. https://arxiv.org/pdf/2410.05229v1. Zugegriffen am 25.11.2024.

Mundel, N. (2024). *3 must-haves to make your project stand out to producers*. https://voyagemedia.com/must-haves/. Zugegriffen am 03.01.2025.

Nicholas, T. P. (2005). *Film directing fundamentals. See your film before shooting* (S. 77–88). Focal Press, Elsevier Inc.

Nicholls, L. (2024). *Using Google Gemini to write a screenplay*. https://leonnicholls.medium.com/using-google-gemini-to-write-a-screenplay-5771614ccee8. Zugegriffen am 03.12.2024.

Nick (2024). *The AI Guru, ChatGPT is in love with these two symbols: < >*. https://medium.com/age-of-awareness/chatgpt-is-in-love-with-these-two-symbols-0c374bfc685c. Zugegriffen am 03.12.2024.

Otander, J. (2024). *Tokens vs words with LLMs*. https://www.johno.com/tokens-vs-words. Zugegriffen am 20.03.2024.

Patterson, J., Mamet, D., Blume, J., & Gladwell, M. (2024). *Writing 101: The 12 Literary Archetypes*. https://www.masterclass.com/articles/writing-101-the-12-literary-archetypes#3hzNJPhhZNHs2zWeQcwUZl. Zugegriffen am 09.08.2024.

Puchert, F. (2024). *Was ist ein Spielfilm-Treatment?* https://www.club23.de/spielfilm-treatment/. Zugegriffen am 04.01.2025.

Townsend, S. (2024). *The rise of AI in film: How AI script writing is changing the game*. https://stewarttownsend.com/the-rise-of-ai-in-film-how-ai-script-writing-is-changing-the-game/. Zugegriffen am 16.11.2024.

Vale, E. (2004). *Die Technik des Drehbuchschreibens für Film und Fernsehen* (6. Aufl.). Hrsg. von Jürgen Bretzinger. Aus d. Amerikanischen übers. Von Gabi Galster. TR-Verlagsunion 1987.

Weingartner, G. (2024). *Erfolgreich ein Exposé für Film, Video oder eine Serie schreiben. So funktionierts! Filmimpuls*. https://filmpuls.info/expose-schreiben/. Zugegriffen am 05.12.2024.

Wolff, T. (2023). *AI-assisted screenwriting: Common mistakes in storytelling prompts and how to avoid them: Effective prompts & strategies to use ChatGPT in story development*. https://medium.com/the-generator/ai-assisted-screenwriting-common-mistakes-in-storytelling-prompts-and-how-to-avoid-them-1a2651af85b9. Zugegriffen am 05.10.2024.

Wulff, H.-J. (2024). *Lexikon der Filmbegriffe*, in Anlehnung an Mitry und https://de.wikipedia.org/wiki/Szene_(Film). Zugegriffen am 06.04.2025.

Bilder prompten

3

Inhaltsverzeichnis

3.1	Welche Bilder es zur Erzeugung von Videos braucht	76
3.2	Prompts schreiben und schreiben lassen	78
	3.2.1 Englische oder deutsche Prompts?	79
	3.2.2 Prompt Library und Prompt Optimizer	83
3.3	Formeln und Parameter für das Prompten von Bildern	85
	3.3.1 Einfache Midjourney Prompts	85
	3.3.2 Wie werden Stilreferenz, Bildreferenz und Moodboard verwendet?	88
	3.3.3 Personalisierung	90
	3.3.4 Einstellungsgrößen	91
	3.3.5 Erweiterte Formel für das Prompten von Bildern für Videos	91
3.4	Aufmerksamkeit gewinnen und halten	98
	3.4.1 Wovon hängt Aufmerksamkeit ab?	98
	3.4.2 Die Wirkung von Farben nutzen	100
	3.4.3 Führungslinien	102
	3.4.4 Lichtsetzung	102
	3.4.5 Multi-Image-Fusion	104
3.5	Figuren mit Bildern charakterisieren	104
	3.5.1 Von der Drehbuchfigur zum Figurenprompt	104
	3.5.2 Filmstars in Midjourney kreieren	106
	3.5.3 Figuren mit RenderNet erschaffen	110
3.6	Die Akzeptanzlücke	110

Ergänzende Information Die elektronische Version dieses Kapitels enthält Zusatzmaterial, auf das über folgenden Link zugegriffen werden kann [https://doi.org/10.1007/978-3-658-46663-3_3]. Die Videos lassen sich durch Anklicken des DOI-Links in der Legende einer entsprechenden Abbildung abspielen, oder indem Sie diesen Link mit der SN More Media App scannen.

© Der/die Autor(en), exklusiv lizenziert an Springer Fachmedien Wiesbaden GmbH, ein Teil von Springer Nature 2025
L. Riedl, *Videos mit künstlicher Intelligenz gestalten*, X.media.press,
https://doi.org/10.1007/978-3-658-46663-3_3

3.7	Five-Shot-Technik	111
3.8	Profitieren Sie von diesen Tools	113
	3.8.1 Flux	113
	3.8.2 DALL-E und GPT Image 1	113
	3.8.3 Style Transfer in einem ComfyUI-Workflow	115
	3.8.4 360-Grad-Panoramen	116
3.9	Bildbearbeitung, Farbkorrektur und Upscaling	116
Literatur		117

▶ **Auftakt** Generative KI scheint uns die perfekte Kontrolle über Bilder zu geben, und wir meinen, eine beabsichtigte „Wirkung" auf das Publikum prompten zu können. Viele erleben den kreativen Prozess aber anders: Die Bedeutung, die ein Bild hat, wird eher „entdeckt" als „konstruiert". Dieses Verständnis von Ästhetik schließt an die französische Tradition an, die von Roger Leenhardt und André Bazin formuliert wurde. Darin geht es in erster Linie um das Spiel zwischen menschlichem Faktor und nichtmenschlicher Umgebung. In diesem Spiel wird durch das Weglassen von unbedeutsamem Beiwerk – um in der Begrifflichkeit der Nouvelle Vague zu bleiben – aus einem „Bild" eine „Aufnahme" (Andrews, 2007).

Filme sind ein visuelles Medium, und die Story wird in erster Linie visuell erzählt. Die Stärke der gegenwärtigen KI, Standbilder zu erzeugen, kann genützt werden, um diesen ersten Schritt zu gehen. Gute „Aufnahmen" bilden dann den bedeutungsvollen Kern der Videos, die mit Bild-zu-Video-Tools erzeugt werden. Das Generieren der „Aufnahmen" ist deshalb ein originärer Part der Gestaltung von Filmen; hier spielt die kreative menschliche Einflussnahme eine entscheidende Rolle.

3.1 Welche Bilder es zur Erzeugung von Videos braucht

Sie werden sich vielleicht fragen, warum Sie sich mit dem Generieren von Bildern auseinandersetzen sollten, wenn Sie doch Videos produzieren wollen? Der Grund liegt darin, dass man beim Generieren von Filmen die beste Qualität erzielt, wenn man sie nicht nur mit einem Text-Prompt, sondern unter Zuhilfenahme von Bildern erstellt. Auf diese Weise können der Bildausschnitt, die Perspektive, das Farbklima, das Bokeh und vor allem die Figuren und Hintergründe am präzisesten gesteuert werden. Beim Erzeugen der Videos kann man sich dann auf die Bewegungen, auf die Kamerafahrten und auf die Anschlüsse konzentrieren.

Selbst hochentwickelte Videogenerierungsmodelle wie Runway Gen-4 geben durch ihr Interface diese beiden Gestaltungsschritte vor: Erst werden Bilder geprompted, danach werden aus diesen Referenzbildern Videos generiert (Abschn. 9.1.2).

Bilder, die als Referenzbilder für Bild-zu-Video-Werkzeuge taugen, sollten folgenden Kriterien entsprechen, um optimale Ergebnisse zu erzielen:

3.1 Welche Bilder es zur Erzeugung von Videos braucht

- **Relevanz zum gewünschten Video:** Referenzbilder sollten den gewünschten Inhalt und den Stil des Videos widerspiegeln. Verwendet werden können für den „Vibe" Begriffe wie *stock photo, street photo, architecture, anime, pro photo*, auf Deutsch „fotorealistisch, „dokumentarisch" (Abschn. 3.3).
- **Hohe Auflösung:** Hochauflösende Bilder bieten mehr Details, wodurch auch das resultierende Video detailreicher und schärfer wird. Die Empfehlung wäre, Bilder mindestens im Zielformat des Videos bereitzustellen. Wenn das Zielformat 1080 p ist, sollte die Bildauflösung 1920 × 1080 Pixel oder höher sein.
- **Klares und konsistentes Motiv:** Verwendet werden sollten Bilder mit einem gut definierten Motiv, zum Beispiel zwei Personen, ein Objekt oder eine Szene. Das Hauptmotiv sollte klar erkennbar sein, ohne Ablenkungen im Hintergrund, damit sich die Bilder gut animieren lassen.
Viele der Bilder werden dem Storyboard entsprechen (Abschn. 2.7). Oft sind für einen flüssigen Schnitt zusätzliche Einstellungen hilfreich. Dazu kann jeweils eine Serie mit passenden Kamerawinkeln erstellt werden (z. B. ausgehend von der Five-Shot-Technik; Abschn. 3.7). Die Konsistenz von Perspektiven und Winkeln erleichtert die Bewegungssimulation und verbessert Übergänge im Video.
- **Licht- und Farbstimmung:** Das Bild sollte bereits der Farbwelt entstammen, die für das Video gewünscht wird (Abschn. 3.3.5). Die Farb- und Lichtstimmung sollten innerhalb einer zusammenhängenden Sequenz konsistent bleiben.
- **Keine Artefakte, unnatürliche Proportionen oder Verzerrungen:** Alle Artefakte in den Bildern finden sich voraussichtlich in den Videoclips wieder. Verwendet werden sollten deshalb Bilder ohne Morphing, ohne Kompressionsartefakte, ohne Rauschen oder Verzerrungen.
- **Urheberrechtliche Freigabe:** Die Nutzung urheberrechtlich geschützter Inhalte für Referenzbilder kann rechtliche Probleme verursachen, weil eine Animation der Bilder oft nur eine Bearbeitung darstellt, bei der das ursprüngliche Werk wiedererkennbar bleibt (Abschn. 8.4). Wenn es sich nicht um eigene Bilder handelt, wird eine Freigabe der Urheberin des Bildes erforderlich, um daraus ein Video generieren zu dürfen.

Wie ausführlich und detailliert darf ein Prompt sein? Gute Prompts beschreiben nicht nur die Motive, sondern auch Emotionen und Elemente der Story. Abb. 3.1 zeigt das Beispiel eines in Leonardo® geprompteten Bildes.

```
A warm and inviting keyframe features a stunning woman with porcelain
skin, cradling a small, adorable, fluffy long-haired cat, reminiscent of
the Maine breed, amidst a playful litter of kittens in various hues,
including beige, white, and gray. The serene summer setting includes a
tranquil beach background, evoking a sense of relaxation, complemented
by soft, warm, golden lighting that accentuates the subject's gentle
features. The woman's face radiates a tender, loving expression, with
```

```
subtle, natural facial features, and her hair is styled in effortless,
loose waves that cascade down her back. She wears a comfortable, flowy
white sundress with delicate straps, adding to the cozy atmosphere. The
overall mood exudes tranquility, with a shallow depth of field and subtle
bokeh drawing attention to the intimate moment shared between the woman
and her feline companions. The image is infused with a cinematic qua-
lity, reminiscent of Maciej Kuciara and Jama Jurabaev's works, with a
filmic aesthetic, subtle vignette, and warm color grading, as if captu-
red on Kodak Porta 400 or Cinestill 800 film with a Leica M10 camera.
```

3.2 Prompts schreiben und schreiben lassen

Worte sind wichtig – kleine Unterschiede können große Wirkung haben. KI reagiert empfindlich auf die Feinheiten der Sprache, deshalb führt ein nuancenreiches, präzises Vokabular zu besseren Ergebnissen. Paradoxerweise erinnert uns KI daran, die Kraft und Vielfalt unserer eigenen Sprache neu zu schätzen. Je spezifischer und vielfältiger das Vokabular eines Prompts ist, desto besser kann die KI angeleitet werden. Generative Tools generieren bessere Bilder mit ausführlicheren Prompts. ChatGPT oder Google Gemini können dazu verwendet werden, um optimierte Prompts schreiben zu lassen.

Um großartige Bilder zu schaffen, sollten nicht nur die Motive – wie eine Katze oder ein Drachen – im Fokus der Aufmerksamkeit stehen, sondern es sollten auch die Emotionen und die Geschichte, die das Bild vermittelt, formuliert werden (Abb. 3.1). Wer die Erzählung in den Mittelpunkt stellt, hat eine höhere Chance, ein ausdrucksstarkes und überzeugendes Bild zu gestalten (Grauzinis, 2024c).

Häufig funktionieren englischsprachige Prompts besser als deutschsprachige. Ein Chatbot kann die Übersetzung und die ausführliche Formulierung im Englischen übernehmen.

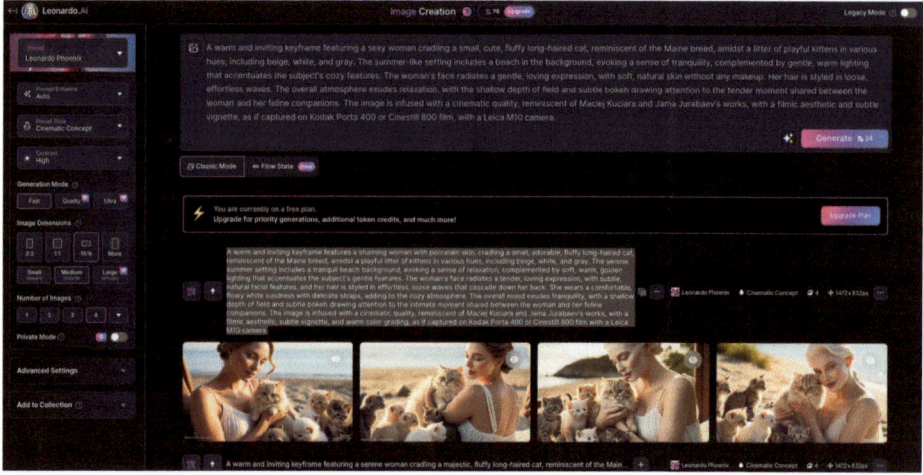

Abb. 3.1 Emotionen in den Prompt aufnehmen (Screenshot, erstellt mit Leonardo® Phoenix 0.9, 2024)

3.2.1 Englische oder deutsche Prompts?

Der Unterschied zwischen der Verwendung von deutschen und englischen Prompts bei der Verwendung von generativen Modellen kann sich auf verschiedene Aspekte auswirken. Generell liefern englische Prompts bei den meisten Modellen die besten und konsistentesten Ergebnisse. Dies liegt daran, dass die Trainingsdaten überwiegend in der Sprache des Herstellerlandes getaggt wurden. Die chinesischen Modelle sind meist auf die chinesische und die englische Sprache optimiert – und auch bei der Optimierung von US-Modellen wird gewöhnlich stärker auf Englisch abgestellt. Während einfache und allgemein verständliche deutsche Prompts in den meisten Fällen akzeptabel funktionieren, können komplexere oder sehr detaillierte Anweisungen zu weniger präzisen Ergebnissen führen.

Was spricht für Prompts auf Englisch? US-amerikanische Plattformen sind in der Regel auf Englisch trainiert, daher verstehen sie englische Prompts oft besser und genauer. Das bedeutet, dass bei der Verwendung von englischen Prompts die generierten Bilder eher den Erwartungen entsprechen können, da die zugrunde liegenden Modelle und Daten besser auf diese Sprache abgestimmt sind. Auch chinesische KI-Modelle lassen sich meist mit englischen Prompts wesentlich präziser steuern als mit anderen europäischen Sprachen.

Englische Prompts können oft detaillierter und nuancierter formuliert werden, da KI-Modelle möglicherweise in dieser Sprache über einen größeren Kontext verfügen. Dadurch können komplexere und spezifischere Anweisungen gegeben werden. Das KI-Modell könnte bei deutschen Prompts weniger präzise Ergebnisse liefern, auch weil die Modelle nicht so umfassend auf Deutsch trainiert wurden.

Diese Gründe sind es auch, weshalb viele der in diesem Buch vorgestellten Prompts auf Englisch geschrieben sind.

Was spricht für Prompts auf Deutsch? Bei deutschen Prompts können allerdings kulturelle Referenzen und spezifische Begriffe besser erkannt und umgesetzt werden, die im Englischen vielleicht nicht so eindeutig sind. Dies kann bei der Erstellung von Videos und Bildern, die stark von der Kultur deutschsprachiger Länder beeinflusst sind, von Vorteil sein. Sehen Sie sich dazu Abb. 3.2 und Abb. 3.2 an. Abb. 3.2 ist mit einem deutschen Prompt, Abb. 3.3 mit einem wörtlich übersetzten englischen Prompt entstanden. Der deutschsprachige Prompt liefert nicht nur passende Kleidung und einen passenden Hintergrund, sondern auch eine viel glaubwürdigere Emotionalität. Der englischsprachige Prompt dagegen erzeugt bloß ein breites Grinsen, die Figur wirkt wie in eine kulissenhafte Wiese und eine kulissenhafte Hintergrundebene hineinkopiert, der Korb davor in einem schlechten Größenverhältnis draufgeklatscht.

Woran kann das liegen? Wir fragen bei ChatGPT-4o nach!

```
What is the difference between the following two Midjourney prompts aside
from German/English language?
```

Abb. 3.2 Mit deutschem Prompt entstandenes Bild (erstellt mit Midjourney Gen-3 Alpha, 2025)

Abb. 3.3 Mit wörtlich übersetztem englischem Prompt entstandenes Bild (erstellt mit Midjourney Gen-3 Alpha, 2025)

```
Prompt 1: Halbnahe Aufnahme von einem Jungen im Grundschulalter, der
sich von Herzen freut, weil er gerade unter einem Busch ein Osternest
mit roten, weißen und blauen Eiern gefunden hat. Im Hintergrund ein bay-
erisches Dorf im Frühling und blühende Frühlingswiesen. RAW-Style,
hyperrealistisch, Seitenverhältnis 16 zu 9.
Prompt 2: Medium shot of a primary school-aged boy who is very happy
because he has just found an Easter basket with red, white and blue eggs
under a bush. In the background a Bavarian village in spring and bloo-
ming spring meadows. RAW style, hyperrealistic, aspect ratio 16 to 9.
```

3.2 Prompts schreiben und schreiben lassen

Antwort von ChatGPT, übersetzt durch ChatGPT:

Abgesehen vom Unterschied in der Sprache (Deutsch vs. Englisch) sind die beiden Prompts inhaltlich und strukturell weitgehend ähnlich. Es gibt jedoch subtile Nuancen, die die Art und Weise beeinflussen könnten, wie die Prompts von Midjourney oder einem anderen KI-Bildgenerierungssystem interpretiert werden:

1. **Sprachkontext:** Der deutsche Prompt könnte besser mit kulturellen und regionalen Bildern übereinstimmen, die spezifisch für Bayern und Deutschland sind, da die Sprache einen impliziten kulturellen Kontext liefert. Dies könnte subtil Details wie das Erscheinungsbild des Dorfes oder die Kleidung des Jungen beeinflussen.
Der englische Prompt könnte auf breitere, weniger lokalisierte Interpretationen zurückgreifen, was spezifisch bayerische Elemente abschwächen könnte, es sei denn, sie werden ausdrücklich durch den Begriff „bayerisches Dorf" betont.
2. **Übersetzungs- und Interpretationsnuancen:** „Halbnahe Aufnahme" im Deutschen wird technisch korrekt als „medium shot" ins Englische übersetzt. Jedoch könnte „halbnahe Aufnahme" im Deutschen eine etwas spezifischere filmische Konnotation haben. Dies könnte die Bildgestaltung oder den Fokus in der generierten Darstellung beeinflussen.
Im deutschen Prompt betont „sich von Herzen freut" eine tiefe emotionale Freude („von Herzen"), während die englische Version dies zu „very happy" vereinfacht. Dies könnte die Darstellung des Gesichtsausdrucks des Jungen beeinflussen, wobei die deutsche Version möglicherweise tiefere Emotionen hervorrufen könnte.
3. **Kulturelle visuelle Hinweise:** Die Erwähnung eines „bayerischen Dorfes" in beiden Prompts deutet auf eine lokalisierte Umgebung hin, aber die Verwendung der deutschen Sprache könnte authentischere und kulturell genauere Darstellungen fördern, wie traditionelle bayerische Architektur oder Landschaftsgestaltung.
4. **Subtiler stilistischer Schwerpunkt:** Während beide Prompts „RAW-Stil, hyperrealistisch" spezifizieren, könnte die deutsche Formulierung als stärkere Betonung fotografischer Realismus interpretiert werden, da sie eine präzisere Tonalität vermittelt.
Zusammenfassend lässt sich sagen, dass beide Prompts in ihrer Absicht gleichwertig sind, aber die deutsche Version durch Sprachkontext und Formulierungsnuancen eine spezifischere bayerische kulturelle und emotionale Tiefe hervorrufen könnte, während die englische Version eher eine allgemeinere Interpretation der Szene hervorbringen könnte. ◄

Welches Fazit ziehen wir daraus? Die Wahl der Sprache für Prompts ist eine Frage des Zieles und der Präferenzen. Für die präzisesten und konsistentesten Ergebnisse ist Englisch oft die bessere Wahl, während Deutsch für kulturell spezifische Beschreibungen Vorteile bieten kann. Es ist auch oft interessant, beide Sprachen auszuprobieren und die Unterschiede in den Ergebnissen zu beobachten. Manchmal können durch die Verwendung von deutschen Prompts unerwartete und einzigartige Bilder entstehen, die bei englischen Prompts vielleicht nicht aufgetaucht wären – und umgekehrt.

Natürlich ist es schon auch eine Frage der Sprachbeherrschung, ob man nicht nur Äußerlichkeiten, wie zum Beispiel *father holding his baby* formulieren, sondern auch emotionale Aspekte ausdrücken kann, *the baby looks up to him, in deep emotional connection*, wie in Abb. 3.4 in Firefly. Im Zweifel kann man die Anweisung in seiner Mutter-

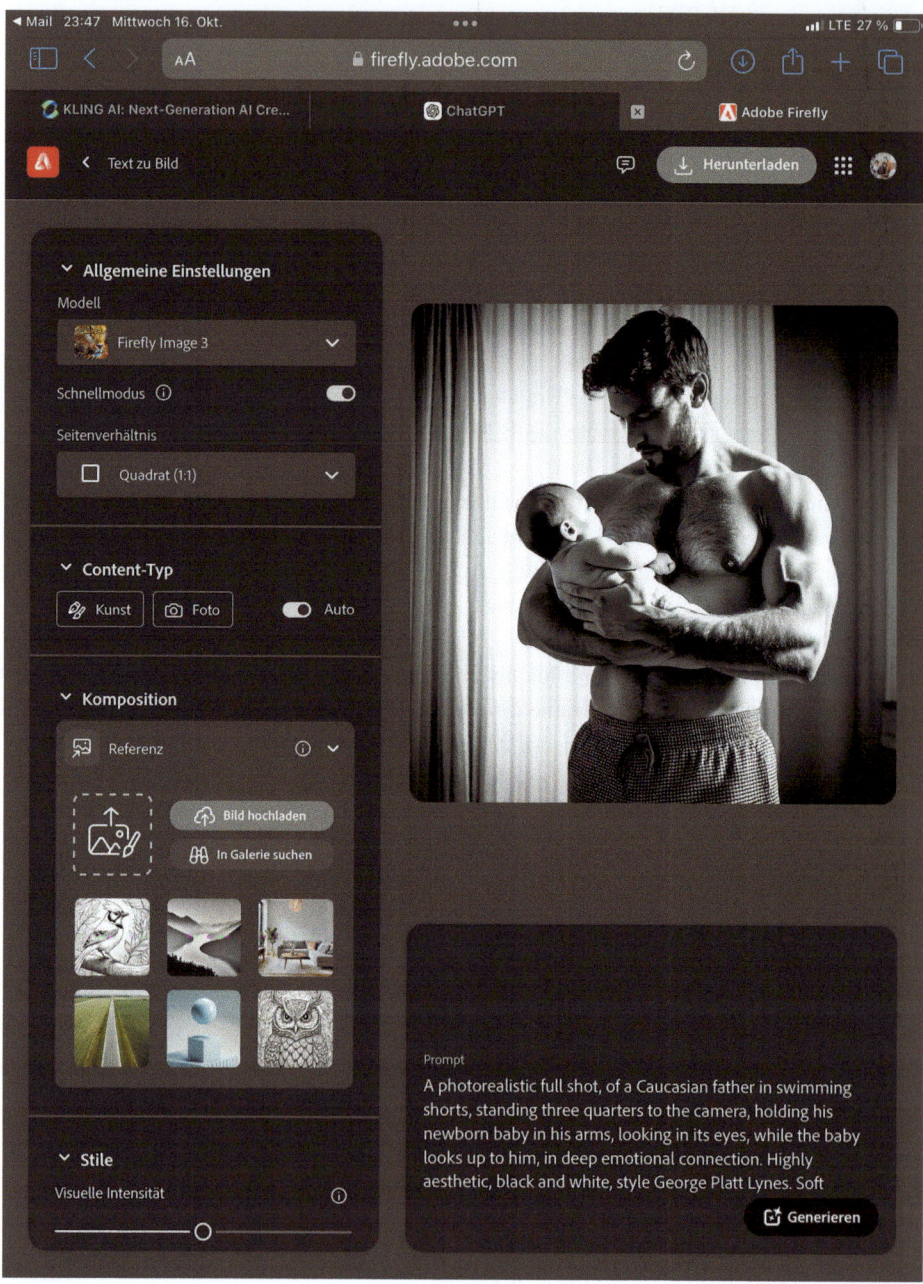

Abb. 3.4 Im Prompt sollten nicht nur Äußerlichkeiten, sondern auch emotionale Aspekte ausgedrückt werden (Screenshot Firefly Image 3, 2024)

sprache schreiben und sich diese vor der Eingabe in die generative KI von einem anderen Chatbot übersetzen lassen. Hilfreich kann sein, die Fenster zum Beispiel von ChatGPT und Midjourney nebeneinander zu platzieren, um zwischen beiden Tools wechseln zu können.

3.2.2 Prompt Library und Prompt Optimizer

Prompts sind noch nicht intuitiv. Eine Prompt Library ist eine digitale Plattform, die es ermöglicht, die von Nutzern erstellten Prompts mit anderen Nutzern zu teilen oder zu verkaufen. Prompt-Datenbanken bieten eine Hilfe bei der Formulierung von Prompts, wie etwa **Aiprm**. Mithilfe einer Prompt Library können qualitativ hochwertige Prompts mit wenigen Eingaben erstellt werden. Allerdings entwickelt sich auch generative KI weiter und kann sich immer besser an die Eingaben der Benutzerinnen anpassen. Deshalb wird wohl auch der von manchen vorausgesagte Beruf eines professionellen Prompt Engineers nicht erforderlich sein. Wahrscheinlicher ist, dass die Fähigkeit generativer KI-Tools, die Absicht des Nutzers zu verstehen, im Laufe der Zeit verbessert wird (Data Scientest News, 2024).

Cloudbasierte Datenbanken machen das große Datenschutzproblem, das KI-Plattformen ohnehin schon innewohnt, nur noch schlimmer, weil weitere unternehmensinterne Daten nach draußen gelangen! Prompt-Datenbanken sind schon aus diesem Grund vermutlich ein Übergangsphänomen, das nur so lange gebraucht wird, bis Algorithmen menschliche Eingaben besser verstehen (Halm, 2023).

Prompt-Datenbanken wurden zum Teil schon abgelöst durch Plattformen, die Prompts interaktiv verbessern, sogenannte Prompt Optimizer. Diese können gleichzeitig auch die Übersetzung aus dem Deutschen ins Englische übernehmen. Ein Beispiel dafür ist **PromptPerfect**. Die deutschsprachige Eingabe in PromptPerfect war:

```
Ein Motorradfahrer rast durch die Straßen von New York, macht eine
scharfe Kurve und fährt weiter. Neonlichter, Nachtstimmung, foto-
realistisch.
```

Bei Auswahl der Zielplattform Midjourney wurde diese Eingabe so übersetzt:

```
A motorcyclist speeding through the streets of New York, sharp turn,
neon lights, night atmosphere, photorealistic, HDR, cinematic composi-
tion, high contrast, long exposure:: Cityscape, urban landscape, bust-
ling streets, skyscrapers, fast motion, dynamic lighting, cinematic
feel, street photography:: --ar 16:9
```

Wir können dieses Bild (Abb. 3.5) jetzt testen, ob es sich gut als Referenzbild für Runway eignet; das Ergebnis ist das Video in Abb. 3.6. Hinweis: Alle Videos in diesem Buch können mit der *Springer Nature More Media App* angesehen werden.

Abb. 3.5 Prompt Optimizer helfen bei der Formulierung (erstellt mit PromptPerfect und Midjourney, 2024)

Abb. 3.6 Das dynamische Video ist unter anderem auf Basis eines energiegeladenen Referenzbildes gelungen (erstellt mit Runway Gen-3 Alpha, 2024) (▶ https://doi.org/10.1007/000-h4q)

Nach und nach werden KI-Modelle in der Lage sein, sich an das Prompting-Verhalten der User anzupassen. Beispielsweise ist **Promptbreeder** eine von vielen inzwischen veröffentlichten Verfahren, die Prompts verbessern können. Dies ist auch nicht die erste Methode, die dafür entwickelt wurde. Chain-of-Think Prompting ist eine weitere Methode, die das „Denken" von LLMs verbessert. Im Grunde geht es darum, einen „evolutionären" Algorithmus für kontinuierliche und selbstreferenzielle Verbesserungen der Prompts in eine Plattform einzubauen (Rajput, 2023).

Imagine.art sei als Beispiel für Plattformen dieser Art genannt. Für kurze Prompts oder Image Prompts ohne Text wird ein optimierter Prompt vorgeschlagen. Gleichzeitig kann aus den bekannten generativen Modellen (z. B. von Luma bis Hailuo) ausgewählt werden.

Einen Schritt weiter beim Prompting von Bildern bedeutet das Modell **Imagen 3** von Google. Es ist über Gemini Advanced zugänglich, weshalb das Verständnis für Eingabeaufforderungen, die in alltäglicher Sprache verfasst sind, gewachsen ist. So können auch ohne sorgfältiges Prompting gute Bilder generiert werden. Der Nachteil ist, dass die Ausgaben gleichzeitig stärker gefiltert werden – und damit auch weniger innovativ oder überraschend sein werden. Zurzeit gibt es weder Inpainting noch Outpainting und auch keine sonstigen Bearbeitungsmöglichkeiten, nicht einmal das Seitenverhältnis kann eingestellt werden. Dazu muss dann auf andere Plattformen gewechselt werden.

3.3 Formeln und Parameter für das Prompten von Bildern

Auch wenn sich Tools schnell weiterentwickeln, so ist doch die Fähigkeit, neue Tools zu begreifen, die Eigenschaften von KI zu verstehen und sie effektiv zu nutzen, von bleibendem Wert. Wenn die ersten Ergebnisse nicht den Erwartungen entsprechen, sollten die Eingaben verfeinert und so viele Versuche gemacht werden, bis ein zufriedenstellendes Ergebnis generiert wird. Auf Plattformen wie Reddit, Discord oder in den oben beschriebenen Prompt-Bibliotheken sind Inspirationen zu finden, die für KI-Bildgenerierung essenziell sind. Nützlich ist es, mithilfe von Schlüsselkomponenten ein Framework für Bildgenerierung zu bauen. Das soll am Beispiel von Midjourney konkretisiert werden.

3.3.1 Einfache Midjourney Prompts

Im Vergleich zu anderen Modellen spielt Midjourney zurzeit vor allem bei fotorealistischen Darstellungen seine Stärken aus. Das wird gerade bei der Videogenerierung häufig gewünscht. Sehen wir uns deshalb die Prompt-Struktur etwas genauer an. Ein Midjourney Prompt kann eine oder mehrere Bild-URLs, mehrere Textphrasen und einen oder mehrere Parameter enthalten (Abb. 3.7):

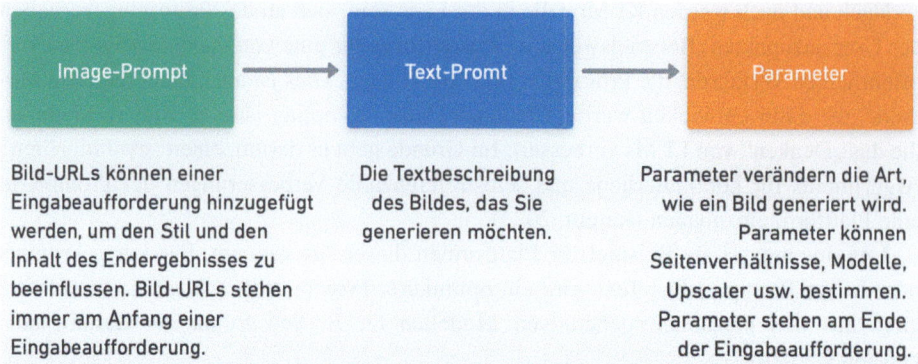

Abb. 3.7 Prompt-Struktur zur Bildgenerierung (erstellt mit whimsical.com, 2024)

- **Image-Prompt:** Mit Bildern – die über eine URL (also https:// …) eingefügt werden – können Inhalt oder Stil eines Bildes stark beeinflusst werden. Die Gewichtung dieses Einflusses kann über die Image Weight gesteuert werden (Abschn. 3.3.2).
  Bilder für den Image-Prompt können Bilder sein, die mit Text-zu-Video-Prompts erstellt wurden. Es können eigene Fotos sein, aber natürlich auch gemeinfreie Bilder (*Public domain*). Bei Fotos von Bilddatenbanken wie Getty Images, Shutterstock und Adobe Stock ist zu prüfen, ob die Bearbeitung mittels KI-Tools in der jeweiligen Lizenz mitumfasst ist.
- **Text-Prompt:** Der Midjourney-Bot funktioniert am besten mit einfachen, kurzen Sätzen, die beschreiben, was dargestellt werden soll. Lange Listen mit Anfragen und Anweisungen helfen eher weniger. Beispielsweise ist es sinnvoller, statt des folgenden langen Prompts

```
Zeigen Sie mir ein Bild von vielen blühenden kalifornischen Mohnblumen,
machen Sie sie leuchtend orange und zeichnen Sie sie in einem illust-
rierten Stil mit Buntstiften.
```

diesen kurzen Prompt zu verwenden:

```
Leuchtend orange kalifornische Mohnblumen, gezeichnet mit Buntstiften.
```

- **Parameter:** Parameter sind zusätzliche Anweisungen, etwa um das Seitenverhältnis (Aspect Ratio) eines Bildes festzulegen. --ar 16:9 legt beispielsweise das für viele Videos gewünschte Querformat fest. Auf andere Parameter kommen wir später in diesem Kapitel zu sprechen.

Midjourney und andere Bildgeneratoren verwenden keine wirklich natürliche Sprache (nur im technischen Jargon spricht man von Natural Language Processing, NLP). Vielmehr stützt sich das System ausschließlich auf die Schlüsselwörter, die aus einem Text extrahiert werden. Auf Satzstruktur oder Stilistik wird kaum geachtet. Die Qualität des er-

3.3 Formeln und Parameter für das Prompten von Bildern

zeugten Bildes hängt von der Präzision und der Auswahl der Keywords (Schlüsselwörter) ab. Nicht der Satzbau, sondern die gezielte Auswahl von Wörtern ist entscheidend, um die gewünschte Bildwirkung zu erzielen. Präzisere Begriffe wie „winzig" statt „klein" oder „verführerisch" statt „schön" führen zu besseren Ergebnissen.

Um ein Gefühl für die Verarbeitung der Prompts zu bekommen, ist es sinnvoll, hin und wieder die Gewichtung einzelner Tokens aufzurufen. Wie geht das? Midjourney ist ja sowohl auf Discord als auch auf der Website midjourney.com verfügbar. In einem Midjourney-Bot-Kanal auf Discord kann für einen Prompt /shorten aufgerufen werden. Der Midjourney-Bot bietet dann mehrere gekürzte Prompts an. Als Option kann dann auf *show details* geklickt werden, um die jedem Token zugewiesene Gewichtung anzuzeigen. Tokens mit höheren Gewichten werden als wichtiger angesehen und haben mehr Einfluss auf das erzeugte Bild.

```
Important tokens
Eine (0.06) fotorealistische (1.00), friedliche (0.06), sonnige (0.02)
Familienszene (0.16) an einem (0.08) Morgen (0.08) mit einem (0.16) Mann
(0.19), der (0.04) in der (0.02) Küche (0.30) steht (0.03) und (0.01)
einen (0.03) Smoothie (0.44) zubereitet (0.02), und (0.01) zwei (0.01)
Kindern (0.33), die (0.01) auf (0.01) dem (0.00) Boden (0.01) mit (0.01)
Spielzeugautos (0.18) spielen (0.02). Eine (0.00) getigerte (0.00)
Katze (0.00), eine (0.00) Kaffeetasse (0.00) und (0.00) eine (0.00) Obst-
schale (0.00) stehen (0.00) auf (0.00) der (0.00) Küchentheke (0.00).
An der (0.00) Wand (0.00) hängt (0.00) ein (0.00) Kalender (0.00). Das
(0.00) Fenster (0.00) ist (0.00) weit (0.00) geöffnet (0.00), die (0.00)
Vorhänge (0.00) bewegen (0.00) sich (0.00) i (0.00)m (0.00) Wind (0.00)
```

Offensichtlich betont der Algorithmus die Bildkomponenten, ihre jeweilige Farbe und ihren Stil. Die Komposition scheint weniger wichtig zu sein, ebenso wie die Katze und die Beschreibung des Raumes bis hin zu den Vorhängen.

In einem längeren Prompt haben einzelne Worte überhaupt so wenig Gewicht, dass manchmal die Wirkung verloren geht. Trotzdem sind die Wortwahl und die Wortreihenfolge nicht gleichgültig, Substantive, die früher in der Eingabeaufforderung stehen, werden stärker betont. Auch Präpositionen wie „an", „in" und „auf" sind bedeutsam; sie stellen räumliche Beziehungen zwischen den Elementen her. Die Umsetzung dieser räumlichen Hinweise in den Prompts gelingt Midjourney nur selten so wie formuliert.

Adjektive machen einen Unterschied, indem sie Eigenschaften, Texturen und Emotionen beschreiben (Mohanty, 2024). Manche abstrakte Verben wie „vermitteln", „verbessern" und „porträtieren" spielen überhaupt keine Rolle. Gute Prompts verzichten deshalb auf dekorative Wörter und haben eine einfache Struktur (Abb. 3.8):

```
Ein langes Ruderboot vor einer Bootshütte, Schnee auf den Bäumen, neblige
Atmosphäre, unauffälliges Licht --ar 16:9 --personalize l4q3b3k --stylize
500 --v 6.1
```

Abb. 3.8 Gute Prompts verzichten auf dekorative Wörter (erstellt mit Midjourney Gen-3 Alpha, 2024)

Noch eine Funktion, die auf Discord aufgerufen werden kann, ist interessant. Mit /describe können Bildbeschreibungen von hochgeladenen Bildern aufgerufen werden, um daraus detailliertere Prompts für die Erstellung neuer Varianten entwickeln zu können. Diese Funktion ist auch auf einigen anderen Plattformen verfügbar – und Sie können Bild-zu-Prompt-Generatoren beispielsweise über Webinterfaces aufrufen:

https://prompt-this.com/login
https://imageprompt.org/image-to-prompt
https://imagetoprompt.com

3.3.2 Wie werden Stilreferenz, Bildreferenz und Moodboard verwendet?

Eine Stilreferenz (Style Reference) beeinflusst den Gesamteindruck und die Stimmung eines Bildes. Die Verwendung einer Stilreferenz erlaubt es, die Farben, Texturen und die Atmosphäre eines Bildes zu beeinflussen, während der Bild-Prompt (Image-Prompt) mehr für Gestalten, Formen, Elemente und den Aufbau des Bildes verantwortlich ist.

Beide Eingabefunktionen werden miteinander kombiniert, wenn eine Stilreferenz an den Prompt angehängt wird, in der Form *--sref 123456*.

Im Interface gibt es auch eine spezifische Funktion für die Stilreferenz. Dieses Symbol, das sich neben dem Prompt-Feld befindet, erlaubt es, ein Bild als **Stilvorlage** zu wählen, um den visuellen Stil eines Bildes zu beeinflussen.

Der **Style Explorer** ist eine visuelle Bibliothek auf der Midjourney-Website, in der du Stile nach Kategorien (z. B. „fotografisch," „anime," „Ölgemälde") oder per Zufall suchen kannst. Es gibt auch einen **Style Tuner**, mit dem eigene Stile erstellt werden können. Dazu verwendet man auf Discord /tune und wird auf eine Webseite geleitet, auf der ein persona-

3.3 Formeln und Parameter für das Prompten von Bildern

lisierter Stil erstellt werden kann. Im Gegensatz zum Style Explorer, der vorgefertigte Stile anbietet, ermöglicht es der Style Tuner, einen eigenen Stil zu entwickeln.

Zusätzliche Funktionen des Style Tuner ermöglichen es dem Benutzer, zufällige Style Codes zu erzeugen, mehrere Style Codes zu kombinieren und die Wirkung (Stärke) des Style Codes zu steuern.

Stylize Values (Stilisierungswerte) etwa sind nicht nur Stilmodifikatoren – sie verändern Ergebnisse grundlegend. Interessant ist, dass das bloße Anpassen des Stilisierungswertes das Geschlecht eines Porträts ändern könnte, selbst bei identischen Job Seeds, oder dass sorgfältig ausgearbeitete „fotorealistische" Prompts weniger Wirkung haben als die in Personalisierungscodes eingebetteten künstlerischen Vorlieben. Als Beispiel mögen folgende Personalisierungscodes (Personalization Codes) dienen: *itlxn44, h568smh, 7tolb89, 9814rez, m5u2chp, ppgu22e* (Yao, 2024a).

Um zu experimentieren, kann auch *--sref random* am Ende des Prompts eingegeben werden, und ein zufälliger Style wird der Ausgabe zugeordnet.

Style Weight, Image Weight und das Ausbalancieren der Referenzen Die Stilreferenz wird über einen Parameter namens Style Weight gesteuert. Dieser Wert bestimmt, wie stark der Einfluss der Stilreferenz auf das generierte Bild ist. Der Wert kann zwischen 0 und 1000 liegen, wobei der Standardwert bei 100 liegt.

Hier einige Beispiele:

- **Style Weight 100:** Das Bild bleibt relativ realistisch, jedoch wird die Farbgebung durch die Style Reference leicht beeinflusst.
- **Style Weight 300:** Hier nimmt das Bild schon einen eher cartoonartigen Stil an. Die Farben und Formen wirken stilisierter.
- **Style Weight 600 und 900:** Mit höheren Style Weights wird das Bild zunehmend gezeichneter, bis hin zu einem eher abstrakten Stil.

Auch das Verhältnis des Image-Prompts zum Text-Prompt kann gesteuert werden. Image Weight bedeutet:

- **--iw 0.5:** Referenzbild und Text-Prompt haben das gleiche Gewicht
- **--iw 1** (Voreinstellung): Referenzbild ist wichtiger als der Text-Prompt
- **--iw3:** Massiver Einfluss des Referenzbildes

Wenn das Style Weight auf 1000 erhöht wird, wird der Einfluss der Style Reference sehr dominant. Selbst bei einem relativ niedrigen Image Weight (0,5) ist die Farbgebung des Bildes stark von der Style Reference beeinflusst. Bei einer Kombination von Style Weight 1000 und Image Weight 3 bekommt allerdings wieder der Image-Prompt Oberwasser. Der Style bleibt zwar erhalten, aber das Bild wird von der Struktur des Prompts bestimmt.

Stilisierungswerte und Moodboards Moodboards und Stilreferenzen führen in Midjourney zu ähnlichen Ergebnissen, vor allem wenn sie aus einer kleinen, sorgfältig ausgewählten Bildauswahl bestehen. Ein wesentlicher Vorteil von Moodboards liegt in ihrer einfachen Organisation und Wiederverwendbarkeit.

Im Gegensatz zu Referenzbildern, die immer wieder gesucht und aufgerufen werden müssen, kann aus einer Reihe von gelungenen Bildern ein Moodboard zusammengestellt werden. Darauf kann dann bei mehreren ähnlichen Szenen Bezug genommen werden. Es empfiehlt sich, spezielle Moodboards für bereits erfolgreiche Midjourney-Bilder zu erstellen, wodurch eine persönliche Bibliothek mit bewährten Stilkombinationen entsteht. Da weniger oft mehr ist, sollte mit einer kleinen, gut kuratierten Bildauswahl begonnen werden. Die Qualität und Kompatibilität der Referenzbilder spielen dabei eine entscheidende Rolle, um kreative Visionen optimal zu unterstützen (Yao, 2024b).

Ein unerwarteter Vorteil der Arbeit mit Moodboards ist ihre Hilfe bei der Lösung von Kompositionsproblemen. Da es in Midjourney schwierig sein kann, gezielt nach bestimmten Kompositionsrichtlinien wie der goldenen Spirale oder der Drittelregel zu fragen, hat sich folgende Methode bewährt: Zunächst wird ein Basisbild mit der gewünschten Komposition erstellt – etwa nach der goldenen Spirale für textbasierte Bilder oder der Drittelregel für allgemeine Kompositionen. Anschließend dienen Moodboards ausschließlich der Optimierung von Beleuchtung, Oberflächen und Stilelementen. Diese Trennung der Arbeitsabläufe ermöglicht eine präzise Kontrolle der Komposition bei gleichzeitiger kreativer Freiheit in der Stilgestaltung (Yao, 2025).

3.3.3 Personalisierung

Was steckt hinter dem Konzept der Personalisierung? Jeder Prompt lässt ganz viele Aspekte offen. Der Algorithmus füllt diese Leerstellen mit Standardpräferenzen, die in Wahrheit die Kombination der Bias und der Vorlieben der Benutzer sind. Das KI-Modell bemüht sich, aus dem Verlauf der Entscheidungen einer Benutzerin zu lernen, was sie bevorzugt. Die im Prompt nicht angesprochenen Leerstellen werden also mit den Vorlieben des Benutzers gefüllt.

Die Personalisierung von Midjourney fragt nach einer Auswahl aus 200 Bilderpaaren, die dann als Ausgangspunkt dienen. Sie kann mit einem Button ein- oder ausgeschaltet werden, oder mit dem Parameter --p aufgerufen werden. Die Stärke der Personalisierung kann mit dem Parameter --s 100 eingestellt werden. 1000 ist der Maximalwert, 100 ist der Standardwert, und 0 bedeutet ausgeschaltet.

Personalisierungscodes Personalisierungscodes können am einfachsten so erklärt werden: Es geht um einen Code, der mit Midjourney basierend auf den Vorlieben eines Users erstellt wurde. Der Code ist alphanumerisch (wie *4mukrba*), und er wird als Parameter in die Eingabeaufforderung nach dem Text-Prompt eingegeben (wie --p *4mukrba* oder --*Personalisierung 4mukrba*). Zur Verwendung der eigenen Personalisierung braucht nur wie oben beschrieben --p hinzufügt zu werden.

Dieser Parameter verhält sich ähnlich wie eine Stilreferenz. Personalisierungscodes werden verwendet, um Midjourney dazu zu bringen, Bilder zu erstellen, die den Vorstellungen einer Nutzerin eher entsprechen und dabei weniger dem Midjourney-Mainstream folgen (Grauzinis, 2024a).

3.3 Formeln und Parameter für das Prompten von Bildern

Erweiterte Optionen für Style- und Personalisierungscodes Experimentieren Sie mit der Kombination von Stilen. Mehrere Codes können kombiniert werden, zum Beispiel --*sref 3319970161 2667828500*, um einen neuen Stil zu erschaffen.

Mit :: lässt sich der Einfluss einzelner Codes priorisieren, zum Beispiel --sref 3319970161::1 2667828500::2.

URLs können mit Codes kombiniert werden, zum Beispiel --*sref 123 [URL]*.

Mehrere Personalisierungscodes können gemischt werden, zum Beispiel --*p fidxhwn yfbxsj7*.

Der Einfluss der Codes ist steuerbar, zum Beispiel --*p fidxhwn::2 yfbxsj7::1*. So können ästhetische Zugänge gemischt und unverwechselbare Stile kreiert werden (Knobl, 2024b).

3.3.4 Einstellungsgrößen

Für eine ausgewogene Bildkomposition braucht es das richtige Framing (Kadrierung). Vor allem bei Personen fühlen sich nur bestimmte Bildausschnitte richtig an. Aber es geht um mehr. Aus narrativer Sicht ist die richtig gewählte Einstellungsgröße für die Konstruktion von Sequenzen außerordentlich bedeutsam, denn es hat sich eine Grammatik der Bildsprache herauskristallisiert, welche die Bedeutung einer Einstellung beeinflusst und verändert. Eine bestimmte Ausschnittswahl passt nur zu bestimmten Situationen, umgekehrt verändert die Cadrage die Bedeutung einer Aufnahme.

In Tab. 3.1 wird gezeigt, wie ein dynamisches Framing gelingt.

3.3.5 Erweiterte Formel für das Prompten von Bildern für Videos

Wir haben uns vorgenommen, für jede Drehbuchszene so viele Bilder zu generieren und sie dann zu Videos zu machen, dass ausreichend Material für den Schnitt vorhanden ist. Das bedeutet, wir brauchen zumindest ein Bild für jede Einstellung des Storyboards. Für jene Einstellungen, in denen es viel Bewegung geben soll oder eine große Kamerabewegung vorgesehen ist, brauchen wir bei der Videogenerierung zumindest ein Anfangs- und ein Endbild (Kap. 4).

Wir brauchen aber nicht ausschließlich von den Storyboard-Bildern auszugehen, es darf auch ein bisschen mehr sein. Coverages werden Einstellungen genannt, die dazu gemacht werden, am Schnittplatz eine größere Auswahl zu haben. Um schon beim Generieren der Standbilder eine etwas größere Vielfalt zu schaffen, kann mit Permutations oder Batch Prompting gearbeitet werden. Wie geht das? Durch die Verwendung von geschwungenen Klammern im Prompt können Variationen erlaubt werden:

```
Cinematic photo in the US wild west era, set against a steppe-like land-
scape, {landscape, people architecture}
--ar 16: 9 --chaos 8 --style raw.
```

Tab. 3.1 Einstellungsgrößen

Weite Totale – *Extreme Long Shot (ELS)*, *Extreme Wide Shot (EWS)*	 **Abb. 3.9** New York, 2017	In Form einer Luftaufnahme oder eines Drohnenfluges kann sie längeren Musikstücken oder Sprechertexten unterlegt werden. Sie symbolisiert auch Einsamkeit, Fremdheit, Freiheit und Gefahr, Unendlichkeit. Sie wird als Establishing Shot verwendet, um Szenen zu verorten, aber auch um zwischen intensiven Sequenzen durchatmen zu können.
Totale – *Long Shot (LS)*, *Wide Shot (WS)*	 **Abb. 3.10** Midjourney Gen-3 Alpha, 2024	Der klassische Establishing Shot kann eine Szene auch im Verlauf oder am Ende einer Sequenz verorten. Figuren können distanziert oder sogar unnahbar wirken.

(Fortsetzung)

Tab. 3.1 (Fortsetzung)

Halbtotale – Full Shot	 **Abb. 3.11** Midjourney Gen-3 Alpha, 2024	Die Halbtotale verdeutlicht die Beziehung einer Figur zur Umgebung, zu einer Maschine oder zur Natur. Sie wird auch in der Slapstick Comedy verwendet.
Amerikanische – Knee Shot	 **Abb. 3.12** Midjourney Gen-3 Alpha, 2024	Sie zeigt eine Figur in Auseinandersetzung, Kampf und Tanz, in Liebe und Distanz zu anderen Menschen oder Tieren. Die Körpersprache ist wichtiger als der Dialog. Sie eignet sich auch für Gruppen. Auf der symbolischen Ebene drückt sie Kraft, Antrieb und Energie von Figuren aus.
Halbnah – Medium Shot (MS)	 **Abb. 3.13** Midjourney Gen-3 Alpha, 2024	Eine Halbnaheinstellung wird von der Hüfte aufwärts aufgenommen, um dem Publikum die Mimik einer Figur während eines Dialogs (oder Interviews) zu zeigen. In Form der „Über-die-Schulter-Aufnahme" (Over-the-Shoulder-Shot, OTS) macht sie gleichzeitig die Präsenz der anderen Figur im Dialog spürbar. Sie kann Intimität, Verlangen, Spannung, Hass oder andere Emotionen erlebbar machen. Eine OTS-Aufnahme kann verwendet werden, um von einer weiteren Expositionsaufnahme näher heranzugehen, bevor man mit einer Nahaufnahme noch näher herangeht. Hier sind Tipps für OTS-Aufnahmen (Aldredge, 2021): • Drittelregel für die Bildkomposition • Lichtführung so, dass die Aufmerksamkeit auf die Mimik der Figur gelenkt wird • Passender Abstand zwischen der scharfgestellten Figur und der unscharfen Schulter bzw. die richtige Brennweite, um Platz zwischen den Figuren zu schaffen

(Fortsetzung)

Tab. 3.1 (Fortsetzung)

Nahaufnahme – *Close-up (CU)*	 **Abb. 3.14** Midjourney Gen-3 Alpha, 2024	Die Zuseher befinden sich in der Intimdistanz zur Figur, das kann ein Gefühl der Nähe und Sympathie, aber auch der Abscheu hervorrufen. Das Close-up zeigt Reaktionen oder Gedanken der Figur und sehr persönliche Momente oder „Augenblicke der Wahrheit" in Dialogen. Kopfbedeckungen können angeschnitten sein, ein *hair cut* – also das Anschneiden des Kopfes – gilt als unpassend (van Sijll 2005).
Großaufnahme	 **Abb. 3.15** Midjourney Gen-3 Alpha, 2024	Die Großaufnahme zeigt Reaktionen, Gedanken und vor allem Entscheidungen einer Figur. Sprechende Gesichter passen selten zur Großaufnahme.
Detailaufnahme – *Extreme Close-up (ECU)*	 **Abb. 3.16** Midjourney Gen-3 Alpha, 2024	Die Detailaufnahme zwingt die Aufmerksamkeit auf das gezeigte Detail und hebt die eine ganze Szene heraus aus dem gewöhnlichen Erzählfluss.
Makroaufnahme – Macro Shot	 **Abb. 3.17** Firefly, 2024	Eine Makroaufnahme ist darauf ausgelegt, Motive aus sehr geringer Entfernung aufzunehmen, um so einzigartige Texturen oder Farben realitätsnah festhalten.

3.3 Formeln und Parameter für das Prompten von Bildern

Abb. 3.18 Erweiterte Prompting-Formel für Bilder (erstellt mit whimsical.com, 2014)

Mit dem Wert des Chaosparameters kann die Breite der „Abweichung" gesteuert werden. *chaos 4* bis *chaos 8* bleibt nahe beim Prompt-Bild; wenn der Wert gegen 100 geht, gibt es dagegen große Änderungen zum Referenzbild.

Wenn Videoclips später im Continuity-Stil zu Sequenzen verbunden werden sollen, sind dafür ganz bestimmte Einstellungen erforderlich. Um diese spezifisch zu erzeugen, können im Prompt mehrere Aspekte und Eigenschaften gesteuert werden (Abb. 3.18):

Medium: Mit dem Medium ist gemeint, wie die Aufnahmen „entstanden sind", wie sie also „gedreht" oder „publiziert" wurden:

- *Live-Action Cinematography*
- *3D-Animation*
- *2D-Animation*
- *Visual Effects (VFX)*
- *Green Screen Compositing*
- *Stop-Motion*
- *Motion Capture*
- *Matte Painting*
- *Miniature Model Making*
- *Puppetry*

Motive: Personen oder Gegenstände, die animiert werden sollen.

Komposition: Damit kann die Einstellungsgröße beschrieben werden (Abschn. 3.3.4):

- *Extreme Close-up (ECU)*
- *Close-up (CU)*
- *Medium Close-up (MCU)*
- *Medium Shot (MS)*
- *Medium Long Shot (MLS)*
- *Long Shot (LS)*
- *Extreme Long Shot (ELS)*
- *Over-the-Shoulder-Shot (OTS)*
- *Point-of-View-Shot (POV)*
- *Establishing Shot*
- *Aerial View*
- *Wide Shot*
- *Fisheye View*

Aber auch der **Kamerawinkel** kann damit beschrieben werden, und es können **Kamerabewegungen** (Kap. 4) vorweggenommen werden:

- *Two Shot*
- *Three Shot*
- *Eye-Level Shot*
- *High-Angle Shot*
- *Low-Angle Shot*
- *Bird's Eye View*
- *Worm's Eye View*
- *Dutch Angle (Tilted Shot)*
- *Tracking Shot*
- *Dolly Shot*
- *Crane Shot*
- *Handheld Shot*
- *Steadicam Shot*
- *Zoom Shot*
- *Pan Shot*
- *Tilt Shot*
- *Whip Pan*
- *Rack Focus*
- *First Person View*
- *Over-the-Shoulder-Shot*
- *Gopro View*
- *Panorama 360 View*
- *Drone Shot*

Auch kann in der Komposition die **Sicht der Kamera** relativ zum dargestellten Motiv ausgedrückt werden (Gloria_art, 2024):

- *Front View*
- *Back View*
- *Left Side View*
- *Right Side View*

Genre: Die wichtigsten Filmgenres sind: Komödie, Tragödie, Horrorfilm, Science-Fiction, Abenteuerfilm und der biografische Film. Die Filmtheorie unterscheidet übrigens zwischen 14 Hauptgruppen und Dutzenden Untergruppen.

Kamera: Warum nicht eine konkrete Kamera in den Prompt aufnehmen, besonders wenn Sie selbst mit diesem Gerät gearbeitet haben und die Wirkung auf die Aufnahmen einschätzen können?

3.3   Formeln und Parameter für das Prompten von Bildern   97

ARRI Alexa LF
RED Komodo 6K
Sony Venice
Canon EOS C500 Mark II
Blackmagic URSA Mini Pro 12K
Panasonic Lumix S1H
ARRI Alexa Mini
RED DSMC2 Helium 8K S35
Sony FX9

Objektiv: Bestimmte Objektive oder zumindest Brennweiten können gepromptet werden, weil sie für die Perspektive und das Bokeh entscheidend sind:

35 mm: Weite Aufnahmen und Bilder, die die Umgebung zeigen
50 mm: Natürliche Aufnahmen, gerade für Dialogszenen
85 mm: Ideal für Close-ups and Porträts, ergeben ein besonders deutliches Bokeh

Hier ist das Beispiel eines Prompts (Abb. 3.19):

```
photorealistic cinematic image: An elderly Greek Philosopher with a
dignified, weathered face and a thick, silver beard, wearing a toga, em-
bodying wisdom and serenity.
Composition: The face is above the center of the frame, looking directly
into the camera with a whimsical smile, against the backdrop of ancient
Greek architecture.
Genre: Historical cinematic portrait.
Motion: His hair flutters slightly with the gentle breeze,
Camera: Sony FX9 camera.
Lens: Sony 85mm f/1.4,
DoF (Depth of Field): Shallow, focusing sharply on his eyes,
```

Abb. 3.19 Mit erweiterter Prompting-Formel generiertes Bild (erstellt mit Midjourney 6.1, 2025)

```
Color Grading: Warm earth tones and rich shadows to enhance the histo-
rical ambiance and the texture of his weathered skin.
--ar 4:3 --style raw --stylize 0
```

Workflow für das erweiterte Prompting Das Prompting beginnt mit einer frei formulierten Anweisung in ChatGPT, die das gewünschte Bild beschreibt. ChatGPT wird angewiesen, diese freie Formulierung in einen erweiterten Prompt (mit allen oben angeführten Elementen) umzuformulieren. Der Prompt für Midjourney folgt dann der oben beschriebenen Prompt-Struktur. Dieses Vorgehen erlaubt eine flexible und kreative Zusammenarbeit zwischen den Tools – perfekt, um Visionen präzise umzusetzen und den Workflow geschmeidig zu halten (hejrene, 2024).

Midjourney hat kein Gedächtnis. Jedes Mal, wenn Sie einen Prompt eingeben, beginnt es von vorn. Deshalb ist es smart, ein vorhergehendes Bild als Image oder Character Reference zu benutzen, wie oben beschrieben. Dadurch wird sichergestellt, dass Midjourney den gleichen Stil oder sogar den Charakter einer Figur beibehält (Grauzinis 2024b). Die Bilder können dadurch konsistenter werden (zu Character Reference finden Sie mehr in Abschn. 3.5).

3.4 Aufmerksamkeit gewinnen und halten

3.4.1 Wovon hängt Aufmerksamkeit ab?

Beim Gestalten von Bildern für einen Film geht es in erster Linie darum, dass diese Bilder die Geschichte zutreffend erzählen. Gleichzeitig darf ein anderer Aspekt nicht aus dem Auge verloren werden: Ob Zuschauer den Film bis zum Ende anschauen, hängt auch davon ab, ob die Bilder die Aufmerksamkeit der Zuseher halten können. Womit steht das in Zusammenhang? Die Zuwendung der Aufmerksamkeit hängt von bestimmten Eigenschaften der Objekte ab, vor allem vom Ausmaß der Abweichung von einer Mittellage:

- Größe und Reizintensität (Bildschirmgröße, Helligkeit, Lautstärke)
- Bewegung (Abweichen der Bewegung eines Objekts von anderen Objekten, sich nähernde Objekte etc.)
- Verwendung von Farbkontrasten, Komplementärfarben (Abb. 3.20)
- Kontrast zur Umgebung
- Scharfe und regelmäßige Begrenzung
- Auffällige Symmetrie (z. B. Zentralperspektive, aber auch der Goldene Schnitt – eine Aufteilung im Verhältnis AE zu EB wie AB zu AE) (Abb. 3.21)
- Position an bestimmter Stelle des Gesichtsfeldes, auf Screens vor allem der Bildschirmmitte (s. gelb markierten Bereich in Abb. 3.22).

3.4 Aufmerksamkeit gewinnen und halten

Abb. 3.20 Intensive Farben und Farbkontraste – besonders Komplementärfarben – ziehen die Aufmerksamkeit an (erstellt mit Midjourney, 2024)

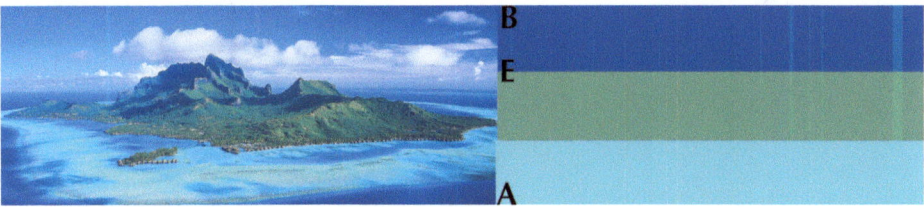

Abb. 3.21 Goldener Schnitt (erstellt mit Midjourney 6.1, 2025, und Photoshop)

Abb. 3.22 Nicht alle Zonen eines Bildschirms erhalten gleich viel Aufmerksamkeit (erstellt 2011, upscaled 2025)

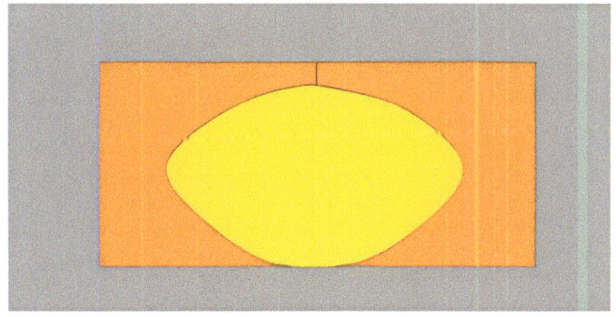

Der Aufmerksamkeitsumfang hängt auch ab von

- der Art der wahrzunehmenden Personen oder Gegenstände,
- von der Bekanntheit der Personen oder Gegenstände,
- von der Beleuchtungsintensität auf die Personen oder Gegenstände,
- dem Kontrast, unter dem die Personen oder Gegenstände erkennbar sind, und
- von der subjektiven Einstellung zu den Personen oder Typen der Gegenstände.

3.4.2 Die Wirkung von Farben nutzen

Farben verändern ganz grundlegend die Aussage von Bildern, das geht weit über „Stimmungen" hinaus. Farben können eine starke emotionale Wirkung ausüben. Zwar kommt Farben in verschiedenen Kulturen manchmal unterschiedliche Bedeutung zu; so ist in vielen Ländern Schwarz die Farbe für Trauer und Tod, in anderen Ländern wird bei Begräbnissen weiß getragen. Für die meisten Kontexte gibt es aber eine universelle Bedeutung. Denken Sie zum Beispiel an die Farben Grün und Rot bei Verkehrsampeln.

Farben transportieren immer auch eine Symbolik. Rot zum Beispiel steht für Blut (und damit für Leben, Herz, Liebe, Blutvergießen, Martyrium) und Blau für das Meer oder den wolkenlosen Himmel (und damit für Freiheit, Weite, Unendlichkeit, Transzendenz) (Abb. 3.23).

Abb. 3.23 Weite und Freiheit werden durch die Farbe Blau symbolisiert (erstellt mit Kling AI 1.6, 2024) (▶ https://doi.org/10.1007/000-h4p)

3.4 Aufmerksamkeit gewinnen und halten

Manche Filmautorinnen haben einen sehr individuellen Umgang mit Farben. Eine spezielle Verwendung von Farben sehen wir beispielsweise bei den Coen-Brüdern: Fast jeder ihrer Filme verwendet Grün, und an sich steht Grün für Natur, Ruhe, Entspannung, Glück. Bei den Coen-Brüdern aber steht Grün für emotionale Konnotationen von eifersüchtig, neidisch, besitzergreifend, egoistisch, verschlagen (Abb. 3.24). Anders verwenden sie die Farbe Neongrün in einer Konnotation mit jung, frisch und lebendig, etwa bei Bunny aus *The Big Lebowski*.

Um Farben (das „*Color theme*") in generativer KI zu steuern, denken Sie an Begriffe wie *earth tones, warm tones, autumn, pastel tones, complentary, gold gow, deep teal, jet black, cool tones, burgundy blue, terracotta teal, ultraviolet, vibrant, iridescent, gradient, electric, dark, teal and orange*. Auch der Einsatz von Style References bietet sich an; diese werden einfach an den Prompt angehängt.

```
--sref 2766714080
```

(by @egeberkina)

Sehen Sie sich den Cartoon von Aishwarya Ashok mit bewusstem Blick auf die Farbgestaltung an. Dieser Animationsfilm wurde mit Midjourney (*--sref 804246641*), Luma AI (Kamerabewegungen) und Udio produziert. Die Bilder erzählen davon, nach einer anstrengenden Wanderung ausruhen zu können und Ruhe in den Bergen zu finden; die Farben lassen den Sonnenuntergang gegenwärtig und spürbar werden.

Videolink 3.1 Film von Aishwarya Ashok
https://vimeo.com/1008312448

Abb. 3.24 Die Coen-Brüder verwenden häufig die Symbolik der Farbe Grün. (Foto Public domain)

3.4.3 Führungslinien

Führungslinien (Leading Lines) dienen als visuelle Werkzeuge der Narration. Sie leiten das Auge der Betrachterinnen durch das Bild und schaffen einen visuellen Pfad. Sie müssen nicht immer gerade sein, doch sie sollten den Betrachter in das Bild eintauchen lassen und ihn durch das Bild führen. Sie verbessern die Komposition, indem sie Tiefe hinzufügen, die Aufmerksamkeit lenken oder sogar ein Gefühl von Bewegung innerhalb eines statischen Bildes erzeugen. Wir können damit Beziehungen zwischen Figuren herstellen, wichtige Handlungspunkte hervorheben oder emotionale Zwischentöne vermitteln.

In einen Midjourney-Prompt können Führungslinien wirkungsvoll mit folgenden Begriffen aufgenommen werden:

- *Horizontal lines*, um Ruhe, Stabilität, Weite, Isolation, Gelassenheit auszudrücken
- *Vertical lines*, um Höhe, Größe, Macht, Wachstum oder Pracht zu symbolisieren
- *Diagonal lines*, um Bewegung, Richtung, Dynamik oder Spannung ins Bild zu bringen
- *Converging lines*, um die Aufmerksamkeit auf eine Figur zu ziehen

Im Prompt könnten auch *Curved lines along (... a path)* beschrieben werden; die Linie könnte durch Wege, Straßen, Schienen, Stege, Häuser oder von der Natur geschaffene Grenzen wie Bäume, Berge, Flüsse entstehen. Die *curved lines* schlängeln sich durch das Bild und lenken die Aufmerksamkeit der Betrachter (Zschweigert, 2024).

3.4.4 Lichtsetzung

Ein sehr subtiles Tool zur Steuerung von Aufmerksamkeit ist Licht. Wohin Licht gerichtet wird, dorthin geht auch der Blick im Bild. Eine bestimmte Lichtsetzung ist zum Teil schon in einer Style Reference enthalten. Man kann die gewünschte Beleuchtung auch in einem Prompt ausformulieren, doch fügen Sie nur einen Lichteffekt pro Prompt ein, um widersprüchliche Ergebnisse zu vermeiden.

Beispiele für Beleuchtungstechniken wären:

- **Hartes Kontrastlicht** (*hard/harsh contrast lighting*)
- **Weiches Studiolicht** (*soft studio lighting*)
- **Licht von einem Feuer** (*firelight effect*)

Wählen Sie ein geeignetes Medium, das zum gewünschten Lichteffekt passt, etwa beim Hinterlicht (Rim Lighting) oder Gegenlicht (Backlit).

Geben Sie eine Lichtquelle an, beispielsweise eine Straßenlaterne oder den Mond, wenn die Szene nachts spielt (CreativAI, 2024b).

Manche Ausdrücke verstehen die Plattformen noch nicht, etwa *volumetric light*. Statt professioneller Ausdrücke, die in den Plattformen noch nicht enthalten sind, kann man den Effekt beschreiben (*a single strong edge light placed directly behind the man's back, creating a sharp, thin contour around his head* oder *blue rim light reflection on her skin*). Häufig ist es zielführender, nicht die Lichtsetzung zu beschreiben („einen 2000 W ARRI HMI-Scheinwerfer"), sondern das Ergebnis im Bild, vor allem, welche Schatten geworfen werden:

- **Dramatischer Kontrast:** Starkes Hell-Dunkel-Spiel für intensive und ausdrucksstarke Porträts
- **Abstrakte Schattenmuster:** Kreative Formen durch Licht- und Objektschatten
- **Weiche Schatten:** Sanfte Übergänge für mehr Dimension ohne Detailverlust
- **Farbige Schatten:** Lebendige, dynamische Effekte durch bunte Schatten
- **Subtile Gradientenschatten:** Geschmeidige Licht-Dunkel-Übergänge für ein realistisches Erscheinungsbild
- **High-Key-Schatten:** Helle, sanfte Schatten für eine weiche, verträumte Atmosphäre

Diese Techniken verleihen Bildern Dreidimensionalität und emotionale Eindrücklichkeit (Mao, V. (2024)). Vergleichen Sie Abb. 3.25 mit der ursprünglich in Firefly geprompteten Abb. 3.4. Die Lichtsetzung macht einen riesengroßen Unterschied.

Abb. 3.25 Die Lichtsetzung wertet dieses Bild auf und steuert die Aufmerksamkeit (erstellt mit Firefly, 2024)

3.4.5 Multi-Image-Fusion

Mehr und mehr KI-Modelle sind in der Lage, Elemente aus mehreren Fotos in einem neuen Bild zusammenzuführen. **Gemini 2.5 Flash Image** ist eines davon, „**Nano Banana**" ist der inoffizielle, viral gegangene Spitzname dafür. Es ist besonders gut darin, Gesichter und Charaktere über mehrere Bearbeitungsschritte oder generierte Bilder hinweg beizubehalten. Sie können durch einfache Prompts Bearbeitungen an einem Bild vornehmen, z. B. die Kleidung ändern, den Hintergrund austauschen, die Lichtverhältnisse anpassen. Das erleichtert es, eine Figur in unterschiedliche Locations und Kontexte zu verpflanzen – und zwei oder mehrere Figuren in das selbe Bild zu positionieren.

3.5 Figuren mit Bildern charakterisieren

3.5.1 Von der Drehbuchfigur zum Figurenprompt

```
a full-body view of a tall, smiling woman, age 35, standing confidently
on a hill. She's dressed pastel-colored activewear, in a trendy outdoor
jacket, wide-leg pants, and sturdy boots holding a small modern camera.
Her radiant smile is framed by her wavy brown hair. The background fea-
tures rolling green hills and a golden sunset. hyperrealistic, street
photography, Captured with a 50mm lens for vibrant tones and dreamy depth.
```

Charaktereigenschaften der Figuren werden dem Drehbuch entnommen. Auch bei KI-Filmen gilt, dass die Figuren durch ihr Äußeres (Abb. 3.26) etwas von ihrem inneren Charakter zeigen. Diese inneren Zuschreibungen können Teil des Promptings sein (Abb. 3.27):

```
Cinematic close-up shot of a young woman inside a Western saloon, she
feels deep sadness with things she saw, in wild west times.
--ar 16:9 --style raw 3 --v 6.1
```

Um lebensnahe Bilder zu generieren, werden gerne Begriffe wie *photorealistic, low camera quality phone photo, photo taken on phone* oder *photo posted on Facebook/Reddit, candid, natural, urban* oder *street photography* (im Deutschen „spontan", „natürlich", „dokumentarisch") verwendet. Eine bestimmte Epoche festzulegen (wie etwa die 1980er-Jahre), kann ebenso hilfreich sein (CreativAI, 2024a).

Hier ein Beispiel für einen Midjourney-Prompt (Abb. 3.28):

```
a glass workshop. man blowing into a long pipe. backlight photorealis-
tic sref 1159254939 ar 1:1
--ar 1:2 --style raw
```

3.5 Figuren mit Bildern charakterisieren 105

Abb. 3.26 Ein Bild ist der Ausgangspunkt für die Charakterisierung einer Figur (erstellt mit Midjourney 6.1, 2024)

Abb. 3.27 (generiert mit Midjourney 6.1, 2025)

Abb. 3.28 Figuren symbolisieren durch ihr Äußeres etwas von ihrem inneren Charakter (erstellt mit Midjourney 6.1, 2025)

Um KI-Bilder natürlicher und realistischer wirken zu lassen, sind folgende Einstellungen essenziell:

- **Stylize-Wert auf 0 setzen:** Der Stylize-Wert beeinflusst, wie „künstlerisch" das Bild wirkt. Mit dem Befehl --s 0 wird der Wert auf 0 gesetzt, wodurch Bilder natürlicher wirken. Standardmäßig liegt der Wert bei 100 und kann zwischen 1 und 1000 angepasst werden.
- **Raw-Stil nutzen:** Mit dem Zusatz --style raw wird die Standardästhetik von Midjourney reduziert. Das Bild wirkt „gröber", ohne übermäßige Ästhetik in der Beleuchtung oder der Bildkomposition (Centieiro & Lee, 2024).

3.5.2 Filmstars in Midjourney kreieren

Eines der größten Probleme, mit denen Entwickler bei der Verwendung von Text-zu-Bild-Modellen für Filmprojekte noch konfrontiert sind, ist die Figurenkonsistenz. Dabei geht es darum, dieselbe Figur in unterschiedlichen Posen, an unterschiedlichen Orten und in unterschiedlichen Kostümen verwenden zu können.

Midjourney tritt dieser Herausforderung durch die Einführung der Option Character Reference entgegen, mit der eine Figur aus einem oder mehreren Bildern, die über URLs bereitgestellt werden, erzeugt werden kann. Dazu wird am Ende des Prompts --cref, gefolgt von der URL des Bildes, das als Referenz verwendet werden soll, eingegeben.

Weiterhin kann mit --cw (Character Weight) ausbalanciert werden, wie stark diese Referenz im Verhältnis zur Beschreibung in einem Bereich von 0 bis 100 wirkt. --cw 100 (Standard) verwendet das Gesicht, die Haare und die Kleidung der Referenzfigur. --cw 0 konzentriert sich nur auf das Gesicht.

Für kohärente Filmsequenzen müssen alle Details der Figur in mehreren Einstellungen hintereinander zusammenpassen. Dafür muss noch sehr sorgfältig gearbeitet werden, da die KI-Modelle das noch nicht von sich aus leisten können.

3.5 Figuren mit Bildern charakterisieren

Abb. 3.29 Dieses Bild dient als Referenz für die Figur der Reiterin (erstellt mit Midjourney, 2024)

Eine Western-Figur erschaffen Wenn es gelungen ist, ein Bild zu generieren, das die Figur authentisch verkörpert, kann dieses Bild als Style Reference für weitere Bilder dienen, vor allem für Bilder in der Halbtotalen (Full Body Shot). Eines davon wird schließlich ausgewählt und als Character Reference verwendet (Abb. 3.29).

Die Konsistenz der Figur kann noch optimiert werden, indem man zwei Bilder als Character Reference verwendet, etwa eines frontal, eines halb zur Seite gedreht.

Wenn Sie Bilder von allen Seiten erzeugen wollen, eignet sich ein Turntable-Tool wie etwa Morphic Studio:

```
The camera performs a smooth 360-degree orbit around
```

So bekommen Sie eine ganze Bibliothek an Bildern, die Sie für Omni Reference und Image Reference einsetzen können.

Es können auch zwei Bilder als Character Reference verwendet werden; das funktioniert in Midjourney ganz gut, wenn die beiden Referenzbilder nicht zu unterschiedlich sind (Abb. 3.30).

Hier ein Beispiel:

```
Evening in the 18th century Arizona Western village, gentle front light
from the sunset. Full body shot of a female rider dressed like the tra-
ditional cowboys. The camera follows the rider while she approaches a
wooden house in the center of the village where her father waits for her
standing on the porch.
--sref 123456 --cref https://s.mj.run/JqVAvqFcb54
--ar 16:9 Style raw V 6.1 --iw 0.5
```

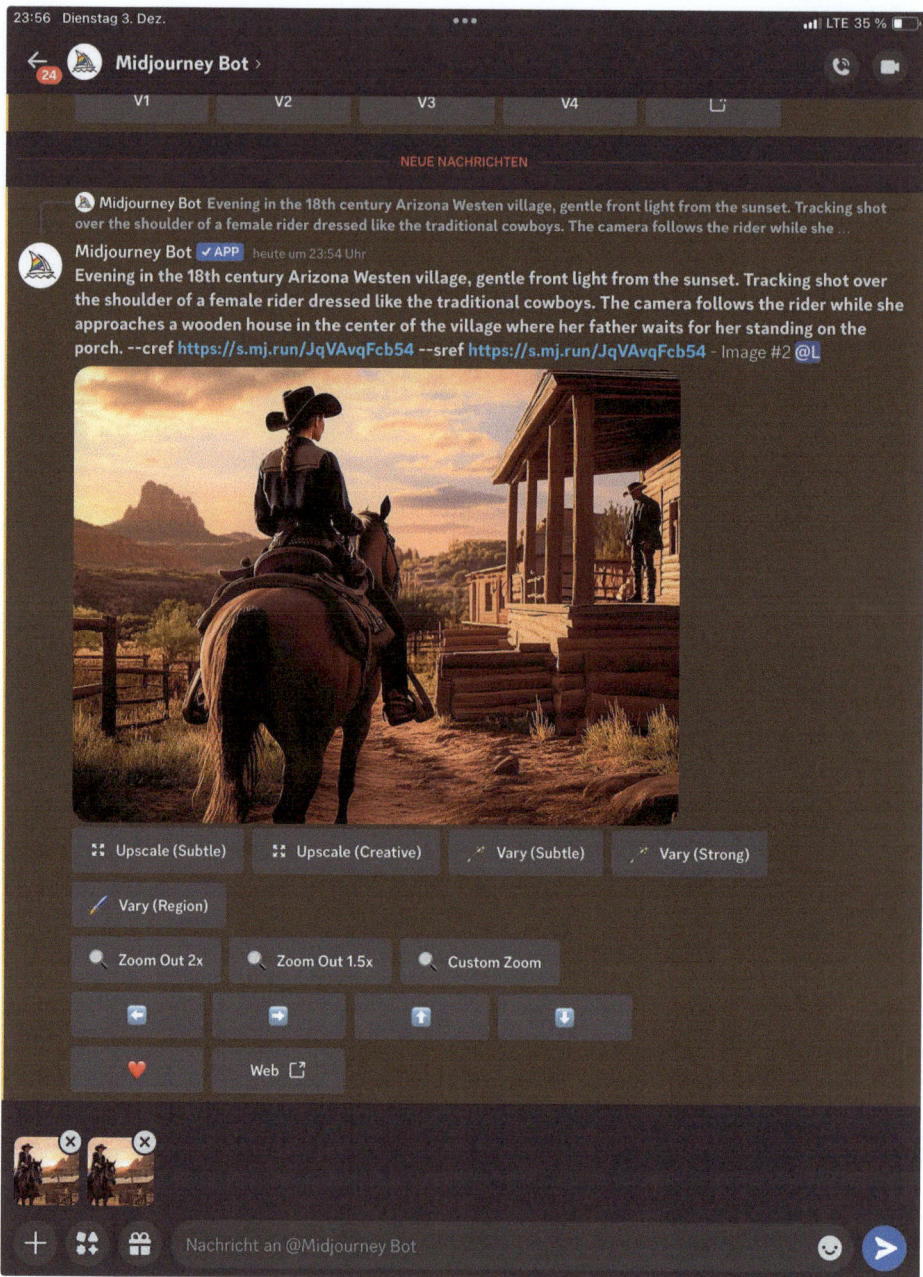

Abb. 3.30 Es kann ein Bild, dasselbe Bild, gleichzeitig als Style Reference und als Character Reference verwendet werden (Screenshot Midjourney 6.1, 2024)

3.5 Figuren mit Bildern charakterisieren

Abb. 3.31 Die Funktion der Character Reference kann auch auf Gegenstände angewandt werden (erstellt mit Midjourney 6.1, 2024)

Dieses Verfahren ist nicht auf Menschen beschränkt. Mit folgendem Prompt werden paradoxerweise Charaktereigenschaften einer Katze auf ein Cabriolet übertragen (Abb. 3.31):

```
Design a nice sporty cabriolet, inspired
by the coziness and empathy of a cat.
The cabriolet features a cute, humanoid build
with sleek, aerodynamic lines. Its exterior
is coated in a reflective metallic finish,
resembling a cat's fur under the
sun. Equipped with stylish modern features, this car is ready to kick-
off romantic week-ends --ar 16:9 --sref
https://s.mj.run/ZGRy09BouTs --sw 50 --cref
https://s.mj.run/y38RTg0hlpk --cw 20
--stylize 50
```

Character Reference Weight Die Feineinstellung des Character Weight hilft bei der Generierung von Bildern für aufeinanderfolgende Sequenzen. Abhängig ist der Wert von der Frage, was sich für meine Figur in der nächsten Sequenz ändern soll. Wenn es eine ähnliche Szene am selben Tag ist, bei gleichem Wetter, mit gleichem Outfit, dann passt *--cw 100*.

Wenn es eine andersartige Szene an einer anderen Location werden soll, mit unterschiedlicher Frisur, anderer Kleidung, anderem Wetter, muss es *--cw 0 heißen*.

Warum ist das so?

--cw 100 macht es durch den starken Einfluss des Referenzbildes herausfordernder, das Erscheinungsbild der Figur durch Text-Prompts zu verändern. *--cw 0* räumt dem Text-Prompt mehr Spielraum beim Wechsel von Frisur und Aussehen ein, während die Gesichtszüge erhalten bleiben.

Bei der KI-Kunstgenerierung funktioniert kein Parameter isoliert. Das Zusammenspiel zwischen Personalisierungscodes, Stilisierungswerten und Prompts erzeugt einen komplexen Tanz, bei dem jedes Element auf unerwartete Weise die Führung übernehmen kann.

Die Bilder können nun in Midjourney-Ordnern geordnet oder mit Likes markiert werden (was den Personal Style nicht ändert); danach werden die Bilder heruntergeladen und für die Videogenerierung bereitgestellt.

In Midjourney V7 ist **Omni-Reference** dazugekommen. Nutzer können Figuren, Objekte, Fahrzeuge mit einer größeren Genauigkeit direkt in ihre Bilder platzieren. Im Web-Interface zieht man das Bild in die Prompt-Leiste und legt es im Bereich „Omni-Referenz" ab. Ein Schieberegler wird angezeigt, mit dem die Stärke der Referenz gesteuert werden kann. Auf Discord gibt man mit dem Befehl *--oref* eine Bild-URL ein und steuert die Stärke mit *--ow*. Der Bereich reicht von 0 bis 1000, wobei 100 der Standardwert ist. Mit einem hohen Omni-Weight (von z. B. *--ow 500*) wird erreicht, dass Midjourney stärker auf die Wiedergabe der Referenz konzentriert und so beispielsweise das Gesicht einer Figur gut erkennbar von vorn zeigt. Wenn zwei Figuren oder Objekte ins Bild integriert werden sollten, kann im Prompt auf beides verwiesen werden.

3.5.3 Figuren mit RenderNet erschaffen

RenderNet.ai, ein Start-up für generative KI, bietet mit Character Lab ein Tool, das es Nutzerinnen ermöglicht, konsistente visuelle Darstellungen von KI-Figuren zu kreieren. Mit diesem Werkzeug können Details wie Gesichtszüge, Frisur und Accessoires präzise definiert und über mehrere Bilder hinweg vereinheitlicht werden. So funktioniert Character Lab:

- **Figurengestaltung:** Nutzer laden ein Referenzfoto hoch und definieren den Stil und die Merkmale der Figur.
- **Konsistenz:** Spezifische Attribute wie Gesicht, Haare und Accessoires können gesperrt werden, um die Einheitlichkeit zu gewährleisten.
- **Bildgenerierung:** Durch die Eingabe des Figurennamens werden Bilder der Figur erstellt, die den definierten Charakter konsistent beibehalten.

Auf diese Weise kann mit Character Lab der visuelle Charakter von Figuren präzise entwickelt werden.(Knobl, 2024a).

3.6 Die Akzeptanzlücke

Wie werden KI-generierte Figuren von den Zusehern angenommen? Als sogenannte Akzeptanzlücke (*uncanny valley*) bezeichnet man das Phänomen, dass die Akzeptanz eines Avatars (oder Roboters) nicht einfach mit der Menschenähnlichkeit dieser Figur steigt, sondern innerhalb einer bestimmten Spanne einen Einbruch verzeichnet (Abb. 3.32). Die Gültigkeit des Modells ist in der jüngeren Forschungsliteratur zwar umstritten, doch auch die Erfahrung mit KI-Figuren bestätigt diese Beobachtung. Während man also zunächst an-

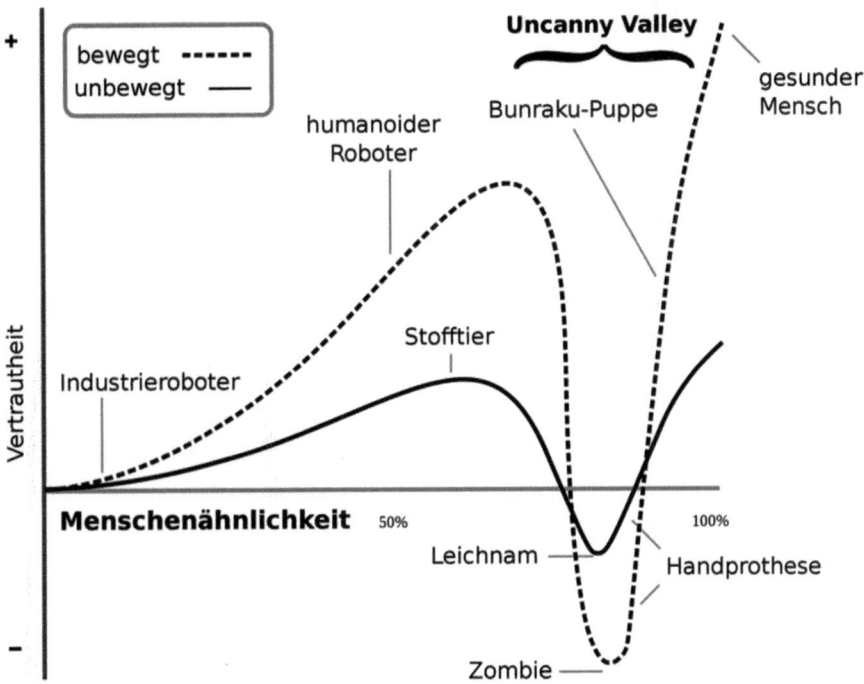

Abb. 3.32 Die Akzeptanzlücke: Menschen finden abstraktere Figuren mitunter sympathischer als Figuren, die besonders „natürlich" gestaltet sind. (Bildnachweis: Mori Uncanny Valley.svg von Smurrayinchester)

nehmen würde, dass Zuschauerinnen anthropomorphe Figuren umso besser akzeptieren, je fotorealistischer die Figur gestaltet ist, zeigt die Praxis, dass dies oft nicht zutrifft. Menschen finden hochabstrakte, völlig künstliche Figuren mitunter sympathischer als Figuren, die besonders menschenähnlich und natürlich gestaltet sind. Inzwischen wird auch die Rolle eines möglichen *uncanny valley of mind* diskutiert – also dass nicht nur visuelle Eigenschaften, sondern auch mentale Fähigkeiten von künstlich erschaffenen, menschenähnlichen Figuren ab einem gewissen Grad an Anthropomorphismus zur Ablehnung führen.

3.7 Five-Shot-Technik

Für alle Einstellungen, die später zu einer Sequenz zusammengebaut werden, geht es darum, erst Bilder und danach Videos zu generieren. Oft sind Storyboards nicht ausreichend detailliert, und es braucht die eine oder andere Einstellung mehr. Eine Faustregel ist die Five-Shot-Technik, die eine in Reportagen und TV-Beiträgen übliche Auflösung von Situationen beschreibt. Sie kann für Spielfilme als Rettungsboje gedacht werden, damit eine Grundausstattung an Einstellungen erzeugt wird. Im besten Fall wird sie mit weiteren Kamerawinkeln kreativ ergänzt.

Eine Situation wird so in fünf Kameraeinstellungen gezeigt, dass Zuseherinnen alle wichtigen Informationen bekommen. Lassen Sie sich dabei von Ihrer eigenen Aufmerksamkeit lenken – was ist interessant? Das heißt, überlegen Sie, wohin Sie in dieser Situation schauen würden. Diese Regel hilft gemeinsam mit den fünf journalistischen W-Fragen, das minimal erforderliche Material für den Schnitt eines Berichts oder einer Reportageszene zusammenzustellen. (Tab. 3.2) Die Five-Shot-Technik legt an sich keine Reihenfolge fest; dafür besteht kreativer Spielraum.

Tab. 3.2 Die Five-Shot-Technik ist eine Anregung für die minimale Auflösung einer Situation

Frage	Funktion	Einstellungsgrößen	
Was	Wichtige Details der Handlung, Aktion	Nahaufnahme, Detailaufnahme	Abb. 3.33 Detail, 2018
Wer	Gesicht Protagonistin	Halbnah, nah, groß	Abb. 3.34 Halbnah, 2018
Wo und wann	Räumliche Verortung, Tageszeit	Halbtotale	Abb. 3.35 Halbtotale, 2018
Wie	Beziehung von Protagonist zur Handlung (Aktion)	Über die Schulter oder Subjektive	Abb. 3.36 Over the Shoulder, 2018
Wow oder why	Emotionalisierung	Kreativ	Abb. 3.37 Totale, 2018

3.8 Profitieren Sie von diesen Tools   113

1. **Was** gerade passiert, zeigen wir mit einer **Nahaufnahme, Detailaufnahme**.
2. **Wer** da gerade etwas macht, zeigen wir mit einer **Nahaufnahme, auch Halbnah- oder Großaufnahme des Gesichts**.
3. **Wo und wann** zeigen wir mit einer **Halbtotalen**. Diese kann mit einer Totalen oder einem Drohnenflug ergänzt werden.
4. Die vierte Einstellung zeigt, **wie** das Verhältnis der Protagonistin zur Handlung ist – als **Subjektive** aus dem Blickwinkel des Protagonisten oder als Over-the-Shoulder-Einstellung.
5. Die fünfte Einstellung wird im Allgemeinen als **WOW-Einstellung**, manchmal auch als **WHY** bezeichnet. Sie soll die Aufmerksamkeit fesseln, indem sie das Geschehen aus einer ästhetisch besonders ansprechenden oder ungewöhnlichen Perspektive zeigt. Die Frage nach dem **Warum** hilft oft beim Finden dieser Einstellung (Kauz & Weibel, 2021, S. 36).

Denken Sie daran, dass jede der Einstellungen mindestens zehn Sekunden lang sein sollte, damit Sie etwas Material für den Schnitt haben. Die Five-Shot-Technik wurde übrigens von Michael Rosenblum entwickelt. Rosenblum hat in USA den ersten Fernsehsender aufgebaut, dessen Programm ausschließlich von Videojournalistinnen produziert wurde, und die ersten VJ's in Deutschland ausgebildet.

3.8 Profitieren Sie von diesen Tools

Es gibt eine große Fülle an leistungsstarken KI-Bildgeneratoren, sodass es den Rahmen dieses Buches sprengen würde, einen Überblick zu geben. Folgende Hinweise seien aber dennoch gestattet.

3.8.1 Flux

Flux AI ermöglicht das Erstellen realistischer Bilder. Die Version (FLUX 1 Schnell) ist unter einer **Apache-2.0-Lizenz** frei verfügbar, während das kostenpflichtige FLUX.1 Kontext" **in-context Bildgenerierung und Bearbeitung** erlaubt. **FLUX.1 [dev]** ist als 12-Milliarden-Parameter-Modell auf Hugging Face verfügbar. Wichtige Fotostile und Anpassungen werden in Tab. 3.3 genannt.

3.8.2 DALL-E und GPT Image 1

DALL-E ist war KI-Modell von OpenAI, und wurde inzwischen von **GPT Image 1** als Teil des multimodalen GPT-Systems abgelöst. DALL-E basiert auf der Architektur von GPT (*Generative Pre-trained Transformer*). Der Name setzt sich aus „Wall-E", dem bekannten

Tab. 3.3 Funktionen von Flux-AI-Fotostilen. (AI Tools Arena, 2024)

Fotostile	Schwarz-Weiß: Fokus auf Kontrast und Textur Vintage: Nostalgischer Look mit Sepiatönen und Körnung High Fashion: Dramatische Posen und Beleuchtung. Lifestyle: Natürliche, alltägliche Szenen Editorial: Erzählerisch und für Magazine geeignet Minimalistisch: Saubere Komposition mit wenigen Elementen Cinematisch: Filmartige Beleuchtung und Farbgebung
Objektive	Weitwinkel: Breite Ansichten, Tiefe und leichte Verzerrung Teleobjektiv: Vergrößerte Motive, isoliert vom Hintergrund Makro: Extrem detaillierte Nahaufnahmen Fisheye: Verzerrte, kugelförmige Perspektive Normal: Natürlicher Blickwinkel für Porträts
Kameraeinstellungen	Blende: Steuert die Tiefenschärfe (z. B. unscharfer Hintergrund) Verschlusszeit: Bewegt sich zwischen Bewegungsunschärfe und eingefrorenen Details ISO: Lichtempfindlichkeit, beeinflusst Bildrauschen
Beleuchtung	Natürlich: Weiches Licht, wie beim „Goldenen Stundenlicht" Künstlich: Studioausleuchtung mit Key-, Fill- und Hintergrundlicht Lichtrichtung: Seitliches Licht für Tiefe und Textur
Kompositionstechniken	Drittelregel: Elemente entlang imaginärer Linien platzieren Führende Linien: Blickführung zum Hauptmotiv Framing: Umrahmung des Motivs durch Bildelemente
Kreative Effekte	Bokeh: Weiche, unscharfe Lichtpunkte im Hintergrund HDR: Erweiterter Tonumfang für Details in Schatten und Lichtern

Pixar-Roboter, und „Dalí", dem surrealistischen Künstler, zusammen. Das Modell hat mehrere Versionen durchlaufen, angefangen mit DALL-E 1, gefolgt von DALL-E 2 und DALL-E 3, die jeweils verbesserte Fähigkeiten und realistischere Bildgenerierungen bieten.

DALL-E kann direkt über die ChatGPT-Plattform auf der OpenAI-Website verwendet werden. Hierfür ist ein ChatGPT-Account erforderlich. Entwickler und Unternehmen können zudem das OpenAI API nutzen, um DALL-E-Funktionalitäten in eigene Anwendungen oder Dienste zu integrieren. Dank seines guten Prompt-Verständnisses kann DALL-E eine Vielzahl unterschiedlicher Assets erstellen, von Social-Media-Bildern über Grafiken für Präsentationen bis hin zu Produktinformationsblättern und Werbeanzeigen. Schwierigkeiten bestehen jedoch noch bei der Darstellung von Texten, weshalb diese separat hinzugefügt werden sollten.

Eine kostenfreie Nutzung von DALL-E 3 ist über Microsoft Copilot möglich. Microsoft Copilot enthält den Copilot Designer, einen Bildgenerator, der auf DALL-E 3 basiert.

Funktionsweise von Microsoft Copilot

Microsoft Copilot enthält eine Bildgenerator-Komponente (über „Designer" / Image Creator). Sie können damit über Textprompts Bilder erzeugen (mehrere Varianten möglich), und innerhalb des Designer-Tools sind Bearbeitungsfunktionen verfügbar wie Zuschneiden, Filter, Objektentfernung, Hintergrund unscharf machen etc.

Die rechtliche Situation bezüglich der Bildrechte und Nutzungsrechte in Microsoft Copilot sorgt weiterhin für Diskussionen. Laut Microsofts aktueller Dokumentation gilt:

- **Eingaben (Prompts) und generierte Inhalte** werden innerhalb der Microsoft-Dienste gespeichert und können für **Protokollierung, Nachvollziehbarkeit, Sicherheits- und Compliance-Zwecke** genutzt werden.
- Microsoft erklärt, dass **diese Inhalte nicht zum Weitertrainieren der zugrunde liegenden KI-Modelle** (wie GPT-4 oder GPT-4o) verwendet werden.
- Daten (Prompts, Antworten, Anpassungen) bleiben **innerhalb der Microsoft-365-Servicegrenzen** und unterliegen den **gleichen Datenschutz- und Sicherheitskontrollen** wie andere M365-Daten.
- Microsoft erhält für den Betrieb der Dienste die **notwendigen Nutzungsrechte** an den Inhalten (z. B. zum Zwischenspeichern, Anzeigen oder Bearbeiten innerhalb des Systems), **aber keine unbegrenzte Lizenz zur freien Weiterverwendung oder externen Vermarktung**.
- Generierte Bilder und Texte dürfen vom Nutzer im Rahmen der **geltenden Urheberrechtsgesetze und der Microsoft-Nutzungsbedingungen** verwendet werden. Die Verantwortung für die rechtmäßige Nutzung (z. B. bei urheberrechtlich geschützten Vorlagen) liegt beim Anwender. (Microsoft, 2025).

3.8.3 Style Transfer in einem ComfyUI-Workflow

Für experimentelle Projekte bietet **ComfyUI** eine innovative Möglichkeit, Stable-Diffusion-Pipelines auf Basis einer grafischen Benutzeroberfläche zu entwerfen und auszuführen. Die Plattform nutzt ein auf Knoten (*nodes*) basierendes System, das es ermöglicht, Arbeitsabläufe durch verschiedene Kombinationen der Knoten zu konstruieren. Das User Interface von Comfy unterstützt nicht nur die Verwendung vorgefertigter Knoten, sondern ermöglicht auch die Integration benutzerdefinierter Knoten, um spezifische Anforderungen zu erfüllen und die Funktionalität der Plattform zu erweitern.

Der modulare Ansatz, bei dem Knoten als Bausteine dienen, um komplexe Workflows zu erstellen, ist ein Alleinstellungsmerkmal. Benutzerdefinierte Knoten bieten dabei die Möglichkeit, neue Funktionen hinzuzufügen, die über den Umfang der Kernknoten hinausgehen. Aber Achtung, nicht alle Knoten sind kommerziell nutzbar (so etwa InsightFace; Kap. 9).

Comfy kann in einem **Client-Server-Modell**, oder lokal ausgeführt werden.

Auf GitHub sind Installationspakete für MacOS, Windows und Linux verfügbar, eine brauchbare Leistung wird erfahrungsgemäß aber nur mit einer Nvideo-Grafikkarte und deutlich mehr als den empfohlenen 8GB VRAM erzielt (https://github.com/comfyanonymous/ComfyUI?tab=readme-ov-file).

Trainierte Modelle/Checkpoints können von **civitai.com** heruntergeladen werden. Mit seiner flexiblen Architektur bietet **comfy.org** eine wertvolle Plattform zur Entwicklung und Umsetzung individueller kreativer Projekte. Viele neue KI-Funktionen werden häufig erst als Comfy-Workflows publiziert. Die Möglichkeit, individuell gestaltete Workflows an spezifische Anforderungen anzupassen und benutzerdefinierte Funktionen zu integrieren, macht Comfy besonders für experimentelle und innovative Ansätze in der Filmproduktion interessant. Ein brauchbarer Workflow zum Style-Transfer wird etwa von Mao, W. (2024) beschrieben. Emanuele (2024) stellt einen Workflow zum Animieren von Avataren vor (Kap. 9).

3.8.4 360-Grad-Panoramen

Skybox AI kann 360-Grad-Panoramen aus einem Prompt generieren. Dieses Panorama kann als 3D-Hintergrund für Animationsfilme verwendet werden oder auch einfach nur, um es in einen Kameraschwenk zu verwandeln.

3.9 Bildbearbeitung, Farbkorrektur und Upscaling

Manche Bilder können unmittelbar zur Videogenerierung weiterverwendet werden. Andere müssen noch zugeschnitten oder bearbeitet werden. Dazu eignet sich **Photoshop** als klassisches Werkzeug, das mit Generative Fill und anderen KI-Funktionen ausgestattet ist. **Evoto.ai** ist ein KI-gestützter Bildeditor, der wie **Adobe Lightroom** zur Farbkorrektur benutzt werden kann.

Um mit KI-Modellen erzeugte Bilder in einer höheren Auflösung weiterzuverarbeiten (etwa als Image-Prompt für Videos), braucht es Tools für das Upscaling, wenn das zum Generieren verwendete Tool diesen Bearbeitungsschritt nicht anbietet. Leonardo®, eine Marke von Canva Pty Ltd, wird beispielsweise nicht nur für Bildgenerierung und -bearbeitung benutzt, sondern bietet auch einen Upscaler, um die Bildgröße nach individuellen Bedürfnissen anzupassen.

Das funktioniert in folgenden Schritten:

- Bild hochladen und mit Upscale Multiplier die gewünschte Bildgröße auswählen. Danach je nach Verwendungszweck einen Upscaler Style wählen. Das Schieben des Creativity-Reglers nach rechts führt zu mehr Schärfe in den Details, zerstört dann aber irgendwann vorhandene Strukturen und Formen wie etwa Schriften.
- Bild generieren: Mit dem Upscale-Button die Verarbeitung anstoßen und über den Download-Button (oben rechts) herunterladen. Meist braucht es ein oder zwei Wiederholungen, um die beste Qualität zu erzielen.
- Das ausgegebene Bild kann dann erneut hochskaliert werden.

Eine ähnliche Upscaling-Funktion stellt Midjourney zur Verfügung. Weitere Plattformen mit guter Upscaling-Qualität sind:

https://magnific.ai/upgrade/
https://fluxai.pro/image-upscaler
https://www.upscale.media

Aufgaben

1. Kopieren Sie den Prompt aus Abschn. 3.1. und experimentieren Sie mit Veränderungen des Prompts: Ersetzen Sie einzelne Begriffe, lassen Sie Teile des Prompts weg. Was verändert sich?
2. Erstellen Sie das Panorama eines Sees mit Bergen. Generieren Sie mehrere Varianten: Sonnenaufgang, später Nachmittag, Sonnenuntergang, Nacht; jeweils Frühling, Sommer, Herbst, Winter.
3. Erstellen Sie die Figur eines Erzbösewichts, der über die Kräfte eines der vier Elemente verfügt: Luft, Erde, Feuer oder Wasser.
4. Erstellen Sie eine mystische oder magische Performance-Künstlerin für ein Festival.
5. Erstellen Sie ein fantastisches Tier als Hauptfigur eines Animationsfilmes. Dieses Wesen sollte eine einzigartige Fähigkeit oder Eigenschaft haben, die einen Charakterzug von Ihnen widerspiegelt.
6. Generieren Sie mit einer der oben unter Punkt 3, 4 oder 5 genannten Figuren mindestens fünf Bilder entsprechend der Five-Shot-Technik.
7. Experimentieren Sie mit folgenden Style References:
   - sref 100000001 by @saltxdiamond
   - sref 139245570 by @daimajinart
   - sref 3054648932 by @bri_guy_ai
   - sref 3721090848 by animacreativeltd2023@gmail.com
   - sref 2809429389 by animacreativeltd2023@gmail.com
   - sref 110 by https://www.redbubble.com/
   - sref 747471 by @fotoaguado
   - sref 2550566787 by @bri_guy_ai
   - sref 1236327422 by @Koutchinski
   - sref: 2433968870 by @ciguleva
   - sref: 3515700924 by @WorldEverettQuestions Stop
   - sref: 1848980763by @EvitaNon
   - sref: 472914608 by @gizakdag
   - sref: 374859162 by @muriellondon

Literatur

AI Tools Arena (2024). *Master AI Photography with Flux AI*. https://aitoolsarena.medium.com/master-ai-photography-with-flux-ai-a3b221b0504e. Zugegriffen am 31.08.2024.

Aldredge, J. (2021). *How to frame the perfect over-the-shoulder shot*. https://www.soundstripe.com/blogs/over-the-shoulder-shot. Zugegriffen am 01.01.2025.

Andrews, D. (2007). A Film Aesthetic to Discover. Une esthétique de la découverte à redécouvrir. *Cinémas, 17*(2-3), 47–71. https://id.erudit.org/iderudit/016750ar. Zugegriffen am 28.02. 2025

Centieiro, H., & Lee, B. (2024). *MidJourney V6: The 11 powerful prompting tricks that nobody talks about*. https://levelup.gitconnected.com/midjourney-v6-deep-dive-series-11-powerful-prompting-tricks-almost-nobody-talks-about-part-1-dc0571ec3402. Zugegriffen am 06.08.2024.

CreativAI (2024a). *Crafting realistic AI portraits*. https://medium.com/@mericreativeAI/crafting-realistic-ai-portraits-662cae5e2c93. Zugegriffen am 04.12.2024.

CreativAI (2024b). *Illuminating creativity: Mastering lighting effects in AI image generation*. https://medium.com/@mericreativeAI/illuminating-creativity-mastering-lighting-effects-in-aii-mage-generation-30bb274eaf7c. Zugegriffen am 10.12.2024.

Data Scientest News (2024). *Prompt Library: Was ist eine KI-Promptbibliothek und wie kann man seine eigene erstellen?* https://datascientest.com/de/prompt-library-was-ist-eine-ki-prompt-bibliothek-und-wie-kann-man-seine-eigene-erstellen. Zugegriffen am 19.07.2024.

Emanuele. (2024). *Animatating portraits with LivePortrait in ComfyUI: A Step-by-Step Guide*. https://medium.com/@emabyte/animating-portraits-with-liveportrait-in-comfyui-a-step-by-step-guide-d9e5bc37b806. Zugegriffen am 27.10.2024.

Gloria_art. (2024). *20 Keywords commonly used to control "Camera View" in AI Art*. https://gloriaart.medium.com/20-keywords-commonly-used-to-control-camera-view-in-ai-art-19fd7ab7bd61 Zugegriffen am 21.072024..

Grauzinis, A. A. (2024a). *Exploring Midjourney's personalization*. https://medium.com/p/636a59d95257. Zugegriffen am 04.09.2024.

Grauzinis, A. A. (2024b). Midjourney and the power of synonyms. https://medium.com/let-there-be-prompt/midjourney-and-the-power-of-synonyms-5fe271c3a4d4. Zugegriffen am 04.09.2024.

Grauzinis, A. A. (2024c). Midjourney prompt anatomy: Crafting simple prompts that create great images. https://medium.com/let-there-be-prompt/midjourney-prompt-anatomy-f9437d886376. Zugegriffen am 05.09.2024.

Halm, S. (2023). *Unternehmenseigene Prompt-Datenbanken im KI-Einsatz*. https://www.onetoone.de/daten-im-marketing/db/oto_daten_im_marketing.429563bma.431893bma.html. Zugegriffen am 19.07.2024.

hejrene (2024). *How ChatGPT makes perfect Midjourney prompt creations Super Fast*. https://medium.com/@hejrene/how-chatgpt-makes-perfect-midjourney-prompt-creations-super-fast-3ebe30866dd9. Zugegriffen am 03.12.2024.

Kauz, M., & Weibel, B. (2021). *Assoziative Filmsprache: Unsagbares in Bild und Ton erzählen. Praxis Film, 97*. Herbert von Halem Verlag.

Knobl, E. (2024a). *How to generate more consistent AI characters with RenderNet*. https://medium.com/design-bootcamp/how-to-generate-more-consistent-ai-characters-with-rendernet-16fd68db5c25. Zugegriffen am 26.08.2024.

Knobl, E. (2024b). *How I blend and mix multiple reference styles (sref) with Midjourney*. https://medium.com/design-bootcamp/how-i-blend-and-mix-multiple-reference-styles-sref-with-midjourney-df2d3085f222. Zugegriffen am 27.07.2024.

Mao, W. (2024). *Style and face transfer with RF inversion, Flux Turbo LoRA and PuLID*. https://myaiforce.com/rf-inversion-pulid/. Zugegriffen am 27.11.2024.

Mao, V. (2024). *Master your Midjourney portraits with this simple trick*. https://medium.com/design-bootcamp/master-your-midjourney-portraits-with-this-simple-trick-022a3c8c7801. Zugegriffen am 27.07.2024.

Microsoft (2025). https://learn.microsoft.com/en-us/copilot/microsoft-365/microsoft-365-copilot-privacy?utm_source=chatgpt.com. Zugegriffen am 26.09.2025.

Mohanty, S. P. (2024). *(AI Artz), AI Artz, prompt like a Pro for Midjourney v6*. https://www.aiartrevolutions.com/2024/03/top-10-midjourney-v6-prompting.html. Zugegriffen am 05.09.2024.

Rajput, V. (2023). *Promptbreeder: Prompting LLM in a better way*. https://medium.com/aiguys/promptbreeder-prompting-llm-in-a-better-way-ddd2fc0a1bc2. Zugegriffen am 26.08.2024.

van Sijll, J. (2005). *Cinematic Storytelling: The 100n most powerful film conventions every filmmaker must know*. Michael Wiese Productions.

Yao, E. (2024a). *Midjourney v6.1 Personalization Codes Part 4: Photorealistic Portraits – When Stylize Values Break the Rules*. https://ejacklab.com/midjourney-v6-1-personalization-codes-part-4-photorealistic-portraits-b3ee88121559. Zugegriffen am 11.12.2024.

Yao, E. (2024b). *Midjourney V6.1 Moodboards: The New Secret Weapon for AI Art?* https://ejacklab.com/midjourney-v6-1-moodboards-the-new-secret-weapon-for-ai-art-502b101961f0. Zugegriffen am 01.01.2025.

Yao, E. (2025). *Midjourney v6.1's Hidden Gem: Moodboard Retexturing Made Easy*. https://ejacklab.com/midjourney-v6-1s-hidden-gem-moodboard-retexturing-made-easy-916e38b451f7 Zugegriffen am 12.02.2025.

Zschweigert, A. (2024). *Führungslinien*. https://www.dslreinsteiger.de/gut-zu-wissen/. Zugegriffen am 05.01.2025.

Videos generieren

4

Inhaltsverzeichnis

4.1	Experimentieren mit Video-Prompts	123
	4.1.1 Video-Prompts nur mit Text	123
	4.1.2 Video-Prompts mit Keyframes	125
	4.1.3 Prompting für einen filmischen Look	128
	4.1.4 Kamerabewegungen	131
	4.1.5 Style Presets und Custom Style	133
	4.1.6 Platzhalter in eckigen Klammern	133
4.2	Wie Videogeneratoren funktionieren	135
	4.2.1 Sora	135
	4.2.2 Google Lumiere	136
4.3	Konsistente Szenen erschaffen	137
	4.3.1 Ideen von Storyboard-Bildern aufgreifen	137
	4.3.2 Figuren animieren	137
	4.3.3 Der Workflow im Detail	138
	4.3.4 Konsistenz bei zwei Figuren im Bild	139
4.4	Filmisch erzählen	139
	4.4.1 Konventionen filmischer Narrative	139
	4.4.2 Kurze und lange Einstellungen	139
	4.4.3 Keine Slideshow	140
	4.4.4 Ungewöhnliche Einstellungen	141
	4.4.5 Ganz- und Teilgestalten	142

Ergänzende Information Die elektronische Version dieses Kapitels enthält Zusatzmaterial, auf das über folgenden Link zugegriffen werden kann: https://doi.org/10.1007/978-3-658-46663-3_4. Die Videos lassen sich durch Anklicken des DOI-Links in der Legende einer entsprechenden Abbildung oder durch Scannen dieses Links mit der Springer Nature More Media App abspielen.

© Der/die Autor(en), exklusiv lizenziert an Springer Fachmedien Wiesbaden GmbH, ein Teil von Springer Nature 2025
L. Riedl, *Videos mit künstlicher Intelligenz gestalten*, X.media.press,
https://doi.org/10.1007/978-3-658-46663-3_4

4.5	Videos bearbeiten	144
	4.5.1 Bearbeitungswerkzeuge in Runway Aleph	144
	4.5.2 Motion Brush	145
	4.5.3 Upscaling	145
4.6	Entdecken Sie diese Top-Tools	146
4.7	Fallstudie „Grenzleben – mit Mut gegen Hitler in Osttirol"	148
	4.7.1 Workflow	149
	4.7.2 Herausforderungen und Lösungsansätze	150
Literatur		155

▶ **Auftakt** Der amerikanische Experimentalfilmemacher und Filmeditor Nathanael Dorsky (2003) schreibt über die ursprüngliche, unmittelbare, klare Kraft von Bewegtbildern: „Zuerst befinden wir uns im visuellen Raum, und dann sprechen wir und benennen etwas in diesem dreidimensionalen Kontext. Dieser Raum ermöglicht es uns, die Welt klarer zu sehen und zu fühlen – unser Herz wird sanfter und öffnet sich, und unsere Intuition ist, wo sie hingehört.

Filme haben das Potenzial, diese Klarheit zu spiegeln, stellen aber allzu oft nur sprachliche Ideen dar, anstatt anzuerkennen, dass Konzepte oder gesprochene Sprache im Kontext des visuellen Raumes nicht mehr als Verzierungen sind. Das Ornament der Sprache kann hervorheben, lenken, spezifizieren und die Welt beschreiben, aber es sieht die Welt nicht. Viele Filme leiden unter dieser Verzerrung. Manchmal ist sie ganz offensichtlich. Die Syntax mancher Fernsehdokus beispielsweise, so wie die der Abendnachrichten, macht die visuelle Lebendigkeit der Welt oft zu einem bloßen Bildschirmhintergrund zur Unterstützung der gesprochenen Information [...] Es besteht ein äußerst subtiler, aber signifikanter Unterschied zwischen einem Bild, das ein manifestierter Akt des Sehens an sich ist, und einem, welches Sehen nur zum Abbilden der Welt benutzt. Das eine nimmt an der lebendigen Gegenwart teil und weiß die Welt als etwas zu schätzen, das tatsächlich gesehen wird, während das andere nebensächlich ist, eine stummgeschaltete Kopie der Welt. Viele Filme verhalten sich auf eine subtile Art unterwürfig gegenüber einer Idee oder einem Thema, und deshalb dürfen die Bilder nie ihrer selbst willen existieren. Sie illustrieren geskriptete, niedergeschriebene Gegebenheiten oder ein Konzept. Selbst wenn sie bildstark sind, wirken sie verlegen. Sie repräsentieren eine andere Form, eine literarische, anstatt sich direkt als Schauen zu manifestieren. Diese subtile Verdrehung der Rangordnung zwischen Sehen und Sprache verletzt die ursprüngliche Stärke dessen, was Kino bieten kann."

Heißt das sprachlos zu werden? Natürlich nicht. Gerade Video-Prompts verdeutlichen im Kleinen, was im Großen für alle Filme gilt: Am Anfang steht die Idee, das Konzept, also das Wort. Aber die Gedanken Dorskys laden ein, uns auf das absichtslose Schauen einzulassen, um starke Bilder zu finden, und diese Bilder dann auch wirken zu lassen – und nicht alles zuzutexten.

4.1 Experimentieren mit Video-Prompts

Rufen Sie ein Video-KI-Modell auf und erforschen Sie das Atelier dieser KI mit eigenen Prompts. Runway (https://runwayml.com) zum Beispiel ist so ein KI-Videogenerator. Er unterstützt Text-zu-Video und Bild-zu-Video, bietet erweiterte Kamerasteuerung und Multi-Motion-Pinsel an. Außerdem kann vorhandenes Videomaterial bearbeitet werden: Hintergrund entfernen, Objekte ausmalen, Untertitel hinzufügen und mehr. Mit Act One können Avatare lippensynchron animiert werden (Abschn. 4.3.2).

Wer auch sonst mit Adobe-Programmen arbeitet, wird möglicherweise gerne mit **Firefly** designen. Ein Prompt, der die Kameraperspektive, die Figuren, die Aktion, den Ort, die Kameraführung, die Farbqualität, die Stimmung und den ästhetischen Stil detailliert beschreibt, wird am ehesten zum erwarteten Ergebnis führen. Es gibt keine Regel dafür, wie lange ein Prompt sein sollte; das Limit bei Firefly ist 1800 Wörter. Lange Beschreibungen führen dabei nicht immer zu besseren Ergebnissen. Adobe empfiehlt als Prompt-Struktur: **Beschreibung des Aufnahmetyps + Figur + Aktion + Ort + Ästhetik** (Adobe, 2025).

4.1.1 Video-Prompts nur mit Text

Was ist beim Prompting für Videos zu beachten? Die Eingabeaufforderungen sollten direkt und leicht verständlich formuliert sein, nicht abstrakt. Eine hilfreiche Analogie wäre es, sich vorzustellen, Kameraleuten Anweisungen zu geben, und zwar so, dass wichtige Elemente klar vermittelt werden.

Das Wiederholen oder Bekräftigen wichtiger Aspekte in verschiedenen Abschnitten des Prompts muss nicht schaden, es kann sogar dazu beitragen, die Umsetzung der Angaben zu verbessern. So schadet es beispielsweise nicht, für eine Zeitrafferaufnahme zusätzlich anzugeben, dass die Kamera sich schnell durch den Raum bewegt.

Nur-Text-Eingabeaufforderungen sind am effektivsten, wenn sie einer klaren Struktur folgen, die Details zu Szene, Motiv und Kamerabewegung in getrennte Abschnitte unterteilt. Bei fast allen KI-Videogeneratoren sollte die in Abb. 4.1 dargestellte Prompt-Struktur zu konsistenten Ergebnissen führen.

```
[Kamerabewegung]: [Szene beschreiben]. [zusätzliche Details].
```

Beispielsweise können mit dieser Prompt-Struktur Kamerafahrten gemacht werden, die an Drohnenaufnahmen erinnern (Abb. 4.2).

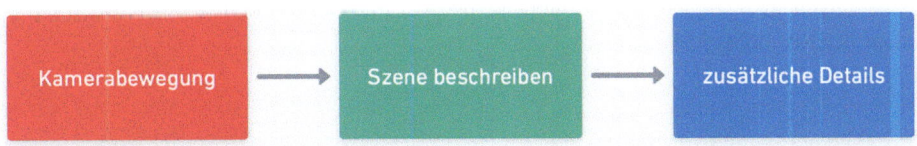

Abb. 4.1 Struktur eines einfachen Video-Prompts

Abb. 4.2 Bergsee (erstellt mit Runway Gen-3 Alpha) (▶ https://doi.org/10.1007/000-h4y)

Hinweis: Alle Videos in diesem Buch können mit der Springer Nature More Media App angesehen werden

```
Langsam senkt sich die Kamera von weit oben herab: Eine atemberaubende
fotorealistische Luftaufnahme eines kristallklaren Bergsees im Morgen-
grauen. Goldene Spiegelung des Sonnenlichts auf der Wasseroberfläche.
```

Eine Eingabeaufforderung wird auf das zugeschnitten, was in der Szene sichtbar werden soll – und das wird positiv formuliert. Man würde beispielsweise eher einen klaren, blauen Himmel als einen Himmel ohne Wolken prompten.

```
✗ a young man without a moustache.
✓ a young man with a boyish face.
```

Eingabeaufforderungen sollten bloß beschreibend sein, weder wie höfliche Anweisungen noch wie die Befehlszeilen eines Programmcodes. So wie LLMs ihre Stärke aus einer Konversation ziehen, sind Videogeneratoren so konzipiert, dass sie von visuellen Details leben. Das Einbeziehen umgangssprachlicher Formulierungen in die Eingabeaufforderungen wird die Ergebnisse nicht verbessern und könnte sich in bestimmten Fällen sogar negativ auswirken.

```
✗ Können Sie mir bitte ein Video über zwei Mädchen machen, die einen
  Geburtstagskuchen essen?
✓ zwei Mädchen essen mit Kerzen verzierten Schokoladekuchen.
```

4.1 Experimentieren mit Video-Prompts

Die Verwendung einer befehlsbasierten Eingabeaufforderung kann einen ähnlichen negativen Effekt haben, da sie möglicherweise nicht genügend Details enthält, um die gewünschte Szene zu erstellen.

✘ einen Hund zum Bild hinzufügen
✓ ein Hund rennt spielerisch von außerhalb des Bildes über das Feld

Negative Eingabeaufforderungen oder Eingabeaufforderungen, die beschreiben, was nicht passieren sollte, werden in generativen Videomodellen nur in speziellen Eingabefeldern unterstützt. Die Einbeziehung einer negativen Eingabeaufforderung kann dazu führen, dass genau das Gegenteil passiert.

✘ die Kamera bewegt sich nicht.
✓ statische Kamera.

Es gibt auch ein ganz kurzes Format (Abb. 4.3). Laut Runway ist das eine einfache, aber effektive Möglichkeit, Ihre Eingabeaufforderung zu strukturieren (Young, 2024):

[Basisprompt] im Stil von [Stil], [Ästhetik]

Ein Beispiel dafür wäre (Abb. 4.4):

Ein ruhiger Teich mit schwimmenden Lotusblumen im Stil einer japanischen Malerei.

Worauf kommt es beim Prompting an? Eingabeaufforderungen zu konstruieren (Prompt Engineering) ist keine Sprachkunst, denn komplexe Sprache steigert die Qualität der Ausgabe nicht. Beim Prompten geht es nur um Schlüsselwörter! Um ein Video zu bekommen, das Ihren Vorstellungen entspricht, sollten Sie einfach nur genügend Details hinzufügen und mehrere Anläufe machen. Wiederholungen mit kontinuierlicher Optimierung, das ist der Schlüssel beim Prompt Engineering!

4.1.2 Video-Prompts mit Keyframes

Eine zweite Variante der Videogenerierung schließt Bild-Prompts mit ein. Bei der Verwendung von Eingabebildern genügt eine reduzierte Texteingabe, welche die Bewegungen beschreibt, die in der Ausgabe erzeugt werden sollte. Der Inhalt des Bildes braucht nicht

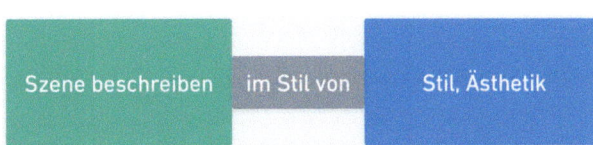

Abb. 4.3 Basis-Prompt für Videos

Abb. 4.4 Teich mit Lotuisblumen im Stil einer japanischen Malerei. (erstellt mit Runway, 2024) (▶ https://doi.org/10.1007/000-h4s)

noch einmal beschrieben zu werden. Negative Formulierungen im Prompt wie „die Katze bewegt sich nicht" sind zu vermeiden. Die Verwendung eines Prompts, der sich grundlegend vom Eingabebild (Image-Prompt) unterscheidet, könnte zu unerwarteten Ergebnissen führen. Beachten Sie, dass komplexe Szenenübergänge mehrere Iterationen erfordern können, um das gewünschte Ergebnis zu erzielen.

Warum machen Eingabebilder überhaupt Sinn? Ganz einfach, weil Videogeneratoren noch nicht so leistungsfähig sind wie Bildgeneratoren. Nehmen wir folgendes Beispiel: Mit einem bloßen Text-Prompt kommen irgendwelche Tiere heraus – jedenfalls sind das keine Steinböcke (Abb. 4.5)!

```
Two ibexes fight on a very steep gravel field below a peak in the northern
Limestone Alps; As they try to make themselves big, their forelegs are
in the air, they stand on their hind legs and severely push each other
hard with their horns. Image taken with SLR camera, 200mm lens, aesthe-
tic documentary style, early morning, shallow sunlight, late spring.
Two ibexes fight on the gravel field below a peak in the northern Limes-
tone Alps
```

Woher kann man aber ein Referenzbild von kämpfenden Steinböcken nehmen, ohne auf 2000 Meter aufsteigen zu müssen? Selbst Midjourney ersetzte mehrmals hartnäckig das Wort „Steinböcke" durch „Steinblöcke". Erst mit einem Referenzbild aus Wikimedia Commons wurden im Midjourney-Bild die Steine durch Tiere ersetzt (Abb. 4.6 und 4.7).

4.1 Experimentieren mit Video-Prompts

Abb. 4.5 Unbrauchbares Video von Steinböcken (▶ https://doi.org/10.1007/000-h4t)

Abb. 4.6 Steinblöcke (erstellt mit Midjourney 6.1, 2025, Text-Prompt)

Abb. 4.7 Wikimedia Commons Steinbock

```
Zwei Steinböcke kämpfen auf dem Kiesfeld unterhalb eines Gipfels in den
nördlichen Kalkalpen; Während sie versuchen, groß zu werden, strecken
sie ihre Vorderbeine in die Luft, sie stellen sich auf ihre Hinterbeine
und stoßen einander kräftig mit ihren Hörnern. Aufnahme mit Spiegelre-
flexkamera, 200-mm-Objektiv, ästhetischer Dokumentarstil, früher Morgen,
schwaches Sonnenlicht, später Frühling. --ar 4:3
```

Nun war Midjourney zumindest in der Lage, ein Standbild von Steinböcken zu generieren (Abb. 4.8).

Dieses Bild wurde nun als Endframe verwendet, also als Referenz für das letzte Bild des Videos – *et voilà*, so entstand das Video (siehe Abb. 4.9). Welch ein Unterschied zum vorherigen Video (vergleiche Abb. 4.5)! Einen Jäger oder einen Zoologen wird man mit dieser Art von Wildtieren allerdings noch nicht überzeugen können.

4.1.3 Prompting für einen filmischen Look

Für das Gestalten längerer, zusammenhängender Sequenzen oder gar für KI-generierte Spielfilme, braucht es umfangreichere Steuerungsmöglichkeiten. Was jedenfalls nicht

4.1 Experimentieren mit Video-Prompts

Abb. 4.8 Standbild Steinböcke (erstellt mit Midjourney 6.1, 2024)

Abb. 4.9 Ein Video von Steinböcken (generiert mit einem Endframe mit Runway Gen-3 Alpha, 2025) (▶ https://doi.org/10.1007/000-h4v)

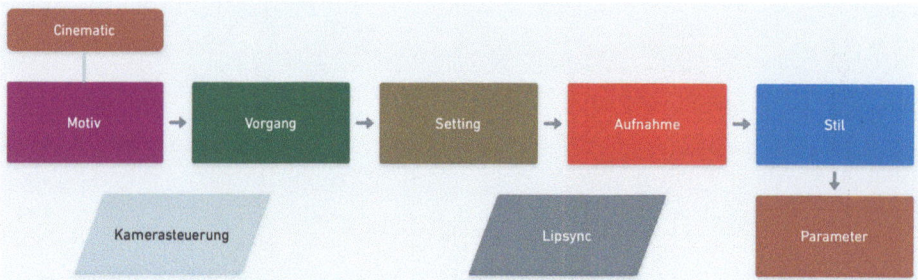

Abb. 4.10 Struktur eines detaillierten, umfangreichen Video-Prompts

funktioniert, ist, einen Drehbuchtext als Prompt zu verwenden. KI interpretiert zwar die Sätze meist zutreffend, kann aber bei komplexen und mehrdeutigen Prompts Probleme haben. Wenn zu ausgefallene Wörter verwendet werden, können diese möglicherweise mit keinen aus den Trainingsdaten gelernten Beschreibungen (*tags*) übereinstimmen.

Mit dem umfangreicheren Prompt in Abb. 4.10 können Videos für filmische Narrative produziert werden. Die Reihenfolge der Elemente in diesem Prompt ist nicht entscheidend.

```
Cinematic <Motiv> <Vorgang> <Setting> <Aufnahme> <Stil>
```

Was ist mit den einzelnen Elementen gemeint?

- **Motiv:** Das kann eine Figur, ein Platz oder ein Ding sein.
- **Vorgang:** Das Ereignis, das sich in der Szene abspielt, wird beschrieben. Was macht die Figur oder das Ding? Geht eilig, tanzt in Ekstase, dreht sich langsam. Verben wie „fliegen", „laufen" oder „tanzen" sind entscheidend für Prompts, da sie Videos lebendig machen. Adverbe funktionieren hier gut.
- **Setting:** Das ist eine Beschreibung der Location, also wo die Szene eingebettet werden soll: eine Burg, eine Stadt, ein verstaubter Keller. Beschrieben werden kann auch die Tageszeit, das Wetter oder die Beleuchtung. Das Ganze kann durch eine Beschreibung der Stimmung ergänzt werden.
- **Aufnahme:** Alle Anweisungen, welche die Kamera betreffen oder die Kameratechnik (FPV, Tracking Shot usw.).

```
„Camera follows..."
„The camera very slowly zooms in: the woman looks up"
```

Zum Trennen der Elemente eigenen sich Satzzeichen, wobei es gleichgültig ist, ob es etwa ein Doppelpunkt oder Komma ist.

```
„tracking shot: the camera follows the man.",
SnorriCam"
„camera is slowly zooming out"
```

Vergleichen Sie dazu die Schlüsselwörter für die Kameratechnik im Prompting Guide.

```
Weitwinkel, die Kamera bewegt sich sehr langsam nach oben

„Über die Schulter: Die Kamera folgt langsam dem Mann auf dem Pferd"

„Über die Schulter: Die Kamera folgt langsam dem Mann auf dem Pferd und
der Mann schaut voller Angst zurück"
```

- **Stil:** Prompt Modifier sind Stilvorgaben wie „filmisch" oder „fotorealistisch", die dem Modell helfen, Videos in einem bestimmten Stil zu erstellen, beispielsweise „Kinofilm", „im Stil eines Horror-Movies der 80er-Jahre". Auch das Farbklima kann beschrieben werden, genauso wie Texturen.

Die Parameter
- **Seitenverhältnis:** Es lässt sich (ebenso wie die Kamerasteuerung, s. unten) über die Benutzerplattform eingeben.
- **Seed:** Mehrere Durchläufe mit demselben Prompt lassen oft weniger gelungene und gelungenere Varianten entstehen. Wenn der gleiche visuelle Stil für mehrere Clips beibehalten werden soll, um eine bessere Konsistenz zu erreichen, dann können **Seed-Nummern** verwendet werden. Seeds fungieren als eine Art „visuelle Fingerabdrücke" und bieten dem Modell einen stilistischen Ausgangspunkt, den es während des Generierungsprozesses nutzen kann; das kann ähnlich verwendet werden wie eine Style Reference in Midjourney. Auch die Seed-Nummer kann über das Einstellungsfeld für **Advanced Settings** eingegeben werden.
- **Lipsync-Feature:** Es ermöglicht das Steuern der Lippenbewegung von Personen mit einem Audiofile (Abschn. 4.5.2).

4.1.4 Kamerabewegungen

Bei den Modellen Gen-2 und Gen-3 Alpha Turbo kann das Einstellungsfeld für die Kamerasteuerung verwendet werden, um Schwenks, Zoomfahrten und Drehungen der Kamera zu steuern. Mit der Kamerasteuerung (Abb. 4.11) können Sie Kamerabewegungen für Ihre Szene vorgeben: nach links/rechts schwenken, nach oben/unten schwenken, hinein/heraus, im Uhrzeigersinn/gegen den Uhrzeigersinn drehen.

Die Kamerageschwindigkeit wird daran angepasst, wie nahe ein Motiv an der Kamera ist. Es werden kleinere Werte verwendet, wenn das Motiv näher ist, und größere Werte, wenn das Motiv weiter weg ist.

Die Kamerasteuerung funktioniert meist besser, wenn der Text-Prompt die Kameraeinstellung präzisiert, zum Beispiel, wohin sich die Kamera genau bewegen soll, während das Motiv eine bestimmte Handlung oder Bewegung vornimmt.

Abb. 4.11 Screenshot (erstellt mit Runway Gen-3 Alpha Turbo, 2024)

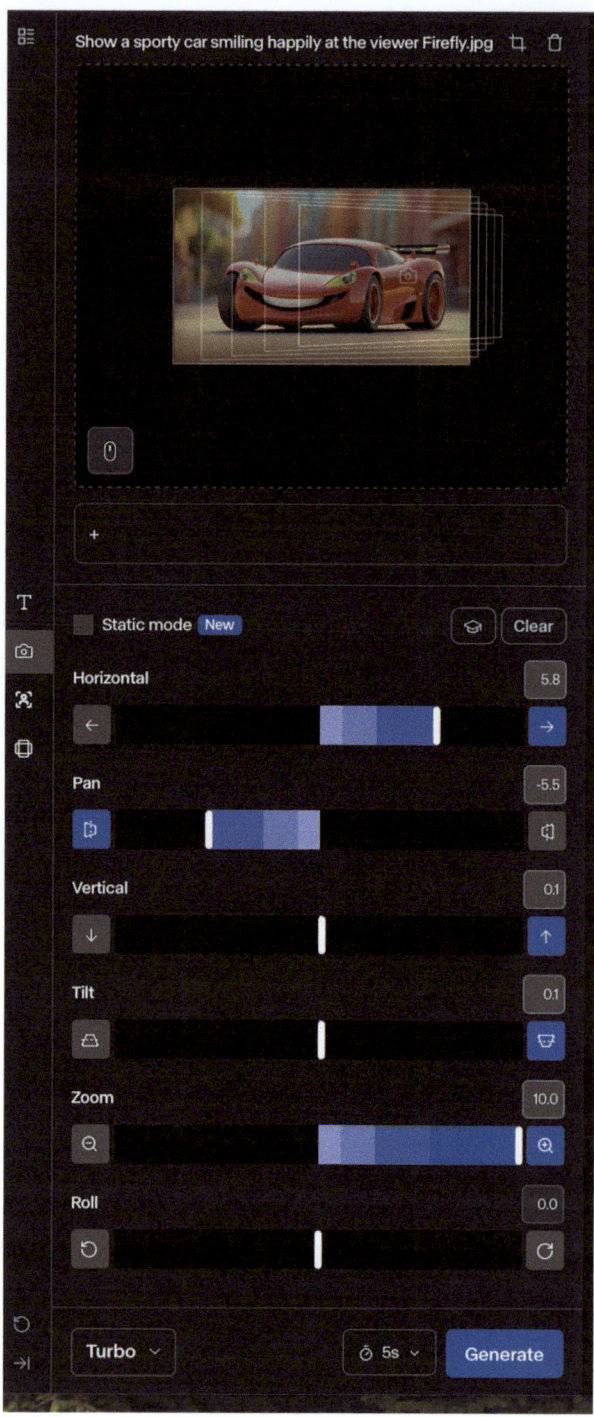

- **Dolly vorwärts:** Die Kamera bewegt sich auf das Motiv zu. Das unterstreicht etwas, hebt etwas hervor. Es weckt Erwartungen darüber, was passieren wird, wenn die Kamera anhält. Es drückt „Interesse" für das Motiv aus.
- **Dolly rückwärts:** Die Kamera bewegt sich vom Motiv weg. Das erzeugt Spannung. Es enthüllt neue Räume und neue Elemente. Es kann eine Überraschung erzeugen. Es kann als Kommentar der Regie verwendet werden, wenn das Publikum sich von einer Person entfernt oder die Person allein lässt.

4.1.5 Style Presets und Custom Style

Beim Modell Runway Gen-2 kann beispielsweise aus folgenden Style Presets ausgewählt werden:

```
35mm, cinematic, frost, moody film, studio headshot
oder cartoon, anime, concept Art, graphic novel
```

Interessant ist die Funktion, dass mit 15 bis 30 eigenen Bildern ein Custom Style definiert werden kann. Diese eigene Stilvorgabe steht dann über den Reiter „Custom" in den Einstellungen (Settings) zur Verfügung.

Prompting Keywords: Schlüsselwörter können hilfreich sein, um einen bestimmten Stil in der Ausgabe zu erzielen. Wenn sichergestellt ist, dass die Schlüsselwörter mit dem Prompt im Ganzen übereinstimmen, werden die angesprochenen Details in der Ausgabe deutlicher.

Beispielsweise wäre die Aufnahme von Schlüsselwörtern zur Hautstruktur für eine Halbtotale, bei der die Kamera nicht genau auf ein Gesicht fokussiert ist, nicht von Vorteil. Eine Halbtotale könnte stattdessen von zusätzlichen Details zur Umgebung profitieren.
  Schlüsselwörter (Tab. 4.1) können sich auf die Art der Kamera, auf die Beleuchtungsart, die Bewegungsgeschwindigkeit, die Art der Bewegung, eine bestimmte Ästhetik oder auf einen Textstil beziehen.

4.1.6 Platzhalter in eckigen Klammern

Um benutzerdefinierte Voreinstellungen zu erstellen, die einfach wiederverwendet werden können, kann ein Teil der Eingabeaufforderung in eckige Klammern gesetzt werden, um den Text mit einem Klick zu ersetzen. Beispiel:

```
Die Kamera fliegt nahtlos durch eine [Location]
```

Tab. 4.1 Beispiele für Schlüsselwörter. (Runway Prompting Guide, 2024)

Camera Style	*Low angle*	Untersicht
	Worm's eye view	Froschperspektive
	High angle	Obersicht
	Overhead	Vogelperspektive
	FPV (first person view)	Subjektive Kamera
	Hand held	Handkamera
	Wide angle	Weitwinkel
	Close-up	Großaufnahme
	Macro cinematography	Makroaufnahme
	Over the shoulder	Über die Schulter
	Tracking	Die Kamera verfolgt …
	Establishing wide	Weite Totale
	50 mm lens	50-mm-Objektiv
	SnorriCam	SnorriCam
	Realistic documentary	Realistische Dokumentation
	Camcorder	Camcorder
Beleuchtungsart	*Diffused lighting*	Diffuses Licht
	Silhouette	Silhouette
	Lens flare	Linsenreflexe
	Back lit	Gegenlicht
	Side lit	Seitenlicht
	[Color] gel lighting	Farbiges Licht
	Venetian lighting	Licht fällt durch Jalousien
Bewegungsgeschwindigkeit	*Dynamic motion*	Dynamische Bewegung
	Slow motion	Zeitlupe
	Fast motion	Zeitraffer
	Timelapse	Timelapse
Bewegungsart	*Grows*	Wächst
	Emerges	Geht hervor aus
	Explodes	Explodiert
	Ascends	Steigt auf
	Undulates	Schwingt
	Warps	Verwandelt sich
	Transforms	Verformt sich
	Ripples	Kräuselt sich
	Shatters	Zerbricht
	Unfolds	Entfaltet sich
	Vortex	Verwirbelt
Stil und Ästhetik	*Moody*	Melancholisch, romantisch
	Cinematic	Filmisch
	Iridescent	Bunt schillernd, changierend
	Home video VHS	VHS Heimvideo
	Glitchcore	Glitchcore
Textstil	*Bold*	Fett
	Graffiti	Graffiti
	Neon	neonfarben
	Varsity	Monogramm
	Embroidery	Stickerei

Wenn dies als Voreinstellung gespeichert wird, kann der Klammerbereich mit einem Klick ersetzt und wiederverwendet werden (Runway, 2024).

4.2 Wie Videogeneratoren funktionieren

Die großen Player investieren Milliarden, um die KI-Video-Generatoren weiterzuentwickeln. In dieser Konkurrenzsituation ist es nicht weiter verwunderlich, dass noch wenig darüber publiziert wird, wie diese Videogeneratoren im Detail genau aufgebaut sind. In einer der wenigen Publikationen stellte Sora seine neue Modellierungstechnik vor. Es bezeichnete es als ein generalistisches Modell für visuelle Daten, weil es Videos und Bilder mit unterschiedlicher Dauer, Seitenverhältnissen und Auflösungen generieren kann.

4.2.1 Sora

Für das Training von Text-zu-Video-Generierungssystemen ist eine große Menge an Videos mit entsprechenden Captions (beschreibenden Untertiteln) erforderlich. Die Entwickler erzeugen zunächst Captions für alle Videos im Trainingssatz.

Ausgehend von einem komprimierten Eingabevideo extrahieren sie eine Folge von Raumzeit-Patches (Abb. 4.12), die als Transformations-Tokens fungieren, denn Sora ist im Kern ein Diffusionstransformator. Transformatoren haben bemerkenswerte Skalierungseigenschaften in einer Vielzahl von Bereichen gezeigt, darunter der Sprachmodellierung. Während LLMs mit Text-Tokens arbeiten, verwendet Sora **visuelle Patches**.

Patches sind eine effektive Darstellung von Videos und Bildern für das Training generativer Modelle. OpenAI gibt an, dass sie im ersten Schritt ein Netzwerk verwenden, das die Dimensionalität visueller Daten reduziert. Dieses Netzwerk verwendet Rohvideos als Eingabe und gibt eine latente Darstellung aus, die sowohl zeitlich als auch räumlich komprimiert ist (OpenAI, 2024).

In der Bildertransformation wird eine Folge von Bild-Patches verwendet, um ein Transformermodell für die Bilderkennung zu trainieren (anstelle von Tokens bei Sprachtransformatoren).

Raumzeit-Patches sind das Kernelement von Soras Innovation, die auf der früheren Forschung von Google DeepMind zu NaViT und ViT (Vision Transformers) beruhen und auf

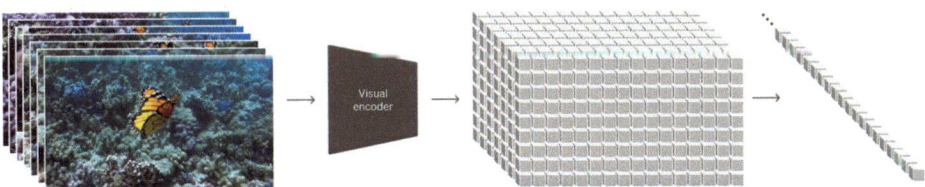

Abb. 4.12 Datenreduktion von Videos mit Patches als erster Schritt im Training

die Veröffentlichung *An Image is Worth 16 ×16 Words* aus dem Jahr 2021 zurückgehen. Die detaillierte und flexible Handhabung von Videodaten durch Raumzeit-Patches bildet die Grundlage für anspruchsvolle Funktionen wie Physiksimulation und 3D-Konsistenz. Diese Fähigkeiten sind für die Erstellung von Videos unerlässlich, die nicht nur realistisch aussehen, sondern auch den physikalischen Regeln der Welt entsprechen sollen

Die Entwickler trainieren ein entsprechendes Decoder-Modell, das generierte Latenzdaten zurück in den Pixelraum abbildet. Bei gegebenen verrauschten Eingabefeldern (und Konditionierungsinformationen wie Textaufforderungen) ist es darauf trainiert, die ursprünglichen „sauberen" Patches vorherzusagen (Abb. 4.13).

4.2.2 Google Lumiere

Google hat die Videogenerierungs-KI Lumiere über Bard zugänglich gemacht. Sie wird von einem neuen Diffusionsmodell namens Space-Time U-Net (kurz STUNet) angetrieben (Abb. 4.14). Laut Ars Technica beschäftigt sich Lumiere nicht mit dem Zusammenfügen von Standbildern, sondern findet heraus, wo sich Dinge in einem Video befinden (das ist der Raumteil).

Das Modell wurde mit 30 Millionen Videos samt Untertiteln (Captions) trainiert. Als Basis diente ein vortrainiertes, eingefrorenes Text-zu-Bild-Modell, das um weitere Schichten für videorelevante Aspekte wie die zeitliche Dimension erweitert wurde.

Abb. 4.13 Das Generieren von Videos funktioniert mit einem Decoder-Prozess

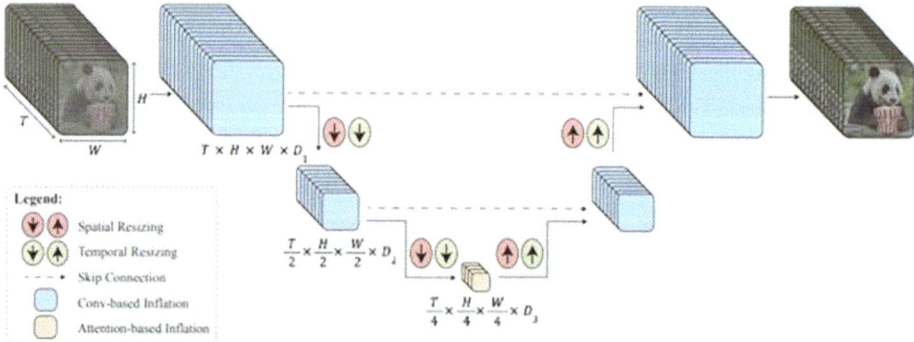

Abb. 4.14 Symbolische Darstellung von Googles Diffusionsmodell namens Space-Time U-Net

Nachdem das Video in einer niedrigeren zeitlichen und räumlichen Auflösung generiert wurde, verwendet Lumiere Multidiffusion für räumliche Superauflösung (SSR). Dabei wird das Video in sich überlappende Segmente unterteilt und jedes Segment einzeln optimiert. Anschließend werden diese Segmente zu einem zusammenhängenden hochauflösenden Video zusammengefügt (Schreiner, 2024).

4.3 Konsistente Szenen erschaffen

4.3.1 Ideen von Storyboard-Bildern aufgreifen

Videogeneratoren haben im Augenblick noch kein „Gedächtnis" in dem Sinn, dass sie sich die Einzelheiten, etwa einer Figur, von einem Clip zum nächsten Clip „merken" würden. Um also die ungefähr 5 bis 15 Einstellungen zu generieren, die in einer Sequenz gebraucht werden, müssen vorher Bilder generiert werden, in denen alle Details zusammenpassen (Abschn. 3.5).

Wir sprechen vom Continuity-Stil, der den Zuschauerinnen eine Illusion von Raum und Zeit anbietet und dadurch größere Realitätsdichte erzeugt (was für alle narrativen Formate wichtig ist) im Unterschied zur bloßen Montage (Abschn. 6.2.5). Wir müssen bei der Generierung der Videoclips aus den Bildern alles vermeiden, was uns aus der Illusion einer zusammenhängenden Zeit, eines fiktiven Raumes und einer konsistenten **Erzählperspektive** herausreißt, z. B.:

- Kostümfehler
- Requisitenfehler
- Lichtveränderungen
- Farbsprünge

4.3.2 Figuren animieren

Hedra.com ist eine multimodale Plattform, mit der Nutzer **Bilder, Audio und Videos** erzeugen können — etwa mit dem **Character-3**-Modul, das Figuren mit konsistenter Erscheinung animieren kann. In der Benutzeroberfläche lassen sich Workflows gestalten, bei denen Bilder und Audio kombiniert und als Video ausgegeben werden können. Allerdings hängt die Qualität und visuelle Konsistenz stark von der verwendeten Szene und Modellwahl ab.

Runways Funktion **Act-One** (das ist Teil von Gen-3 Alpha) erlaubt es, ein **Driving Video** und ein **Referenzbild (oder Video)** einer Figur hochzuladen. Mimik und Mundbewegungen werden auf die Zielfigur übertragen – ohne aufwändige Motion-Capture-Ausrüstung oder manuelles Rigging. Act-One kann auch dann funktionieren, wenn die Zielfigur in ihren Proportionen vom Originalvideo abweicht. Dennoch bestehen technische Grenzen: Die Qualität der Animation, Stabilität und Feinheiten hängen von Inputqualität, Beleuchtung, Format, und Modellwahl ab.

Die Einsatzmöglichkeiten von realistischen Figurenanimationen sind für Animationsfilme ohne großes Budget ein Game Changer. Wenige Schauspieler und Schauspielerinnen können hintereinander mehrere Figuren eines Animationsfilmes animieren. Mit vergleichsweise geringem Aufwand lassen sich so ausdrucksstarke Geschichten erzählen – perfekt für innovative, digitale Erzählformen.

Wie funktioniert es?

- Ein Steuerungsvideo (Driving Video) wird mit der gewünschten Performance aufgenommen.
- Das Bild der Figur wird hochgeladen.
- Act One synchronisiert beides, überträgt die Details wie ein Lächeln oder das Hochziehen der Augenbrauen und liefert fertige Animationen – ohne teure Ausrüstung (Kinomote, 2024).

4.3.3 Der Workflow im Detail

Zuerst wird ein fotorealistisches Bild der Figur (Gesicht von vorn) generiert, mit einem Prompt, der den Charakter der Figur beschreibt:

```
Cinematic still, documentary photo of…, sharp focus, style…
```

Mit dem Tool https://replicate.com/fofr/consistent-character werden aus diesem Bild – mit fast demselben Prompt – mehrere Bilder dieser Figur von verschiedenen Seiten, in verschiedenen Posen und verschiedener Kleidung generiert.

Bildfehler werden dann etwa mit Photoshop oder mit FreePik ausgebessert und die Bilder mit einem beliebigem Tool hochskaliert, um die Bildauflösung zu verbessern. Im Playground auf https://fal.ai/models/fal-ai/flux-lora-fast-training werden diese Fotos danach hochgeladen, darunter wird eine Bezeichnung (ein Triggerwort) eingegeben und ein LoRA-Modell trainiert.

Mit diesem Modell im Flux-Text-zu-Bild-Werkzeug werden einzelne Filmstandbilder generiert.

Mit einem Upscaling-Tool wird die Bildqualität verbessert und gegebenenfalls auf das passende Seitenverhaltnis (z. B. 16:9) zugeschnitten.

Mit dem Runway Act One können die Figuren dann animiert werden, indem ein Steuerungsvideo auf das Bild der Figur angewandt wird. Das Steuerungsvideo kann eine Länge von bis zu 30 Sekunden haben. Das Bild dieser Figur sollte das Gesicht in Nahaufnahme zeigen (nur das Gesicht und die Schultern). Falls mehrere Menschen im Bild zu sehen sind, wird von Act One jeweils jene Figur animiert, welche sich in der geringsten Entfernung zur Kamera befindet.

Alternativ können die Dialoge mit https://elevenlabs.io/app/voice-lab gesprochen und aufgezeichnet werden, und mit dem Tool Video-zu-Video kann Lippensynchronität hergestellt werden. Das hat den Vorteil, dass mehr Bewegung im Video möglich wird.

Dieser Schritt gelingt auch mit Kling ganz außerordentlich gut; die Lippensynchronität von Klings Video-zu-Video-Tool ist bemerkenswert!

Hailuo AI (**MiniMax**) (https://hailuoai.video/) ist ein starker Kandidat für Actionszenen.

Tipp: Bessere Ergebnisse werden jeweils erzielt, wenn die Bilder an den Schnittstellen von einem zum anderen KI-Modell vorher hochskaliert werden, beispielsweise mit https://magnific.ai/editor/.

4.3.4 Konsistenz bei zwei Figuren im Bild

Besonders herausfordernd ist ein Two-Shot, also wenn zwei Figuren gleichzeitig im Bild zu sehen sind. Da hilft auch die Generierung mittels eines Avatars nicht (Kap. 9), weil die Modelle jeweils nur einen Avatar im Bild sprechen lassen können.

Es führt zurzeit noch kein Weg daran vorbei, die Bilder der beiden Figuren so wie in Kap. 3 beschrieben zu erstellen, sie einzeln zu animieren und dann mit einem Schnittprogramm zu einem Bild zusammenzubauen.

Einen Workflow mit Flux stellt etwa Alam (2024) vor.

4.4 Filmisch erzählen

4.4.1 Konventionen filmischer Narrative

Regisseurinnen, Kameraleute und Cutterinnen zeichnen sich oft durch einen eigenen Stil der filmischen Ausdrucksweise aus. Bestimmt wollen auch Sie Ihren eigenen Stil entwickeln. Dazu ist es hilfreich, sich erst die Konventionen des narrativen Filmes anzueignen, also die „Grammatik" der Filmsprache zu erlernen.

Sehen Sie sich dazu bewusst neuere Serien und Kinofilme an. Durch welche Bilder wird Ihre Aufmerksamkeit gewonnen? Welche Einstellungsgrößen werden wozu verwendet? Wie werden diese zu Sequenzen zusammengebaut? Wie werden Bewegungsimpulse aufgenommen und weitergeführt? Welche Figur dominiert eine Einstellung – oder eine ganze Sequenz? Wie werden Nähe und Distanz spürbar? Wie werden Wendepunkte visuell erlebbar? Welche Rhythmus- und Tempowechsel fallen Ihnen auf? Wie wird mit Sicht- und Handlungsachsen umgegangen? Daniel Arijon (2000) hat die Grammatik der Filmsprache in seinem Buch sehr präzise dargestellt, ebenso wie Steven Katz (2023). Christopher Kenworthy (2009) hat 100 „Master Shots" gesammelt, die eine gute Inspirationsquelle sind – ganz besonders für KI-Filme!

4.4.2 Kurze und lange Einstellungen

Bei der Produktion von KI-Videos läuft man Gefahr, eine ganze Reihe gleich langer Clips zu generieren. Im Schnitt werden aber für Sequenzen mit Tempowechsel unterschiedlich lange Einstellungen benötigt.

Einstellungen sind die Grundbausteine des filmischen Erzählens. Jede Einstellung hat eine Art innewohnende Länge, die sich daraus ergibt, wie viel Neues sie den Zusehern präsentiert.

Kurze Einstellungen geben den Zusehern nicht genügend Zeit, alles zu erfassen. Sie eignen sich beispielsweise für grausame oder ekelige Szenen, um gerade noch erkennbar zu machen, worum es geht, ohne zu tief in die negativen Emotionen einzusteigen, oder um etwas vorwegzunehmen, was noch ein Geheimnis bleibt, oder als Flashback, das noch nicht alle Zusammenhänge verrät.

Lange Einstellungen dagegen erzwingen bei den Zuseherinnen eine längere Aufmerksamkeit für das, was gezeigt wird. Es kann die Bedeutung des Gezeigten in einer Art rhetorischer Emphase unterstreichen. Deshalb werden lange Einstellungen manchmal am Ende einer Szene verwendet, um klarzumachen, dass etwas vorbei ist. Lange Einstellungen werden auch gebraucht, um längere (gesprochene) Texte unterzubringen oder um die Zuschauer zwischen schnellen Sequenzen „durchatmen" zu lassen.

4.4.3 Keine Slideshow

Filme, die aus KI-generierten Storyboards entstehen, fühlen sich manchmal an wie Slideshows, weil die produzierten Einstellungen zu gleichförmig hintereinander angeordnet sind. Was in diesem Fall zu einem lebendigeren Narrativ beiträgt, wäre, ausgewählte Einstellungen bewusst nicht durch einen Schnitt, sondern mit einer Kamerabewegung zu verbinden. Vergleichen Sie dazu folgende beide Schnittvarianten: Das Video in Abb. 4.15 ist nahe an einer Slideshow, das Video in Abb. 4.16 wirkt durch den Schwenk, der zwei

Abb. 4.15 Einstellungen hintereinander wie in einer Slideshow (erstellt mit Kling und Adobe Premiere Pro, 2025) (▶ https://doi.org/10.1007/000-h4w)

Abb. 4.16 Unterbrechung einer gleichförmigen Schnittabfolge durch eine Kamerabewegung (erstellt mit Kling und Adobe Premiere Pro, 2025) (▶ https://doi.org/10.1007/000-h4x)

Einstellungen verbindet, etwas lebendiger und dynamischer. Natürlich verändert sich auf subtile Weise auch das Narrativ, der veränderte Schnitt wirkt sich auf die emotionale Wahrnehmung der Beziehung zwischen den beiden Figuren aus.

Einstellungen wie diesen Kameraschwenk können jene KI-Video-Werkzeuge am besten generieren, bei denen ein Anfangs- und ein Endbild eingegeben werden kann, also etwa Runway oder Kling. Man bezeichnet diese Anfangs- und Endbilder wie bei Animationsprogrammen auch als Keyframes.

4.4.4 Ungewöhnliche Einstellungen

Die große Mehrheit aller Schnitte zeigen objektive Einstellungen, sie zeigen die Perspektive des Publikums – also etwas, was unbeteiligte Zuseherinnen mitbekommen würden, falls sie sich am Ort der Handlung befinden würden.

Im Gegensatz dazu zeigt die subjektive Einstellung die Perspektive einer Figur. Sie ist meist eine von zwei direkt aufeinanderfolgenden Einstellungen (die andere Einstellung zeigt jene Figur, welche den Blick auf einen Punkt außerhalb des Bildes richtet). Der Point-of-View-Shot (POV-Shot) hilft dabei, sich stärker mit einer Figur zu identifizieren. Sie kann auch mit einem Effekt versehen werden, wenn die Figur beispielsweise nicht gut sehen kann, Halluzinationen hat oder betrunken ist.

Sehr selten gibt es einen Director's Shot, der aus einer ungewöhnlichen Kameraperspektive, einer unüblichen Länge usw. eine Art Kommentar der Autorin bzw. des Regisseurs darstellt; diese Einstellung wird verwendet, wenn über die Realität hinausgewiesen werden soll – und Gefühle oder Ansichten der Erzählerin zur Szene kommuniziert werden wollen.

Die Wirkung von POV-Shots und Director's Shots ist dann am intensivsten, wenn sie sparsam eingesetzt werden und das Narrativ ein starkes Rückgrat von qualitativ hochwertigen objektiven Einstellungen hat.

4.4.5 Ganz- und Teilgestalten

Die Verwendung hochwertiger, perfekter Referenzbilder und eleganter Stilreferenzen kann dazu führen, dass sich das Ergebnis zu „glatt", zu „perfekt", eben „künstlich" oder gar „stilisiert" anfühlt. Was erfahrene Kameraleute oder Regisseurinnen von Außendrehs an den Schnittplatz mitbringen, das kann man auch mit KI bewusst generieren: Einstellungen, die nicht alles zeigen, nicht sofort alles offenbaren, sondern ein paar Momente Minispannung aufbauen. Das System der Ganz- und Teilgestalten hilft dabei. Es gibt vier Kategorien von Videomaterial:

- **GT:** Klare Gesamtgestalt, klare Teilgestalt (Abb. 4.17)
- **gT:** Unklare Gesamtgestalt, klare Teilgestalt (Abb. 4.18)
- **Gt:** Klare Gesamtgestalt, unklare Teilgestalt (Abb. 4.19)
- **gt:** Unklare Gesamtgestalt, unklare Teilgestalt (Abb. 4.20)

Abb. 4.17 Klare Gesamtgestalt, klare Teilgestalt (erstellt mit Kling 1.6, 2024) (▶ https://doi.org/10.1007/000-h4r)

Abb. 4.18 Unklare Gesamtgestalt, klare Teilgestalt (erstellt mit Kling 1.6, 2024) (▶ https://doi.org/10.1007/000-h4z)

Abb. 4.19 Klare Gesamtgestalt, unklare Teilgestalt (erstellt mit Kling 1.6, 2024) (▶ https://doi.org/10.1007/000-h50)

Abb. 4.20 Unklare Gesamtgestalt, unklare Teilgestalt (erstellt mit Kling 1.6, 2024) (▶ https://doi.org/10.1007/000-h51)

Bewusst sollten schon in der Phase der Videogenerierung neben GT auch gT, Gt und gt produziert werden. Dieses der Gestaltpsychologie entlehnte System unterstützt im Schnitt beim Halten von Spannung und Aufmerksamkeit und schafft Freiraum für die Fantasie der Zuschauerinnen.

4.5 Videos bearbeiten

4.5.1 Bearbeitungswerkzeuge in Runway Aleph

Runway Aleph ist ein sogenanntes „in-context video model" – also ein Modell, das auf ein vorhandenes Video angewendet wird. Mit Prompts kann man Objekte im Video hinzufügen, entfernen oder transformieren, Beleuchtung und Stil ändern, und sogar neue Kamerawinkel erzeugen. Aleph verarbeitet pro Generation bis zu 5 Sekunden lange Videos oder Videoausschnitte.

Öffnen Sie dazu in Runway eine neue Generative Session (egal ob im **Chat Mode** oder im **Tool Mode**). Prompte ein **Aktionsverb** + die gewünschte **Änderung** (z. B. „*re-light*", „*remove*", „*replace*", „*change*"). Falls Aleph Dinge ändert, die **gleich bleiben sollen**: Ergänze Sätze wie „Hintergrund unverändert lassen" Du kannst **ein Bild mitsenden**, um **Farbe, Stil oder Licht** zu steuern. Prompt senden (Chat Mode) oder **Generate** klicken (Tool Mode).
   Beispiele für Bearbeitungen:

- Relighting: `Re-light die Szene: helles, warmes Morgenlicht, Hintergrund unverändert lassen.`

4.5 Videos bearbeiten

- **Objekt entfernen:** Remove die Bäume links im Bild. Straße sauber rekonstruieren. Rest unverändert.
- **Kamerawechsel:** Change camera to a wide shot that shows the entire person; gleiche Lichtstimmung beibehalten.
- **Farbtausch mit Referenzbild:** Change the house color to the color from the image. Materialien/Schattierung realistisch beibehalten.

Ruhige Shots und klare Motive führen zu saubereren Ergebnissen (und sparen Credits). Größere Änderungen (z. B. *Relight* **und** *Replace*) besser **nacheinander** anwenden.

4.5.2 Motion Brush

- Beginnen Sie mit einem Bild oder einem textgenerierten Inhalt.
- Wählen Sie „Bewegungspinsel".
- Wählen Sie aus fünf Pinseln und wenden Sie sie auf Teile des Bildes an.
- Definieren Sie Bewegungsrichtungen (z. B. rechts, oben, unten).

So können Sie beispielsweise auch Textelemente animieren, die Sie für die Nachbearbeitung brauchen (Abschn. 6.6).

4.5.3 Upscaling

Runway hat bereits ein Upscaling-Modul eingebaut. Hochskalieren ist gewöhnlich der letzte Schritt, bevor die Videoclips in die Postproduktion weitergeleitet werden können. Es gibt auch andere Tools, die verwendet werden, um die Auflösung von Videos zu erhöhen, Jalli (2025) stellt einige vor.

Bei unseren Tests mit Upscalern wurden sehr unterschiedliche Ergebnisse beobachtet, manche Upscaler erhöhen nur die Dateigröße, aber verbessern das Bild nicht wirklich. Bei anderen gibt es nach der Bearbeitung ein ansprechenderes Hautbild, aber keine Schärfeverbesserung. Der Autor hat nach umfangreichen Tests **Topaz Video AI** im Einsatz für Hochskalierung, für Interlacing oder De-Interlacing, für Bewegungsinterpolation und für das Reduzieren von Bildrauschen. Es kann Videodetails wiederherstellen, und auch bei Änderung der Bildsequenz einen schönen visuellen Fluss erzeugen. Die KI „lernt" aus den umgebenden Bildern des Videos, was zu natürlicheren Ergebnissen führt.

4.6 Entdecken Sie diese Top-Tools

Es gibt eine wachsende Zahl großartiger Text-zu-Video-, Bild-zu-Video und Video-zu-Video-Tools. Ein Marktüberblick wird immer eine Momentaufnahme bleiben. Hier sind exemplarisch einige Modelle und Plattformen, die von Ihnen getestet werden können:

- **Flux** von krea.ai, stark vor allem bei schwierigen Kamerawinkeln und hinsichtlich anatomischer Genauigkeit. Flux ist zur Erzeugung von Bildern mit Textelementen geeignet. Man kann Flux über die API des Herstellers nutzen oder alternativ den Quellcode lokal installieren (Kap. 1). Die einfachste Möglichkeit, Flux zu nutzen, bietet https://fluxai.pro/generate.
- **GenMo AI Mochi 1** ist ein Open-Source-Modell, vorerst nur für Text-zu-Video, experimentell, oft nur kurze Clips möglich, Performance stark hardwareabhängig.
- **Goku** ist ein Videogenerator des chinesischen Technologiekonzerns ByteDance. Es ist spezialisiert auf die Erstellung von Werbefilmen.
- **Hailuo AI (MiniMax)** gelingt es, dynamische Szenen – wie rasante Verfolgungsjagden – realistisch umzusetzen, während die Figuren konsistent bleiben. Der Fokus liegt auf Videolängen bis zu sieben Sekunden und der Stilkonsistenz, doch Nutzer profitieren von schnellen Produktionszeiten und guter Qualität.
- **Kaiber** ist eine Plattform, mit der Videoclips aus Text, Bildern oder existierenden Videos erzeugt werden können. Es ermöglicht die Kamerabewegungen und kann mit Musik gesteuert werden. Audioreaktivität hinzuzufügen, bedeutet, dass sich das Video als Reaktion auf die Musik ändert.
- **Kling** ist eines der zur Zeit am besten geeigneten Tools für filmische Videos. Es stellt einen leistungsfähigen Motion Brush zur Verfügung. Das Komponieren mit mehreren Referenzbildern – mit Elementen – funktioniert gut (Abschn. 9.1.2).
- **Krea** ist eine Plattform mit Modellen wie Veo 3, Hailuo, Luma, Runway, Kling.
- **Leonardo®** (als Teil von Canva) bietet eine hochwertige Bild-zu-Video-Funktion.
- **Dream Machine** von Luma Labs ist ein leistungsfähiges KI-Tool zur Videoerstellung und -bearbeitung. Das Modell **Ray2** generiert typischerweise 1080p-Clips (bis zu 10 Sekunden Länge) und bietet danach die Möglichkeit, auf **4K hochzuskalieren**. Außerdem existiert die **Modify Video**-Funktion, mit der Sie bestehende Clips transformieren können, während Kamera-Dynamik und Bewegung weitgehend erhalten bleiben. Mit einem Audio-Button können Geräusche für ein Video erzeugt werden (Abb. 4.21).
- **Flythroughs** ist eine iPhone-App, mit der man aus iPhone-Videos **3D-Flythroughs** erzeugen kann. Um aus abgefilmten Innenräumen eine virtuelle Kamerafahrt zu generieren, verwendet die App generative 3D-Modelle und die NeRF-Technologie: **Neural Radiance Fields** wurde 2020 von Forschern der UC Berkeley, UC San Diego und Google vorgestellt.
- **Phenaki** ist ein Forschungsmodell von Google zur Text-zu-Video-Erzeugung, das sequenzielle Prompts interpretieren kann. Es ist entwickelt worden, um damit Videos variabler Länge generieren zu können.

4.6 Entdecken Sie diese Top-Tools

Abb. 4.21 Banjo erstellt mit Luma Ray 2, 2025 (▶ https://doi.org/10.1007/000-h52)

- **Pika** (z. B. Pika Labs/Pika.art) zählt zu den KI-Diensten, mit denen man animierte Kurzvideos aus Bildern oder Text erzeugen kann, oft mit kreativen Effekten und Bewegungsdarstellungen. Einige Transformationen zeigen beeindruckende Effekte wie Auflösen, Explodieren, Fliegen, Morphing, Schmelzen usw.
- **PixVerse** ist ein AI-Video-Generator, der Bild-zu-Video-Animationen unterstützt. Nutzer können Keyframes (Start- und Endbild) geben, um Stabilität zu verbessern; damit lassen sich Bewegungsübergänge erzeugen und statische Bilder in dynamische Sequenzen verwandeln. In PixVerse ist auch ein Upscaling-Tool enthalten, das bis zu 4K hochskalieren kann. Es eignet sich deshalb auch dazu, Morphs zwischen zwei Keyframes zu generieren.
- Auf **replicate.com** ist das Modell **LivePortrait** (fofr/live-portrait) verfügbar. Es ist ein Open-Source-Porträtanimationsmodell, mit dem Sie ein statisches Porträtbild mittels eines **Driving Videos** animieren können. Der Replicate-Dienst bietet eine API (Cloud-Betrieb), und der Quellcode einschließlich vortrainierter Gewichte ist auf GitHub verfügbar, sodass Sie das Modell auch lokal ausführen können (z. B. via Docker). Wichtig: LivePortrait verwendet Komponenten wie InsightFace „buffalo_l", wodurch die kommerzielle Nutzung eingeschränkt sein kann. Zudem hängt das Ergebnis stark von der Eingabequalität (Bild, Video, Beleuchtung, Gesichtsausdruck etc.) ab.
- **Sora** akzeptiert nicht nur Text Prompts, sondern kann auch mit **Bildern oder Videos** gemischt werden („Remix", „Blend") — etwa Elemente ersetzen, Objekte hinzufügen oder Videos remixen. Es bietet Funktionen wie „Replace / Remove / Re-imagine Elemente" direkt in einem generierten Video. Sora kann **Videos bis zu 20 Sekunden (!)** in 1080p erzeugen.

- **ToonCrafter** ist ein leistungsfähiges generatives Modell zur **Cartoon-Interpolation**, das aus zwei oder mehr Keyframes Zwischenbilder erzeugt, um Animationsvideos zu erzeugen. Es nutzt Techniken wie Sketch-Steuerung und domänenspezifische Anpassungen, um große Bewegungen und Überdeckungen (Occlusion) besser zu handhaben. Im praktischen Toolangebot wird ToonCrafter meist mit zwei Keyframes als Eingabe verwendet, um flüssige Animationen zwischen ihnen zu generieren.
- **Veo 3** von Google sticht unter generativen Videomodellen besonders dadurch hervor, dass es **Video und Audio synchron erzeugt**, inklusive Dialog, Soundeffekten und Hintergrundgeräuschen, und dabei eine gute **Lippen-Synchronität**erreicht. Es liefert **hochauflösende Clips teils bis 4K** mit realistischen Bewegungen und ist in Googles **Flow-Tool** eingebettet, das Kamerafahrten, Szenenverlängerungen und Übergänge steuern kann. Außerdem ist es über die Gemini-API für Entwickler verfügbar. Grenzen bestehen noch bei der Clipdauer von etwa 8 Sekunden und bei komplexer Kausalität. Von Veo erstellte Videos werden mit einem Wasserzeichen von SynthID versehen.

Qualitätskriterien Es ist ratsam, verschiedene generative Modelle selbst zu testen, um herauszufinden, welches für Ihre spezifische Anforderungen am besten geeignet ist. Wichtige Kriterien könnten sein:

- **Hochwertige Videoausgabe:** Kann die Anwendung Videos in ausreichend guter Auflösung exportieren – zumindest in HD, in Zukunft vielleicht in 4K, und das mit verschiedenen Seitenverhältnissen?
- **Anpassung:** Wie viel Spielraum haben Sie für Anpassungen? Ist es einfach, Änderungen vorzunehmen?
- **Support:** Steht Support zur Verfügung? Gerade wenn Sie ein größeres Projekt in Angriff nehmen, könnte es sein, dass Sie im Laufe des Projekts für Updates, rechtliche Freigaben oder Ähnliches Unterstützung brauchen.
- **Benutzerfreundlichkeit:** Liegt Ihnen persönlich die Benutzerschnittstelle, so wie sie nun einmal gestaltet ist?

4.7 Fallstudie „Grenzleben – mit Mut gegen Hitler in Osttirol"

Grenzleben ist ein experimenteller Animationsfilm von Kameramann und Film Creator Jens Börner und Publizist und Filmemacher Michael J. Mayr im Graphic-Novel-Stil aus dem Jahr 2023, der auf historischen Tonaufnahmen aus den 1980er-Jahren beruht und das Leben unter dem NS-Regime thematisiert. Der Film erzählt individuelle Erlebnisse, die zwischen 1939 und 1945 von verschiedenen Menschen an der Fluchtgrenze in Osttirol erlebt wurden. Da neben den Tonaufnahmen und einigen Fotos nur wenig Originalmaterial verfügbar war, wurde der Entschluss gefasst, KI-Techniken zu nutzen, um das dokumentarische Tonmaterial für Zuschauer emotional besser erfahrbar zu machen. Ziel der Dokumentation ist es, die Gefahren totalitärer Systeme ins Bewusstsein zu rufen und eine lebendige Erinnerungskultur zu fördern.

4.7.1 Workflow

Zu Beginn des Projekts stand die Analyse der historischen Tonaufnahmen, die als Grundlage für die Geschichte dienten. Diese Aufnahmen wurden transkribiert und hinsichtlich ihrer thematischen Relevanz ausgewählt. Börner setzte sich zum Ziel, die Erlebnisse der Zeitzeugen durch künstlerische Animationen in einer Graphic-Novel-Ästhetik darzustellen.

Die Bilder für *Grenzleben* wurden überwiegend mit Midjourney generiert (Abb. 4.22). Um die Prompts optimal zu formulieren, wurde ChatGPT zur Unterstützung herangezogen. Teilweise wurden mehrere Stunden für die Erstellung eines einzigen Bildes aufgewandt (Abb. 4.23).

Runway diente als Tool zur Erstellung von einfachen Animationen. In dieser Phase wurden spezifische Bildelemente freigestellt und Parallaxe-Effekte erzeugt, die den Szenen zusätzliche Tiefe verleihen sollten. KI wurde eingesetzt, um einzelne Bildebenen voneinander zu trennen und Übergänge zu schaffen, die den emotionalen Ausdruck verstärkten. Ebenfalls wurde eine mit einem Mobiltelefon erstellte Videoaufnahme durch KI stilisiert und mittels Prompt in Runway entfremdet. Diese Szene wurde für die Traumsequenz genutzt.

Abb. 4.22 Jens Börner (erstellt mit Midjourney, 2023)

Abb. 4.23 Jens Börner (erstellt mit Midjourney, 2023)

Die fertig gestellten Bilder und Videos wurden zum Teil noch in Adobe After Effects mit visuellen Effekten ergänzt. Der Schnitt erfolgte in DaVinci Resolve, wo auch die Farbkorrektur und das Mastering des Filmes durchgeführt wurden. Nach dem Picture Lock wurden eine eigens komponierte Filmmusik und die Soundeffekte in einem Tonstudio hinzugefügt und gemastert.

4.7.2 Herausforderungen und Lösungsansätze

Konsistenzprobleme in der Darstellung Eine zentrale Herausforderung bei der Bildgenerierung war die Konsistenz der Figuren. Selbst kleine Abweichungen in den Prompts führten dazu, dass die KI gleiche Charaktere in unterschiedlichen Bildern stark verändert darstellte. Ein entscheidender Schritt zur Figurenentwicklung war daher die Generierung von Sammelmappen, die verschiedene Ansichten und Posen derselben Person zeigten (Abb. 4.24). Originalfotos der Zeitzeugen dienten dabei als Ausgangspunkt, um die KI zur realitätsnahen Wiedergabe anzuleiten.

Nach der Erstellung der Sammelmappen wurden die einzelnen Ansichten in Photoshop ausgeschnitten und in separate Einzelbilder verwandelt (Abb. 4.25). Mehrere dieser Einzelbilder wurden später bei der weiteren Bildgenerierung in Prompts eingebunden, sodass die KI jeweils einheitliche stilistische Referenzen nutzen konnte. Dieser Ansatz erhöhte die Konsistenz und half, die Identität und Wiedererkennbarkeit der Figuren im gesamten Film zu bewahren.

Einschränkungen durch ethische und moralische Filter der KI: Ein weiteres Hindernis bei der Arbeit mit KI-Modellen wie Midjourney waren die eingebauten ethischen Filter, die bestimmte Inhalte als „unangemessen" oder „nicht darstellbar" einstuften. Szenen,

Abb. 4.24 Jens Börner (erstellt mit Midjourney, 2023)

Abb. 4.25 Jens Börner (erstellt mit Midjourney, 2023)

Abb. 4.26 Jens Börner (erstellt mit Midjourney, 2023)

die Leid oder Gewalt beinhalten sollten, wie etwa eine erschossene oder im Dreck liegende Person, wurden von der KI abgelehnt oder führten zu unpassenden Darstellungen. Die Filter ließen jedoch zum Beispiel die Darstellung einer „im Schlamm mit offenen Augen schlafenden" Person zu, was ein ähnliches Bild lieferte, ohne die ethischen Grenzen der KI zu verletzen (Abb. 4.26).

Um dieses Problem zu lösen, entwickelten die Filmemacher eigene Prompt-Strategien. Die Beschreibungen der Szenen wurden so angepasst, dass die Inhalte weniger emotional oder dramatisch wirkten, wodurch die KI dann doch die gewünschte Bildwirkung erzeugte. Dieses Verständnis, wie die KI auf verschiedene sprachliche Beschreibungen reagierte, ermöglichte es dem Team, sensible Themen respektvoll und doch wirkungsvoll darzustellen.

Technische Leistungsgrenzen und variierende Bildqualität Da die KI-Modelle 2023 noch relativ neu waren, stießen die Filmemacher auf technische Einschränkungen, insbesondere bei komplexen Kompositionen. Die KI konnte in vielen Fällen keine detaillierten oder mehrschichtigen Szenen erzeugen, was häufig zu ungenauen oder unvollständigen Darstellungen führte. Durch iteratives Prompting und wiederholte Anpassungen gelang es, die generierte Bildqualität zu verbessern und das gewünschte Ergebnis schrittweise zu erreichen. Dieses Vorgehen erforderte Geduld und zahlreiche Testläufe.

Fazit Trotz dieser Herausforderungen gelang es dem Team, konsistente und ausdrucksstarke Figuren zu schaffen und so eine tiefe Verbindung zu den historischen Geschichten aufzubauen. Der Einsatz von Midjourney, ChatGPT und Runway zeigt, wie KI als unterstützendes Werkzeug in der modernen Filmproduktion komplexe Inhalte zugänglich machen und wirkungsvoll vermitteln kann. Hier können Sie den Film in voller Länge streamen (Abb. 4.27).

Abb. 4.27 Die Dokumentation *Mit Mut gegen Hitler in Osttirol* von Börner und Mayr 2023 (24 min) (▶ https://doi.org/10.1007/000-h53)

4.7 Fallstudie „Grenzleben – mit Mut gegen Hitler in Osttirol"

Fragen

1. Was wissen Sie über die Funktionsweise von KI-Videogeneratoren?
2. Welche Rolle spielt Sprache in Dorskys Verständnis des visuellen Raumes und der Filmkunst? Wie kann diese Erkenntnis in der Praxis umgesetzt werden?
3. Inwiefern beeinflussen die Struktur und Präzision eines Prompts die Qualität der Ergebnisse in KI-generierten Videos? Geben Sie Beispiele für gelungene und misslungene Prompts.
4. Warum ist es wichtig, klare und positive Formulierungen in Prompts zu verwenden? Was sind die Risiken negativer oder abstrakter Anweisungen?
5. Wie tragen Referenzbilder zur Verbesserung von KI-generierten Videos bei? In welchen Szenarien könnten sie besonders hilfreich sein?
6. Diskutieren Sie die Vor- und Nachteile der Verwendung von Seed-Nummern für die Konsistenz in einer längeren Sequenz von KI-generierten Videos.
7. Welche filmischen Konventionen werden in diesem Kapitel besprochen, und wie können diese durch KI-Tools unterstützt oder reproduziert werden?
8. Warum könnten Filme, die aus KI-generierten Storyboards entstehen, wie „Slideshows" wirken? Welche Techniken werden im Text vorgeschlagen, um dies zu vermeiden?
9. Der Text beschreibt das Konzept von Ganz- und Teilgestalten (GT, gT, Gt, gt). Wie kann dieses System im Filmschnitt verwendet werden, um Spannung und Aufmerksamkeit zu erzeugen?
10. Welche Herausforderungen und Lösungsansätze werden im Text für die Generierung konsistenter Figuren beschrieben? Welche Tools könnten in diesem Kontext hilfreich sein?
11. Wie beeinflussen spezifische Kameraeinstellungen und Bewegungen die Erzählung in einem Film? Erörtern Sie die Bedeutung von Dolly- und POV-Aufnahmen.
12. Welche Qualitätskriterien sollten bei der Auswahl eines KI-Video-Generators berücksichtigt werden? Welche Prioritäten würden Sie setzen, wenn Sie ein Projekt starten?

Antworten
1. Text-zu-Video-Modelle basieren auf großen Datensätzen von Videos und den dazugehörigen Beschreibungen (*captions*). Diese Daten ermöglichen es der KI, Zusammenhänge zwischen Text und Bewegtbildern herzustellen. KI-Modelle verwenden ähnliche Prinzipien wie Text-zu-Bild-Generatoren, werden jedoch um die zeitliche Dimension (Bewegung) erweitert. „Visuelle Patches" repräsentieren Videos in Form von räumlich und zeitlich komprimierten Elementen. Sie fungieren ähnlich wie Tokens in Sprachmodellen. Diese Technik erlaubt die Verarbeitung von Videos in einem Format, das effizient trainiert und generiert werden kann. Viele Videogeneratoren verwenden Diffusionsprozesse, bei denen verrauschte Daten schrittweise in saubere, kohärente Videos umgewandelt werden. Modelle wie Sora und Google

Lumiere verwenden Transformationsprozesse, um aus latentem Rauschen (einer Art von visuellem Rohmaterial) realistische Videos zu erzeugen. Aktuelle Videogeneratoren haben kein „Gedächtnis", sodass Figuren, Farben oder Szenenmerkmale in längeren Sequenzen inkonsistent sein können. Verfahren wie die Eingabe von Seeds und spezialisierte Workflows helfen, diese Probleme zu minimieren. Referenzbilder können verwendet werden, um die Genauigkeit von Text-zu-Video-Generierungen zu verbessern, insbesondere bei spezifischen Motiven oder Bewegungen. Die Generierung hängt stark von der Qualität der Trainingsdaten ab. Fehlende Daten oder falsches Tagging können zu fehlerhaften Ergebnissen führen. Einige Modelle sind auf kurze Videoclips oder spezifische Stile spezialisiert. Für längere Filme oder stilistisch einheitliche Produktionen müssen mehrere Tools kombiniert werden.
2. Laut Dorsky kann Sprache den visuellen Raum ergänzen, sie darf ihn aber nicht dominieren. Filme sollten primär visuell kommunizieren, während Sprache als eigenständiges Element eingesetzt werden soll. Das könnte in der Praxis umgesetzt werden, indem Dialoge und Sprachkommentare reduziert werden, sodass Bilder ihre eigene Geschichte erzählen können.
3. Eine klare und präzise Struktur, die Details zu Szene, Motiv und Kamerabewegung bietet, führt zu konsistenteren Ergebnissen. Zum Beispiel: „Ein ruhiger Teich mit schwimmenden Lotusblumen im Stil einer japanischen Malerei" funktioniert besser als „ein schönes Bild von Wasser". Misslungene Prompts, wie abstrakte oder vage Eingaben, führen oft zu ungenauen oder unerwarteten Ergebnissen.
4. Positive Formulierungen sorgen dafür, dass der KI-Generator das erzeugt, was beabsichtigt ist. Negative Anweisungen wie „kein Regen" könnten das Gegenteil bewirken. Ein positiver Ansatz wie „ein klarer, sonniger Himmel" ist effektiv und vermeidet Interpretationsfehler.
5. Referenzbilder bieten dem KI-System eine klar definierte visuelle Basis, die Textbeschreibungen allein nicht erreichen können. Sie sind besonders hilfreich, wenn präzise oder realistische Darstellungen benötigt werden, wie beispielsweise komplexe Szenen, bei denen Text-Prompts unzureichend sind.
6. Seed-Nummern gewährleisten visuelle Kontinuität, indem sie denselben Stil oder dieselbe Ästhetik über mehrere Clips hinweg bewahren. Das ist besonders nützlich bei zusammenhängenden Sequenzen, bei denen Figuren oder Orte konsistent dargestellt werden müssen.
7. Filmische Konventionen wie Einstellungsgrößen, Bewegungsachsen und Sequenzrhythmen bilden die Grammatik des Filmes. KI-Tools können diese unterstützen, indem sie spezifische Kameraeinstellungen oder Bewegungen wie Schwenks, Dolly-Zooms oder Tracking Shots generieren. So können Filmemacherinnen komplexe visuelle Narrative mit KI erstellen.
8. Filme, die wie Slideshows wirken, entstehen oft durch eine zu gleichförmige Abfolge von Videoclips. Um diese zu durchbrechen, sollten Kamerabewegungen auch als Übergänge verwendet werden. So können dynamischere Szenen geschaffen werden. Tools wie Runway können dabei helfen, Kamerabewegungen zwischen Anfangs- und Endbildern zu generieren.

9. Ganz- und Teilgestalten helfen, Spannungsmomente innerhalb einer Sequenz zu erzeugen. Zum Beispiel könnte ein GT-Bild den gesamten Kontext einer Szene zeigen, während ein gT-Bild den Fokus auf ein spezifisches Detail lenkt. Dieser Wechsel erhält die Aufmerksamkeit der Zuseherinnen.
10. Eine der größten Herausforderungen ist das fehlende „Gedächtnis" generativer Video-KI, da diese noch keinen durchgängigen Kontext über mehrere Clips hinweg herstellen. Workflows mit LoRA-Modellen, Referenzbilder (jeweils angeglichen mit der Funktion Character Reference) oder manuelle Nachbearbeitung von Videoclips sind ein Ansatz um Konsistenz bei Kleidung, Gesichtszügen und Bewegungen sicherzustellen.
11. Dolly-Aufnahmen (vorwärts oder rückwärts) beeinflussen die emotionale Wirkung einer Szene: Dolly vorwärts erzeugt Nähe, während Dolly rückwärts Spannung und Distanz schafft. POV-Aufnahmen verstärken die Identifikation mit einer Figur, indem Zuschauerinnen deren Sichtweise einnehmen.
12. Hochwertige Ausgabe (HD oder 4K), Anpassungsfähigkeit (z. B. benutzerdefinierte Inhalte), benutzerfreundliche Schnittstellen und guter Support sind essenzielle Kriterien. Für größere Projekte sind Konsistenz und erweiterte Steuerungsfunktionen besonders wichtig.

Literatur

Adobe (2025). *Verfassen effektiver Textbeschreibungen zur Generation von Videos.* https://helpx.adobe.com/de/firefly/work-with-audio-and-video/work-with-video/writing-effective-text-prompts-for-video-generation.html. Zugegriffen am 15.02.2025.

Alam, S. (2024). *Noobs guide to creating two character consistent Flux AI image.* https://ai.gopubby.com/noobs-guide-to-creating-two-character-flux-ai-image-24ac6ac82890. Zugegriffen am 04.12.2024.

Arijon, D. (2000). *Grammatik der Filmsprache.* Frankfurt.

Dorsky, N. (2003). *Devotional Cinema* (S. 28 f.). Tuumba Press.

Jalli, A. (2025). 7 Best AI Video Upscalers. *Improve Video Quality.* https://medium.com/@artturijalli/ai-video-upscalers-1ac4ff301444. Zugegriffen am 03.01.2025.

Katz, S. (2023). *Film Directing: Shot by Shot. Visualizing from Konzept to Screen.* Michael Focal Press Wiese Productions.

Kenworthy, C. (2009). *Master Shots. 100 Advanced camera techniques to get an expensive look on your low budget movie.* Michael Wiese Productions.

Kinomote, F. (2024). *RUNWAY: ACT-ONE.* https://kinomotomag.com/2024/10/27/runway-introducing-act-one/. Zugegriffen am 03.12.2024.

OpenAI. (2024) https://images.openai.com/blob/1d2955dd-9d05-4f33-b346-be531d2a7737/figure-patches.png?trim=0,0,0,0&width=2000. Zugegriffen am 20.03.2024.

Runway Prompting Guide (2024). https://help.runwayml.com/hc/en-us/articles/30586818553107-Gen-3-Alpha-Prompting-Guide. Zugegriffen am 14.12.2024.

Schreiner, M. (2024). *Lumiere: Google zeigt neue generative KI für realistische Videos.* https://www.heise.de/news/Lumiere-Google-zeigt-neue-generative-KI-fuer-realistische-Videos-9608059.html. Zugegriffen am 13.03.2024.

Young, R. (2024). *Text-to-Video: How to write prompts in Runway.* https://medium.com/the-neuralist/text-to-video-how-to-write-prompts-in-runway-95d36c3b8159. Zugegriffen am 19.07.2024.

Audios generieren 5

Inhaltsverzeichnis

5.1	Sprache generieren	158
5.2	Musikeinsatz im Film	159
5.3	Musik mit künstlicher Intelligenz generieren	160
	5.3.1 Songtexte schreiben	160
	5.3.2 Musik komponieren lassen	161
	5.3.3 Gesang und Instrumente anpassen	161
	5.3.4 Arrangement, Mix und Mastering	161
	5.3.5 Terminologie	162
5.4	Prompting in der Praxis	162
5.5	Tool-Check	164
5.6	Genres	165
5.7	Praxisbeispiele	167
	5.7.1 Rap Song: South Rap Boom v7	167
	5.7.2 EDM House: Friends Forever	169
	5.7.3 Spanish Reggaeton with Rap and Guitars: Caliente Flow	170
Literatur		171

Ergänzende Information Die elektronische Version dieses Kapitels enthält Zusatzmaterial, auf das über folgenden Link zugegriffen werden kann: https://doi.org/10.1007/978-3-658-46663-3_5. Die Videos lassen sich durch Anklicken des DOI-Links in der Legende einer entsprechenden Abbildung oder durch Scannen dieses Links mit der Springer Nature More Media App abspielen.

© Der/die Autor(en), exklusiv lizenziert an Springer Fachmedien Wiesbaden GmbH, ein Teil von Springer Nature 2025
L. Riedl, *Videos mit künstlicher Intelligenz gestalten*, X.media.press, https://doi.org/10.1007/978-3-658-46663-3_5

▶ **Auftakt…"** Komponist Harold Faltermeyer ist unter anderem bekannt für Pop-Songs wie *Hot Stuff* von Donna Summer oder die Filmmusik zu *Top Gun*. Er gewann zwei Grammys für die Scores zu *Beverly Hills Cop*. In einem Interview gibt er zu bedenken: „[…] das Problem ist, dass diese KI-Erzeugnisse immer knapp am Plagiat vorbeischrammen. Ich meine, wenn man sich KI-erzeugte Musik anhört, merkt man, dass sie grundsätzlich handwerklich gar nicht mal schlecht gemacht ist. Es fehlt aber Wesentliches, das das Schaffen neuer Musik ausmacht – nämlich der Mut zum Experiment, trial and error und die Spontanität" (Traxler, 2024).

Die Fortschritte bei KI-generierter Filmmusik haben ein Niveau erreicht, auf dem sie ähnliche Emotionen hervorrufen kann wie die von Menschen komponierte Musik. Dank verbesserter Algorithmen und Trainingstechniken ist KI-generierte Musik manchmal nicht mehr prima vista von menschlichen Kompositionen zu unterscheiden. Trotz allem werden die menschliche Kreativität und die angeborene emotionale Tiefe menschlicher Schöpfungen auch in Zukunft einen besonderen Platz in der Welt der Filmmusik einnehmen. Noch mehr gilt das für die menschliche Stimme.

„The audience is listening." Dieses Wortspiel verwendete Dolby lange Zeit als Werbeslogan. Unbestritten ist, dass die Audiogestaltung ganz wesentlich zu dem gehört, was das Gesamtkunstwerk Film ausmacht. Musik ergänzt Aspekte, die in Bild (und Originalton) zuvor nicht vorhanden sind. Daraus ergibt sich umgekehrt, dass die Musik einem Film nicht dienlich ist, wenn sie Gedanken verdoppelt oder die Handlung durch die Musik redundant kommentiert wird. Übrigens, das gleiche gilt auch für den Sprachkommentar.

5.1 Sprache generieren

Unsere Stimme gehört zu jenen menschlichen Fähigkeiten, die am engsten mit unserer Seele verbunden sind. In ihr spiegeln sich nicht nur gegenwärtige Emotionen, sondern unsere Biografie und Identität. Wenn es also um Texte geht, die mehr sein wollen als eine Lautsprecherdurchsage am Bahnsteig, dann ist eine echte menschliche Stimmen durch nichts zu ersetzen. Manche sagen, KI-generierte Stimmen seien ja gar nicht mehr von menschlichen Stimmen unterscheidbar. Doch selbst wenn dem so wäre: Auch eine Plastikrose ist aus einiger Entfernung von einer richtigen Rose nicht mehr unterscheidbar – und trotzdem schenken wir richtige Blumen, wenn wir jemandem eine Freude machen wollen.

Lebendigkeit durch Variationen der Sprache Wenn aus welchen Gründen auch immer eine synthetische Stimme zum Einsatz kommen soll, dann sollte zumindest ein hochwertiger Sprachgenerator gewählt werden, der es erlaubt, auf die erzeugte Stimme Einfluss zu nehmen. **Resemble.ai** und **elevenlabs.io** sind die bekanntesten davon. Alternativen sind etwa **gpt-4o-mini-tts** von Open AI oder das Open-Source-Modell **Dia** von Nari Labs.

5.2 Musikeinsatz im Film

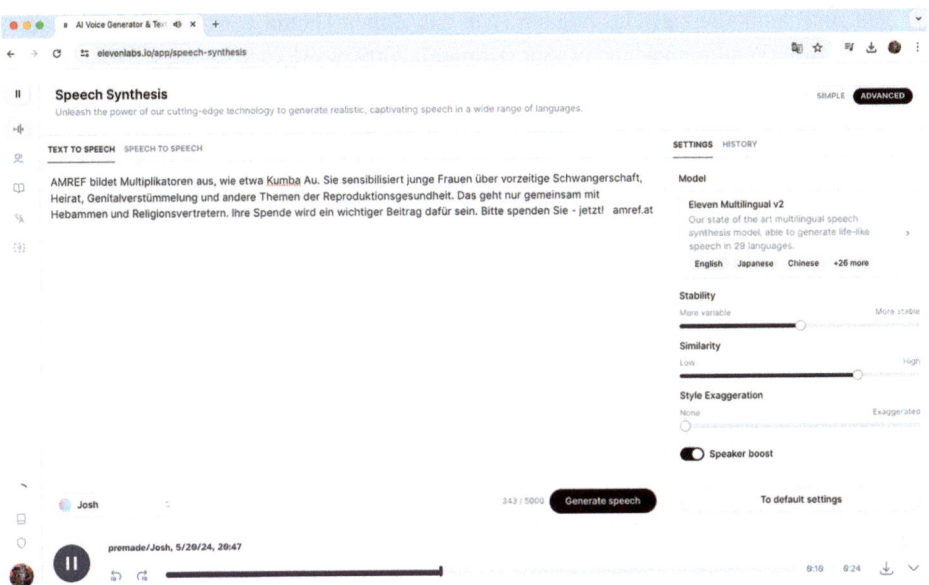

Abb. 5.1 Interface eines Text-to-Speech-Tools (Screenshot ElevenLabs, 2024)

Es ist sinnvoll, immer nur ein oder zwei Sätze sprechen zu lassen, denn oft braucht es zehn oder mehr Wiederholungen, bis der Sprachduktus einigermaßen zur Aussage des Satzes passt. In einem längeren Text sollte die Geschwindigkeit verändert werden, und auch bei den anderen Reglern, wie etwa Stability, Similarity und Style Exaggeration, können subtile Anpassungen vorgenommen werden, um Monotonie zu vermeiden und Drive, Dynamik und Temperament zu modellieren.

Die besten Teile der generierten Versionen können mit einem Editor, etwa Adobe Audition, zu einem fertigen, rhythmisch fließenden Sprachfile zusammengestellt werden, bevor es an den Schnitt weitergegeben wird. Selbst gute KI-Modelle brauchen einige Anläufe, bis etwas Brauchbares dabei ist. Beim Projekt AMREF (Abschn. 6.8) etwa wurde die Sprecherstimme aus den drei besten Fassungen von über 20 Iterationen kombiniert (Abb. 5.1).

ElevenLabs Studio kann Texte auch mit verteilten Stimmen sprechen – und so etwa einen Podcast mit Host und Gästen simulieren.

5.2 Musikeinsatz im Film

Potenziale von Filmmusik Musik ergänzt Aspekte, die in Bild (und Originalton) noch nicht vorhanden waren. Wir unterscheiden folgende Einsatzmöglichkeiten von Filmmusik:

- **Thematisch:** Die Musik schafft einen Zugang zum Thema, sie drückt einen Kernaspekt des Themas aus. Die Themen werden dabei immer wieder verarbeitet und abgewandelte Teile des Themas abgespaltet und neu kombiniert. Dagegen wird der so-

genannte monothematische Zugang (wie das Zither-Thema von Anton Karas in *Der dritte Mann*) kaum noch angewandt (Kimmel, 2009, S. 31).
- **Kontrapunktisch:** Die Musik passt nicht zum Thema, sondern drückt scheinbar das Gegenteil aus (z. B. macht scheinbar leichte Musik ein grausames Bild noch grausamer).
- **Leitmotivisch:** Die Musik greift eine Melodie immer wieder auf und variiert sie, wenn eine Figur oder ein Motiv wiederkommt. Die Musik trägt damit nicht nur zur Interpretation von Bildern bei, sondern hat Tragkraft für einen Bogen, der die Sequenzen und Akte des Filmes zusammenhält.

Tonebenen Man spricht von Atmo, Sprache und Musik als den drei eigenständigen Tonebenen. In der Regel macht man gleichzeitig zwei von diesen Elementen im Film hörbar. Alle drei Tonebenen gleichzeitig führen zu einem sehr intensiven Eindruck – nur geeignet für sehr dichte Momente einer filmischen Erzählung.

Diegetische und nichtdiegetische Musik Musik in Filmen kann entweder diegetisch oder nichtdiegetisch sein:

- **Diegetische Musik** hat eine erkennbare Quelle im Film, es ist also Musik, die auch die Figuren des Filmes gerade hören. Diese Art von Musik wird auch als Source Music bezeichnet. Ein frühes Beispiel hierfür ist *Dracula* (1931), ein späteres Beispiel ist *O Brother, Where Art Thou?* (2000), in dem jegliche Musik im Film innerhalb der Geschichte erklärt wird. Ein weiteres Beispiel findet sich in der Clubszene von *The Matrix* (1999), in der das Lied *Dragula* von Rob Zombie über das Soundsystem des Clubs zu hören ist.
- **Nichtdiegetische Musik** ist viel häufiger. Sie kommt ohne direkte Quelle in der Welt des Filmes vor, sie wird also nur vom Publikum gehört. Ein bekanntes Beispiel sind die ikonischen Themen von Komponisten wie John Williams, etwa die Musik aus *Jurassic Park*. In diesem Fall hören die Figuren die Musik nicht, aber die Musik verstärkt die emotionale Wirkung auf das Publikum. Nichtdiegetische Musik wird oft so selbstverständlich verwendet, dass wir ihre Abwesenheit eher bemerken als ihre Präsenz (LaJeunesse, 2024).

5.3 Musik mit künstlicher Intelligenz generieren

Im Folgenden finden Sie einen Überblick über den gesamten Prozess, wie mit KI-Tools Musik gestaltet werden kann.

5.3.1 Songtexte schreiben

Gängige Chatbots sind in der Lage, Songtexte zu erstellen. Für die erste Idee reicht vielleicht ein Prompt wie

```
Schreibe einen Pop-Song über eine 22-jährige Frau, die mit ihrem Freund
Schluss macht. Der Text soll zwei Strophen, einen Pre-Chorus und einen
eingängigen Chorus enthalten.
```

Danach braucht der maschinelle Textentwurf unbedingt eine manuelle Überarbeitung. Beim Dichten assistieren Tools wie **LyricStudio**. Späteres Ausgestalten des Textes ist schwierig, deshalb kann erst, nachdem der Text verfeinert, vervollständigt und akzentuiert wurde, zur nächsten Phase übergegangen werden.

5.3.2 Musik komponieren lassen

Ausgehend vom Text werden die Struktur der Musik, der Stil und die Instrumentierung gepromptet. Manche KI-Tools geben nur einen Audiotrack aus. **Suno** kann zwölf isolierte Stems ausgeben. Mit Tools wie **BandLab**, **Splitter** oder **Fadr** können diese einzelnen Stems bearbeitet werden. Fadr kann auch MIDI-Dateien (digitale Noten) zur Bearbeitung liefern.

Mit Tools wie Suno kann nicht nur neue Musik komponiert werden. Es können auch bestehende Songs gecovert oder aus einem vorhandenen Musikstück einzelne Elemente (Stems) wie Gesang und Instrumente isoliert werden.

5.3.3 Gesang und Instrumente anpassen

Große Gestaltungsmöglichkeiten eröffnen sich mit der Solostimme oder dem Soloinstrument. Wenn keine reale Sängerin zur Verfügung steht, könnte man den Gesangs-Stem beispielsweise in Audimee bearbeiten. Dort stehen KI-Sängerinnen und KI-Sänger zur Verfügung, die eigens für diese Plattform trainiert wurden – und deshalb auch keine urheberrechtlichen Schwierigkeiten entstehen lassen.

5.3.4 Arrangement, Mix und Mastering

Um den Song nach eigenen Vorstellungen anzupassen, lohnt es sich, einzelne Instrumente (Gitarre, Saxofon) getrennt zu bearbeiten, etwa um bestimmte Melodien durch ein anderes Instrument übernehmen zu lassen.

Tools wie **BandLab** (online) oder **GarageBand** (offline) helfen dabei, den Song so, wie er gebraucht wird, zu ordnen (Intro, Refrain, Outro usw.) und diesen Teilen jene Instrumente zuzuordnen, die am besten passen. Das ist Teil eines Arrangements.

Im Mixing werden die Lautstärken und Klangfarben der Stems angepasst. Mit KI-Plugins wie **iZotope Neutron** übernimmt die Software viele Schritte – wie ein virtueller Tontechniker. Mastering ist dann der letzte Feinschliff. Plattformen wie **Waves** oder **Landr** sorgen für einen professionellen Klang.

Dieser Workflow zeigt, wie es durch KI möglich geworden ist, auch ohne Texter, Komponistinnen, Musiker und Tontechnikerinnen Gebrauchsmusik zu produzieren – vom Text über die Melodie und das Arrangement bis hin zur Mischung. Manchmal ist das Ergebnis ausreichend, um es als Hintergrundmusik für Videos und Filme zu verwenden (Hilaire, 2024).

5.3.5 Terminologie

Um sich als Nichtmusikerin in der Welt der Musikproduktion zu orientieren, sind die folgenden Fachausdrücke unverzichtbar (Birkins, 2024):

- **Track** bezeichnet eine einzelne Tonspur. Die Kombination mehrerer Spuren zu einem fertigen Song wird Mix (oder Remix: Neuinterpretation eines vorhandenen Tracks) bezeichnet. Und auch dieses gesamte Musikstück wird manchmal als Track angesprochen.
- **Stems** sind einzelne Elemente eines Musikstücks, wie Gesang und Instrumentalstimmen.
- **Chorus** ist das englische Wort für „Refrain", das Gegenstück zur Strophe.
- **Jingle** ist ein kurzes Musikstück, das etwa für Werbefilme komponiert wird.
- **Loop** ist die Wiederholung einer musikalischen Phrase.
- **Tempo** gibt die Geschwindigkeit eines Tracks in BPM (*beat per minute*) an (z. B. langsam = Largo: 40 – 60 BPM, sehr schnell = Presto: 169 – 200 BPM).
- **Density** ist ein Begriff aus der Welt der generativen KI und beschreibt die gefühlte Dichte der Musik:
  - **Lead Density:** Komplexität der Melodie – mehr Noten bedeuten eine höhere Dichte
  - **Bass Density:** Intensität und Frequenz des Basses
  - **Chord Density:** Häufigkeit der Akkordwechsel, beeinflusst die Harmonie
  - **Drum Density:** Intensität der Schlagzeugbeats, steuert die rhythmische Dynamik

5.4 Prompting in der Praxis

Am Beispiel von Suno sei gezeigt, wie ein gut formulierter Prompt eine musikalische Ideen präzise umsetzen kann. Wichtige Elemente eines Prompts sind:

1. **Genre/Stil**

Das Genre oder der Stil wird ausgewählt, z. B. „Pop" oder „1980s Synthwave":

```
Schreibe einen 80er-Jahre-Popsong mit einem energetischen Refrain.
```

2. Tempo und Stimmung

Das Tempo (schnell, langsam) und der Vibe (freudig, verträumt, *powerful*) werden festgelegt:

```
Eine fröhliche, energetische Rockhymne mit treibendem Beat.
```

3. Wichtige Instrumente

Prägnante Instrumente wie Gitarre, Klavier oder Synthesizer werden benannt:

```
… eine melodische Saxofonlinie mit begleitendem Klavier.
```

4. Thema oder lyrische Konzepte

Themen oder Emotionen werden geprompted, z. B. „Kindheitserinnerungen" oder „Neuanfänge":

```
Ein nostalgischer Song über das Erwachsenwerden.
```

5. Songstrukturen

Der Prompt sollte die Struktur für das Musikstück vorgeben:

```
Schreibe einen Popsong mit zwei Strophen, einem eingängigen Refrain und
einer emotionalen Bridge.
```

Für Musikstücke, die an Jazz oder Klassik erinnern, eignet sich häufig eine AABA-Struktur:

```
Ein Jazz-Song mit AABA-Struktur und Saxofonsolo.
```

Für Popmusik oder Rocksongs eignet sich die Struktur Intro – Strophe – Pre-Chorus – Refrain:

```
Ein EDM-Track mit einem Build-up im Pre-Chorus und einem explosiven
Refrain.
```

Für Folk oder Country-Musik eignet sich eine einfache Abfolge von Strophen und Refrain:

```
Ein Folksong mit einfacher Strophen-Refrain-Struktur und Fokus auf emo-
tionalem Storytelling.
```

Tipps für optimale Ergebnisse
- **Spezifisch sein:** Auch bei Musik gilt, je detaillierter der Prompt ist, desto besser wird das Ergebnis.
- **Deskriptive Adjektive nutzen:** Wörter wie „träumerisch" oder „düster" prägen die Klangästhetik.
- **Metaphern und Ähnlichkeiten nennen:** Verwenden Sie bildliche Sprache, um den gewünschten Klang zu vermitteln (z. B. „Musik, die wie eine Sommerbrise klingt").
- **Referenzen nennen:** Es ist möglich, Verweise auf konkrete Songs oder Künstler zu machen, die eine Inspiration für den gewünschten Stil sein sollen.
- **Iterationen:** Es braucht in der Regel einige Versuche, bis ein zufriedenstellendes Musikstück generiert wird. Um Variationen zu entwerfen, kann der Prompt immer wieder geringfügig verändert werden.

```
Create a dreamy, ambient pop song with a focus on synthesizers and
soft vocals.
```

(Phillips, 2024)

5.5 Tool-Check

Soundraw: Soundraw geht von Genre-Vorlagen aus; in Soundraw können Einstellungen vorgegeben werden. Sogar einzelne Abschnitte des Musikstücks können verändert werden, beispielsweise die Intensität der Instrumente. Module (Bass, Schlagzeug usw.) können hinzugefügt oder entfernt werden, und globale Parameter wie Geschwindigkeit, Tonart und Lautstärke können angepasst werden. Soundraw schafft vor allem Rechtssicherheit: Das KI-Modell wird mit Musik von beauftragten Produzenten trainiert, nicht mit Werken bestehender Künstler, wodurch Copyright-Probleme vermieden werden. Das ist ideal für jeden Content Creator, der lizenzfreie Musik für Videos benötigt.

Beatoven: Beatoven verwendet einen einfacheren Workflow. Die lizenzfreie, gebrauchsfertige Musik eignet sich als Hintergrundmusik für Podcasts oder Videos. Das Herunterladen der generierten Musik ist kostenpflichtig. Urheberrechtsprobleme werden explizit angesprochen.

Mubert: Mubert ermöglicht es, Bilder hochzuladen und Musik basierend auf Emotionen zu generieren, die einem Video entsprechen und dazu passen – das ist in diesem Zusammenhang neu. Die KI-Plattform bietet diese Musik urheberrechtsfrei zum Download an, allerdings unter der Bedingung, bei der Veröffentlichung diese Plattform zu nennen.

Udio: Udio bietet die Generierung von Gesang an, der auf einem eigenen Text beruht. Udio verwendet, ähnlich wie Suno, ebenfalls eigene, proprietäre Musikmodelle und vermeidet so urheberrechtliche Schwierigkeiten. Doch auch Udio ist von Diskussionen über Training mit urheberrechtlich geschützten Musikwerken betroffen, was rechtliche Risiken nicht vollständig eliminiert.

Suno: Suno generiert hochwertige Musik mit Texten. Auf Suno können Sie sogar vorhandene Musik zur Bearbeitung hochladen – das ist im Zusammenhang mit KI-Plattformen etwas Innovatives. Diese Funktion könnte als Urheberrechtsdetektor dienen, um herauszufinden, ob die Musik, mit der Sie arbeiten, ein Original ist und damit frei von Urheberrechtsverletzungen. Suno steht im Mittelpunkt von Copyright-Streitigkeiten: Es wird behauptet, Urheberrechte könnten verletzt worden sein, indem geschützte Musik zum Trainieren verwendet wurde.

Die generierten Songs können als **Audio (MP3/WAV)** oder als **Video mit Lyrics (MP4/Lyric Video)** heruntergeladen werden. (Birkins, 2024).

Zu den empfohlenen Tools für die Musikgestaltung gehören zudem **Boomy, Loudly** und Musicfy. Letzteres ist auch in der Lage, einzelne Stems zu exportieren (Jalli, 2024). **MusicGen-Stem** ist ein Open-Source-Modell für multi-stem Musikgenerierung und erlaubt gezielte Bearbeitung einzelner Stems.

5.6 Genres

Die meisten KI-Musikgeneratoren erwarten im Prompt die Angabe eines Musikgenres. Um dieses passend zum Film in einem Prompt nennen zu können, dient die folgende Übersicht (Birkins, 2024):

1. **Ambient:** Atmosphärische Musik mit Fokus auf Klanglandschaften und Emotionen, oft langsam und ideal als Hintergrundmusik.
   Beispiele: Brian Eno, Aphex Twin.
2. **Country:** Ein Genre, das sich durch starke rhythmische Grooves, den Einsatz von Bläsern und den Fokus auf den Bass auszeichnet.
   Beispiele: James Brown, Parliament-Funkadelic.
3. **Downtempo:** Langsamer, entspannter Sound, häufig in Bars oder Cafés zu hören.
   Beispiele: Bonobo, Thievery Corporation.
4. **Drum 'n' Bass:** Schnelle Beats (160–180 BPM), stark auf Schlagzeug und Bass fokussiert. Oft in Underground-Dance-Szenen beliebt.
   Beispiele: Pendulum, LTJ Bukem.
5. **EDM (Electronic Dance Music):** Sammelbegriff für Tanzmusik wie House, Techno oder Dubstep, oft auf Festivals gespielt.
   Beispiele: Calvin Harris, David Guetta.
6. **Epic Score:** Filmmusik mit orchestralen und elektronischen Elementen, perfekt für Trailer.
   Beispiele: Two Steps from Hell, Audiomachine.

7. **Hip-Hop:** Rhythmische Beats kombiniert mit Rap und Samples, bekannt für Storytelling.
   Beispiele: Tupac, Kendrick Lamar.
8. **House:** 1980er-Sound aus Chicago mit einem durchgängigen Beat, repetitiven Base Lines und Synths.
   Beispiele: Frankie Knuckles, Deadmau5.
9. **Indie Rock:** Ein Genre, das sich durch unkonventionelle Instrumentierung und oft introspektive Texte auszeichnet.
   Beispiele: Arctic Monkeys, The Strokes.
10. **Jazz:** Ein Genre, das sich durch Improvisation, komplexe Harmonien und rhythmische Vielfalt auszeichnet.
    Beispiele: Miles Davis, John Coltrane.
11. **Klassische Musik:** Orchestrale Kompositionen, die sich durch formale Struktur und emotionale Tiefe auszeichnen.
    Beispiele: Ludwig van Beethoven, Wolfgang Amadeus Mozart.
12. **Lo-Fi:** Musik mit absichtlich niedriger Qualität, oft mit Hintergrundgeräuschen, um eine entspannte, nostalgische Atmosphäre zu schaffen.
    Beispiele: J Dilla, Nujabes.
13. **Metal:** Ein Genre, das sich durch verzerrte Gitarren, kraftvolle Schlagzeugrhythmen und oft aggressive Gesangsstile auszeichnet.
    Beispiele: Metallica, Iron Maiden.
14. **Pop:** Ein Genre, das sich durch eingängige Melodien, einfache Strukturen und breite Publikumsansprache auszeichnet.
    Beispiele: Michael Jackson, Madonna.
15. **Reggae:** Ein Genre, das sich durch Offbeat-Rhythmen, entspannte Tempi und oft sozialkritische Texte auszeichnet.
    Beispiele: Bob Marley, Toots & The Maytals.
16. **Reggaeton:** Lateinamerikanische Mischung aus Reggae, Hip-Hop und lateinamerikanischen Rhythmen, bekannt für den Dembow Beat.
    Beispiele: Daddy Yankee, Bad Bunny.
17. **Rock:** Seit den 1950er-Jahren populär, geprägt von E-Gitarren, Bass und Schlagzeug.
    Beispiele: The Rolling Stones, Led Zeppelin.
18. **Soul:** Ein Genre, das sich durch emotionale Gesangsstile, rhythmische Grooves und den Einsatz von Bläsern auszeichnet.
    Beispiele: Aretha Franklin, Marvin Gaye.
19. **Synthwave:** 1980er-inspirierter Sound mit retrofuturistischen Synths.
    Beispiele: Kavinsky, Carpenter Brut.
20. **Techno:** Mechanische Rhythmen und repetitive Synth-Melodien, entstanden in Detroit in den 1980er-Jahren.
    Beispiele: Jeff Mills, Carl Cox.
21. **Trap (double tempo):** Schneller Trap-Sound, beliebt im Streetdance.
    Beispiele: Flosstradamus, Baauer.

22. **Trap (half tempo):** Langsamere Variante mit schwerem Bass und dunkler Atmosphäre. Beispiele: Travis Scott, Migos.
23. **Zen:** Ruhige, friedliche Musik mit Naturklängen, ideal für Meditation. Beispiele: Deuter, Anugama.

Wenn Sie mit diesen Genres experimentieren wollen, können Sie Elemente aus verschiedenen Stilen kombinieren, um freshe, einzigartige Titel zu erstellen. Passen Sie sich neuen Trends an, indem Sie die in aktuellen Serien und Filmen verwendete Musik analysieren (Josh's AI Art and Prompts, 2024).

Schon vor KI-generierter Filmmusik gab es hybride Produktionen, also das Hinzufügen einer realen Stimme oder einzelner live eingespielter Instrumente zu einem synthetischen Soundtrack. Das ist auch eine Option für Filmmusik, die mit KI komponiert wurde. Wenn dem Trend zur Klischeebildung widerstanden wird, kann Filmmusik auch weiterhin ihre Aufgabe innerhalb des Filmes erfüllen und gestalterisch anspruchsvoll sein (Kimmel, 2009, S. 50 und S. 85).

Lassen Sie die Produktionsqualität nicht außer Acht: Für Filmprojekte braucht es ausgefeilte, hochwertige Stücke, die eigenständig sind und sich gleichzeitig so gut in das Gesamtkunstwerk Film einfügen, dass sie einen Mehrwert darstellen.

5.7 Praxisbeispiele

Komponist und Musikproduzent Helmut Hofmüller hat die drei folgenden Fallstudien zur Verfügung gestellt. Hinweis: Alle Videos in diesem Buch können mit der Springer Nature More Media App angesehen werden.

5.7.1 Rap Song: South Rap Boom v7

Dieser Rap (Abb. 5.2) wurde mit Suno Version 3.5 wie folgt generiert:

```
Instrument intro, dirty south boom rap, chorus rap female soul voice
```

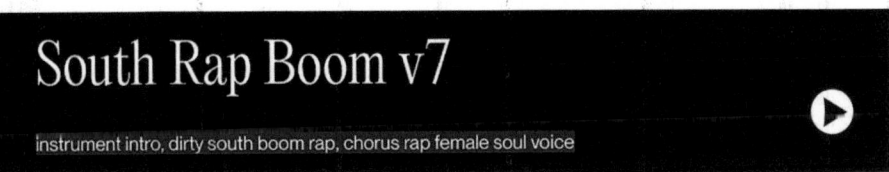

Abb. 5.2 Ein mit Suno generierter Rap (▶ https://doi.org/10.1007/000-h55)

Unverzichtbar ist die Vorgabe eines Musikgenres (z. B. „Rap Song"). Wichtig ist auch, die Songstruktur vorzugeben (z. B. „Gitarrenintro", „Strophe 1"), auch wenn die KI nicht immer alles übernimmt.

Der von Helmut Hofmüller geschriebene Text ist ein Teil des Prompts und sollte vorgegeben werden, damit Suno den Song generieren kann. Die KI kann zwar auch einen Text selbst generieren, aber zurzeit noch nicht in einer ausreichenden Qualität.

Nicht unerwähnt sollte bleiben, dass es vor einer Veröffentlichung notwendig ist, den Titel mit einem Mastering-Programm zu mastern (z. B. WaveLab von der Firma Steinberg; Abschn. 5.3.4).

Text: Helmut Hofmüller

[Verse]
Grilliin' in the backyard, smellin' like a feast,
Community love, we got that southern peace,
Neighbors stop by, grab a plate, have a seat,
Potluck flow, everyone bringing heat.

[Verse 2]
Sunshine glistens on the streets paved in gold,
Kids laughing, future stories being told,
Music blasting, got that old school soul,
Front porch swing, life's sweet, never cold.

[Chorus]
Dirty South love, feeling so divine,
Good vibes roll, like sweet Georgia wine,
Hand in hand, we shine, we gotta bind,
Unity we live, positivity we grind.

[Verse 3]
Sunday morning church, grandma's in the pew,
Choir blissful, singing blessings overdue,
Small town charm, but the love's so true,
From the heartland to city avenues.

[Verse 4]
Farmers' market hustle, local greens in stack,
Home-cooked meals, putting soul on the track,
Homemade pies, graffitied smiles we crack,
From the roots up, got each other's back.

[Bridge]
Evening settles, but the groove's still alive,
Moonlight dances, under fireflies,
Bonfire flickers, stories on the rise,
Dirty South love, forever in our eyes.

5.7 Praxisbeispiele

Abb. 5.3 Eine mit Suno generierte Pop-Melodie (▶ https://doi.org/10.1007/000-h54)

5.7.2 EDM House: Friends Forever

Dieser Rap wurde mit Suno Version 3.5 generiert (Abb. 5.3).

Auch bei diesem Musikstück ist der Text ein Teil des Prompts und sollte vorgegeben werden, damit Suno den Song generieren kann.

Das Genre wurde wie folgt gepromtet:

```
Piano soft pop melody, with EDM House
```

> Text: Helmut Hofmüller
>
> We got each other's backs
> No matter what they say
> Side by side
> We face anything that's in our way
> We lift each other up
> Like we're walkin' on air
> With you by my side
> I know I'll always be prepared
>
> We got each other's backs
> No matter what they say
> Side by side
> We face anything that's in our way
> We lift each other up
> Like we're walkin' on air
> With you by my side
> I know I'll always be prepared
>
> We got each other's backs
> No matter what they say
> Side by side
> We face anything that's in our way
> We lift each other up
> Like we're walkin' on air
> With you by my side
> I know I'll always be prepared
>
> (Outro with piano – finish the song)

5.7.3 Spanish Reggaeton with Rap and Guitars: Caliente Flow

Ganz zentral ist wie auch sonst die Vorgabe des Musikgenres:

```
Spanish Reggaeton with Rap and Guitars
```

und der Songstruktur. Das Cover (Abb. 5.5) wurde ebenfalls von Helmut Hofmüller gestaltet.

Der folgende Text ist ein Teil des Prompts und sollte vorgegeben werden, damit Suno den Song generieren kann. Er wurde auf Deutsch getextet und dann mit Deepl ins Spanische übersetzt. Wie auch bei den beiden vorhergehenden Songs wurde der Titel (Abb. 5.4) mit dem Programm WaveLab von der Firma Steinberg gemastert.

Abb. 5.4 Ein mit Suno generierter Reggae (▶ https://doi.org/10.1007/000-h56)

Abb. 5.5 Coverdesign von Helmut Hofmüller

Text: Helmut Hofmüller

[Verse]
Con mi flow bien caliente, vengo a romperlo todo,
Las chicas se alborotan, cuando yo me desbordo,
Mis rimas tan explosivas, como un fuego encendido,
En el ritmo latino, el rap ha sido bendecido.

Dime mami, qué es lo que quieres,
Si quieres moverte, yo te hago enloquecer,
Con mi estilo único, nadie puede competir,
El rey del reggaeton, aquí me tienes a ti.

[Verse 2]
Mis rimas son navajas, cortantes como el machete,
En el escenario, siempre brillo como un sol de mediodía,
Mis palabras te envuelven, como si fueran las olas del mar,
El rapero más caliente, eso es lo que soy sin dudar.

Literatur

Birkins, J. (2024). *7 AI music generation tools tested – Suno alternative?* https://medium.com/@pamperherself/7-ai-music-generation-tools-tested-suno-alternative-19c1892512d3. Zugegriffen am 04.12.2024.

Hilaire, T. (2024). *The full cycle of music creation using AI tools. How to generat songs and take full ownership.* https://ai.gopubby.com/the-full-cycle-of-music-creation-using-ai-tools-931757a3c228. Zugegriffen am 04.12.2024.

Jalli, A. (2024). *I tried the best AI music generators (here are my results).* https://medium.com/@artturi-jalli/ai-music-generators-98575bec0e4c. Zugegriffen am 15.11.2024.

Josh's AI (2024). *Art and prompts, 25 SUNO AI styles to elevate your music sync game.* https://degennfts.medium.com/25-suno-ai-styles-to-elevate-your-music-sync-game-5435d3e5be47. Zugegriffen am 03.12.2024.

Kimmel, T. (2009). *Filmmusik als Medienmarkt. Eine interdisziplinäre Betrachtung unter Berücksichtiung aktueller Trends*. Akademische Verlagsgemeinschaft.

LaJeunesse, N. (2024). *A deep dive into diegesis.* https://www.videomaker.com/featured/a-deep-dive-into-diegesis/?utm_campaign=VM%20eNews&utm_medium=email&_hsenc=p2ANqtz-_erfMvqc4ztH3WNJvbs6JC9lKGH01CpRg9jK0WZF77RP9jGJuV6VDpowdW5jylPGlGEJKBziAuvFPBIc_7C_OsINSBFw&_hsmi=314152660&utm_content=314151871&utm_source=hs_email. Zugegriffen am 03.07.2024.

Phillips, M. (2024). *Cheat Sheet: How to write song prompts for Suno AI.* https://functionaltech.substack.com/p/cheat-sheet-how-to-write-song-prompts?r=x2b04&utm_campaign=post&utm_medium=web&triedRedirect=true. Zugegriffen am 27.11.2024.

Traxler, N. (2024, August 03). Seine Musik ließ Filme zum Kult werden. *Salzburger Nachrichten*, S. 14, orthografisch korrigiert.

Postproduktion mit innovativen KI-Lösungen

Inhaltsverzeichnis

6.1	Workflows vor der Disruption	174
6.2	Kreativer Schnitt mit KI-Inspiration	176
	6.2.1 Ordnen, Sichten, Strukturieren und Neuanordnen	176
	6.2.2 Balance und Wirkung von Schnitten	177
	6.2.3 Aufmerksamkeit gewinnen und halten	177
	6.2.4 Rhythmus und Struktur	178
	6.2.5 Montage	180
	6.2.6 Continuity-Schnitt	181
	6.2.7 Schnitt von Spielfilmszenen	184
	6.2.8 Filmzeit und Zeit im Film	185
	6.2.9 Rhythmus, Timing, Pacing	186
	6.2.10 Trajectory Phrasing	186
	6.2.11 Gliederung, Anspannung – Entspannung	186
6.3	Künstliche Intelligenz als Leistungsschub für die Postpro	187
6.4	KI-gestützte Audiobearbeitung: Sound, der begeistert	191
6.5	Perfekte Farben mit KI-gestütztem Grading	192
6.6	Schrifteinblendung	194
6.7	Exportieren	197
	6.7.1 Videos für Social Media	197
	6.7.2 Ausgabe für YouTube und Vimeo	197
	6.7.3 Ausspielen für Streaming und TV	198
	6.7.4 Für Kino ein DCP ausgeben	207

Ergänzende Information Die elektronische Version dieses Kapitels enthält Zusatzmaterial, auf das über folgenden Link zugegriffen werden kann: https://doi.org/10.1007/978-3-658-46663-3_6. Die Videos lassen sich durch Anklicken des DOI-Links in der Legende einer entsprechenden Abbildung oder durch Scannen dieses Links mit der Springer Nature More Media App abspielen.

© Der/die Autor(en), exklusiv lizenziert an Springer Fachmedien Wiesbaden GmbH, ein Teil von Springer Nature 2025
L. Riedl, *Videos mit künstlicher Intelligenz gestalten*, X.media.press, https://doi.org/10.1007/978-3-658-46663-3_6

6.8	Praxisbeispiel	211
	6.8.1 Auftrag und Konzept	211
	6.8.2 Freigabe und rechtliche Klärung	211
	6.8.3 Quellen, Bearbeitung und Montage	212
	6.8.4 Sprachaufnahmen und Musikmischung	213
	6.8.5 Color Grading, Grafik, Mastering und Export	213
Literatur		218

▶ **Auftakt** In der Postproduktion werden einerseits hohe technische Anforderungen gestellt, andererseits umfasst sie auch sehr kreative Aspekte. Der französische Regisseur François Truffaut scherzte einmal: „Die Dreharbeiten sind die Korrektur des Drehbuchs und der Schnitt ist die Korrektur der Dreharbeiten" (movie college, 2024). Häufig wird betont, ein jeder Film würde viermal geschaffen: im Drehbuch, bei der Herstellung, beim Schnitt und bei der Vorführung oder Distribution (Filmpuls, 2023).

Kreativität bedeutet, Fehler zuzulassen. Kunst besteht darin zu wissen, welche man behalten sollte. Im Kern geht es darum, dass Überarbeitungsschleifen einem Film zuträglich sind – das gilt gerade auch für KI-generierte Videos. In der Postproduktion wird aus einzelnen Videoclips und vielen Audiofiles der eigentliche Film geschaffen.

6.1 Workflows vor der Disruption

In Kap. 1 haben wir den Prozess, Videos mit KI zu gestalten, im Überblick dargestellt (Abb. 6.1). Das **Konzipieren** haben wir in Kap. 2 reflektiert, das **Generieren** von Medien mit KI in den Kap. 3, 4 und 5. In dem vorliegenden Kapitel geht es nun um das **Adaptieren**,

Abb. 6.1 Konzipieren, Generieren, Adaptieren und Distribuieren von KI-Filmen (erstellt mit Whimsical Pro, 2024)

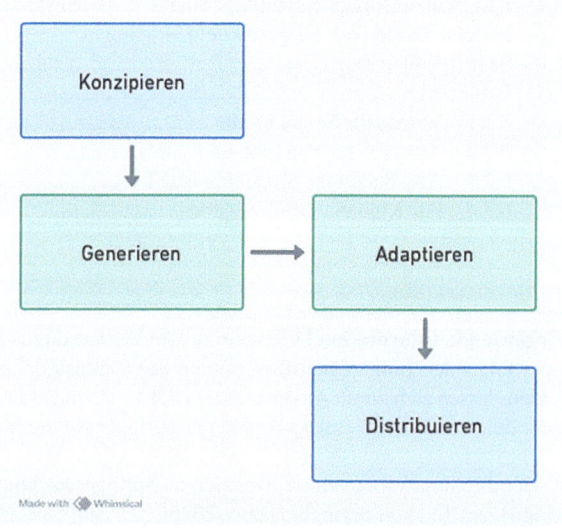

6.1 Workflows vor der Disruption

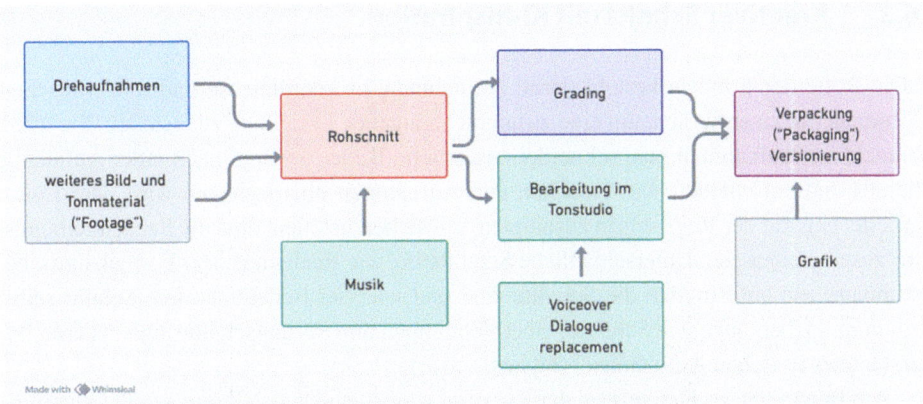

Abb. 6.2 Der klassische Postproduktionsworkflow gilt auch für KI-Filme (erstellt mit Whimsical Pro, 2024)

das heißt um Anpassungen der einzelnen Clips, um die Montage, um Lösungswege und Optionen des Postproduktionsworkflows, bei denen die KI Ansätze und Spielraum bietet, und schließlich um jene Bearbeitungsschritte, die für das Playout notwendig sind, also das Bereitstellen der Ausgabemedien für die **Distribution**.

Der Postproduktionsworkflow ist hoch arbeitsteilig und bindet viele kreativ Berufstätige in einen sehr technikgetriebenen Workflow ein. Der zentrale Meilenstein im klassischen Workflow ist die Rohschnittabnahme (Abb. 6.2). Durch die Redaktion (bei Streaming und TV) oder durch die Art Direction (bei Werbeagenturen) wird der fertig geschnittene Film beurteilt, freigegeben oder zur weiteren Bearbeitung zurückverwiesen. Was ist ein Rohschnitt? Das ist eine Fassung des Filmes, in der bereits alle Einstellungen, der endgültige Schnittrhythmus und alle Audioquellen, auch die verwendete Musik, festgelegt sind. Das Grading, eventuelles Voiceover und die finale Audiomischung stehen noch aus.

Die Bildspuren werden danach zur Farbkorrektur geschickt, die Tonspuren ins Tonstudio – dort werden vielleicht noch Sprachaufnahmen und das Audio-Mastering gemacht. Zu beachten ist, dass spätestens ab diesem Zeitpunkt sich im Timing nichts mehr ändern darf, da Bild und Ton jetzt synchron bleiben müssen (diese Festlegung heißt **Picture Lock**) (Gsellmann, 2023).

Grafik (Titeleinblendung, Inserts, Abspann) werden dann im letzten Projektschritt, dem **Packaging**, hinzugefügt, und die unterschiedlichen Versionen für verschiedene Plattformen (Streaming, Kino, TV, Social Media, Archiv) ausgespielt. In diesen Workflow fügen sich auch alle kreativen Arbeitsgänge ein, die mit generativer KI unterstützt werden. So schnell wird sich an diesen Phasen im Großen nichts ändern, weil es um die Zusammenarbeit hochspezialisierter Berufsgruppen für Redaktion, Editing, Audiobearbeitung, Grading und Grafik geht. Wo die Disruption vermutlich als Erstes spürbar werden wird, ist bei der mehrsprachigen Lokalisation von TV- und Kinofilmen. Für lippensynchrone Fassungen kann dort, wo gewünscht, die Originalstimme von Schauspielerinnen eingesetzt werden.

6.2 Kreativer Schnitt mit KI-Inspiration

„Die Rolle der Editorin besteht darin, Aufnahmen zu koordinieren und unerwünschtes Filmmaterial zu entfernen, um eine zusammenhängende Erzählung zu erstellen. Sie wählt brauchbare Aufnahmen aus, schneidet zusätzliche Bilder vor und nach jeder Aufnahme heraus und entscheidet, wie zwischen den Aufnahmen übergegangen wird. Der Editor arbeitet eng mit der Regisseurin zusammen, um sicherzustellen, dass die Szenen reibungslos zusammenpassen. Unterschiedliche Schnittstile, wie Realismus oder Formalismus, bestimmen, wie aufdringlich die Schnitte sind und wie viel Bedeutung dem Schnitt selbst zukommt. Übergänge wie Schnitte, Überblendungen und Sprungschnitte signalisieren Beziehungen zwischen Aufnahmen" (Nyland, 2013).

Am Beginn dieses Kapitels sei der Kurzfilm *Alone* von Daniel Ti vorgestellt (Videolink 6.1). Die Montage dieses Kurzfilmes ist bemerkenswert (mehr zur thematischen Montage in Abschn. 6.2.4). Produziert wurde dieser Film vor allem mit den KI-Werkzeugen Midjourney, Runway Gen-3, ElevenLabs und Udio. Hinweis: Alle Videos in diesem Buch können mit der Springer Nature More Media App angesehen werden.

Videolink 6.1 Kurzfilm Alone von Daniel Ti
https://vimeo.com/1004202323

Ganz anders ist der Experimentalfilm von Paul Trillo geschnitten, und zwar als narrative Sequenz (Videolink 6.2) (mehr zu dieser Schnitttechnik in Abschn. 6.2.5). Zur realen Aufnahme des Künstlers Jacques wurden computergenerierte Objekte eingefügt: Im Louvre löst eine kosmische Träne die Meisterwerke des Museums auf. Von der Bildverarbeitung mit Stable Diffusion über Runway bis hin zu Luma Labs 3D wurde eine Kombination aus KI-Techniken und traditionellen VFX-Werkzeugen verwendet.

Videolink 6.2 Experimentalfilm von Paul Trillo
https://vimeo.com/874986396

6.2.1 Ordnen, Sichten, Strukturieren und Neuanordnen

Eine manchmal wenig beachtete, aber ganz wesentliche Aufgabe von Editorinnen ist das Ordnen des Materials, verbunden mit einem unvoreingenommenen Sichten aller Video-, Audio- und Textfiles. So werden Cutter zu Ratgeberinnen der Regie beim Strukturieren und Neuanordnen der narrativen Elemente. Aus der Gesamtsicht wird ein roter Faden entdeckt, der Film in Akte gegliedert und in Sequenzen geteilt, die jede für sich geschnitten werden kann. Übrigens, für das rasche erste Sichten oder für das Durchforsten eines Archivs eignet sich unter anderem **Nova A.I** (https://wearenova.ai), ein Organisationstool, mit dem Videos kategorisiert, geordnet und gefunden werden können. KI erkennt und markiert verschiedene Elemente in Videos: Gesichter, Ausdrücke, Objekte, Aktivitäten, Prominente usw. Es ist ein cooles Werkzeug zum Organisieren von Videoarchiven. Mehr KI-Tools, die das können, werden in Abschn. 6.3 vorgestellt; dort wird auch die Frage beantwortet, welche KI-Funktionen schon in die klassischen Schnittprogramme integriert wurden.

Einstellung, Szene und Sequenz Spiel- und Dokumentarfilme sind aus Sequenzen zusammengesetzt. Etwas allzu vereinfachend behauptet das *Columbia Film Language Glossary* (2015), eine Einstellung bestehe aus einer einzigen Kameraeinstellung, die mehrere Sekunden oder mehrere Minuten lang sein kann, eine Szene bestehe aus mehreren Einstellungen, während eine Sequenz aus Szenen bestehe. Das ist nicht ganz zutreffend. Umgekehrt vergleichen Kauz und Weibel (2021) die Sequenz in der filmischen Sprache mit einem Hauptsatz im Text, während eine Szene aus mehreren Sequenzen bestehe, die zum Beispiel am gleichen Ort spielen (Kauz & Weibel, 2021, S. 30).

Besser wäre es zu differenzieren. Die Begriffe „Szene" und „Sequenz" beschreiben unterschiedliche Aspekte von filmischen Teilen: Während die Szene der Handlungsstruktur angehört, bezieht sich die Sequenz auf die Film-, also die Schnittstruktur (Mitry, 1997). Die Sequenzen eines Spiel- oder Dokumentarfilmes sind hinsichtlich einer zentralen Idee, eines Handlungsortes oder einer bestimmten Stimmung abgrenzbar (Rosenthal, 1994). Im Gegensatz zur Sequenz stellt die Szene einen Filmabschnitt dar, dessen Handlungsfragmente ausschließlich zeitlich oder räumlich eine Einheit bilden.

6.2.2 Balance und Wirkung von Schnitten

Nathaniel Dorsky (2003) weist auf die notwendige Balance zwischen Einstellungen und Schnitten hin und beschreibt danach, was Schnitte bewirken: Gelungene Schnitte wirken aktivierend und erfrischend auf einer visuellen, räumlichen Ebene, hinsichtlich Formen, Texturen, Farbe, Bewegung und Bildgewichten. Gleichzeitig lösen sie eine Resonanz auf einer symbolischen Ebene aus, so wie sich Traumbilder auf poetische Weise verbinden. Und zudem stellen sie auf Ebene der bewussten Gedanken eine narrative Bedeutung her, im Sinn einer Folgerichtigkeit oder Unvermeidlichkeit.

6.2.3 Aufmerksamkeit gewinnen und halten

Die oberste Prämisse ist: Der Schnitt dient der Geschichte. Eine sehr wichtige Voraussetzung, um eine Geschichte bis zu Ende erzählen zu können, sind das Gewinnen und Halten der Aufmerksamkeit.

Nicht immer ist uns bewusst, was die Aufmerksamkeit steuert. Unbewusst aufgenommene Einzelheiten können einen steuernden Effekt haben und die Aufmerksamkeit lenken. Vor allem die ersten Bilder und Töne eines Filmes können die Wahrnehmung des restlichen Filmes stark beeinflussen: Im Spielfilm sprechen wir vom **Auftakt, in dem der Gehalt des Filmes vorweggenommen ist** – und der die Wahrnehmung der weiteren Sequenzen verändert.

Wie kann mittels gestalterischer Mittel Aufmerksamkeit über mehrere Minuten hinweg gehalten werden? Dazu helfen Elemente der Trance, und es wirken vor allem funktionierende narrative Strukturen.

Tranceinduktion Christian Mikunda hat den Begriff der hypnoästhetischen Trance geprägt und bringt das Beispiel eines Therapeuten, der durch einen gezielten Tabubruch (Destabilization im Sinne von Milton Erickson) Patientinnen aus dem Gleichgewicht bringt. Das öffnet einen Zeitabschnitt, den die Therapeutinnen nutzen können, um eine suggestive Botschaft zu platzieren. „Destabilization ist eine Technik der kontrollierten Verwirrung, die uns geradezu hypnotisch dazu zwingt – ob wir wollen oder nicht –, uns der Welt gegenüber zu öffnen" (Mikunda, 2018, S. 18).

Was ist Trance?

Trance ist ein Begriff für einen veränderten Bewusstseinszustand, der sich in Abgrenzung zum gewöhnlichen Wachbewusstsein durch eine fokussierte Konzentration auf einen Vorgang bei gleichzeitiger Entspannung und auch Schwächung des kritisch-reflektierenden Verstands auszeichnet. Der Begriff wird in der Wissenschaft kontrovers diskutiert.

Trance führt zum Beispiel bei Kinovorführungen zu vorübergehenden **Effekten**:

- Weitung von Wahrnehmung und Fokussierung der Aufmerksamkeit
- Deutlich verringertes und gleichzeitig gesteigertes Erinnerungsvermögen für bestimmte Inhalte
- Verändertes Zeitempfinden (Dehnung oder Stillstand)
- Körperliche Veränderungen wie veränderter Muskeltonus (entweder Starre oder Hyperaktivität) oder unwillkürliche Bewegungen (z. B. Carpenter-Effekt)

Das Herbeiführen von Trance funktioniert meist durch eine ausschließliche Fokussierung der Aufmerksamkeit auf eine Sache. Bekannt ist die **Augenfixation**, bei der das bewusste Verfolgen eines Objekts die Augenmuskeln ermüdet und die Neigung, in Trance zu gehen, verstärkt. Im Film kann eine ähnliche Wirkung durch präzise Blickpunktführung unterstützt werden. Durch den Einsatz von Komplementärfarben wird die Augenfixation intensiviert. Weiterhin können sprachliche Anweisungen und akustische Elemente eingesetzt werden, etwa gleichförmige und beruhigende Klänge oder Musikstücke. Auch die schnelle Abfolge von hellen und dunklen Gesichtsreizen kann tranceinduzierend wirken. Mikunda (2018, S. 144–156) führt als weitere Möglichkeiten der Tranceinduktion *lullabies*, *overloads*, Mysterien und Gegenwelten an.

Johnny Ranger, der Gründer und Mulitmedia Director von Mindroots in Montreal, hat vieles davon in seinem Musikvideo Neobliss Dizziness_at the Architextural Afterhour verwendet (Abb. 6.3).

6.2.4 Rhythmus und Struktur

Einen Film so zu schneiden, dass die Aufmerksamkeit über einen längeren Zeitraum von mehr als drei, vier Minuten nicht erlahmt, ist vor allem eine Frage tragfähiger narrativer Strukturen. Diese Strukturen kann man auf der Ebene der Einstellungen, auf der Ebene der Sequenzen oder auf der Ebene eines gesamten Filmes analysieren oder konstruieren.

6.2 Kreativer Schnitt mit KI-Inspiration

Abb. 6.3 Musikvideo *Neobliss Dizziness* von Johnny Ranger (Montreal, 2024) (▶ https://doi.org/10.1007/000-h5a)

Abb. 6.4 Karen Pearlmans Modell zur Beschreibung von Schnitt

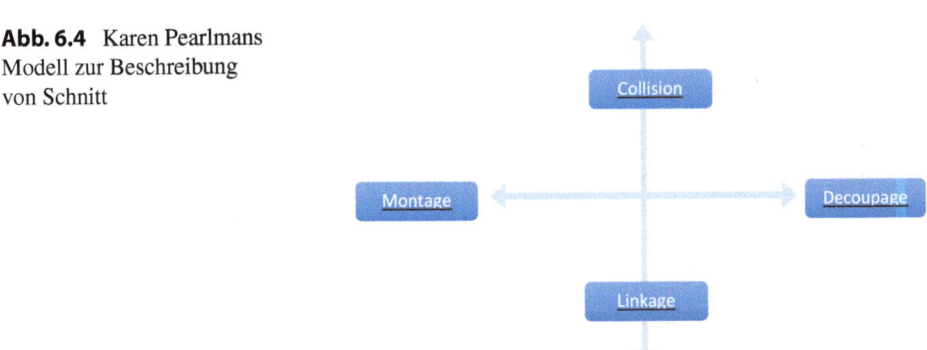

Die kleinste Einheit im Schnitt ist die Einstellung. Einstellungen lassen sich verbinden: eher im Sinn von **Montage** (Anordnen wie eine Collage) oder eher im Sinn von **Decoupage** (Auflösen in kleine, kurze Einstellungen). Einstellungen werden dabei eher in der Art von **Collision** (auffälliger Schnitt) oder eher von **Linkage** (Verbindung oder unsichtbarer Schnitt) bzw. auf eine Art, die einem Kontinuum zwischen diesen Polaritäten entspricht, aneinandergefügt (Pearlman, 2009). Der Continuity-Schnitt geht beispielsweise mehr in Richtung Linkage und Decoupage, Musikvideos häufig eher in Richtung Collision und Montage (Abb. 6.4).

Mit **Collision** sind Schnitte, bei denen Einstellungen aufeinanderprallen (Smash Cuts), oder auch Sprungschnitte (Jump Cuts) gemeint, mit **Linkage** hingegen Schnitte, die aneinanderpassen. Linkage entsteht durch:

- **Erhalten des Bewegungsimpulses** (Abschn. 6.2.10)
- **Blickpunktführung:** Der Blick wird im Sinne der Geschichte über die Schnitte hinweg gelenkt. Hilfreich ist dabei, jene Ausschnitte des Bildes zu finden, mit denen die Blicke der Zuschauerinnen im Sinn der Geschichte gefangen, gehalten und bewusst gelenkt werden. So kann auch unbemerkt auf Bildelemente aufmerksam gemacht werden, die sonst übersehen würden. Ideal dafür ist es, wenn die dafür erstellten KI-Clips in höherer Auflösung vorliegen, sodass es Spielraum für Bildausschnitte gibt.
- **Bewegungsklammer:** Je größer die Bewegung ist, bei der geschnitten wird, umso stärker sind Einstellungen miteinander verbunden (Schnitt in der Bewegung, Schnitt nach der Bewegung; Abschn. 6.2.4).
- **Blickrichtungsklammer:** Zuseher haben die Tendenz, dem Blick einer gezeigten Person zu folgen, und richten ihre Aufmerksamkeit nach dem Schnitt auf Personen oder Objekte, auf die dieser Blick vermeintlich gefallen ist.

6.2.5 Montage

Die Methode der Montage im engeren Sinn geht auf frühe russische Filmemacher wie Kuleschow, Pudowkin und Eisenstein zurück. Sie glauben, dass Schauspiel nicht notwendig sei, da der Schnitt selbst die Bedeutung erzeugen könne. Mit KI-generativen Videos ist diese Frage aktuell wie nie. Kuleschow führte ein Experiment durch, bei dem identische Aufnahmen eines Mannes je nach nachfolgendem Bild unterschiedlich interpretiert wurden. Die Zuschauer nahmen verschiedene Emotionen wahr, basierend auf der Bildkombination (Nyland, 2013).

Gerade bei Dokumentationen, die streckenweise mit erzählenden Sequenzen nicht zu bewältigen sind, ist es wichtig, einen „Bildteppich" an Symbolbildern und Themenbildern zu vermeiden. Die Frage, wie trotzdem Authentizität entstehen kann, ist im Zusammenhang mit KI besonders aktuell geworden! Generative KI ist in der Lage, bei der thematischen Montage durch das rasche Anbieten von Footage zu unterstützen, doch die gestaltende Einflussnahme durch die Editorin bleibt unverzichtbar.

Thematische Montage ist eine formalistische Schnitttechnik, bei der Szenen nicht aufgrund eines gemeinsamen Handlungsraumes, sondern wegen thematischer Verbindungen aneinandergereiht werden. Filme wie *32 Short Films about Glenn Gould* nutzten diese Technik, um das Leben des kanadischen Komponisten durch thematisch verbundene, aber nicht narrativ zusammenhängende Sequenzen zu erkunden.

Zum einen kann thematische Montage mit einer **begrifflichen Sequenz** gemacht werden (auch als beschreibende oder zusammenfassende Montagesequenz bezeichnet). Eine nach klarem Ordnungsprinzip geschnittene Zusammenfassung unterstützt die Argumentation oder eine Erklärung. Mit gleichbleibender Farbgestaltung, ähnlichen Kamerabewegungen entsteht eine Reduktion des Motivs bei gleichzeitiger stilistischer

Konsistenz. Am besten gehen Gestalterinnen von einem (sprachlichen) Oberbegriff aus und schneiden nach dem Prinzip der Ähnlichkeit (z. B. alle Großaufnahmen) in einer rhythmischen Bildverkettung (Kauz & Weibel, 2021, S. 46).

Zum anderen kann es eine **assoziative Sequenz** sein. Einstellungen werden nach der Stimmung oder Atmosphäre ausgewählt, anstelle einer erzählenden Kontinuität werden über einer durchgehenden Tonspur Elemente teils mit Übergangseffekten verwoben, lineare Handlungen werden bewusst vermieden. Eine innere, imaginäre Welt wird spürbar (Kauz & Weibel, 2021, S. 68 f.).

Sehen Sie sich zur Technik der thematischen Montage das Video eines KI-generierten Filmes an (Videolink 6.3).

Videolink 6.3 *A Lakeside Spell* **von J. C. Photofeed**
https://www.youtube.com/watch?v=nXJmX1RtzRU

6.2.6 Continuity-Schnitt

Im Gegensatz zu assoziativen und begrifflichen Sequenz folgt die narrative Sequenz den Regeln des Continuity-Schnittes. Wenn ein Editor seine Arbeit gut macht, sollte man seine Arbeit eigentlich gar nicht bemerken. Es geht beim Schnitt gewissermaßen darum, die Übergänge so zu verfeinern, dass die Aufmerksamkeit nicht von der Geschichte abgelenkt wird. Gute Regisseurinnen und Produzenten wissen das und suchen nach Editorinnen, die dieses Konzept wirklich beherrschen. Die besten Editorinnen sind eigentlich diejenigen, die ihre Schnitte vor dem Publikum verstecken, und zwar mit dem Konzept namens „Continuity". Diese Schnitttechnik ist eine wichtige Fertigkeit im Werkzeugkasten eines jeden Cutters und geprägt durch die Konventionen aus mehr als einem Jahrhundert der Filmgeschichte. Mehrere Aufnahmen werden so aneinandergereiht, dass sich die Abfolge „natürlich" anfühlt. Der Sinn besteht darin, den Eindruck zu erwecken, dass es sich nicht um eine Reihe von Aufnahmen handelt, sondern um eine durchgehende Handlung.

Aber wie kann man diese künstlerische Fertigkeit entwickeln? Aus der Sicht eines Cutters ist es hilfreich, sich Einstellungen als Bausteine einer Szene vorzustellen. Von Weitwinkelaufnahmen bis hin zu Halbtotalen und Nahaufnahmen werden die verschiedenen Einstellungsarten so ineinander verflochten, dass sich die Szene abwechslungsreich und gleichzeitig vollständig und rund anfühlt, obwohl sie zerschnitten wurde.

Als Richtschnur dafür gelten Continuity-Regeln, das heißt Hacks, die dabei helfen, aus Aufnahmen eine Szene zu meißeln, etwa Schnitt und Gegenschnitt, Eyeline Matching und Eye Tracing (Blickpunktführung), die 180-Grad-Regel und das Berücksichtigen von Brennweite und Schärfentiefe bei der Konstruktion einer Sequenz. Zu Beginn können im Continuity-Schnitt vier einfache Fragen hilfreich sein:

1. **Kameraposition:** Wessen Sicht der Dinge wird gezeigt? Im Schnitt wird dem Publikum vorrangig die Sicht jener Figur vermittelt, mit der sich das Publikum identifizieren kann.

2. **Bildausschnitt:** Welche Distanz fühlen wir zur Figur? Im Schnitt achten wir nicht nur auf die Distanz zwischen den Figuren, sondern auch auf die emotionale Nähe, die das Publikum zu einer Figur aufgebaut hat. Im Verlauf eines Filmes werden oft weitere Einstellungen seltener, Halbnah- und Nahaufnahmen werden häufiger. Im letzten Akt kommen weitere Einstellungen dagegen wieder häufiger vor.
3. **Kamerawinkel:** Wie ist unsere Beziehung zur Figur? Dominante Figuren bekommen mehr Zeit im Schnitt und mehr Raum auf der Leinwand, überdecken zum Teil andere Figuren. Aber auch unser gefühlter Status im Verhältnis zu Figuren ist wichtig. Zu Figuren, die wir respektieren, blicken wir auf (untersichtige Einstellungen), auf andere blicken wir herab (obersichtige Einstellungen). Die Identifikation gelingt am besten mit Figuren auf Augenhöhe.
4. **Schnitt und Kamerabewegung:** Verbinden wir Gleiches mit Gleichem oder stellen wir verschiedene Ansichten einander gegenüber? Ein Schnitt ist die kürzeste und engste Verbindung zwischen Einstellungen, sie funktioniert sozusagen wie ein Gleichheitszeichen. Alles andere ist eher trennend, etwa Schwenks und andere Kamerabewegungen. Mit einem Schwenk können wir Eigenschaften von Personen oder Situationen gegenüberstellen, die Kamerabewegung kann wie ein „aber" eingesetzt werden. Der Einsatz kontrastierender Bewegung bildet die Grundlage für die Darstellung von Konflikten.

Um einen Schnitt flüssig zu machen, beachtet man die Anschlussgenauigkeit bei der Position, der Bewegung und der Blickrichtung. Dabei wird das Auge dazu gebracht, zwei Aufnahmen anhand von Bewegung, Aktion, Dialog und Farben miteinander zu verschmelzen (Arijon, 2003). Das gibt es in zwei Formen (Abb. 6.5 und 6.6):

1. **Schnitt in der Bewegung** (*Cutting on action*): Das ist die häufigste Form des Schnittes überhaupt. Der Schnittzeitpunkt wird in eine Bewegung gesetzt, um ihn unauffälliger zu machen. Auch Personen oder Objekte, die ins Bild kommen oder aus dem Bild verschwinden, markieren einen guten Zeitpunkt für den Schnitt. Von einer durchgehenden Bewegung wird, im physikalischen Sinn, ein kurzer Teil weggelassen, damit der Schnitt flüssig wirkt.
2. **Schnitt nach der Bewegung** (*Cutting after the movement*): Ein Schnitt nach Abschluss der Bewegung funktioniert vor allem dann sehr gut, wenn eine Bewegung deutlich pausiert oder gänzlich zum Stillstand gekommen ist. Wenige Frames danach wird der Schnitt platziert. Häufig verbindet der Schnitt nach der Bewegung zwei Einstellungen auf derselben Kameraachse.

Schnitte Schnitte (Cuts) und Übergänge (Transitions) sind die zwei Möglichkeiten, mit denen Editorinnen von einer Aufnahme zur nächsten wechseln.

Ein **Schnitt** ist der Übergang von einer Einstellung zur nächsten Einstellung ohne Effekt. Schnitte werden beim Filmemachen sehr häufig verwendet – oft in der Form von Schnitt und Gegenschnitt. Dabei sehen wir eine Einstellung, dann einen Schnitt und dann eine umgekehrte Einstellung.

6.2 Kreativer Schnitt mit KI-Inspiration

Abb. 6.5 Schnitt in der Bewegung (erstellt mit warpvideo.ai, 2025) (▶ https://doi.org/10.1007/000-h58)

Abb. 6.6 Schnitt nach der Bewegung (erstellt mit warpvideo.ai, 2025) (▶ https://doi.org/10.1007/000-h59)

Ein **Zwischenschnitt** (Cutaway) ist eine Einstellung, bei der von der Haupthandlung weggeschnitten wird, um unterstützende Informationen zu zeigen. Anschließend wird zur Haupteinstellung zurückgekehrt, um diese Informationen zu verstärken. Ein **Cut-in** ist der Übergang von einer Totalen zu einer Nahaufnahme, um ein Objekt oder eine Person detaillierter zu zeigen.

Das **Insert** ist eine weitere Form des Zwischenschnittes, um auf ein bestimmtes Element einer Szene zu fokussieren, der dabei aber keinen Wechsel von einer Totalen zu einer Nahaufnahme vornimmt. Beim **Kontrastschnitt** geht es um die Gegenüberstellung. Hier wird von einem Element zu einem anderen geschnitten, um einen Gegensatz darzustellen. **Sprungschnitte** (Jump Cuts) werden vor allem dazu verwendet, einen Zeitablauf zu kürzen. Anders als bei Match Cuts, die im Idealfall „flüssig" oder sogar unbemerkt sind, sollen Jump Cuts deutlich sichtbar und jedenfalls rhythmisch sein.

Übergänge Übergänge (Transitions) sind allmähliche Veränderungen von einer Aufnahme zur nächsten. Sie wirken grammatikalisch wie Absätze in einem Text – sie gliedern das visuelle Material, bilden Anfänge, Trennungen und Abschlüsse.

Überblendungen wurden in Hollywood-Filmen beispielsweise bloß für etwa 1 % der Verbindungen von Einstellungen verwendet – und werden in der Filmsprache immer seltener.

- Einzelne Überblendungen werden verwendet, um Szenen zu trennen; die Einstellungen um die Überblendung herum sind häufig gleich lang (also symmetrisch) und etwas länger als die Einstellungen davor und danach. Die Verlängerung der Einstellungen davor kann den Zuschauer auf diesen Wechsel vorbereiten, und die Verkürzung der Einstellungen danach kann den Zuschauer schneller in die neue Szene hineinführen.
- In der „klassischen Montage", auch „Hollywood-Montage" genannt, werden Überblendungen in Clustern eingesetzt, etwa als Setup am Beginn eines Filmes oder um einen Traum, Gedanken einer Protagonistin, Stimmungswechsel, Feierlichkeiten oder einfach Tage, Wochen oder Monate, die vergehen, zu markieren (Cutting et al., 2011).

Schwarzblenden trennen wie die Vorhänge im Theater zwischen Akten.

Zu den Übergängen gehören auch Wisch-Schwenks, Wischeffekte, Weißblitze, Irisblenden und Morphs. Diese Effekte machen in Hollywood-Filmen nur 0,1% aller Verbindungen aus.

Match Cuts sind Audio- oder Videoübergänge, die Elemente einer Szene verwenden, um zur nächsten überzuleiten. Beim Graphic Match Cut stimmt die visuelle Komposition einer Einstellung mit der visuellen Komposition der nächsten Einstellung überein. Beim *Match on Action Cut* stimmt die Handlung einer Einstellung mit der Fortsetzung einer ähnlichen Handlung in der nächsten Einstellung überein. Beim Sound Bridge Match Cut stimmt der Ton einer Szene mit einem ähnlichen Ton in der nächsten Szene überein. (Heckmann, 2021)

6.2.7 Schnitt von Spielfilmszenen

Das Wesentliche beim Editing von KI-Szenen ist zweifellos, die besten Momente in „schauspielerischer Hinsicht" zu entdecken. Häufig sind die Reaktionen der KI-Schauspieler oder KI-Schauspielerinnen interessanter als die Gesichter der gerade Sprechenden. Kurze, rasche Wortwechsel dienen dazu, lebendige Dialoge zu erzeugen. Dazu braucht es unmittelbare Anschlüsse (und oft sogar das Überlappen der Wörter). Alle Nachdenkpausen werden besser weggeschnitten, denn diese sind, wenn überhaupt, nur bei einem Wendepunkt angebracht, etwa wenn eine Figur wirklich nachdenkt und eine Entscheidung trifft.

Im Schnitt ist es manchmal notwendig, sich vom Text und der Chronologie des Drehbuches zu lösen. Behutsames, unauffälliges Kürzen des Textes, manchmal auch das Umstellen der einen oder anderen Geste oder Reaktion, kann eine Szene kompakter machen und die Wendepunkte deutlicher herausarbeiten.

Der klassische Schnitt Mit Classical Cutting wird der Schnittstil bezeichnet, durch den die Kontinuität erhalten bleibt, während unterschiedliche Einstellungen genutzt werden, um die Aufmerksamkeit der Zuschauerinnen zu halten. Wichtige Elemente des klassischen Schnittes sind:

- **Master Shot:** So nennt man eine Weitwinkelaufnahme, die die Handlung verortet, viel von der Umgebung zeigt und Beziehungen zwischen den Figuren verdeutlicht.
- **Close-up:** Durch Nahaufnahmen wird Nähe zu den Figuren hergestellt.
- **Eyeline Matching**: Dieser Schnitt zeigt nach dem Blick einer Figur in eine bestimmte Richtung das entsprechende Objekt oder Geschehen.
- **Cutaways:** Das sind Detailaufnahmen von Objekten oder Handlungen in der Szene.
- **Matched Action:** Schnitt in der Bewegung; der Zeitpunkt des Schnittes wird deshalb so gewählt, damit der Schnitt weniger auffällt oder sogar unbemerkt bleibt (Nyland, 2013).

Parallelmontage *Cross-Cutting* und *Parallel Editing* (im Deutschen wird für beides der Begriff „Parallelmontage" verwendet) sind Techniken in der Filmmontage, bei denen zwischen den Handlungslinien eines Filmes wiederholt hin und her geschnitten wird (Aldredge, 2022 a).

Statische und dynamische Einstellungen Statische Einstellungen vermitteln oft ein Gefühl der Kontemplation, Stabilität oder der Intimität; sie können ein Gefühl der Nähe erzeugen und es den Zuschauerinnen ermöglichen, sich auf einer tieferen Ebene mit den Emotionen und Erfahrungen der Figuren zu verbinden.

Dynamische Einstellungen können verwendet werden, um nach und nach neue Informationen preiszugeben oder um eine Handlung im Bild zu halten. Dynamische Aufnahmen können einer Szene Energie und Intensität verleihen. Ein schneller Schwenk (Pan, Tilt) und die Camera Styles Handheld, Dolly und Tracking (Tab. 4.1) können dagegen den Eindruck der Unvorhersehbarkeit oder ein Gefühl von Unbehagen erzeugen und das Publikum stärker fesseln (Tenenbaum, 2021; Mark, 2024).

6.2.8 Filmzeit und Zeit im Film

Zeit kann im Film gedehnt werden, man spricht von **Dilatation**, zum Beispiel durch Wiederholung eines Bildes oder ähnlicher Bilder. Meist ist jedoch die Verdichtung der Information gefordert, die mit einer deutlichen, jedoch nicht störenden Kompression der Zeit einhergeht.

Ein beliebtes Stilmittel ist auch die sichtbare Kompression in der Form des Zeitraffers (Timelapse); sie verkürzt den Tagesverlauf, Jahreszeiten oder verbindet verschiedene Lebensalter einer Figur.

6.2.9 Rhythmus, Timing, Pacing

Das Gefühl für einen musikalischen Rhythmus hilft auch beim. Den Rhythmus eines Schnittes nimmt man als Gestalterin intuitiv wahr, rationale Überlegungen helfen wenig (Pearlman, 2009). Timing bezeichnet die Dauer eines einzelnen Schnitts innerhalb einer Szene, und den präzisen Moment, in dem von einer Einstellung zur nächsten gewechselt wird. Pacing (deutsch: Erzähltempo) beschreibt, wie schnell oder langsam die Handlung voranschreitet. Das Pacing wird durch die Frequenz der Schnitte, die Szenendauer, die Dichte der Dialoge und die Häufigkeit der Ereignisse bestimmt.

6.2.10 Trajectory Phrasing

Aktivitäten im Bild werden durch die Zuschauer sowohl im zweidimensionalen also auch im dreidimensionalen Raum wahrgenommen. Bewegungen haben nicht nur unterschiedliche Richtungen und Geschwindigkeiten, sondern auch eine gefühlte „Energie". Im Editing kommt es darauf an, dass Bilder mit einem Hinspüren auf Bewegungsrichtungen und Bewegungsintensität ausgewählt und zusammengestellt werden. Dieses passende Zusammenfügen von Bewegungsbahnen von Personen und Objekten und der innewohnenden Kraft verschiedener Einstellungen wird mit Trajectory Phrasing beschrieben (Pearlman (2009, S. 52–57). Energie kann (über die Schnitte hinweg) aufgebaut, erhalten, weitergeführt – und wieder heruntergefahren werden (Pearlman, 2009).

6.2.11 Gliederung, Anspannung – Entspannung

Große Gestaltungskraft kommt dem Wechsel von Anspannung und Entspannung zu. Das Material wird bewusst angeordnet, gegliedert dargeboten. Dafür gibt es drei Betrachtungsweisen:

- **Physischer Rhythmus:** Abfolge von Bewegungen
- **Emotionaler Rhythmus**: Eine Abfolge von Gefühlen (Beats); entsteht aus szenischen und schauspielerischen Momenten
- **Abfolge von Ereignissen:** Strukturen, die den Figuren von außen vorgegeben werden.

An welchen Meistern des Schnittes kann man sich orientieren? Thelma Schoonmaker ist eine der bekanntesten Filmeditorinnen, die jeder angehende Editor studieren sollte. Sie arbeitete über 50 Jahre mit Martin Scorsese und schnitt alle seine Filme seit *Who's That*

Knocking at My Door (1967), darunter *Raging Bull* (1980), *The Aviator* (2004) und *The Departed* (2006). Ihr Stil ist bekannt für spannungsaufbauende, storygetriebene Schnitte, die oft Musik zur Themenverknüpfung nutzen.

Walter Murch, als *Godfather* der Film- und Tonbearbeitung bekannt, hat mit Filmen wie *Apocalypse Now*, *The Godfather* und *The English Patient* Maßstäbe gesetzt. Bekannt ist sein Buch *In the Blink of an Eye (1995)*, in dem er wichtige Kriterien für den Schnitt formulierte (Aldredge, 2022b).

Nicole Kortlüke ist eine deutsche Filmeditorin. Sie erhielt 2024 den deutschen Filmpreis in der Kategorie Bester Schnitt für *Sieben Winter in Teheran*. Der Film integriert verschiedene Tonmaterialien, die sich gemeinsam mit der Visualisierung zu einem sehr dynamisch geschnittenen Kunstwerk vereinen.

Filmschnitt ist eine Kunstfertigkeit, die durch das Analysieren von Dokumentationen, Serien und Spielfilmen, aber vor allem durch Erfahrung und Routine erlernt wird. Noch sind KI-generierte Schnitte bestenfalls brauchbare Montagen. Wie lange es wohl noch dauern wird, bis KI diese Grammatik der Filmsprache erlernt hat und in der Lage sein wird, Continuity-Schnitt zu machen? Die Unterstützung, die KI im Schnitt durch Werkzeuge bereitstellt, ist allerdings schon heute sehr wertvoll.

6.3 Künstliche Intelligenz als Leistungsschub für die Postpro

Künstliche Intelligenz in den Standardschnittprogrammen: KI-Werkzeuge werden zunehmend in die Standardschnittprogramme aufgenommen. So kann etwa das ADA-Tool im **Avid Media Composer** dabei helfen, Zusammenfassungen von Interviews zu erstellen. Es verfügt auch über KI-gestützte ScriptSync- und PhraseFind-Funktionen.

Adobe hat mit Adobe Sensei, Adobes Framework für KI und maschinelles Lernen, einige KI-gestützte Funktionen bereitgestellt. Die in der Branche gut etablierten Konkurrenten **Avid DaVinci Resolve** und **Apple Final Cut Pro** ziehen relativ zeitgleich nach. Tools wie Auto-Reframe und Remix in Premiere Pro oder inhaltsbasierte Füllung in After Effects helfen, Zeit zu sparen. In fast allen Schnittprogrammen ist es möglich, Audiotranskripte zu generieren oder das Audio-Mastering zu unterstützen. Adobes Enhance Speech eliminiert störende Hintergrundgeräusche und verbessert die Qualität von Dialogclips mit einer KI-gestützten Funktion.

Die generative KI in Premiere Pro wird über ein schwebendes Bedienfeld bedient, in das man unter anderem seinen Prompt eingibt. Wie seinen Bildgenerator hat Adobe auch das Videomodell mit Inhalten trainiert, deren Urheberschaft feststeht und für das Adobe die Nutzungsrechte hat, um Urheberrechtsverletzungen auszuschließen.

Generative Extend basiert auf dem Firefly Video Model und ist jetzt in Premiere Pro verfügbar. Damit können Clips verlängert werden, um Lücken im Filmmaterial zu überbrücken, Übergänge zu glätten oder Aufnahmen länger stehen zu lassen, um in den Schnittrhythmus zu passen.

Basierend auf dem Firefly Video Model können Videoeditorinnen auf neue Text-zu-Video-Funktionen zugreifen. Damit können Videos per Prompt generiert werden, um Videos zu optimieren oder um Referenzbilder für die B-Roll-Generierung zu bekommen. Mit Bild-zu-Video-Funktionen können Videoeditoren Standbilder animieren (Kramer, 2024).

Darüber hinaus hat Adobe mit Firefly Services Angebote zur Skalierung von Produktionsabläufen vorgestellt. Dazu gehören Dubbing und LipSync, um gesprochene Dialoge in verschiedene Sprachen zu übersetzen und dabei den Klang der Originalstimme mit passender Lippensynchronisation beizubehalten.

Mit dem Media Intelligence and Search Panel können Benutzer die Art und Position von Objekten im Video sowie den Kamerawinkel, das Aufnahmedatum und den Kameratyp beschreiben, um so Einstellungen zu finden. Gleichzeitig wurde durch Adobe Caption Translation in Premiere Pro ergänzt, das die Übersetzung von Untertiteln automatisiert.

Längere Interviews oder Mitschnitte von Livestreams können auf der Suche nach Highlights von der KI durchforstet werden. Gerade bei Multicam-Schnitten, bei denen oft sehr umfangreiches Material bearbeitet werden muss, kann der Vorschnitt durch die KI hilfreich sein.

Das Plug-in AutoPod für Premiere Pro (erhältlich über autopod.lemonsqueezy.com) automatisiert den Mehrkameraschnitt. Es braucht mehrere Audioquellen, um seine automatisierten Bearbeitungsentscheidungen zu treffen – es kann also nicht mit Audio aus einer einzigen Quelle arbeiten.

Wenn man die ungenutzten Kameraspuren nur deaktiviert, kann der KI-Schnitt danach bearbeitet und optimiert werden. Wer häufig Sendungen mit demselben Kamerawinkellayout bearbeitet, kann Voreinstellungen speichern und zu raschen Ergebnissen kommen. Autopod ist zurzeit nur für Adobe Premiere Pro verfügbar

Das Premiere-Pro-Plugin **Brevidy.pro** ermöglicht KI-gestütztes Produzieren von Social-Media-Clips. Es wählt geeignete Inhalte aus und ergänzt sie mit Schlüsselwörtern und Emojis. Auch Archivmaterial kann eingefügt werden.

Auf **replicate.com** gibt es Hunderte von öffentlich zugänglichen KI-Modellen, die einzelne spezifische Post-Pro-Funktionen erfüllen können. Ein Beispiel dafür wäre Arielreplicate/deoldify_video, mit dem Schwarz-Weiß-Filme coloriert werden können – das war vor der KI extrem aufwendig.

Um die rasante Entwicklung im Fachgebiet der Postproduktion zu illustrieren, sei **revisionfx.com** genannt. Das 2006 mit einem Engineering-Oscar (Academy Award) ausgezeichnete Team entwickelt und vertreibt Plug-ins, die als Standard für visuelle Effekte in der Filmindustrie gelten. Im Portfolio sind nun immer mehr auf KI basierende Tools zu finden.

Für spezielle Aufgabenstellungen gibt es ebenso singuläre KI-Tools.

Spingle.ai ist ein Plugin, das mit den gängigen Schnittprogrammen kompatibel ist. Es erkennt unscharfe, verwackelte und andere „schlechte" Aufnahmen und kann diese entfernen. Die Verarbeitung geschieht lokal, sodass kein Cloud-Upload erforderlich ist. Ähnlich kann die Plattform **Captions** eingesetzt werden. Das Polishing des Schnittes muss aber im Online-Editor erfolgen.

6.3 Künstliche Intelligenz als Leistungsschub für die Postpro

Eddie von heyeddie.ai kann verwendet werden, um aus Rohmaterial in Google Drive, in der Dropbox, auf frame.io oder das hochgeladen wird, einen groben Rohschnitt zu entwickeln. Über Text-Prompts kann wie bei einem Chatbot eine Erzählstruktur vorgegeben werden. Die KI sucht entsprechende Videoausschnitte und sammelt sie. Dabei kann auch eine Dauer angegeben werden, wie lange dieser Assemble-Schnitt sein sollte. Die Abschnitte werden dann am Ende kombiniert und zur Bearbeitung in ein Schnittprogramm importiert.

Segment Anything Model (SAM) kann qualitative Objektmasken aufgrund von Prompts erstellen. Wie gut diese KI funktioniert, zeigt das Beispiel in Abb. 6.7, bei dem Masken verwendet wurden, um zwei der drei Gesichter unkenntlich zu machen. Der Code dieses Foundation Models ist auf https://github.com/facebookresearch/segment-anything verfügbar.

Unscreen.com ermöglicht, den Hintergrund aus Videos zu entfernen und auch gleich einen neuen hinzuzufügen. KI erkennt selbst kleinste Details, sodass die Ergebnisse ziemlich genau sind. Es kann auch über After-Effects- oder Premiere-Pro-Erweiterungen verwendet werden. Alternativ bieten diese Funktionen viele Online-Schnittprogramme, wie **CapCut** (die Funktion ist dort kostenlos) oder **Canva** (die Funktion ist dort Premium).

Die Spracherkennung **Vrew.ai** unterstützt die Transkription, und man kann die automatisch generierten Untertitel bearbeiten, etwa Schriftarten, Rahmen, und Schatten auswählen. Außerdem kann man ein Skript bereitstellen, um genauere Untertitel zu generieren – eine Funktion, die in einigen anderen Schnittprogrammen ebenfalls enthalten ist.

Abb. 6.7 Zwei der drei Gesichter wurden verpixelt (erstellt mit Segment Anything 2, 2024) (▶ https://doi.org/10.1007/000-h57)

Opus.pro wählt aus längeren Aufnahmen die interessantesten Clips aus – oder es kann nach Keywords gesucht werden. Es entfernt Filler und macht Untertitel; das Ergebnis kann mit einem .xml-file für Schnittprogramme exportiert werden. Ähnlich gut geeignet für diese Aufgabe ist **Munch**.

Per Prompt können mit **Warpvideo.ai** interessante Filter wie Pixel, Studio Ghibli, Cartoon-Anime und japanische Anime angewandt werden. Warpvideo.ai bietet neben der Änderung des Videostiles mit KI weitere Bearbeitungsoptionen, so etwa eine sehr leistungsfähige Morphing-Funktion.

KI-Werkzeuge bieten einzigartige Möglichkeiten und kreative Ansätze, welche die traditionelle Filmproduktion ergänzen können. Zwar kann KI die künstlerischen Fähigkeiten und die erzählerischen Fähigkeiten menschlicher Cutter nicht ersetzen, aber sie kann die Geschwindigkeit und Effizienz verschiedener Postproduktionsprozesse enorm steigern.

Kreativität für Social Media: Wo kann man seine Recherche nach Werkzeugen für Social Media Editing beginnen?

CapCut ist das Videoschnittprogramm von TikTok; enthalten sind grundlegende Bearbeitungsmöglichkeiten mit Effekten, Geschwindigkeitsveränderungen, Farbkorrektur, Sticker und Audiobearbeitung. Dazu kommen KI-Tools von Upscaling über Audioextraktion bis hin zu automatischen Untertiteln. Beim Hinzufügen von Musik muss darauf geachtet werden, die Lizenz für die Musik zu erwerben (oder Musik über die Meta Sound Collection in Instagram hinzuzufügen) (Riedel, 2024, S. 170).

ClipChamp.com ist ein ähnliches Tool für Vlogs, Reaktionsvideos und Podcast-Videos, die mit der KI-gesteuerten Auto-Cut-Funktion und Rauschunterdrückung erstellt und mit lizenzfreier Musik, Aufklebern und Branding finalisiert werden können.

Noch umfangreicher ist **Media.io**. Es enthält unter anderem einen Text-zu-Video-Generator, Image-to-Video-Generator, Text to Speech und einen Musikgenerator, einen Background Remover und einen Video Cartoonizer. Es können Übersetzungen durch die KI gemacht werden, Geräusche und Wasserzeichen entfernt werden und mit einem Video-Converter die optimale Dateigröße des finalen Videos festgelegt werden.

Wasserzeichen entfernen: Dafür gibt es mehrere brauchbare Tools, so etwa **Vmake AI**, ein Online-Tool, das zum Entfernen von Wasserzeichen aus Videos verwendet werden kann, ebenso wie etwa **unwatermark.ai** oder **BeeCut**. Auch **Canva** bietet in der Pro-Version erweiterte Funktionen wie den Magic Eraser, mit dem unerwünschte Elemente aus Bildern entfernt werden können, darunter eben Wasserzeichen. Doch auch viele andere generative Videomodelle, wie etwa **RunwayML**, können gut zum Entfernen von Wasserzeichen verwendet werden, meist ganz einfach mit der Option „Inpainting".

Wichtig: Das Entfernen von Wasserzeichen aus fremden, urheberrechtlich geschützten Inhalten ist nicht erlaubt und verstößt in der Regel gegen die Nutzungsbedingungen der Plattformen und gegen das Urheberrecht. Solche Funktionen sollten daher nur in eigenen Inhalten oder mit Material genutzt werden, für das man die Rechte besitzt.

6.4 KI-gestützte Audiobearbeitung: Sound, der begeistert

Für den Audioschnitt werden passende Aufnahmen der Stimmen ausgewählt und (besonders im Fall von KI-generierten Stimmen) mit mehr oder weniger **Raumanteil** („Hall") versehen (Raffaseder, 2002, S. 76–83).

Weiterhin werden Geräusche (Foley) hinzugefügt, etwa Schritte, und Atmo, also eine Hintergrundkulisse, die einen Raumeindruck erzeugt (Raffaseder, 2002, S. 252 f.).

Es muss eine gute Balance zwischen Stimmen und Atmo gefunden werden. Ein paar Takte Musik am Anfang oder am Ende einer Sequenz können viel bewirken. Die optimale Mischung der verschiedenen Ebenen einer Tonspur gelingt mit Augenmerk auf einerseits Dichte und andererseits Transparenz (Raffaseder, 2002, S. 258).

Vorausgeschickt seien technische Hinweise, denn Tontechnik spielt sich entlang einer Signalkette ab. Um ein optimales Ergebnis zu bekommen, muss jeder Schritt dieser Signalkette technisch einwandfrei durchgeführt werden.

Aussteuerung: Unter Aussteuerung versteht man die optimale Einstellung des Audiopegels. Der Maximalpegel wird auf dem Aussteuerungsmesser mit bis zu 0 VU oder – 20 dBFS angezeigt. Die Differenz in der Angabe von VU- und dBFS-Werten ergibt sich daraus, dass für ein sauberes Signal eine Übersteuerungsreserve (Headroom) von 18 dB bis 20 dB berücksichtigt werden muss.

Aussteuerungsmesser gewährleisten übertragungs- und aufzeichnungstechnisch richtige Pegel, also die Einhaltung der Vollaussteuerung. Sie berücksichtigen dabei aber weder die Frequenz- noch die Zeitabhängigkeit des Gehörs. Eine ausgewogene und sinnvolle Einstellung der Lautstärkenverhältnisse von unterschiedlichen Signalen (Sprache, Musik, Effekten) ist nur nach dem Gehöreindruck möglich. Dazu braucht es geeignete Monitorboxen oder hochwertige Kopfhörer.

Raumdarstellung: Bei Mehrkanalton geht es darum, die Illusion zu erzeugen, dass sich die Hörer des Audiomaterials mitten im Geschehen der Schallereignisse befinden. Die Position spezifischer Schallquellen im Raum kann das menschliche Ohr durch Intensitätsunterschiede und Laufzeit- oder Phasenunterschiede erkennen. Für eine technische Abbildung von Ereignissen im Raum gibt es unterschiedliche Ansätze, je nachdem, wie viele Lautsprecher in welcher Anordnung für die Wiedergabe zur Verfügung stehen. Meist genügen zwei Audiokanäle (Stereo), für Kino sollten es aber zumindest sechs Audiokanäle (5.1 Surround Sound) oder mehr sein.

In einem Audioprogramm oder im Audiospurmixer eines Schnittprogramms können Einstellungen angepasst werden, so etwa die Lautstärke, der Klang, Hall und die Geschwindigkeit.

Um störende Geräusche aus einer Tonaufnahme zu entfernen, muss KI eingesetzt werden, zum Beispiel **lalal.ai** (Abschn. 6.8). Das Adobe-Podcast-Tool https://podcast.adobe.com/enhance oder Plattformen wie **cleanvoice.ai** können zum gleichen Zweck verwendet werden. Werden zusätzliche Toneffekte für Videos benötigt, können diese zum Beispiel über **videotosfx.elevenlabs.io** hinzugefügt werden.

6.5 Perfekte Farben mit KI-gestütztem Grading

Genauso wie Aufnahmen für Spiel- oder Dokumentarfilm und alle anderen Videos brauchen auch KI-generierte Videos Farbkorrektur. Selbst wenn mit Bild-zu-Video-Prompts gearbeitet und auf Farbkonsistenz in der Produktion sehr geachtet wurde, bleiben deutliche Unterschiede zwischen den Clips einer Sequenz, die das Auge stören würden. Fast immer benötigen KI-generierte Videos eine Erhöhung des Kontrasts, um filmisch zu wirken. Darüber hinaus geht es beim Grading ja nicht nur um korrekte, gleichmäßige Farben, sondern darum, die Story auch auf dem Weg der Farbgestaltung zu „erzählen". Und selbst subtile Veränderungen in der Farbabstimmung erzeugen große Unterschiede im emotionalen Erleben von Filmen. Auch mit dem Color Grading erzählt man etwas, man transportiert Emotionen und Stimmungen!

Um vorhersehbare Ergebnisse am Schnittplatz zu erzielen und sinnvolle Farbkorrektur im eigenen Schnittstudio machen zu können, ist auf Folgendes zu achten: Das Post-Pro-Studio sollte eine gleichbleibende Umgebungshelligkeit haben; genormt sind 18 % Grau für die **Wände** hinter den Monitoren bzw. Schwarz bei Verwendung von Projektoren. Der Raum sollte mit der richtigen Farbtemperatur beleuchtet werden; 5800 K bis 6500 K haben sich bewährt.

Die **Leuchtdichte** der Monitore ist mit 120 cd/m² genormt. Der **Weißpunkt** der Monitore ist (gleich wie für Grafik) mit 6500 K (auch bezeichnet als D65) genormt. Der **Schwarzpunkt** für HD-Fernsehen ist mit IRE = 0 genormt (im Gegensatz zum früheren SD-Fernsehen, wo für Schwarz IRE = 7,5 galt).

Für Bildschirme ist von der ITU in der Rec BT.1886 (einer Ergänzung zur Rec BT.709 und Rec BT.2020) eine Gamma-Transferfunktion festgelegt worden, die den Gamma-Verlauf – in die Nähe von Gamma 2.4 – präzise festlegt. Referenzmonitore eines Schnittplatzes werden kalibriert geliefert. Andere Broadcast- oder Videomonitore müssen mittels eines Profils angepasst werden (quantitative Kalibrierung). Zur Erstellung dieses Profils brauchen Sie ein Colorimeter.

Farbräume
Kameras und Monitor zeichnen eine Teilmenge der für das Auge sichtbaren Farben auf oder zeigen sie. Dieser Bereich reproduzierbarer Farben wird als Farbraum des Geräts bezeichnet. Darüber hinaus erfassen Bildgeräte unterschiedliche Verhältnisse zwischen den hellsten und dunkelsten Teilen eines Bildes, von gänzlichem Schwarz bis zu hellstem Weiß. Dieser Leuchtdichtebereich wird als Dynamikbereich bezeichnet. Zusammen definieren diese Attribute den Farbraum eines Bildes, Videos oder Geräts.

Rec 709 ist einer der bekanntesten und am weitesten verbreiteten Farbskalen. Es wird standardmäßig für alle Videoinhalte verwendet. Rec 709 definiert im Vergleich zu anderen Farbskalen einen relativ kleiner Farbraum, reicht aber für die meisten Anwendungen außerhalb des Kinos aus.

High Dynamic Range (HDR) nach der Richtlinie ITU-R BT.2100 arbeitet mit 10 oder 12 Bit pro Farbkomponente statt mit 8 Bit, wodurch realistischere Farbübergänge entstehen und sowohl in den Schatten als auch in den Lichtern mehr Details sichtbar werden. ITU-R BT.2020, DCI-P3 Subset wird dieser Farbraum genannt, der gewöhnlich für die Anzeige von HDR-Inhalten verwendet wird. Das Grading hat auf einem 1000 cd/m²-Monitor mit einem Gamma von 1.2 zu erfolgen. Es ist unbedingt auf korrekt gesetzte Metadaten im MXF-Header zu achten, damit es auf unterschiedlichen Geräten passend abgespielt wird.

Für Kinofilme gibt es einen eigenen Farbraum, den Farbraum XYZ (Abschn. 6.7.4).

6.5 Perfekte Farben mit KI-gestütztem Grading

Abb. 6.8 Das Grading-Tool von DaVinci Resolve 19 (Screenshot, 2025)

Die führende Color Grading Suite heißt **DaVinci Resolve** (Abb. 6.8). Während es nicht unbedingt eine einzelne KI-gestützte Grading-Funktion gibt, werden KI-Algorithmen verwendet, um bestimmte Aspekte des Gradings zu vereinfachen und zu beschleunigen. Von vielen sehr geschätzt werden etwa die UltraNR-Rauschreduzierung und die Gesichtsverfolgung.

Bei der Farbkorrektur in **Adobe Premiere Pro** kann mit dem Button „Automatisch" eine intelligente Korrektur von Adobe Sensei angewandt werden. Anhand der Steuerelemente in der grundlegenden Korrektur kann man danach die Farbtöne weiter anpassen oder einen Look anwenden. Tipp für die Arbeit mit KI-generierten Clips: Legt man die Clips (mit derselben Style Reference) jeweils auf eine eigene Videospur, kann man das Grading eines typischen Clips rasch auf die anderen Clips dieser Videospur kopieren und braucht diese dann nur noch geringfügig anzupassen.

Match AI von **Color.io** ist eine Web-App, die ausgehend von hochgeladenen Referenzbildern hochwertiges Grading ermöglicht, das ganz besonders auf das Emulieren von Film ausgelegt ist. Auf einem User-Interface, das als App am Schnittplatz läuft, können diese LUTs entwickelt werden.

Die cloudbasierte Plattform **Fylm.ai** bietet Grading mit einem KI-Modell. Man lädt entweder Standbilder oder H.265-Files mit niedriger Datenrate hoch. Im Gegensatz zu manuellen Einstellungen analysiert die KI von Fylm.ai das Bild und bewertet es ähnlich wie ein menschlicher Colorist. Dabei wird auch auf Konsistenz zwischen verschiedenen Einstellungen geachtet, wobei verschiedene Matching-Ergebnisse zur Auswahl angeboten werden, was kreativen Freiraum sicherstellt. Am Ende wird ein LUT für den weiteren Workflow ausgegeben. (Janßen, 2022)

Die Host App **Colourlab.ai** stellt Werkzeuge zur Verfügung, wie sie etwa auch in DaVinci Resolve zum Einsatz kommen würden. KI-basierte Bildkorrekturen können vorgenommen und Bilder untereinander gematcht werden. Im Gegensatz zu den beiden oben genannten Plattformen können ganze Videofiles importiert werden. Erfahrungsgemäß stellt die App vor allem auf ein gutes Matching der Hauttöne ab.

In Color.io, Fylm.ai oder Colourlab durchgeführte Anpassungen lassen sich nach dem Export als Node im DaVinci-Resolve-Color-Tab einbinden oder in Premiere Pro im Tab „Kreativ" als Look importieren.

Ein LUT experimentell mit einem Chatbot erstellen: Was ist eine LUT (Lookup-Tabelle)? Einstellungen der Farbkorrektur können in einer kleinen Datei abgespeichert werden. Diese LUT kann nun wie ein Farbfilter auf Bilder oder Videos angewandt werden.

Wer die Funktionsweise einer LUT verstehen will, kann sich auch mit einem Chatbot eine LUT erstellen lassen. Dazu das Referenzbild aus einem Video hochladen und im Prompt beschreiben, welche Art von Grading gewünscht ist.

```
Erstelle für dieses Foto eine .cube LUT, welche besonders natürliche
Hauttöne kreiert.
```

ChatGPT o1 gibt dann zum Beispiel eine 2 × 2 × 2-LUT direkt im Chat aus und bietet ein Python-Skript an, mit dem auch eine größere Matrix (z. B. 17 × 17 × 17 oder 33 × 33 × 33) ausgegeben werden kann. Die LUT kann mit einem Editor in eine .cube-Datei kopiert und in einem Schnittprogramm appliziert werden.

6.6 Schrifteinblendung

Untertitel, Inserts, Rolltitel – die Gestaltung ansprechender Grafik erhöht den Production Value eines Filmes oder eines Videos enorm. Eine neue Möglichkeit, mit Schriften zu arbeiten, ist es, mit KI-generierten Bildern zu beginnen, wenn gewünscht mit Videogeneratoren zu animieren und dann mit dem Schnittprogramm einzublenden. Das ist ein passender Workflow, um einzelne Inserts und Titel zu generieren.

Nicht jedes KI-Modell kann gleich gut mit Texten umgehen. Haben Sie Textgenerierung in **Runway** probiert? Der Prompt sollte nur nicht allzu kompliziert sein. Der gewünschte Schriftstil, eine ungefähre Größe (oft reicht sogar „groß" oder „klein") und die Platzierung sollten in der Eingabeaufforderung angegeben werden, ohne übermäßig detaillierte Spezifikationen.

Es gibt folgende Runway-Schriftstile:

- Bold
- Graffiti
- Neon
- Varsity
- Embroidery

Wörter, die im Bild enthalten sein sollen, müssen natürlich in Anführungszeichen gesetzt werden, da die KI ohne explizite Anweisung nicht erkennen kann, welche Begriffe im Bild dargestellt werden sollen.

Sehr texttreu ist etwa **ideogram.ai**. Besonders gut funktioniert das Gestalten von Schriften mit Googles **Imagen-3**. Das Bild kann dann mit einem Bild-zu-Video-Tool animiert werden. Auch **gpt-image-1** von Open AI rendert Schrift gut.

Seedream 3.0 ist das neue Tool zur KI-Bildgenerierung des chinesischen Unternehmens ByteDance (das wegen TikTok und CapCut bekannt ist). Das neue Modell bietet saubere Typografie und präzise englische Textgenerierung. Nutzerinnen können es unter dreamina.capcut.com testen.

Die andere Möglichkeit besteht darin, gleich mit einem Text-to-Video-Tool zu beginnen. So hat das Videomodell **Firefly** von Adobe eine Option, Schriftzüge mit dem Tool zu animieren. **Adobe Express** ist noch besser dafür geeignet. **Animaker.de** ist ein vollwertiger Animationsdesigner, auch **Kapwing.com** und **Renderforest.com** haben eine ansprechende Typografie.

Typografie
Schriften sollen natürlich so groß sein, dass die Zuseher Titel und andere Texte problemlos lesen können. Typografie ermöglicht interessante Gestaltungsmöglichkeiten. Soll der Text informativ wirken und leicht zu lesen sein? Soll er anmutig wirken? Soll er provozieren oder Neugierde wecken, indem er noch nicht sofort erfassbar ist? Typografie kann mit Raumaufteilung, Schriftmischungen, Freiräumen, Überschneidungen und Piktogrammen spannende Effekte erzielen (Böhringer et al., 2006).

Für Untertitel und Inserts („Bauchbinden") in Videos eignen sich am besten serifenlose Schriften. Konturen und Schattenformen sind für Inserts ungeeignet, da sie erst ab einer gewissen Größe lesbar sind. Außerdem ist ein korrekter Buchstabenabstand maßgeblich für eine gute Lesbarkeit. Gut funktionieren die klassischen serifenlosen Schriften, zum Beispiel Helvetica, Akzidenz, Grotesk, Univers, Folio, Imago und Venus, sowie serifenlose Renaissance-Schriften, beispielsweise Gill, Syntax, Frutiger, FF Meta, Today, FF Scala Sans, Lucida Sans, Formata, Stone Sans, FF The Sans und Maxima.

Im Trend liegen beispielsweise gerade Right Grotesque Mono von Pangram Pangram, Europa von Charly Derouault, Gamuth Sans oder Paramount von Production Type, Cina Sans von Andrés Torresi und Neue Montreal von Pangram Pangram. Eine häufig verwendete Open-Source-Schriftart ist Inter von Rasmus Andersson (Abb. 6.9).

Für Titel können auch auffälligere Schriftarten (Abb. 6.10) verwendet werden, solange sie gut lesbar bleiben. Im Trend liegen beispielsweise Schriftarten wie Obviously von Oh No Type Co., Euchre von Okay Type, Druk von Berton Hasebe, NaN Serf von NaN sowie Push von Christine Gertsch/Fontwerk.

Abb. 6.9 Schriftart Inter, eine serifenlose Schrift für Inserts und Untertitel

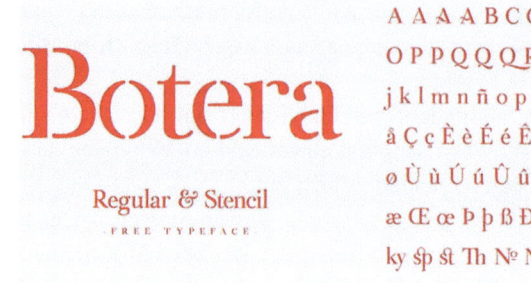

Abb. 6.10 Botera – eine kostenlose Schriftart, die für Titeleinblendungen geeignet ist. (Ryan, 2025)

Abb. 6.11 Schriftanimation (generiert mit Runway, 2025) (▶ https://doi.org/10.1007/000-h5b)

Das Beispiel einer Schriftanimation mit Runway (Abb. 6.11) wurde mit diesem Prompt generiert:

```
Slow-motion macro shot, black background:
1. Hundreds of Soap bubbles float gently randomly filling the screen
2. The bubbles merge to form the words "MEIN TITEL" in iridescent, wobbling letters.
2. The words float and move slowly in different directions
3. Suddenly, a gust of wind scatters the bubbles, transforming the letters into a beautiful chaos of rainbow reflections.
```

Tools für Transkription und Inserts: Für das Erzeugen von Untertiteln gibt es ebenfalls eine Fülle an KI-Modellen, wobei diese Funktion auch in den gängigen Schnittprogrammen immer besser wird. Für Transkription, das gleichzeitige Erstellen von Untertiteln in über 100 Sprachen und für Schriftgenerierung ganz allgemein geeignet ist zum Beispiel **Sonix.ai**; die erzeugten .srt-Dateien können dann in eines der Schnittprogramme importiert werden. **Rev.com** oder **Descript.com** sind dagegen in erster Linie für Transkription und den direkten Export des fertigen Videos geeignet.

6.7 Exportieren

Wenn der Moment gekommen ist, den fertigen Film zu präsentieren, wird die Datei im richtigen Format exportiert. Für Vorführen, Streamen, Senden, Posten, Sharen und Publizieren gibt es jeweils unterschiedliche technische Formate.

6.7.1 Videos für Social Media

Die Anforderungen an die Auflösung, das Format, den Farbraum und die Schriftgröße von Videos für Social Media hängen von der Plattform ab, auf der sie veröffentlicht werden. Die meisten Social-Media-Plattformen unterstützen das mp4-Format und unterschiedliche Auflösungen. Es ist wichtig, sich über die spezifischen Anforderungen der Plattform, auf der das Video veröffentlicht werden soll, zu informieren. Für YouTube können Sie etwa ein mp4-File mit H.264 verwenden. Das Chroma-Subsampling sollte 4:2:0, die Farbtiefe 8 bit, die Datenrate 30 Mbit/s betragen. Bildfrequenzen von 25 fps, 50 fps oder andere sind möglich, aber es sollten Ganzbilder (*progressive*) sein.

Der Audiopegel sollte auf einem konstanten Niveau gehalten werden, etwa bei −3 dB, zwei Audiokanäle (Stereo) werden empfohlen, als Anhalt dient eine Loudness von −14 LKFS.

Videobegleittexte sind Untertitel, die während des Videos angezeigt werden. Sie sollten verwendet werden, um das Video für Menschen zugänglich zu machen, die schlecht hören oder die Sprache nicht verstehen. Sie können auch dazu beitragen, dass das Video von mehr Menschen gesehen wird, da sie von den Algorithmen von Social-Media-Plattformen besser indexiert werden.

6.7.2 Ausgabe für YouTube und Vimeo

Um den fertigen Film auf YouTube, Vimeo oder ähnlichen Plattformen hochzuladen, exportiert man ihn in der – je nach Ausgangsmaterial – bestmöglichen Auflösung in H.264; das ist das am weitesten verbreitete Format für das Aufzeichnen, Komprimieren und Verteilen von Videoinhalten. Der H.264-Videocodec wird im Containerformat .mp4 verwendet. Das Audio wird mit dem aac-Codec komprimiert. Die Videocodierung hilft, große Videodateien zu komprimieren, die für Streaming optimiert sind, und sorgt für die Kompatibilität mit Geräten wie Computer, Tablets und Smart-TVs.

Abb. 6.12 Ein Videofile besteht aus Videodaten, Audiodaten und Metadaten in einem Container

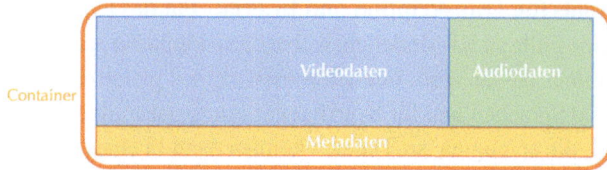

Technisch gesehen befindet sich eine Videodatei in einem Container, der Videodaten, Audiodaten und Metadaten umfasst (Abb. 6.12):

- **Videodaten** sind mit einer bestimmten Rastergröße (HD, UHD, 4K), Bildfrequenz (24 fps, 25 fps, 50 fps), einem Sampling/Subsampling (4:2:2) erzeugt und mit einem Videocodec wie etwa H.264 komprimiert worden.
- **Audiodaten** sind mit einem bestimmten Samplingprozess (etwa 48 kHz) aufgenommen und einem Audiocodec wie Advanced Audio Coding (AAC) komprimiert worden.

Audio- und Videodaten zusammen ergeben je nach Ausgangsmaterial und Intensität der Kompression eine **Datenrate**, zum Beispiel 25 Mbit/s.

H.265 (auch als HEVC bezeichnet) ist eine optimierte Version von H.264. Es bietet eine stärkere Kompression und somit kleinere Dateigrößen. H.265 wird zunehmend zum neuen Standard, ist jedoch noch nicht in allen Geräten verbreitet. Ein anderes häufig verwendetes Containerformat ist **Quicktime** (welches an der Dateiendung .mov erkennbar ist).

Ausgabe mit einem Schnittsystem: Eine naheliegende Möglichkeit ist das Exportieren mittels DaVinci Resolve oder Adobe Media Encoder: Für ein Webvideo 1080p H.264 auswählen. Rendern mit maximaler Tiefe nicht anklicken, jedoch maximale Renderqualität auswählen. Die generelle Empfehlung für den Export von Audio ist, die ursprüngliche Bitrate und Samplingfrequenz unverändert zu lassen.

Schnittprogramme bieten Exportvoreinstellungen für Social-Media-Plattformen. Es gibt eine große Zahl verfügbarer Online-Tools, die als Alternative zur Exportfunktion eines Schnittprogramms herhalten können. Hier zwei Beispiele:

- **Freeconvert.com** ist ein gutes Werkzeug, um Videos (bis maximal 1 GB) in den Formaten H.264 oder H.265 zu komprimieren. Eine Zielgröße kann in Prozent oder in MB angegeben werden.
- **Compress-video-online.com** erlaubt flexible Formatwandlungen von Bild, Ton und Video.

6.7.3 Ausspielen für Streaming und TV

KI-Werbespots sind immer öfter im Streaming und im Fernsehen zu sehen. Die Anforderungen in kreativer Hinsicht steigen, aber auch technisch müssen die Normen eingehalten werden. Details zu den Normen der ITU (International Telecommuncation Union) werden in Europa von den Streamern und Broadcastern festgelegt (ZDF, 2024).

Der Container ist mit MXF P_O1a festgelegt, das Video 1080i/25 mit einem Subsampling von 4:2:2, 10 bit Farbtiefe, 25 fps im Halbbildverfahren (*interlaced*). Wie der Export dafür in der Praxis abläuft, ist im Folgenden beschrieben.

Vorbereitung der Videospuren: Der Farbraum muss Broadcast-safe sein, das heißt innerhalb des Studio Range (nicht Full Range). Die Toleranzen der Videopegel (Luma, Chroma, RGB-Skala) müssen den Empfehlungen der EBU R103-2020 entsprechen, das heißt, die Luminanz (Y) muss zwischen −1 % und 103 % liegen. Das kann mit einem Videoscope gemessen werden. Premiere Pro und andere Schnittprogramme haben sicherheitshalber einen Begrenzer, der bei der Ausgabe aktiviert werden kann.

Alle Grafiken müssen innerhalb der Safe Title Area gemäß SMPTE ST 2046-1-2009 liegen, mit einem 5 % Abstand oben und unten (das sind 54 Pixel) und 10 % an beiden Seiten (das sind 192 Pixel).

Wenn das Programm auf Schwarz startet, muss ein Audiosignal vorhanden sein. Wenn das Programm am Ende auf Schwarz ausblendet, muss das letzte Bild vollständig schwarz sein. Tafeln, zusätzliche schwarze Rahmen oder Farbbalken vor dem ersten Bild der Handlung oder nach dem letzten Bild der Handlung sind nicht zulässig.

Clean- und Dirty-Versionen vorbereiten: Clean-Versionen können Folgendes enthalten:

- Opener, VFX, Animationen oder CGI, vorausgesetzt, alle Übergänge, die das angrenzende Material verändern oder anderweitig beeinträchtigen, werden entfernt (solche Übergange beinhalten beispielsweise Überblendungen oder Wisch-Blenden)
- Vollbildgrafiken oder Bilder, die kein Material überlagern
- Schwarze Lücken, in denen Grafiken entfernt werden mussten

Clean-Versionen dürfen Folgendes nicht enthalten:

- Bauchbinden (Inserts), einschließlich Hintergründen
- Alle Texte oder Zahlen (um eine spätere Neufassung in nichtlateinischen Schriftarten wie Chinesisch, Kyrillisch usw. zu ermöglichen)
- Corner Bugs, einschließlich aller Sendungs- oder Serienverpackungsgrafiken
- Offene Untertitel (eingebrannte Untertitel)
- Trenner
- Rolltexte (Abspann)

Timecode und Dauer der Clean-Version müssen mit der Dirty-Version identisch sein. Das Videomaterial in der Clean-Version muss die gleiche Farbkorrektur aufweisen wie in der Dirty-Version.

Vorbereitung der Audiospuren: Audio muss als diskrete PCM-Kanäle mit 48 kHz Abtastrate, synchron zum Bild, in Phase und mit einer Samplingtiefe von 24 bit, geliefert werden. Der Spitzenpegel des Full Mix darf −1 dBTP (True Peak) bei einer integrierten

Abb. 6.13 Loudness-Messung nach EBU-R128 (Screenshot Premiere Pro, 2024)

Programm Loudness von -23 LUFS und einer Loudness Range (LRA) von 15 LU oder weniger nicht überschreiten. Die Loudness kann – etwa in Premiere Pro mit dem Effekt **Loudness-Messung** im Audiospurmischer – gemessen werden (Abb. 6.13). Die Spezifikationen gelten jeweils für einen Stereomix auf zwei Spuren!

Full Mix exportieren: Als Erstes wird der Full Mix exportiert; das ist die finale Audiomischung des Filmes, der alle Audiokanäle einschließlich des Sprachkommentars (Voiceover) umfasst. Er muss (als Stereosignal) mit −23 LUFS integrierter Loudness und −8 dbTP True Peak Level übereinstimmen.

Format: Wellenformaudio – Samplerate: 48.000 Hz – Kanäle: Stereo – Samplegröße: 24 Bit – (x) in Projekt importieren.

Das exportierte .wav-File später in zwei Monospuren für die Spuren A1 und A2 des „Full mix" aufteilen.

IT-Mix exportieren: Als Nächstes wird ein IT-Mix ausgegeben. Der IT-Mix (von engl.: *international track*) wird für internationale Synchronisationen verwendet; er enthält den fertig abgemischten Soundtrack des Filmes ohne Dialoge und Voiceover. Schon während des Sounddesigns werden alle Sprachteile – die in einer fremdsprachlichen Fassung synchronisiert werden sollen – aus der O-Ton-Spur herausgeschnitten und auf eine eigene Spur gelegt. Für die Lücken, die dadurch in der IT-Spur entstehen würden, muss Atmo angelegt werden.

Zuerst muss das Audiodipping entfernt werden; das sind die Lautstärkeanpassungen für Musik und Atmo, die sicherstellen, dass die Sprachverständlichkeit gegeben ist. Das geht am einfachsten so: Spuren markieren – rechte Maustaste – Attribute entfernen – „Lautstärke" anhaken – OK drücken (Abb. 6.14).

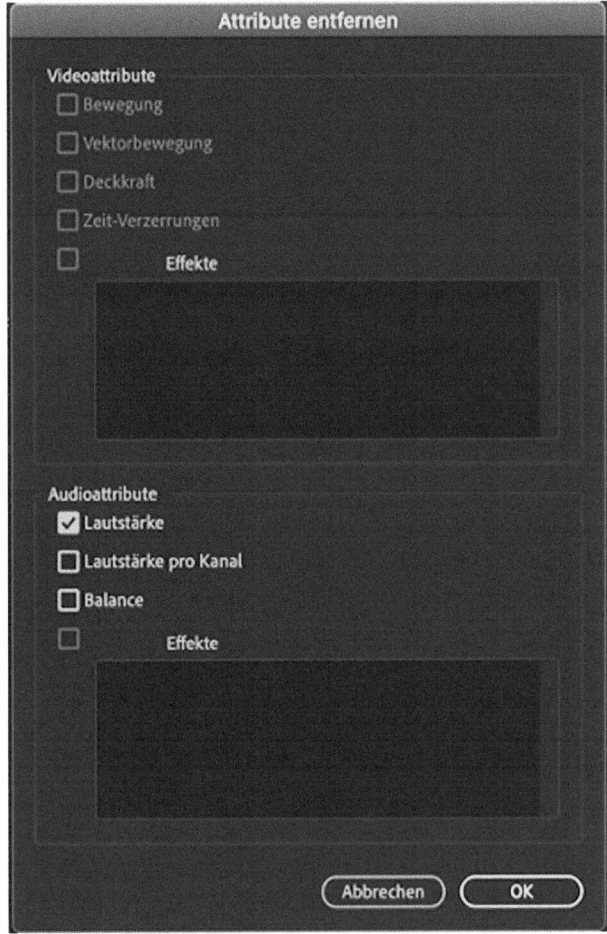

Abb. 6.14 Vor Ausgabe von Musik-, NAT- und GFX-Spuren muss das Audiodipping entfernt werden. (Screenshot Premiere Pro, 2024)

Diese Spur enthält jede im Film verwendete Musik, einschließlich vorgemischter, wiederkehrender Elemente in einer Serie, zum Beispiel Verpackungen. Zuerst – wie oben – das Audiodipping entfernen!

Effects/NAT (falls gefordert): In die Effects-Spur wird Atmo gelegt, also der natürliche Geräuschhintergrund, auch bekannt als *Productions sound, Natural sound (NAT), Original sound* oder *On-location sound*.

Dazu kommen Effekte, die nicht von *NATs* unterscheidbar sein sollen, z. B. künstliche Ambient-Sounds, Foley und Hintergrundgeräusche; keine GFX, keine Musik, keine Narration (Voiceover), keine Interviews.

GFX (falls gefordert): *Graphical sound effects* sind Soundeffekte, die nicht mit dem Material zusammenhängen, beispielsweise Toneffekte, die grafische Überlagerungen, Übergange oder Animationen ergänzen.

Interviews/OT: Dialog oder Interviewstimmen werden auf einer eigenen Spur ausgegeben. Getrennt davon Voiceover (VO), auch als Kommentar oder Narration bezeichnet. VO und Interviewspuren müssen **für HD als Mono-Files** exportiert werden, **für UHD als Stereofiles**.

Exportsequenz für HD erstellen: Neue Sequenz erstellen: **Datei – Neu – Sequenz** mit den Sequenzvorgaben 25i_XDCAM_HD422_1080i25 (Abb. 6.15).

Einstellungen für den Export: Die Einstellungen überprüfen (Abb. 6.16):

- Video
  - Bearbeitungsmodus: Sony XDCAM HD422 1080i25
  - Timebase: 25,00 frames/second
  - Pixel-Seitenverhältnis: Quadratische Pixel (1.0)
  - Halbbilder: Oberes Halbbild zuerst
  - Anzeigeformat: 25-fps-Timecode
  - Arbeitsfarbraum: Rec. 709

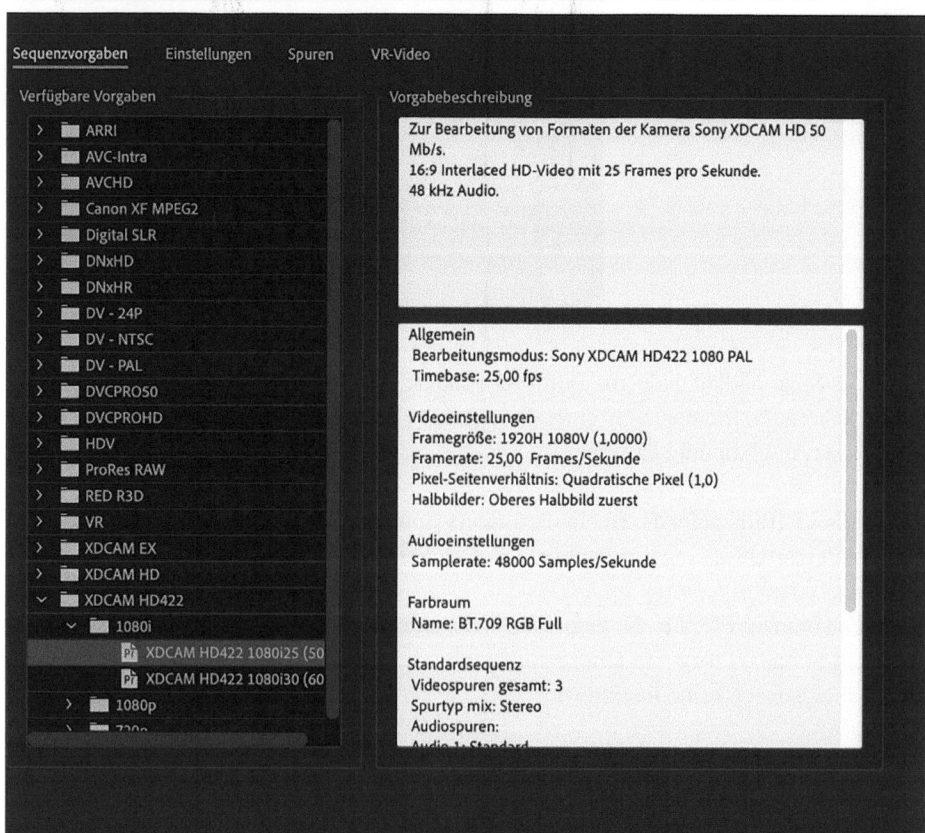

Abb. 6.15 Eine neue 8-Spur-Sequenz für den Export erstellen (Screenshot Premiere Pro, 2024)

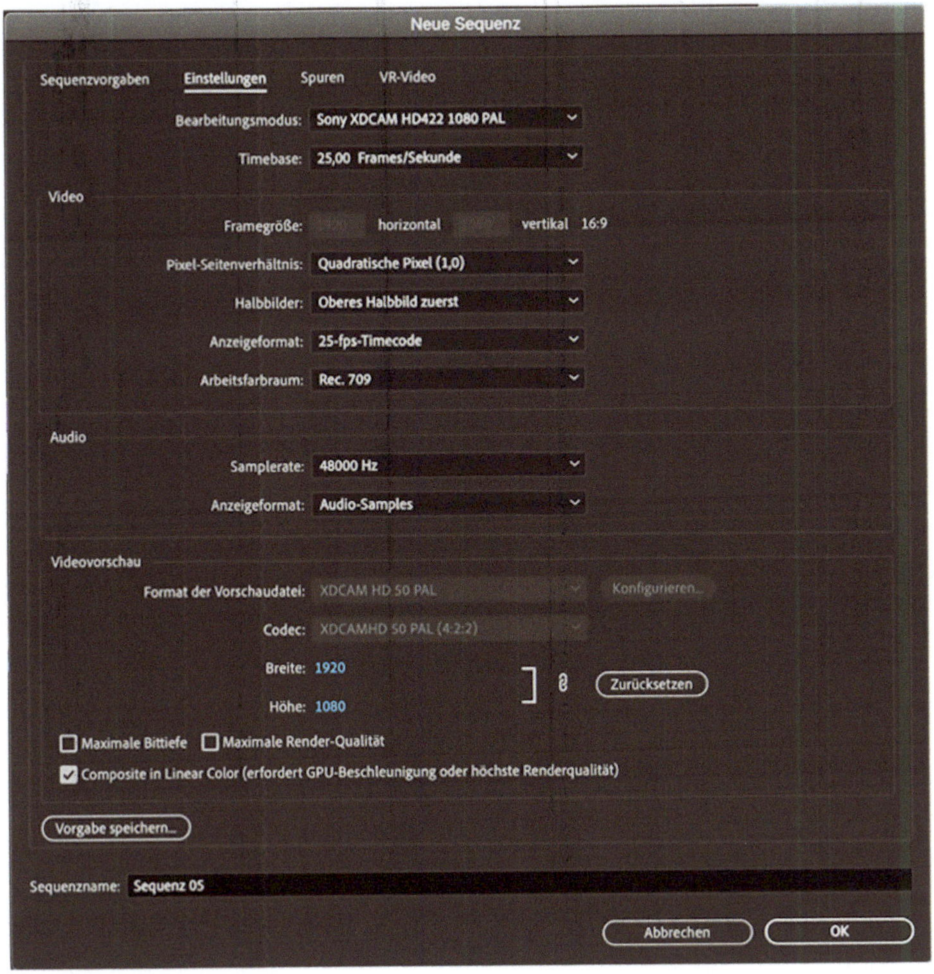

6.7 Exportieren

Abb. 6.16 Die Einstellungen der Exportsequenz (Screenshot Premiere Pro, 2024)

- Audio
  - Spuren
  - Samplerate: 48.000 Hz
  - Anzeigeformat: Audio-Samples
- Videovorschau
  - Maximale Bittiefe
  - Maximale Renderqualität

Audiospuren aufbauen: Für die Exportsequenz einen Mehrkanal-Master erstellen. Mit „+" 8 adaptive Spuren erzeugen (für HD; für UHD 20 Kanäle) und gemäß Sendervorgabe benennen (Abb. 6.17). Dann die Spurausgabe-Kanalzuweisungen überprüfen (Abb. 6.18).

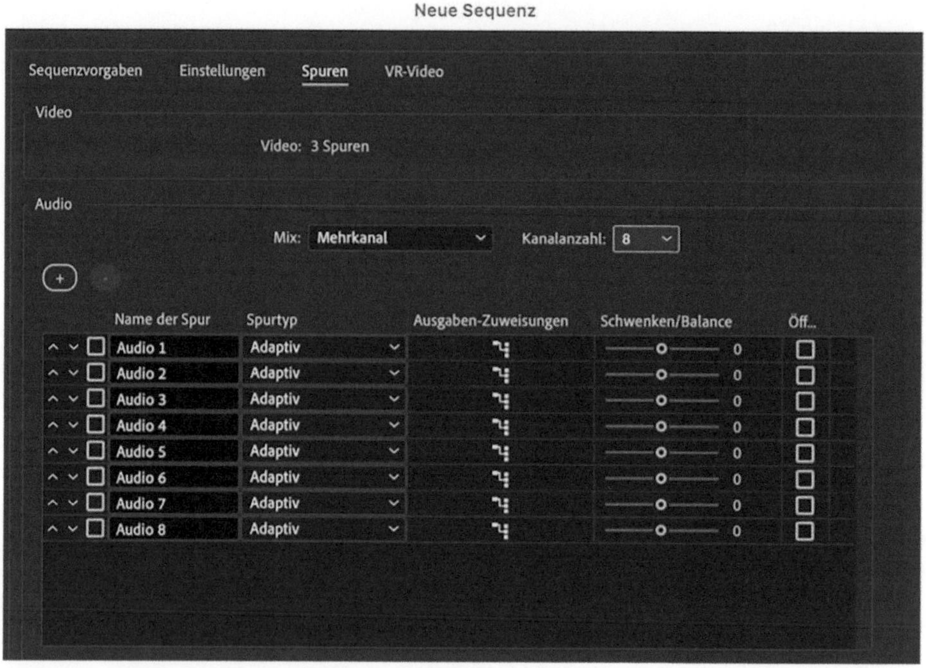

Abb. 6.17 Format der 8-Spur-Sequenz für HD-Ausgabe (Screenshot Premiere Pro, 2024)

Spuren einfügen: Im nächsten Schritt werden die zuvor exportierten Spuren eingefügt:

- Exportiertes Full-Mix-File auf zwei Monospuren aufteilen und auf Spuren A1 und A2 legen
- IT-Mix-File auf zwei Monospuren aufteilen und – je nach Sendervorgabe (Tab. 6.1 und 6.2) – auf die entsprechenden Spuren legen
- Music-File auf zwei Monospuren aufteilen und – je nach Sendervorgabe – auf die entsprechenden Spuren legen
- Voiceover und Interview-Files als Monospuren – je nach Sendervorgabe – auf die entsprechenden Spuren legen

Das mxf-File exportieren: Dann ist die Sequenz bereit, um das mxf-File zu generieren (Abb. 6.19): Datei > Exportieren > Medien

Überprüfen Sie folgende Exporteinstellungen:

- Video
  - Format: MXF OP 1a Vorgabe: XDCAM HD 50 PAL 50i
  - Videocodec: XDCAMHD 50 (4:2:2) PAL
  - Ausgabename: Nach Sendervorgaben

6.7 Exportieren

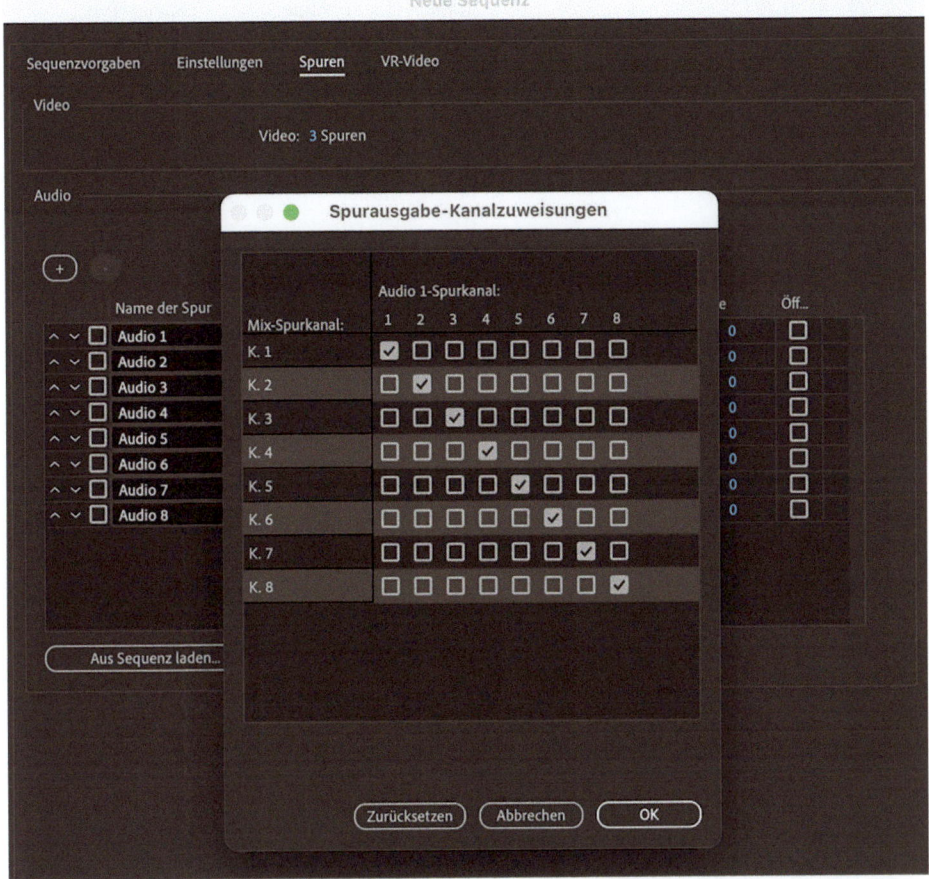

Abb. 6.18 Spurausgaben-Kanalzuweisungen überprüfen (Screenshot Premiere Pro, 2024)

Tab. 6.1 Belegung der Audiospuren für eine Dirty-Version

Kanal	Kanal-Name	Kanal-Typ
01	Full Mix (deutsch)	Stereo L
02	Full Mix (deutsch)	Stereo R
03	Full Mix (Originalversion)	Stereo L
04	Full Mix (Originalversion)	Stereo R
05	Full Mix exkl. VO (IT)	Stereo L
06	Full Mix exkl. VO (IT)	Stereo R
07	Stumm	
08	Stumm	

- Basic Video Settings
  - Breite und Höhe: 1920 × 1080 Seitenverhältnis: Quadratische Pixel (1.0)
  - Frame Rate: 25 Feldreihenfolge: Oben zuerst, Fernsehnorm: PAL
  - Mit maximaler Tiefe rendern (nicht aktivieren)
  - Maximale Renderqualität verwenden (aktivieren)

Tab. 6.2 Belegung der Audiospuren für eine Clean-Version

Kanal	Kanal-Name	Kanal-Typ
01	Full Mix	Stereo L
02	Full Mix	Stereo R
03	Effects/NAT & GFX	Stereo L (*undipped*)
04	Effects/NAT & GFX	Stereo R (*undipped*)
05	Music	Stereo L (*undipped*)
06	Music	Stereo R (*undipped*)
07	Voiceover	Mono
08	Interview/OT	Mono

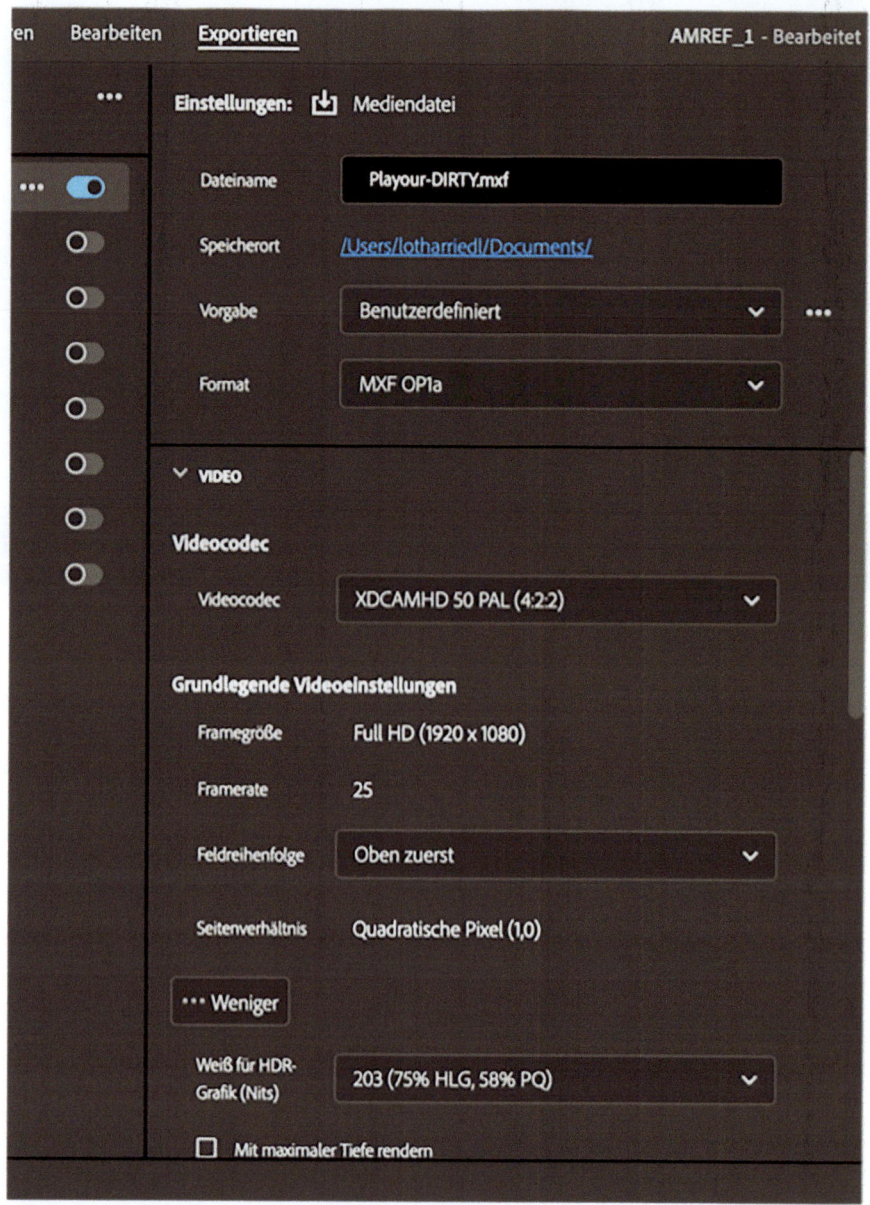

Abb. 6.19 Das mxf-File exportieren (Screenshot Premiere Pro, 2024)

- Audio
  - Audiocodec: Unkomprimiert, Samplerate: 48.000 Hz
  - Kanäle: 8
  - Samplegröße: 24 Bit
- Effekte
  - Videobegrenzer Broadcast Safe, das heißt innerhalb der Studio-Range (nicht mit „Full Range").
  - Start Timecode: 00:00:00:00; Kontinuierlicher Timecode

Exportsequenz für UHD erstellen: Der Export für UHD gestaltet sich ähnlich. Folgende Elemente enthalten die beiden Masterversionen:

- **MASTER#1DIRTY:**
  Einschließlich aller Grafiken und Texte; alle Grafiken müssen in der gleichen Sprache wie die vereinbarte Audio-Version sein.
- **MASTER#2CLEAN:**
  Ohne Overlay-Grafiken und Text; Timecode und Dauer identisch mit der zugehörigen Dirty-Version

Format: 2160p/50, 3840 × 2160 Pixel, 50 Bilder pro Sekunde, XAVC QFHD Long422 200 (aka **XAVC-L**) im .mxf Container (**MXF Standard OP1a: SMPTE 378M**)

Je nach Sendervorgabe auch als Apple ProRes 422 (HQ) im QuickTime Container .mov. Die Audiopegel eines jeden Full Mix müssen EBU R128 konform sein (s. oben unter „Vorbereitung der Audiospuren"), die Audiokanalzuordnung dagegen ist **senderspezifisch**. Generell haben die Dirty- und die Clean-Versionen das gleiche Audiokanallayout (Tab. 6.3).

6.7.4 Für Kino ein DCP ausgeben

Wenn ein KI-Film bei einem Filmfestival eingereicht werden soll, wird häufig ein DCP (Digital Cinema Package) verlangt. Auch wenn ein KI-Film für Kinowerbung eingesetzt werden soll, ist dafür ein DCP erforderlich.

Loudness für das Kino: Mischungen fürs Kino werden mit viel Dynamik (20 dB und mehr) hergestellt und nach einer anderen Lautheitsnorm als für Streaming und TV eingemessen. Werbefilme müssen eine Lautheit von maximal 82 dBLeq(m) gemäß ISO 21727 und Kinotrailer von 85 dBLeq(m) einhalten. Das Mastering für das Kino wird schon deshalb meist an ein Tonstudio ausgelagert, weil eine Mehrkanalmischung gefordert ist.

Für das Grading sind Bildschirme oder Beamer erforderlich, die den Kinofarbraum XYZ normgerecht darstellen können. Deshalb wird auch das Grading meist einem professionellen Studio anvertraut.

Tab. 6.3 Audiokanalzuweisung für UHD

Kanal	Kanal-Name	Kanal-Typ
01	Full Mix (deutsch)	Stereo L
02	Full Mix (deutsch)	Stereo R
03	Full Mix exkl. Voiceover	Stereo L (*undipped*)
04	Full Mix exkl. Voiceover	Stereo R (*undipped*)
05	Effects/NAT	Stereo L (*undipped*)
06	Effects/NAT	Stereo R (*undipped*)
07	GFX	Stereo L (*undipped*)
08	GFX	Stereo R (*undipped*)
09	Music	Stereo L (*undipped*)
10	Music	Stereo R (*undipped*)
11	-Voiceover	Stereo L
12	-Voiceover	Stereo R
13	Interviews/OT	Stereo L
14	Interviews/OT	Stereo R
15	Full Mix	5.1 R
16	Full Mix	5.1 R
17	Full Mix	5.1 C
18	Full Mix	5.1 LFE
19	Full Mix	5.1 Ls
20	Full Mix	5.1 Rs

Zu Testzwecken können Sie ein DCP mit dem Programm DCP-o-matic auch selbst herstellen. Dazu brauchen Sie als Basis ein 24p-Projekt (24 Bilder pro Sekunde sind für das Kino erforderlich), das im Farbraum Rec709 mit einem Rec709-Vorschaumonitor sauber gegradet worden ist. Davon kann der Film im Format ProRes oder DNxHD ausgegeben werden.

- Videocodes: Quicktime Apple ProRes444HQ oder
- DNXHR/DNxHD Auflösung: DNX HR HQX 10-Bit
- Auflösung: 4K(4096 × 2160) 24p
- Audio: 48.000 Hz Stereo 16 Bit
- Skalierung: Auf Füllgröße skalieren (Hinweis: Mit dieser Einstellung wird sichergestellt, dass nicht schon bei diesem Schritt schwarze Balken mitausgegeben werden.)

Danach in DCP-o-matic ein neues Projekt erstellen und diesen Film mit „Datei(/en) hinzufügen" öffnen (Abb. 6.20). Unter dem Reiter „DCP"

- ein Häkchen bei „audio language" setzen und die Sprache auswählen,
- den DCP-Standard „SMPTE" belassen,
- das gewünschte Seitenverhältnis auswählen (meist wohl DCI Flat) und
- zwischen 4K und 2K wählen (für Festivals und mittelgroße Kinos reichen durchaus 2K).

6.7 Exportieren

Abb. 6.20 Einstellungen für die Ausgabe eines KI-Werbefilmes für das Kino (Screenshot DCP-o-matic 2, 2025)

- Wenn die Filegröße kein Problem ist, dann die JPEG2000-Datenrate von 150 Mbit/s auf maximal 200 Mbit/s erhöhen. Im umgekehrten Fall, was etwa bei Einreichungen zu Festivals mit Internet-Upload eine Überlegung sein könnte, die Datenrate auf 100 Mbit/s senken.
- Marker hinzufügen, zumindest erster Frame der End Credits und erster Frame der Moving Credits.

Danach im Reiter „Inhalt(e)" das Seitenverhältnis anpassen (z. B. Größe: *Custom* 1998 × 1080 Px) sodass – wenn gewünscht – keine schwarzen Balken encodiert werden.

Weil das Eingangssignal Rec709 war, diesen Farbraum im Reiter „Inhalte" so belassen und „Bereich („Range')" ebenfalls auf „Video (MPEG, 16–235)" belassen.

Auf dem Reiter „Ton" das Audio analysieren, danach im Fenster „Audio Pegelverlauf und Analyse" (ganz unten links) den LEQ(m)-Wert ablesen (Abb. 6.21). Im Reiter „Ton" die Verstärkung (+/–) so einstellen, dass der Loudness-Wert LEQ(m) leiser als –82 dB wird (also etwa –82,5 oder –83 dB) und gleichzeitig auch die obere Kurve – also der Spitzenwert (Sample) – unter 0 dB bleibt.

Mit dem Tastenkürzel „command-M" (oder aus dem Menü Aufgaben > DCP erstellen) die Encodierung starten. Je nach Hardware und je nach den gewählten Einstellungen läuft das meist sogar schneller als in Echtzeit.

Das Ergebnis ist kein File, sondern ein Ordner (ein „Package" eben), dessen Name auf SMPTE_OV endet und der im Projektordner liegt.

Das Ergebnis überprüfen Sie am einfachsten gleich mit dem DCP-o-matic Player.

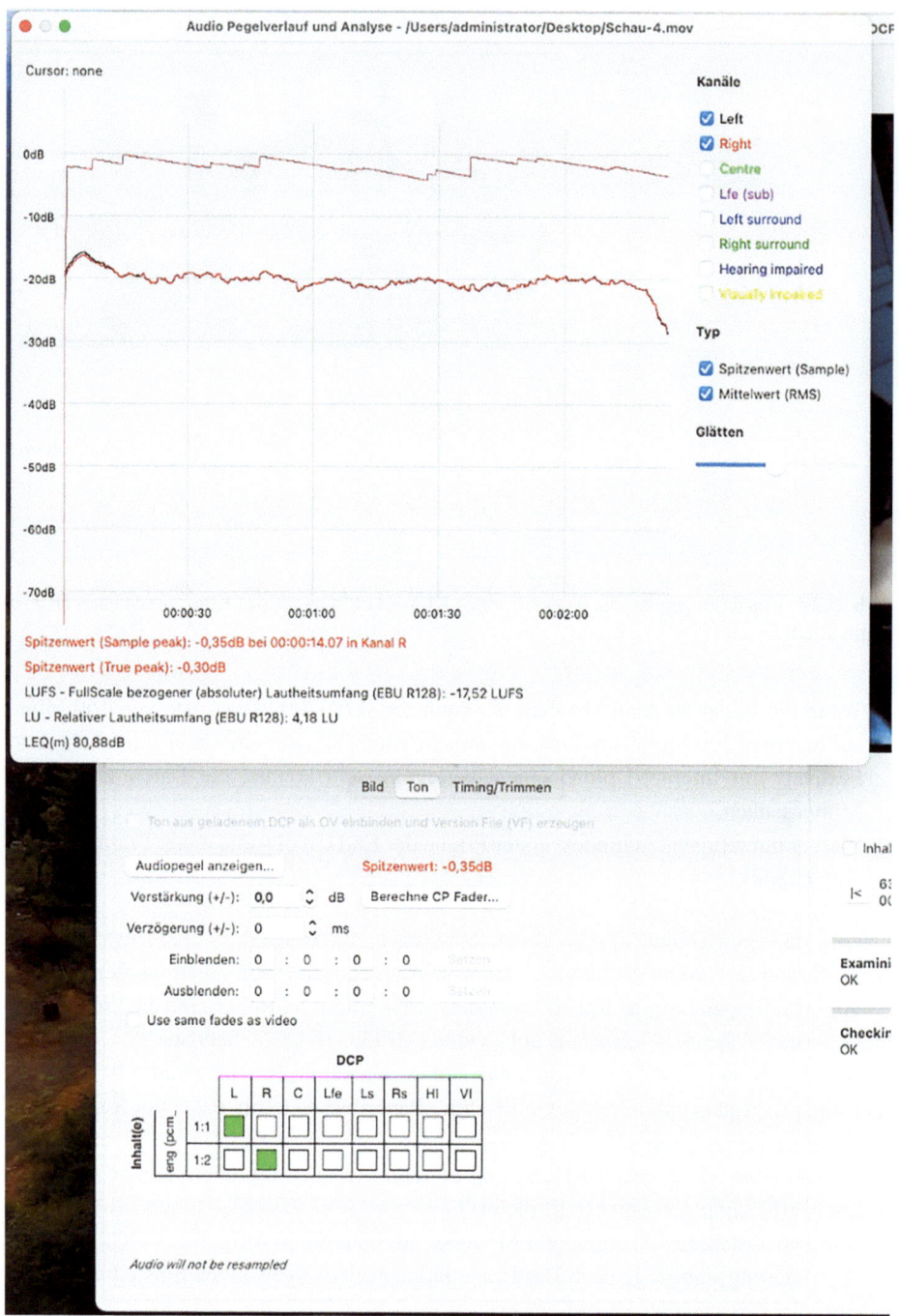

Abb. 6.21 Die Loudness-Werte richtig einstellen (Screenshot DCP-o-matic 2, 2025)

6.8 Praxisbeispiel

An einem Praxisbeispiel soll gezeigt werden, warum KI selbst im klassischen Postpro-Workflow nicht mehr wegzudenken ist.

6.8.1 Auftrag und Konzept

Der Auftrag von AMREF Österreich war, eine TV-, Streaming-, Social-Media- und Radiokampagne zum Thema Genitalverstümmelung zu machen. Gebucht waren bereits TV-Sendeslots, Radiowerbung und Kinowerbung. Die Pro-Bono-Kampagne sollte im Kern einen 30-Sekunden-Spot verbunden mit einem Spendenaufruf umfassen.

Die Praxis der Beschneidung von Mädchen ist zu grausam und als Thema zu umfangreich, um in wenigen Sekunden darüber aufklären zu können; es lässt sich in dieser Zeit nicht einmal der Begriff erklären. Gemeinsam mit der Auftraggeberin wurde daher entschieden, umfangreiche Hintergrundinformation und eine ausführliche Aufklärung zu diesem Thema über die AMREF-Homepage anzubieten und das Thema im Video- und Radiospot in den Kontext der Multiplikatorenausbildung von AMREF einzubetten. Die Wiedererkennbarkeit mit den Kampagnen der Vorjahre sollte gewährleistet sein.

Im Konzept wurde auf mehrere Testimonials gesetzt, die als Multiplikatoren wirken. Die Grundstimmung des Werbespots sollte positiv sein – und es sollten keine alten Klischees des Elends in Afrika verstärkt werden. Zur Wiedererkennbarkeit sollten nicht nur das Logo, die Schriftart der Grafik und der Musiktrack beitragen, sondern auch die Geste des Abklatschens („Gimme five!"), typische Kamerafahrten und die Formulierung „Bitte spenden Sie jetzt. AMREF.at".

Da eine erneute Reise für die Werbekampagne nicht aus Spendengeldern finanziert werden sollte, setzte das Konzept auf vorhandenes Material. Nach längerer, umfangreicher internationaler Recherche konnte ein geeigneter zweiminütiger Kinospot von AMREF Frankreich gefunden werden, in denen Testimonials von ihrer Arbeit berichteten.

6.8.2 Freigabe und rechtliche Klärung

Für den Freigabeprozess wurde ohne KI getextet; Interviewausschnitt und Sprechertext wurden präzise gestoppt und in ein Vorschauvideo eingebaut. Mit diesem Vorschauvideo konnten die Freigabeprozesse begonnen werden, die mehrere Monate dauerten. Nach Genehmigung durch die Entscheidungsträger der Auftraggeberin sowie der notwendigen Freigabe durch die Redaktion des Humanitarian Broadcast des ORF konnte über Vermittlung von AMREF Österreich eine Lizenz von AMREF Frankreich für die Verwendung des Materials eingeholt werden. Außerdem wurde eine Zustimmung der Testimonials, also der Multiplikatorinnen, Hebammen und des Imams im Senegal, eingeholt. Leider stellte sich dann – nach inzwischen schon einem halben Jahr – heraus, dass das Originalkameramaterial nicht mehr verfügbar war. Es musste also – da die Zeit schon drängte – mit dem vorhandenen ProRes-Material das Auslangen gefunden werden.

6.8.3 Quellen, Bearbeitung und Montage

Der vorhandene Kinospot aus Frankreich war mit 24 Bildern pro Sekunde gedreht worden und lag in einer Auflösung von 2K vor. Um geeignete Bildausschnitte für das Format 16:9 machen zu können, sollte der Spot auf 4K und 50 Bilder pro Sekunde hochskaliert werden. Das erwies sich als der technisch aufwendigste Schritt, da das Quellmaterial komprimiert war. Es erforderte den sorgfältigen Einsatz von KI; mit dem KI-Upscaler von TopazLabs gelang dieser Schritt schließlich in einer Qualität, die flüssige Bewegungen und scharfe, kontrastreiche Bilder hervorbrachte (Abb. 6.22).

Das Originalinterview lag nur in der geschnittenen Form mit Hintergrundmusik und Hintergrundgeräuschen vor. Um die Originalstimme von Coumba Awa verwenden zu können, war der Einsatz von KI notwendig. Mit dem Tool lalal.ai konnte die Stimme von Musik und Geräuschen sauber getrennt werden (Abb. 6.23).

Im Schnitt des Interviews von Coumba Awa zeigte sich, dass der Bildausschnitt des breiten 2K-Kinospots keine gute Bildkomposition im Format 16:9 zuließ; das lag an störenden Details der grünen Wand im Hintergrund der Interviewpartnerin. Diese wurde daher freigestellt und die Wand im Hintergrund mit der Photoshop-KI-Funktion „generatives Füllen" geringfügig nach unten hin erweitert. Danach wurde die Originalaufnahme von Coumba Awa wieder vor diesen (nur unmerklich veränderten) Hintergrund einkopiert.

Abb. 6.22 Upscaling mit TopazLabs AI Video (Screenshot, 2024)

6.8 Praxisbeispiel

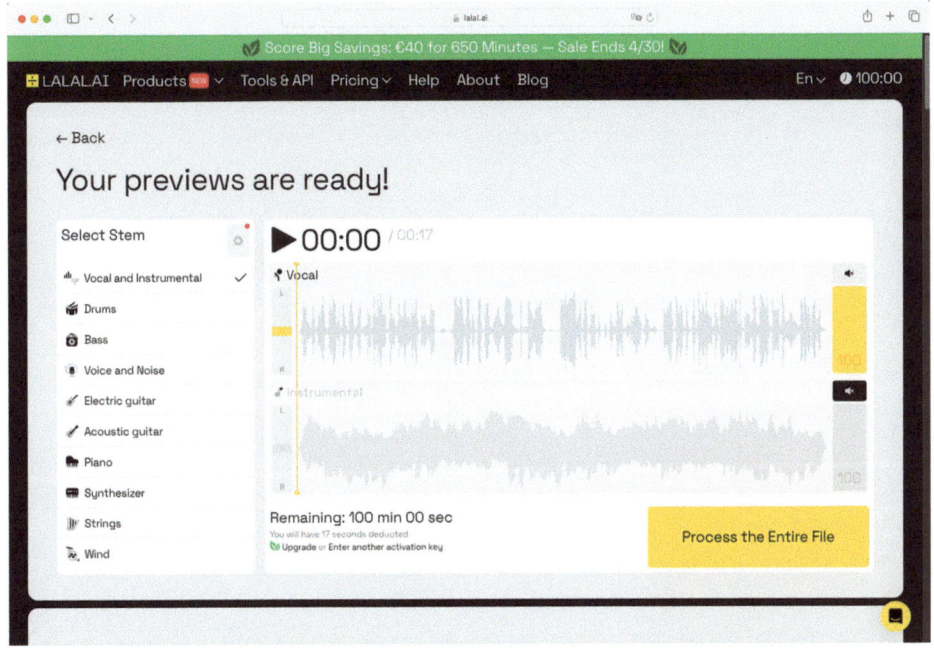

Abb. 6.23 Trennen von Stimme, Geräuschen und Musik mit lalal.ai (Screenshot, 2024)

6.8.4 Sprachaufnahmen und Musikmischung

Um keine Spendengelder für Sprachaufnahmen und Tonstudio auszugeben, wurde in Abstimmung mit der Auftraggeberin entschieden, eine synthetische Stimme für den Sprecher zu verwenden – der ohnehin gegenüber der französischen Originalstimme des Testimonials in den Hintergrund treten sollte. Eine Rückfrage beim ORF ergab, dass es bei Werbefilmen keine Verpflichtung gab, KI-Stimmen zu kennzeichnen, und es auch von dieser Seite her keine Bedenken gab. Die Generierung hinsichtlich Ausdruck und Stimmmelodie passender Sätze mit dem KI-Tool elevenlabs.io nahm einige Zeit in Anspruch; nur so konnte eine Kino-, Radio- und TV-taugliche Sprecherstimme generiert werden (Abb. 5.1). Stimmen und Musik wurden in Premiere Pro gemischt – unter Verwendung von Stimmoptimierung und automatischem Audio Ducking (einer KI-Funktion aus Essential Sound).

6.8.5 Color Grading, Grafik, Mastering und Export

Color Grading und Grafik wurden in klassischer Weise mit Premiere Pro und After Effects abgewickelt. Für das Kino wurde der fertige Clip auf eine 2K 24p-Fassung erneut mit dem KI-Tool TopazLabs bearbeitet und eine 5.1-Surround-Sound-Mischung mit Audition hergestellt. Für den TV-Export wurde eine 8-Spur-XDCAM-Sequenz erstellt (Abb. 6.24). Die Radio- und Podcast-Fassung wurden mit Adobe Audition gemischt.

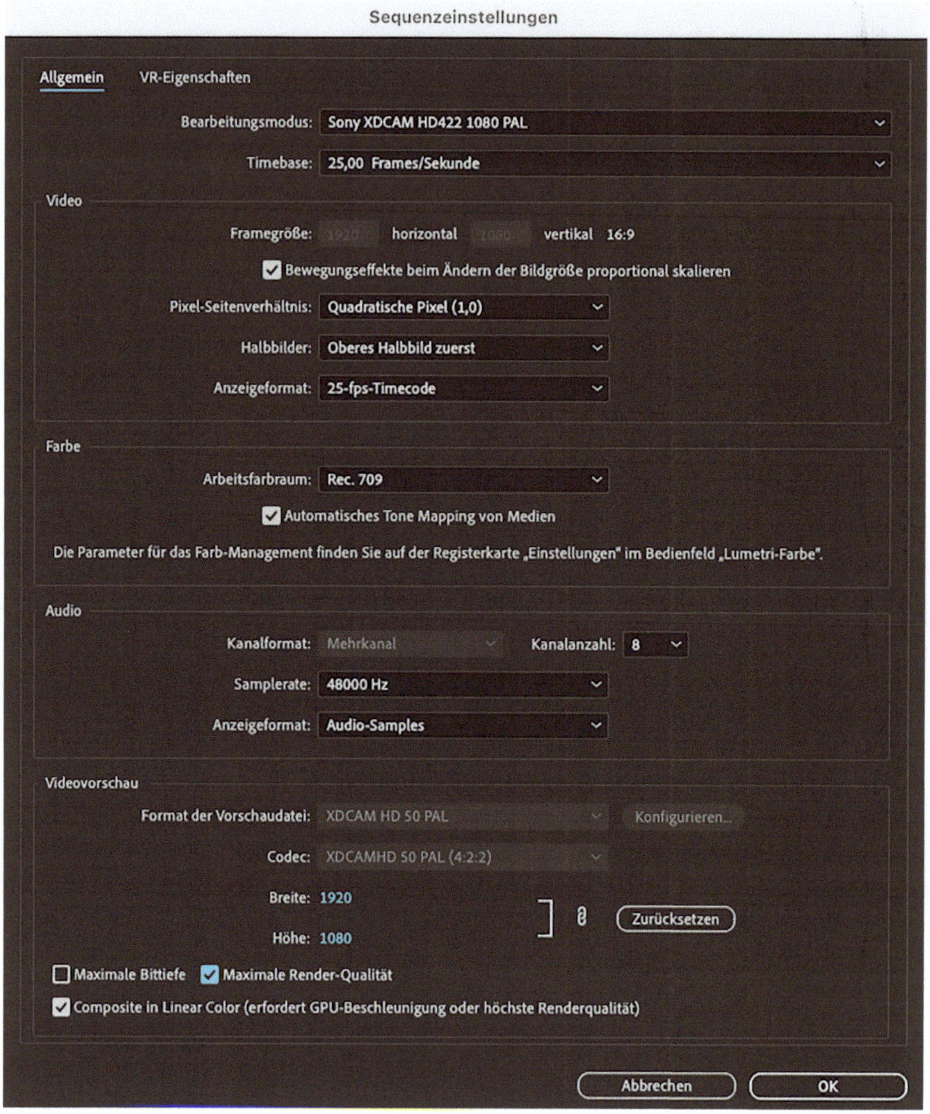

Abb. 6.24 Exportieren gemäß den Spezifikationen des öffentlichen Rundfunks (Screenshot Premiere Pro, 2024)

Der Werbespot (Abb. 6.25) war schließlich im nationalen Fernsehen (ORF), auf neun Regionalsendern, im Radio (Ö3) und online im Einsatz, insgesamt über einige Monate, und hat ausschließlich positive und anerkennende Reaktionen hervorgerufen. Rückblickend ist erstaunlich, an wie vielen Stellen eines Postproduktionsworkflows heute die Verwendung von KI-Tools ganz selbstverständlich geworden ist.

6.8 Praxisbeispiel

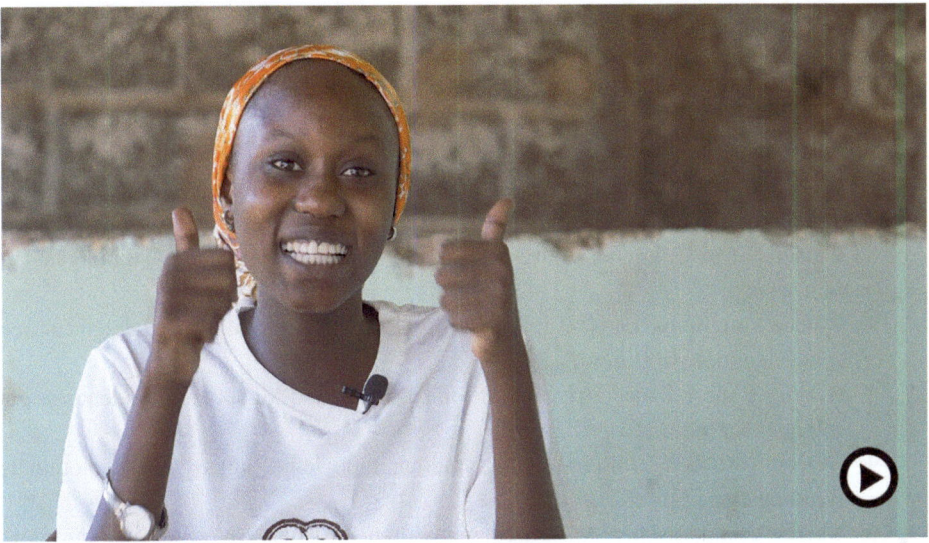

Abb. 6.25 Durch die Bearbeitung mit mehreren KI-Tools war ein authentischer Spot realisierbar (Screenshot ORF Humanitarian Broadcast, 2024) (▶ https://doi.org/10.1007/000-h5c)

> **Fragen**
>
> 1. Was ist der zentrale Meilenstein im klassischen Postproduktionsworkflow, und welchen Bearbeitungsstand hat ein Film zu diesem Zeitpunkt? Wie sind die weiteren Bearbeitungsschritte?
> 2. Was ist ein Rohschnitt, und welche Bestandteile enthält er bereits?
> 3. Was versteht man unter Picture Lock, und warum ist diese Festlegung im Workflow so wichtig?
> 4. Wie sind Sequenzen hinsichtlich Handlungsstruktur und Schnittstruktur definiert? Was ist der Unterschied zu Szenen?
> 5. Welche Bedeutung haben Schnittstile wie Realismus und Formalismus für die Gestaltung von Übergängen?
> 6. Welche Aufgaben übernimmt die Editorin bei der Entwicklung einer narrativen Struktur?
> 7. Welche Gestaltungsmittel können verwendet werden, um die Aufmerksamkeit der Zuschauer während eines Filmes zu gewinnen und zu halten?
> 8. Wie können gestalterische Mittel im Schnitt und musikalische Elemente Tranceeffekte im Film erzeugen?
> 9. Was ist thematische Montage, und wie unterscheidet sie sich vom Continuity-Schnitt?
> 10. Was zeigt das Kuleschow-Experiment hinsichtlich der Bedeutung des Schnittes für die Interpretation von Emotionen?
> 11. Warum ist der Rhythmus im Schnitt entscheidend, und welche Faktoren beeinflussen das Timing von Schnitten?

12. Wie beeinflusst die Blickpunktführung durch den Schnitt die Wahrnehmung und den Fokus der Zuschauer?
13. Welche Continuity-Regeln sorgen dafür, dass der Schnitt beinahe unsichtbar bleibt?
14. Was ist ein Schnitt in der Bewegung, und wie trägt er zur Flüssigkeit eines Filmes bei?
15. Was sind Cutaways und Inserts, und wie unterscheiden sie sich in ihrer Funktion im Schnitt?
16. Welche Effekte können durch statische und dynamische Einstellungen erzielt werden?
17. Welche Vorteile bieten KI-Tools wie TopazLabs, RunwayML oder lalal.ai für den Postproduktionsworkflow?
18. Warum ist die Balance zwischen Stimmen, Atmo und Musik entscheidend für ein gelungenes Audio-Mastering?
19. Welche Aufgaben erfüllt das Color Grading, und wie beeinflusst es die emotionale Wirkung eines Filmes?
20. Welche gestalterischen Anforderungen gelten für Titel, Untertitel und Inserts in einem Film?
21. Welche technischen Anforderungen müssen bei der Ausgabe eines Filmes für Social Media beachtet werden?
22. Warum ist ein DCP (Digital Cinema Package) für Kinofilme erforderlich, und welche Schritte umfasst dessen Erstellung?
23. Welche Rolle spielt KI in der klassischen Postproduktion, und welche Prozesse können durch ihren Einsatz beschleunigt oder optimiert werden?

Antworten
1. Der zentrale Meilenstein ist die Rohschnittabnahme. Zu diesem Zeitpunkt enthält der Film bereits alle Aufnahmen, den endgültigen Schnittrhythmus, alle Audioquellen und die verwendete Musik, jedoch fehlen Grading, Voiceover und die Audiomischung. Danach folgen die Farbkorrektur (Grading), das Audio-Mastering und das Zusammenführen von Bild und Ton. Abschließend werden Grafiken, Inserts und Abspann hinzugefügt, bevor die unterschiedlichen Versionen für verschiedene Plattformen ausgespielt werden.
2. Der Rohschnitt ist eine vorläufige Version eines Filmes, die den grundlegenden Erzählfluss präsentiert. Die Anordnung des Materials, der Schnittrhythmus, die ausgewählten Audioquellen und die Musik sind festgelegt. Finalisierungen wie Grading, Voiceover und die Audiomischung fehlen noch.
3. Picture Lock bezeichnet den Zeitpunkt in einem Projekt, nach dem keine Änderungen mehr am Timing oder an den Schnitten vorgenommen werden sollten. Dies ist essenziell, da Bild und Ton ab diesem Punkt synchronisiert sind und Änderungen den weiteren Workflow im Tonstudio und Grading-Studio verkomplizieren würden.

6.8 Praxisbeispiel

4. Szenen repräsentieren eine zeitlich und räumlich geschlossene Handlungseinheit, während Sequenzen größere Abschnitte sein können, die mehrere Szenen umfassen. Die Szene gehört zur Handlungsstruktur, die Sequenz zur Schnittstruktur, wobei kurze Sequenzen oft keine eigenständige Szene zeigen, sondern thematische oder emotionale Verbindungen zwischen Szenen herstellen.
5. Realistische Schnittstile bevorzugen unsichtbare Übergänge, die dem natürlichen Erzählfluss dienen, während formalistische Stile bewusst auffällige Übergänge wie harte Schnitte oder Überblendungen einsetzen, um Aufmerksamkeit zu lenken oder Emotionen zu erzeugen.
6. Die Editorin sichtet das Material, strukturiert es und ordnet die Szenen und Sequenzen so, dass ein klarer roter Faden entsteht. Sie berät die Regie bei der dramaturgischen Gestaltung, arbeitet Wendepunkte heraus und sorgt dafür, dass die Erzählung kohärent und spannend bleibt.
7. Aufmerksamkeit wird durch prägnante Anfänge, klare narrative Strukturen und visuelle Blickführung gehalten. Tranceinduktion durch Musik, Farben und Rhythmus sowie das Einsetzen von Wendepunkten halten das Interesse.
8. Tranceeffekte entstehen durch Blickführung, reiches inhaltliches Bildangebot und rhythmische Wiederholungen im Schnitt. Gleichförmige Klänge, beruhigende Musik und präzise gesetzte visuelle Kontraste unterstützen diese Wirkung.
9. Thematische Montage verbindet Bewegtbilder auf Basis thematischer Zusammenhänge, während Continuity-Schnitt auf narrative und visuelle Kohärenz fokussiert ist, um den Eindruck einer durchgehenden Handlung zu erzeugen.
10. Das Experiment zeigte, dass Zuschauer Emotionen und Bedeutungen aus der Kombination von Bildern ableiten, unabhängig vom tatsächlichen Inhalt der einzelnen Aufnahmen. Der Schnitt beeinflusst somit stark, wie Szenen wahrgenommen werden.
11. Rhythmus hält die Erzählung spannend und verhindert Langeweile. Faktoren wie das Tempo der Handlung, das Pacing, musikalische Begleitung, emotionale Momente und der visuelle Fluss beeinflussen das Timing.
12. Die Blickpunktführung lenkt die Aufmerksamkeit gezielt auf wichtige Details oder Figuren, wodurch der Zuschauer in die Handlung eingebunden und die Story klarer vermittelt wird.
13. Regeln wie der Schnitt in der Bewegung, Schnitt nach der Bewegung, Eyeline Matching, die 180-Grad-Regel und der Erhalt des Bewegungsimpulses sorgen dafür, dass Schnitte nicht auffallen und der Zuschauer im Handlungsfluss bleibt.
14. Beim Schnitt in der Bewegung wird der Schnittzeitpunkt auf eine Bewegung gesetzt. Dadurch erscheint der Übergang fließend, und der Handlungsfluss bleibt für den Zuschauer ununterbrochen. Genau genommen wird ein kurzer Teil der physikalischen Bewegung weggelassen.
15. Cutaways zeigen unterstützende Informationen, die vom Haupthandlungsstrang wegführen, während Inserts spezifische Elemente innerhalb einer Szene fokussieren, ohne die Erzählung zu verlassen.

16. Statische Einstellungen fördern Intimität und Stabilität, während dynamische Einstellungen Energie, Spannung oder Unvorhersehbarkeit erzeugen.
17. KI-Tools wie TopazLabs, RunwayML oder lalal.ai ermöglichen Aufgaben wie Upscaling, das Trennen von Audioelementen und die Bearbeitung von Videoinhalten effizienter und qualitativ hochwertiger, wodurch Zeit und Ressourcen gespart werden.
18. Die Balance zwischen Stimmen, Atmo und Musik sorgt für Verständlichkeit und emotionale Wirkung, indem Gesprochenes unterscheidbar bleibt, die Atmosphäre trotzdem erlebbar wird und Musik stimmig integriert wird.
19. Color Grading sorgt für visuelle Konsistenz und verstärkt die emotionale Wirkung durch gezielte Farbgestaltung. Es kann Stimmungen wie Geborgenheit, Freiheit, Bedrohung oder Spannung vermitteln.
20. Titel und Untertitel sollten gut lesbar, in serifenlosen Schriften gestaltet und in Größe und Position für alle Geräte optimiert sein. Sie sollten visuell zur Gesamtästhetik des Filmes passen.
21. Social-Media-Plattformen verlangen meist mp4-Dateien mit H.264-Codec, auf die Plattform abgestimmte Auflösung und passendes Format, optimierte Audiodaten und ansprechende Begleittexte.
22. Ein DCP ist für die weltweit standardisierte Projektion im Kino notwendig. Die Erstellung umfasst das Grading im Farbraum XYZ, das Encodieren in 2K oder 4K mit 24 Bildern pro Sekunde und das Anpassen der Audio-Lautheit gemäß Dolby-Kinonorm.
23. KI unterstützt Prozesse wie den Schnitt, die Farbkorrektur, das Audio-Mastering und das Organisieren von Material. Sie steigert Effizienz und Qualität, ersetzt jedoch nicht die kreative Entscheidungsfindung der Editorin.

Literatur

Aldredge, J. (2022a). *The invisible editor: A guide to continuity editing for film and Video.tte*. https://www.soundstripe.com/blogs/the-invisible-editor-a-guide-to-continuity-editing-for-film-and-video. Zugegriffen am 01.01.2025.

Aldredge, J. (2022b). *The basics of film editing (and how to edit a movie)*. https://www.soundstripe.com/blogs/the-basics-of-film-editing. Zugegriffen am 02.01.2025.

Arijon, D. (2003). *Grammatik der Filmsprache. Das Handbuch. Aus dem Amerikanischen von Karl-Heinz Siber* (S. 203–216). Zweitausendeins.

Böhringer, J., Bühler, P., & Schlaich, P. (2006). *Kompendium der Mediengestaltung für Digital- und Printmedien* (3. Aufl., S. 79–85). Springer.

Cutting, J. E., Brunick, K. L., & DeLong, J. E. (2011). *The Changing Poetics of the Dissolve in Hollywood Film.Empirical Studies in the Arts in press, (To appear in Empirical Studies of the Arts, Summer 2011)*. https://www.academia.edu/610803/The_Changing_Poetics_of_the_Dissolve_in_Hollywood_Film?email_work_card=view-paper. Zugegriffen am 25.05.2025.

Dorsky, N. (2003). *Devotional Cinema* (S. 46–47). Tuumba Press.

Filmpuls (2023). *Wenn du diese Filmtheorie verstehst, wird dein Video besser!* https://filmpuls.info/filmtheorie/#:~:text=Wirkungsäquivalenz%20bedeutet%20in%20der%20Filmtheorie,identisches%20Wirkungsziel%20ausgerichtet%20sein%20muss. Zugegriffen am 02.08.2024.

Gsellmann, M. (2023). *Meilenstein: Picture Lock.* https://www.annaundmoses.at/blogs/news/18-meilenstein-picture-lock. Zugegriffen am 04.06.2025.

Heckmann, C. (2021). *Types of Editing Transitions in Film – The Ultimate Guide.* https://www.studiobinder.com/blog/types-of-editing-transitions-in-film/. Zugegriffen am 31.12.2024.

Janßen, J. (2022). *Anwendungen künstlicher Intelligenz in Farbkorrektur und Color Grading von digitalem Video.* https://ai.hdm-stuttgart.de/downloads/student-white-paper/Winter-2223/KI_in_Farbkorrektur_und_Color_Grading.pdf. Zugegriffen am 23.02.2025.

Kauz, M., & Weibel, B. (2021). *Assoziative Filmsprache: Unsagbares in Bild und Ton erzählen. Praxis Film, 97.* Herbert von Halem Verlag.

Kramer, A., (2024). *Adobe Firefly: Premiere Pro erhält generative KI für Videos.* https://www.heise.de/news/Adobe-Firefly-Premiere-Pro-erhaelt-generative-KI-fuer-Videos-9685484.html. Zugegriffen am 02.01.2025.

Mark, S. (2024). *Static vs. Dynamic Shots in Filmmaking and How to Edit with them, EditMentor Blog.* https://editmentor.com/blog/static-vs-dynamic-shots-skyrocketing-visual-impact/. Zugegriffen am 22.07.2024.

Mikunda, C. (2018). *Hypnoästhetik: Die ultimative Verführung in Marketing, Handel und Architektur.* Econ-Verlag in Ullstein Buchverlage GmbH.

Mitry, J. (1997). *The aesthetics and psychology of the cinema.* Indiana University Press. Übersetzung aus dem französischen Original *Esthétique et Psychologie du Cinéma*, Éditions Universitaires, Paris 1963.

movie college (2024). *Fluch der Autoren.* https://www.movie-college.de/filmschule/drehbuch/vermarktung/drehbuchvertrag/fluch-der-autoren. Zugegriffen am 02.08.2024.

Nyland, R. (2013). *Intro to Film: Editing.* https://de.slideshare.net/slideshow/intro-to-film-editing/20421568. Zugegriffen am 22.07.2024 übersetzt durch den Autor.

Pearlman, K. (2009). *Cutting Rhythms: Shaping the Film Edit.* Focal Press. ISBN 978-0-240-81014-0.

Raffaseder, H. (2002). *Audiodesign.* Carl Hauser Verlag.

Riedel, B. (2024). *Instagram für Selbständige* (4. Aufl.). Eigenverlag.

Rosenthal, A. (1994). *Writing Docudrama: Dramatizing Reality for Film and TV.* Focal Press.

Ryan, W. (2025). *Top 10 Free Fonts für Designers in 2025.* https://www.domestika.org/en/blog/13565-top-10-free-fonts-for-designers-in-2025#gallery16068278. Zugegriffen am 15.01.2025.

Tenenbaum, M. (2021). *Shot Coverage: Static vs Dynamic Shots.* https://help.editmentor.com/en/articles/4762296-shot-coverage-static-vs-dynamic-shots. Zugegriffen am 22.07.2024

The Columbia Film Language Glossary (2015). https://filmglossary.ccnmtl.columbia.edu/term/shot-scene-and-sequence/. Zugegriffen am 15.11.2024.

ZDF. (2024). *Technische Normen und Richtlinien.* https://www.zdf.de/zdfunternehmen/techniknormen-richtlinien-100.html. Zugegriffen am 03.08.2024.

Content Creation, Werbung und Animatics 7

Inhaltsverzeichnis

7.1	Welche Videos sind im Netz erfolgreich?	222
7.2	KI-Unterstützung für Content Creators	223
7.3	Posten und Übersetzen	225
	7.3.1 Vorlagen und Formate	225
	7.3.2 Optimale Dauer und beste Zeitpunkte	226
	7.3.3 Posting planen und Content mit KI entwickeln	226
	7.3.4 Editing und mit künstlicher Intelligenz übersetzen	228
7.4	Streaming und TV	229
	7.4.1 Keine Stangenware	229
	7.4.2 Titel und Thumbnails	232
	7.4.3 Monetarisierung	232
7.5	Werbe- und Marketingvideos	233
7.6	Animatics, Visuals und Videopräsentationen	236
7.7	Tools, die Kreativität und Produktivität steigern	237
7.8	Praxisbeispiel	238
Literatur		245

Ergänzende Inforamtion Die elektronische Version dieses Kapitels enthält Zusatzmaterial, auf das über folgenden Link zugegriffen werden kann: https://doi.org/10.1007/978-3-658-46663-3_7. Die Videos lassen sich durch Anklicken des DOI-Links in der Legende einer entsprechenden Abbildung oder durch Scannen dieses Links mit der Springer Nature More Media App abspielen.

© Der/die Autor(en), exklusiv lizenziert an Springer Fachmedien Wiesbaden GmbH, ein Teil von Springer Nature 2025
L. Riedl, *Videos mit künstlicher Intelligenz gestalten*, X.media.press,
https://doi.org/10.1007/978-3-658-46663-3_7

▶ **Auftakt** „Wir haben seit Jahrzehnten Beweise dafür, dass Aufmerksamkeit zu erregen, nicht dasselbe ist, wie Qualität zu erzielen. Statt der versprochenen Datenautobahn haben uns Werbeanzeigen ein Internet beschert, in dem fast alle Anreize darin bestehen, billige, massenweise und qualitativ minderwertige Inhalte zu erstellen, die darauf ausgelegt sind, möglichst viele Blicke auf sich zu ziehen" (Stubblebine, 2024). Wollen wir das weiterhin?

Wir bemerken hier und da, dass ein Umdenken stattfindet. Google etwa beginnt, KI-Tools zu verwenden, mit denen die Qualität von Websites, deren Inhalt, Backlinks, Autorität und Zuverlässigkeit genau bewertet wird – und unzuverlässige oder irreführende Information erkannt wird. Das bedeutet, dass Websites mit durchschnittlichem Inhalt oder einem großen, aber nicht hochwertigem Linkbuilding-Profil wenig Erfolg haben werden. Natürlich müssen die technischen Grundvoraussetzungen wie Ladezeit, Navigation, Crawlbarkeit, Indexierbarkeit und die Optimierung für mobile Geräte sichergestellt sein. Doch Googles verfeinerter Algorithmus durchschaut minderwertige Search Engine Optimization (SEO), etwa wenn immer noch alte SEO-Konzepte wie Keyword-Dichte oder andere Methoden benutzt werden, die ausschließlich auf mehr Traffic ausgelegt sind (Hosp, 2024).

Um Zielgruppen sinnvollen Content anbieten zu können, ist es wichtig zu fragen: Was sind die Interessen, Probleme, Dilemmata, Ängste und Wünsche dieser Menschen? So können Inhalte angeboten werden, die einen Mehrwert haben. Menschliche Erfahrung soll einfließen: Analysen, Fallstudien, persönliche Geschichten und praktische Tipps. Es soll erkennbar sein, wer die Autorin des Inhalts ist: ein Foto, ein Link, eine Biografie. Linkreferenzen sollten nur zu hochwertigen, vertrauenswürdigen Websites angeboten werden (José, 2024).

Google präferiert nach wie vor Video-Content in seinen Suchergebnisse – ein Content Creator sollte jedoch vorsichtig sein: Schlechtes Storytelling oder gar Plagiate können sogar zu Entmonetarisierung führen.

7.1 Welche Videos sind im Netz erfolgreich?

Was sind hochwertige Inhalte? Was wird auf Social Media besonders häufig geteilt? Eine Konstante bleibt, dass Videos attraktiver sind als anderer Content. „Wer nicht mit Videos kommuniziert, kommuniziert nicht", bringt es Kaiser-Mühlecker (2019) auf den Punkt. Schon lange boomt der Markt für kurze Videoformate.

Der Instagram-Algorithmus zum Beispiel bezieht Faktoren wie Engagement, Relevanz, Aktualität und Nutzerverhalten ein (Riedel, 2024, S. 22–24). Im Gegensatz zu Suchmaschinen liegt der Fokus von sozialen Medien nicht so sehr auf der Qualität des Inhalts, sondern auf Engagement-Kennzahlen – solange die Videos angesehen und geteilt werden, spielt die Quelle leider noch eine untergeordnete Rolle.

Auf https://www.youtube.com/feed/trending findet man Themen, die auf YouTube gerade besonders gut ankommen. Aber auch in einer Nische kann man erfolgreich sein, wenn im Sinne des Long Tail ein ganz konkreter Nutzen für ganz spezifische Anfragen angeboten oder wenn eine Fanbase aufgebaut und langfristig gehalten werden kann. Am einfachsten ist es deshalb, von den eigenen Interessen auszugehen und sich zu fragen, was für mich cool ist und welche Themen von mir besonders gut abgedeckt werden können (Henning et al., 2022, S. 22–38).

Search Engines lassen sich nicht von oberflächlichen Versuchen blenden, Authentizität vorzutäuschen. Wer sich bei der Erstellung seiner Inhalte bisher auf KI verlassen hat, sollte sich bewusst sein: Google reiht von Chatbots geschriebene Inhalte im Ranking zurück. Plattformen wie YouTube schließen Inhalte, die ausschließlich auf KI-Tools basieren und minderwertig wirken, von der Monetarisierung aus. Videoproduktionen mit ansprechenden Narrativen und visuell starken Inhalten haben dagegen bessere Chancen, sich abzuheben.

Was bedeutet das für Influencer und Anbieter von Streaming-Videos? Der Content muss glaubwürdige Informationen enthalten, die auf Erfahrung basieren und durch belegbare Daten gestützt sind. Videos für Endkonsumenten müssen nicht nur ansprechend gestaltet, sondern so auf die Bedürfnisse des Publikums zugeschnitten sein, dass eine emotionale Resonanz entsteht. Hilfreich sind darüber hinaus Untertitel (für Gehörlose und für Abspielsituationen ohne Ton), mehrsprachige Versionen und aussagekräftige Thumbnails (Gillham, 2024).

7.2 KI-Unterstützung für Content Creators

Was macht Content Creators erfolgreich? Authentizität, Attraktivität, Social Proof, gutes Storytelling und fachliche Expertise werden als die Erfolgsfaktoren von Content Creators angesehen. Um die Authentizität nicht infrage zu stellen, ist ein transparenter Umgang damit, wie KI bei der Videokreation eingesetzt wird, von enormer Bedeutung.

Um auf YouTube erfolgreich Geld zu verdienen, sollte ein Content Creator folgende Punkte beachten:

- **Qualität vor Quantität:** Viewer bevorzugen interessante, lehrreiche oder unterhaltsame Inhalte.
- **Bei einem Thema bleiben:** Ein konsistentes Thema hilft, Follower aufzubauen, was Werbepartner anzieht und Einnahmen steigert.
- **Einnahmequellen diversifizieren:** Sich nicht nur auf AdSense zu verlassen, sondern auch an Merchandise oder Bezahlplattformen zu denken, kann helfen, ein regelmäßiges Einkommen zu sichern.
- **Aktiv Sponsoren suchen:** Gezielt nach passenden Marken suchen und Kooperationen in die Wege leiten.
- **Trends nutzen:** Den Content auch daran anpassen, was auf YouTube aktuell nachgefragt wird, um neue Zuschauer zu gewinnen und das Zuseherengagement zu erhöhen (Salinas, 2025).

Letztlich geht es darum, Content zu produzieren, für den sich Follower wirklich interessieren. Nur so kann Zielgruppenbindung funktionieren. Es ist bedeutsam, von Fragen und Themen realer User auszugehen. Dazu können Werkzeuge wie **Reddit** oder das **YouTube Keyword Tool** helfen. Meist geben Suchanfragen zu „Wie …?" oder „Warum …?" Hinweise auf die realen Interessen von Usern. Dieses Wissen kann Ausgangspunkt dafür sein, Themen für konkrete Videos zu finden.

Beim automatisierten Posten eigener Videos auf mehreren Kanälen und einem eigenen Video-Blog können Plattformen wie **Make.com** unterstützen. Sichergestellt werden muss, dass die finale Freigabe von Posts durch eine menschliche Überarbeitung sichergestellt ist oder zumindest eine menschliche Überprüfung stattfindet (Lampi, 2024).

Search-Engine-Optimierung mit KI: Bei der Auswahl relevanter Keywords für die Suchmaschinenoptimierung und die Erstellung von Metabeschreibungen kann ein Chatbot eingesetzt werden, etwa Google Gemini, denn der hat Zugriff auf das Suchvolumen und die Rankingschwierigkeit für spezifische Keywords.

```
Es geht um SEO für den deutschsprachigen Raum. Nenne mir relevante SEO-
Keywords zum Thema [Ihr Thema bzw. Ihr Geschäftsmodell].
Meine Kunden sind [Ihre Zielgruppe]. Wichtige Konkurrenten sind [Ihre
Konkurrenz].
Erstelle eine Tabelle mit drei Spalten. In der linken Spalte bitte 30
Keywords anführen. Füge in der zweiten Spalte jeweils das monatliche
Suchvolumen und in der dritten Spalte die Rankingschwierigkeit hinzu.
```

Die Ergebnisse können mit KI-Tools wie **Semrush.com, Ahrefs.com, Ranktracker.com, Seobiltity.net, Moz.com** und auch dem kostenlosen **Google Keyword Planner** überprüft und präzisiert werden. Man geht dabei in mehreren Schritten vor, um passende Keywords zu finden und jene auszuwählen, die das Volumen von Suchanfragen tatsächlich optimieren.

Das Wort **Rankingschwierigkeit** (Keyword Difficulty) bezeichnet das Maß der Herausforderung, ein Keyword in den organischen Suchergebnissen von Suchmaschinen gut zu ranken. Sie wird von folgenden Faktoren beeinflusst:

- **Konkurrenz:** Wie viele andere Websites optimieren auf dieses Keyword? Wie stark und etabliert sind diese Websites (z. B. hinsichtlich ihrer Domain Authority, Backlinks und Content-Qualität)?
- **Suchvolumen:** Keywords mit hohem Suchvolumen ziehen meist mehr Konkurrenz an, was die Rankingschwierigkeit erhöhen kann.
- **Relevanz:** Wie gut passt das Keyword zur Zielgruppe und zu den Inhalten der bestehenden Websites?
- **Art des Keywords:** Allgemein gehaltene Keywords (z. B. „Motorboot") haben oft eine höhere Rankingschwierigkeit, da sie stark umkämpft sind.

- **Längere, spezifische Keywords** (sogenannte Longtail Keywords, z. B. „gebrauchtes Motorboot in München kaufen") haben meist eine niedrigere Rankingschwierigkeit.
- **SEO-Aktivitäten der Wettbewerber:** Wenn Wettbewerber professionell optimierte Inhalte, technische SEO, starke Backlinks und hohe Autorität besitzen, erhöht sich die Schwierigkeit.

Die Rankingschwierigkeit wird in diesen Tools als Wert auf einer Skala von 0 bis 100 angegeben. Es ist ratsam, diese Tools oder Plug-ins wie das ChatGPT Plugin SEO zu verwenden; Optimierungen können so schneller umgesetzt werden.

7.3 Posten und Übersetzen

7.3.1 Vorlagen und Formate

Stories und Reels bieten Möglichkeiten, mit einem breiten Publikum in Kontakt zu treten und die Reichweite zu erhöhen (Riedel, 2024, S. 67 f.). Wenn Sie mit Premiere Pro arbeiten, werden Sie Projektvorlagen kennen. Projektvorlagen sind nützlich, wenn Sie Videomaterial für Kommunikationskanäle, Messenger-Dienste und Vernetzungsplattformen erstellen, da sie dabei helfen, Branding, Farben und Assets über mehrere Projekte hinweg beizubehalten. Um mit einem Social-Media-Vorlagenprojekt zu beginnen, gehen Sie wie folgt vor:

- Starten Sie ein neues Projekt und geben Sie den Projektnamen sowie den Speicherort ein.
- Wählen Sie aus den verfügbaren Projektvorlagen das **Social Media Template** aus. Damit werden passende Vorlagengrößen für Anwendungen wie YouTube, Facebook, Instagram usw. geöffnet.
- Platzieren Sie Ihre Medien in der Sequenz unterhalb der Overlay-Ebene der Vorlage. Die Überlagerungsebene muss vor dem Export inaktiv geschaltet oder gelöscht werden.

So können Sie das Branding, die Farben und die Elemente über mehrere Projekte hinweg beibehalten.

Hashtags: Weil beispielsweise Instagram selbst immer mehr zu einer Suchmaschine wird, geht die Bedeutung von Hashtags für die Reichweite von Beiträgen zurück. Eine gute Faustregel sind zwei bis fünf Hashtags pro Beitrag. Bei Stories haben sie kaum noch Auswirkungen (Riedel, 2024, S. 87–90).

Rastergrößen: Die akzeptierten Rastergrößen, Bildfrequenzen, maximalen Längen, Dateiformate und Dateigrößen finden Sie direkt auf den jeweiligen Social-Media-Plattformen. Bei Instagram können Sie zurzeit Stories oder Reels (bis 4 GB) mit einem Seitenverhältnis zwischen 1,91:1 und 4:5 hochladen. Optimal ist eine Videogröße von 1080 × 1920 Px (Hochformat). Im Feed wird allerdings nur ein Teil davon sichtbar: 1080

× 1350 Px (Hochformat im News-Feed) bzw. 1080 × 1080 Px (Quadrat im Profil-Feed). Live-Videos werden immer im Full Screen angezeigt.

- Video (Full Screen): 9:16, 1080 × 1920 Px
- Video im News-Feed (Porträt): 4:5, 1080 × 1350 Px
- Profil-Feed: 1:1, 1080 × 1080 Px
- Reels-Feed: 9:16, 1080 × 1920 Px

Das perfekte **TikTok**-Video (bis 500 MB) hat 1080 × 1920 Px (Hochformat). In-Feed-TikTok-Videoanzeigen können auch 1080 × 1080 Px (quadratisch) sein. News-Feed-TikTok-Videoanzeigen können mit 1920 × 1080 Px (im Querformat) oder 1080 × 1080Px (quadratisch) angezeigt werden.

- Video (Full Screen): 9:16, 1080 × 1920 Px
- In-Feed-Videoanzeigen (Porträt): 9:16, 1080 × 1920 Px oder 1:1, 1080 × 1080 Px
- News-Feed-Anzeigen: 16:9, 1920 × 1080 Px oder 1:1, 1080 × 1080 Px

Filme für **YouTube**, **Hulu** oder **Vimeo** werden in der Regel im Format 16:9 veröffentlicht und haben zumindest 1080 × 1920 Px, besser 2160 × 3840 Px. YouTube-Videos können auch im Hochformat 9:16 hochgeladen werden, das geht nicht nur bei YouTube-Shorts (60 s), sondern auch auf eigenen Kanälen, wenn die Zielgruppe vorwiegend über Mobilgeräte erreicht werden soll.

7.3.2 Optimale Dauer und beste Zeitpunkte

- **Kurzvideos:** 2–30 s – Facebook/Instagram/TikTok. Es endet genau da, wo es spannend wird (um von dort auf eine Landingpage zu verweisen).
- **Langvideos:** 60–90 s für die Landingpage.

Bei der Entscheidung, zu welchem Zeitpunkt Sie auf Social Media posten, geht es um die Lebensgewohnheiten und Nutzungszeiten der User. Die in den Ratgebern benannten Zeitpunkte beziehen sich meist auf Statistiken aus den USA und sind für Europa gegebenenfalls anzupassen.

7.3.3 Posting planen und Content mit KI entwickeln

Für Influencerinnen ist es oft eine Herausforderung, regelmäßig neue und interessante Ideen für Video-Content zu entwickeln. Ein konsistenter Veröffentlichungsplan hilft dabei, eine Fangemeinde aufzubauen. Mit **ThePreviewApp.com** kann nicht nur eine Vorschau des Feeds angezeigt werden, sondern es können Hasthag-Listen angelegt und die Veröffentlichung von Beiträgen geplant werden (Riedel, 2024, S. 94 und S. 171). Mit KI kann ein Brainstorming für kreative, unkonventionelle und ansprechende Videoideen gemacht werden. Hier ist das Beispiel eines Prompts, mit dem nach Videoideen gesucht werden kann:

7.3 Posten und Übersetzen

```
Start [Command]
Create a 6 months content calendar for my instagram account about [YOUR
CONTENT]. Please create a post for every Friday. Add as much value for
the target audience [YOUR AUDIENCE] as possible. It is important that
you consider include references to timely events and celebrations when
relevant. Whenever possible, reference influencers and other important
people related to [YOUR THEME]. Create a couple of posts that my au-
dience will find funny.
Provide me the content calendar in a table. First column = date, second
column = tweet intent, third column = tweet text, fourth column = media
or link content recommendation, fifth column = recommended hashtags.
Title the table "Insta-Posts"
After the table, write a short recommendation on potential collaborati-
ons and aligned advocacy ideas that will support the posts.
End [Command]
Before executing the above [Command], ask me questions to share any in-
formation about the target audience that is relevant.
```

Dieser oder ähnliche Prompts können genutzt werden, um schnell frische Inspiration zu bekommen, egal ob für Unterhaltung, Challenges oder informative Inhalte (Akshita, 2024).

Noch präzisere Ergebnisse können mit KI-Planungsinstrumenten erzielt werden, wie etwa **Predis.ai, Audiense.com, Contentstudio.io, Flick.social, Lately.ai, Ocoya.com, Postly.ai, Meetedgar.com, Copy.ai/social-media-managers**. Mit **HootSuite.com** können Social-Media-Kanäle verwaltet und geplant werden. **ManyChat.com** ist ein Tool, mit dem automatisierte Nachrichten bei bestimmten Reaktionen versendet werden können (Riedel, 2024, S. 171).

BrandWell.ai ist ein KI-Autorentool, das für Marketingmanagerinnen, Agenturinhaber oder Herausgeberinnen großer Websites zusätzlich Funktionen wie einen Plagiatsprüfer und einen KI-Detektor anbietet. So kann man sichergehen, dass Originalinhalte erstellt werden.

Copy.ai hat sich als Lösung etabliert, um schnell kreative Ideen für Inhalte zu entwickeln. Von Produktbeschreibungen bis zu viralen Ideen decken die Brainstorming-Funktionen von Copy.ai eine breite Palette ab.

Descript.com kombiniert Videobearbeitung, Transkription und KI-gestützte Tools; es automatisiert die Transkription in mehreren Sprachen. Die Overdub-Funktion eignet sich zum Erstellen von mehrsprachigen Voiceovers. Descript ist als Desktopanwendung für Mac und Windows und als webbasierte Version verfügbar.

Ebenso wie das Tool ContentShake AI von **Semrush.com** zeichnet sich **Frase.io** durch die Kombination von KI-gestützter Inhaltserstellung mit robusten SEO-Recherche- und Optimierungstools aus. Es ist eine Komplettlösung für Content-Vermarkter, die suchmaschinenfreundliche Inhalte erstellen wollen.

Koala Writer von der Plattform Koala.sh erstellt aus stichwortartigen Eingaben ganze Entwürfe für Blogbeiträge. Mit seiner Bearbeitungsfunktion beschleunigt dieses Tool den Schreibprozess. Was diesen KI-Texteditor auszeichnet, ist, dass er darauf zugreift, was gerade tagesaktuell auf der ersten Seite von Google rangiert. Ausgehend von einem Schlüsselwort und der Gliederung eines Blogbeitrags schreibt die KI dann Textentwürfe, die für dieses Schlüsselwort wahrscheinlich ein höheres Ranking bei Suchmaschinen erzielen.

Rytr.me wird gerne als kostengünstiger KI-Schreibassistent genützt. Seine benutzerfreundliche Oberfläche machen ihn zu einer guten Wahl für Content-Ersteller, die nach einem erschwinglichen und dennoch leistungsstarken Tool suchen.

7.3.4 Editing und mit künstlicher Intelligenz übersetzen

Geeignete Tools zur Videobearbeitung sind zahlreich und haben generell KI an Bord. **Animoto.com, Descript.com, Filmora.wondershare.net, Flixier.com, Lumen5.com, Movavi.de, Unscript.ai** und Wisecut.ai sind einige davon. Mit diesen KI-Videoeditoren kann man Rohmaterial auswählen, visuelle Elemente, Titel und Beschriftungen hinzufügen, Ebenen animieren oder Voiceover hinzufügen. Sie sind eine Unterstützung für einfaches Video-Editing. Viele Plattformen haben vom Webcam-Recording über Video- und Audio-Enhancing und Avatare bis zur Ausgabe in unterschiedlichen Plattformen alle Werkzeuge an Bord, die Content Creators schätzen, etwa einen Rauschunterdrücker; der Hintergrund kann ausgetauscht (LUTs, Overlays) und Titel angewendet werden. Auf diese Weise werden Videos selbst aus Blogs erstellt, indem die KI Voiceover, Avatare und Zwischenschnitte kombiniert und automatische Untertitel erzeugt.

Unternehmen wie Netflix, Disney und Amazon investieren Milliarden in die Lokalisierung ihrer Inhalte, da globale Märkte ein erhebliches Umsatzpotenzial darstellen. Bisher war diese Praxis großen Konzernen vorbehalten. Nun ermöglicht KI auch kleineren Unternehmen, Videos in mehreren Sprachen zu synchronisieren und zu übersetzen. Es gibt verschiedene Methoden, die verwendet werden, um Videos zu übersetzen.

Transkription und Untertitel in der Fremdsprache: Diese Art der Übersetzung eignet sich für Videos mit gesprochenem Wort und ist eine effiziente Möglichkeit, das Video für ein internationales Publikum bereitzustellen. Untertitel können etwa mit YouTube oder mit Premiere oder mit Tools wie **Maestra.ai** erzeugt werden. Das Tool **Happyscribe.com** erstellt ein Transkript. Auch **Flixier.com** eignet sich gut.

Voiceover und Synchronisation: Beim Voiceover wird der Kommentartext des Videos in eine andere Sprache übersetzt.

Bei der Synchronisation dagegen – sie wird auch als Dubbing bezeichnet – wird darüber hinaus der O-Ton des Videos (also etwa Interviews oder Dialoge) in die Zielsprache übersetzt und ersetzt. Diese Techniken ermöglicht es einem weltweitem Publikum, das Audio von Videos in der Muttersprache zu hören. **Deepdub.ai** positioniert sich als Branchenführer und strebt an, den Prozess der Synchronisation im Gesamten zu vereinfachen. Lippensynchrone Synchronisation ermöglicht Film- und Fernsehproduktionen das Erreichen von Zielgruppen außerhalb des muttersprachlichen Kreises – das bedeutet schon eine ungeheure Chance für Redakteurinnen und Werbetreibende. Für Content Creators und Werbetreibende gelingt das auch mit **Wavel.ai** oder **Dubbify.io**.

Die Videokreationsplattformen, wie unter anderem **Veed.io**, haben meist ebenso Tools zur Übersetzung in andere Sprachen. Das oben genannte Maestra.ai oder Rask.ai kann empfohlen werden. So erreichen Content Creators ihr Publikum mit ihrer eigenen Stimme in Dutzenden Sprachen.

Auch bei den Übersetzungstools gilt die Empfehlung, die Plattformen selbst zu testen, um die passenden Tools für die eigenen Workflows zu finden.

7.4 Streaming und TV

Die journalistische Essay-Plattform *The Pudding* hat mit dem Chatbot Claude versucht, eine datengesteuerte, visuelle Geschichte zu erstellen. In ihrem Experiment wollten sie herausfinden, ob Claude eine Geschichte mit dem gleichen Anspruch an Details und Kreativität erstellen kann, wie wir es von menschlichen Redakteurinnen erwarten. Claude schlug Themen vor wie weibliche Charaktere in Videospielen, die Umweltbelastung durch Fast Fashion und die emotionale Wirkung von Liedern über Jahrzehnte hinweg. *The Pudding* hat den Vorschlag zu Emotionen in der Musik ausgewählt. Bei diesem so komplexen Projekt war das KI-Modell dann aber bei Weitem überfordert und machte steuernde Eingriffe notwendig (Samora & Pera-McGhee, 2024).

7.4.1 Keine Stangenware

Streaming-Plattformen quellen über von formelhaften Inhalten, die eigentlich niemanden interessieren. Es wäre schade, wenn Sie KI nur dazu verwenden würden, noch mehr Stangenware zu produzieren. Das sei an einem Beispiel verdeutlicht. Bekanntlich muss ein TV-Beitrag die fünf W-Fragen beantworten. Wenn ein Beitrag über diese Banalitäten hinaus aber nichts zu bieten hat, wird es unerträglich.

```
Prompt:
Verfasse den Text für einen dreiminütigen TV-Beitrag über die Internat.
Amateurmeisterschaften (DGV) Golf Club Teutoburger Wald e.V., der die Fra-
gen Wer, Was, Wann, Wo und Warum im Rahmen eines TV-Magazins beantwortet.
```

Antwort von ChatGPT:

Hier ist ein Vorschlag für den Text eines dreiminütigen TV-Beitrags über die Internationalen Amateurmeisterschaften im Golf Club Teutoburger Wald e.V.:

Sprecher:

Herzlich willkommen zu unserem Sportmagazin! Heute werfen wir einen Blick auf ein ganz besonderes Event: die **Internationalen Amateurmeisterschaften des Deutschen Golf Verbands (DGV)**, ausgetragen im malerischen **Golf Club Teutoburger Wald e. V.** Ein Highlight für Golffans und eine beeindruckende Plattform für Nachwuchstalente aus aller Welt.

Szene 1: Wer?

Bilder von Spielern auf dem Golfplatz, Interviews mit Teilnehmern

Sprecher: Doch wer steht hier im Rampenlicht? Es sind **die besten Amateurgolferinnen und -golfer** aus über 20 Nationen. Von ambitionierten Nachwuchstalenten bis hin zu erfahrenen Routiniers, die auf dem Weg zu einer Profikarriere sind. Sie alle haben sich in ihren Heimatländern qualifiziert und treten hier gegeneinander an.

Szene 2: Was?

Drohnenaufnahmen des Golfplatzes, Spielszenen

Sprecher: Bei den Internationalen Amateurmeisterschaften geht es um viel mehr als nur um Schönwettersport. Es ist der ultimative Test für Präzision, Konzentration und Ausdauer – auf einem der anspruchsvollsten Golfplätze Deutschlands. Gespielt wird über **vier Tage**, mit insgesamt 72 Löchern, und das Ziel ist klar: **Den Titel der Internationalen Amateurmeisterin oder des Amateurmeisters zu erringen.**

Szene 3: Wann und wo?

Einblendung des Turnierkalenders, Ortsaufnahmen

Sprecher: Das Turnier findet **vom 12. bis 15. Juli** statt und wird im renommierten **Golf Club Teutoburger Wald e. V.** ausgetragen. Dieser Club ist bekannt für seinen landschaftlich reizvollen Kurs, eingebettet in sanfte Hügel und umgeben von dichter Natur.

Lokale Fans und Golfbegeisterte aus der Region sind herzlich eingeladen, live dabei zu sein. Der Eintritt ist frei, und für Zuschauer gibt es mehrere Aussichtspunkte mit bestem Blick auf die Schüsse der Spielerinnen und Spieler.

Szene 4: Warum?

Interview mit einem Organisator, Archivaufnahmen früherer Turniere

Sprecher: Aber warum ist dieses Turnier so wichtig? Hier geht es nicht nur um den Titel. Die Internationalen Amateurmeisterschaften gelten als **Sprungbrett in die Golfweltelite**. Viele Profis begannen ihre Karriere mit Erfolgen bei diesem Turnier. Zudem ist es eine Gelegenheit, internationale Freundschaften zu knüpfen und sich sportlich auf höchstem Niveau zu messen.

Auch für den Gastgeber, den Golf Club Teutoburger Wald, ist das Event ein Highlight. Es zeigt, wie sehr der Club die Förderung des Golfsports unterstützt und dabei einen wichtigen Beitrag zur internationalen Golf-Community leistet.

Schluss: Aufruf

Dynamische Bilder der Finalrunde, jubelnde Spieler, Trophäenübergabe

Sprecher: Ob leidenschaftlicher Golffan oder Neuling – dieses Turnier sollten Sie nicht verpassen. Kommen Sie vorbei und erleben Sie hautnah, wie Sport, Talent und Natur zu einem einmaligen Erlebnis verschmelzen. Die **Internationalen Amateurmeisterschaften** im Golf Club Teutoburger Wald – wir sehen uns dort!

Abspann mit Musik und Logo des Golf Clubs sowie des DGV.

```
ChatGPT: Ich hoffe, dieser Text entspricht den Anforderungen für den TV-
Beitrag über das Golfturnier in Koblenz 2025! ◀
```

Nein, er entspricht den Erwartungen ganz und gar nicht! So einen Beitrag würden Sie wohl nur gegen Schmerzensgeld produzieren wollen. Und wer so eine abgegriffene Trivialität vorgesetzt bekäme, hätte sich weder unterhalten noch gut informiert gefühlt.

Wenn Sie etwas Unverwechselbares, etwas Kreatives, gestalten wollen, dann nützen Sie KI, um Hintergründe und Zusammenhänge zu recherchieren. Wenn Sie ein Thema dieser Art aufgreifen wollen, fragen Sie zum Beispiel die KI, was es Besonderes auf diesem Golfplatz gibt. Finden Sie mit einem Telefonat heraus, welche ungewöhnlichen Teilnehmerinnen oder Teilnehmer erwartet werden. Vielleicht stoßen Sie auf interessante Persönlichkeiten oder auf Geschichten, die Sie wirklich erzählen wollen, wie etwa auf Marcel Siem (Abb. 7.1), den deutschen Golfprofi, der bei den Italian Open in Milano Marittima nur fünf Monate nach einer Hüftoperation antrat – und gewann.

Die bekannte Journalistin Danielle Spera benannte in ihrer Zeit als ORF-Nachrichtenmoderatorin das Wesentliche, worauf es ankommt, mit zwei Punkten: nämlich auf ein Thema neugierig machen und komplexe Sachverhalte gut aufbereiten. Dann entsteht auch der Wohlfühlfaktor von Fernsehen für die Zuseher, sich willkommen und angesprochen zu fühlen (Fritzsche, 2009, S. 71–73).

Zum Vorformulieren einer nach der Recherche gefundenen und entwickelten individuellen Story spricht nichts dagegen, sich eines Chatbots zu bedienen. Den Feinschliff des Textes sollten Sie dann aber wieder selbst übernehmen.

Abb. 7.1 Marcel Siem. (Foto: Wolf Blur)

7.4.2 Titel und Thumbnails

Wenn ein Video auf einer Streaming-Plattform vergleichsweise wenige Aufrufe erzielt, kann es am Inhalt liegen, aber auch am Titel oder dem Thumbnail (der Miniaturansicht). Erfolgreiche Titel und Thumbnails

- machen neugierig oder
- versprechen einen Nutzen oder einen Wert.

Der Titel wirft eine (vielleicht sogar provokante) Frage auf, deren Antwort der Zuschauer unbedingt erfahren möchte, während das Nutzenversprechen einen klaren Wert formuliert, mit dem die von Zuseherinnen investierte Zeit belohnt wird. Insgesamt sollte der Titel nicht mehr als 65 Zeichen haben, damit er bei der Darstellung im Channel nicht abgeschnitten wird (Henning et al., 2022, S. 162–164).

Die Kraft zugkräftiger Titel wird deutlich, wenn man sich den YouTube-Kanal von „Gewitter im Kopf" von Jan Zimmermann und Tim Lehmann ansieht. Dieser Kanal hat über zwei Millionen Abonnentinnen und gehört zu den erfolgreichsten YouTube-Kanälen Deutschlands.

- Eine inhaltliche Lücke macht neugierig – am Beispiel von „Gewitter im Kopf" lautet das so: „Mein Tourette hat mich fast umgebracht." Das weckt Neugier, weil es dramatisch und unvollständig ist.
- Ein Nutzenversprechen: „So haben wir unser Leben mit Tourette verändert."

Ein Tool wie **MagicPublish.ai** kann nach dem Upload und der Analyse eines Videos Metadaten vorschlagen (auch Titel und eine Beschreibung).

7.4.3 Monetarisierung

Die Welt der Videoportale ist fragmentiert und vielfältig: YouTube, Vimeo, Dailymotion, TikTok, IGTV, Facebook Watch, LinkedIn Video, Vevo, Hulu und noch viele mehr. Vielfältig sind auch die Möglichkeiten, mit Videos Geld zu verdienen, von Affiliate Marketing bis zu Video on Demand. Oft wird gefragt: Kann man auch KI-Videos monetarisieren? Ja, beispielsweise kann man mit KI-generierten Videos auf YouTube ebenso Geld verdienen wie mit anderen Videos. Natürlich müssen KI-Videos auch den Richtlinien entsprechen:

- Die Rechte für die Inhalte müssen vorhanden sein (das betrifft vor allem Text, Typografie, Bild und Stimmen).
- Eine Mindestzahl an 1000 Abonnenten und 4000 Stunden Wiedergabezeit im letzten Jahr ist notwendig.
- Die Community-Richtlinien und Nutzungsbedingungen müssen eingehalten werden.

- Ein AdSense-Konto muss zur Einnahmenabwicklung verknüpft werden.
- Es dürfen keine schädlichen, unethischen oder anstößigen Inhalte veröffentlicht werden.

YouTube hat darüber hinaus spezifische Anforderungen für KI-generierte Videos festgelegt:

- Sie müssen einen echten Wert bieten (im Sinn von hilfreichem oder interessantem Content).
- Die KI-Nutzung (etwa die Verwendung synthetischer Stimmen) muss offengelegt werden.
- Es darf nicht vorgetäuscht werden, dass der Inhalt ausschließlich menschlich erstellt wurde.

Erfahrungsgemäß ist es für den Online-Erfolg nicht unerheblich, dass auch mit KI produzierte oder bearbeitete Videos authentisch wirken (Blog No Vid, 2023).

7.5 Werbe- und Marketingvideos

Die Erwartung, dass KI auf Knopfdruck eine geniale Inspiration für Marketing-, PR- und Werbespots liefern könnte, wurde enttäuscht. Lyrik und Werbetexte funktionieren eben nicht auf Knopfdruck. KI tut nur so, als ob sie intelligent wäre. Manche halten dagegen: Genau das Gleiche gelte auch für die meisten Menschen, die sie kennen. Doch in Wahrheit bleibt menschliche Fantasie unverzichtbar, auch wenn sie bei kreativen Aufgaben langsamer ist als KI und das wohl auch bleiben wird. Menschen haben nach wie vor ein wesentlich besseres Urteilsvermögen hinsichtlich Ästhetik, und sie übertreffen KI an Originalität. Selbst wenn KI gute Überlegungen generiert, braucht es immer noch Menschen, die entscheiden, welche davon am besten passen.

Die maximale Aufmerksamkeitsspanne von Videos für Social Media ist in der Regel geringer als für Videos, die in anderem Kontext präsentiert werden. Gerade auf Social Media ist ausschlaggebend, dass das Video von Anfang an das Interesse der Zuschauerinnen fesselt und sich auf ein oder zwei wichtige Punkte konzentriert, um die Besucher bis zum Ende des Videos bei Laune zu halten.

Aufguss alter Inhalte im Themenrecycling ist langweilig. Bekanntes in einem neuen Zusammenhang zu präsentieren, kann dagegen reizvoll werden. Der kanadische Filmregisseur Kirby Ferguson wurde für seine Aussage „Everything is a remix" bekannt. Kaum jemandem fällt eine originelle Idee aus heiterem Himmel zu. Kreativ sein bedeutet zu kopieren, zu variieren und vorhandene Elemente neu zu kombinieren (Ravenscraft, 2014). Das ist jedoch etwas, was auch KI zunehmend lernt, also lassen Sie sich dabei von ihr assistieren. Starten Sie doch einen Versuch mit Ihrem Chatbot! Fordern Sie ihn heraus, stellen Sie ihn auf die Probe, ob er Ihrer Kreativität neuen Schub geben kann! So kann etwa das Konzept für einen Werbefilm geprompted werden:

- Das Thema nennen (z. B. Werbung für ein Getränk)
- Das Ergebnis definieren (z. B. ein Konzept, ein Videoskript, einen Sprachkommentar)
- Die Zielgruppe des Werbefilmes festlegen (mithilfe der Sinus-Milieus, wie etwa „Adaptiv-pragmatische Mitte", eine Persona, oder eine psychografische Gruppe gemäß der engpasskonzentrierten Strategie) oder eine Zielgruppe nach emotionalen Motiven wie etwa dem „Zürcher Modell der sozialen Motive" eingrenzen
- Den Stil umreißen und die Adressaten des Konzepts nennen (z. B. für die Marketingverantwortliche eines Unternehmens)
- Format (z. B. Tabelle) und die gewünschte Länge des Texts festlegen

Der Konzeptionsprozess kann auch mit Plattformen für Kreativprozesse begleitet werden, so wie etwa von **tricoma.ai**. Zu den Funktionen dieses integrierten Tools gehören Brainstorming, Websiteerstellung, Bildbearbeitung sowie die Generierung von Produktbeschreibungen. Die Plattform trägt zur Beschleunigung von Produktionsprozessen bei und ermöglicht eine Steigerung der Effizienz bei der Entwicklung von Videos. Eine smarte Sammlung wichtiger Planungs- und Kreativtools bietet **simplified.com**.

Viral Spots: Videos, die auf Social-Media-Plattformen besonders häufig geteilt werden, werden als Viral Spots bezeichnet. In ihrem Buch *Visual Storytelling* nennen Sammer und Heppel (2015) sechs Erfolgsrezepte, die Videos viral machen können:

- Hingucker (Bilder mit Wow-Effekt durch Perspektivwechsel, Disruption bekannter Sehmuster, Wortwitz jenseits von Wahrnehmungsgewohnheiten)
- Schnellschüsse (Kondensieren, Vereinfachen, um vermeintlich komplexe Dinge zu erkennen und zu verstehen)
- Augenschmaus (Formensprache, Farbenrausch, sinnliche Ästhetik)
- Türöffner (Momentaufnahme, Dinge in neuem Zusammenhang, Imagination, spielerisches Entdecken)
- Zeitgeist (Zitate, Themen und Ereignisse aus einem anderen Kontext)
- Trittbrettfahrer (humorvolle Antworten auf tagesaktuelle Trends, Aufspringen auf Internet-Memes)

Imagefilme: Häufig werden von Organisationen, Unternehmen und Konzernen Imagefilme in Auftrag gegeben. Imagefilme sind länger als Werbefilme, was wesentlich mehr Gestaltungsspielraum für die Kreation gibt. Welches Storytelling hat sich dafür bewährt? Hier sind die smartesten Storys für Imagefilme (Krapp, 2019):

- Erfolgsgeschichten
- Lösungsgeschichten
- Aufstiegsgeschichten
- Gründungsgeschichten
- Forschungsgeschichten
- Relaunch-Geschichten
- Erneuerungsgeschichten

7.5 Werbe- und Marketingvideos

Werbeclips: Die besten Ideen für Werbebotschaften stammen noch immer von Menschen. Ein Werbevideo für eine Dienstleistung oder ein Produkt muss mehr sein als nur eine Veranschaulichung – es ist ein Mini-Verkaufsgespräch, das von Nachvollziehbarkeit und Flair geprägt sein soll (Dzuniulu, 2024).

Diese Anregungen können helfen, Werbeclips unterhaltsam, einprägsam und effektiv zu gestalten:

- Eine Frage aufwerfen, die nicht sofort beantwortet wird, weckt Neugier. Erwartungen wecken, die das Interesse an der Auflösung steigern. Leerstellen schaffen, bewusste Lücken in der Story, die das Publikum selbst füllen möchte.
- Twists – unvorhergesehene Wendungen – halten die Aufmerksamkeit hoch. Oft ist es ein Konflikt, der einen Twist ermöglicht.
- Widersprüche, provokante Aussagen oder kreative Tabubrüche wecken Interesse und lösen bei Zuschauerinnen ein Verlangen nach Auflösung aus. Wie kann eine widersprüchliche Aussage den Nutzen des Produkts hervorheben?
- Humor macht Werbung unterhaltsam, er vermittelt Respekt und ein gutes Gefühl gegenüber dem Produkt oder der Dienstleistung. Übertreibung etwa mit überzeichneten Produktmerkmalen, Problemen oder Lösungen, um die Aufmerksamkeit zu gewinnen – am besten mit einem Augenzwinkern!
- Gefahren, mögliche Risiken oder Bedrohungen veranschaulichen, die gelöst werden können.
- Belohnungen, Hinweise auf einen positiven Ausgang oder einen besonderen Gewinn geben.

Wenn der erste Gedanke gefunden und in zwei, drei Sätzen niedergeschrieben wurde, geht es auf die Suche nach einer oder mehreren Protagonistinnen:

- Wer hat mit dem Thema hautnah zu tun?
- Wer ermöglicht einen bisher unbekannten Blick auf das Thema?
- Wer kann und will darüber sprechen?
- Mit wem können sich Mediennutzer identifizieren?

Archetypische Figuren erleichtern die ganzheitliche mentale Verarbeitung der Geschichte und sorgen dafür, dass Erwartungen des Publikums durch Vertrautheit erfüllt werden, während gleichzeitig durch die Verwendung unterschiedlicher Beziehungen und Szenarien Neugier geweckt wird (Green et al., 2019, S. 100).

Im nächsten Schritt wird eine **Handlung** entwickelt. Was ist eine Handlung genau? Handlung lässt etwas, das am Ende entsteht, aus dem Anfang hervorgehen. Eine Handlung ist das Nacheinander einzelner Sequenzen, die einen kausalen Zusammenhang haben und damit einen Sinnzusammenhang herstellen.

Erst danach ist es clever, einen **Einstieg** in die Story zu suchen. Das Kalkül dabei ist, anfangs Aufmerksamkeit zu wecken und erst dann die Infos zu liefern, die zum Verständnis notwendig sind. Welche Möglichkeiten gibt es, gerade am Anfang eines KI-Filmes, die Anteilnahme der Zuseher zu gewinnen? Nicht immer ist uns bewusst, was die Aufmerksamkeit steuert. Unbewusst wahrgenommene visuelle oder auditive Elemente können einen steuernden Effekt haben und den Blick fangen. Vor allem die ersten Bilder eines Filmes können sich auf die Wahrnehmung des restlichen Filmes auswirken. Aufmerksamkeit kann mit ungewöhnlichen Bildern, Formen und akustischen Elemente oder mit sprachlichen Anweisungen gewonnen werden. Bilder mit unklarer Gesamtgestalt (gT) etwa wecken die Neugierde (Abschn. 4.4.5). Ein Einstieg, der eine Zuwendung auslöst, wird auch als **Hook** bezeichnet (Hellermann, 2024). Wichtig für das Ranking ist, dass der Hook auch als Text im Video eingeblendet wird (Riedel, 2024, S. 101).

Wie kann ein Video unterhalten, leicht verständlich sein und dabei noch Informationen weitergeben? Das gelingt, wenn Geschichten detailliert erzählt werden, Emotionen freisetzen und schnell im Gedächtnis bleiben. So werden Geschichten geteilt oder weitererzählt, und Menschen werden zu Fans (Henning et al., 2022, S. 54).

Den **Abschluss** (das Outro) bildet ein **Call to Action** (**CTA**). Das ist eine Aufforderung an die Zuschauer, ein Produkt zu bestellen, einer Community beizutreten, eine Nummer anzurufen oder einen Link anzuklicken. Ein gutes CTA drückt nicht nur treffsicher aus, was das Publikum tun soll, sondern weckt bei den Usern darüber hinaus den Wunsch, die Aufgabe zu erledigen:

- Wo es passt, kann eine Frage vorangestellt werden, etwa „Ist es nicht endlich an der Zeit, …?"
- Prägnante Handlungsverben: Kurze Ausdrücke, die keine Unklarheit entstehen lassen, denn User scrollen schnell. Deshalb sollte eine Aufforderung auf den ersten Blick verständlich sein (z. B. „herunterladen", „abonnieren", „entdecken" oder „mehr erfahren").
- Signifikanten Nutzen hervorheben: Der Mehrwert, den User durch die Aktion erhalten, wird formuliert. Können die User Geld sparen, exklusive Inhalte freischalten oder wertvolles Wissen erlangen?
- Entschiedene Priorität erzeugen: Das Akronym FoMO (Fear of Missing Out) beschreibt den Hinweis auf Dringlichkeit. Phrasen wie „nur für kurze Zeit" oder „solange der Vorrat reicht" verleiten zu sofortigem Handeln (Taylor, 2024).
- Eigenes Branding verwenden (Logo, Schriftarten, Farben).

Ein CTA innerhalb des Videos wird vier- bis fünfmal häufiger geklickt als einer am Rand der Seite.

Eine **End Card** ist ein kurzer Abspann, der am Ende eines Videos gezeigt wird. Sie kann verwendet werden, um Viewer dazu aufzufordern, das Video zu teilen oder sich für den Kanal zu abonnieren. Ein YouTube End Screen beispielsweise bleibt für fünf bis sechs Sekunden stehen, es sei denn, ein User klickt etwas an.

7.6 Animatics, Visuals und Videopräsentationen

Animatics: In der Werbebranche ist es üblich, mit Storyboards zu arbeiten. Für die meisten Unternehmensfilme sind gezeichnete Storyboards (Kap. 2) ausreichend. Für Animationsfilme oder auch komplexe Live-Action-Sequenzen werden dagegen Animatics produziert. Das ist ein animiertes Storyboard – mit oder ohne Ton. Mit Animatics lässt sich besser beurteilen, ob geplante Aufnahmen funktionieren und das Timing und die Wirkung des Schnittes passen werden. Weil Animatics bloß der Planung dienen, wird die Story mit eher einfachen Bildern in niedriger Auflösung dargestellt (Benkowitz, 2014, S. 151). Welche Werkzeuge eignen sich dafür?

Boords.com und **Storyboarder.ai** wurden schon als Beispiele genannt. Sie bieten optional eine Bild-zu-Video-Funktion (Abschn. 2.7.4).

LTX.Studio ist eine ganzheitliche Option, die Tools und Funktionen für die Vorproduktion bietet und damit für diejenigen attraktiv ist, die KI-Tools und -Funktionen schon frühzeitig, aber auch dann später, während der Filmherstellung, nutzen möchten. Vom Storybord Generator über die Erstellung von Pitch Decks bis zu einem Shot Editor, der Beleuchtung, Wetter und Szenendetails anpasst und sogar generatives Füllen erlaubt, ist vieles vorhanden, was für das Fabrizieren von Animatics hilfreich ist.

Visuals für Songs: **Neuralframes.com** generiert Videos bis zu zehn Minuten aus einem Textprompt. Besonders interessant ist der Musician Mode, der Visuals für hochgeladene Songs kreiert. Es können verschiedene KI-Modelle ausgewählt werden, etwa Gen-3 Alpha oder Kling 1.6 Pro. Die KI kann mit eigenen Stilen, Objekten oder sogar Personen trainiert werden, indem man 20 bis 199 Bilder hochlädt. Nach dem Training verwendet man ein Schlüsselwort, um dieses Modell bei einem neuen Visual anzuwenden.

Videopräsentationen, Einladungen, Tutorials: Der Begriff „Erklärvideo", der für eine Videopräsentation auch verwendet wird, redet deren Leistung klein. **Videopräsentationen** können wichtige Gedanken verständlich machen; oft gelingt das wesentlich besser als mit Slides. Die folgenden Tools sind nicht nur für Videopräsentationen einsetzbar, sondern für fast alles, von Event-Einladungen bis hin zu Tutorials.

7.7 Tools, die Kreativität und Produktivität steigern

Invideo.io erstellt Videos aus einem Prompt. Invideo.ai kann mit einer kurzen Aufnahme eine Stimme klonen (die z. B. mit einem Podcast-Mikrofon aufgezeichnet worden ist). Die eigene Stimme kann dann auch in unterschiedlichen Sprachen verwendet werden.

Die Videobearbeitungsplattform **Kapwing.com** kann aus Skripten oder Artikeln Videos erstellen und anpassen. Sie verfügt über eine vollständige Sammlung an Tools für Content Creators.

Pictory.ai ist ein Text-zu-Video-Konverter, der Texte in Werbevideos umwandelt. Es bietet Zugriff auf Stockvideos und kann Untertitel hinzufügen. Auch ein Online-Link kann zur Eingabe verwendet werden.

Pika.art verwandelt Fotos mit Übergängen in Videoclips. Damit lassen sich beispielsweise aufmerksamkeitsstarke Visuals für Social Media erstellen.

Syllaby.io ist ein KI-Tool, das den Prozess der Erstellung von Social-Media-Videos begleitet. Es hilft, trendige Ideen zu entwickeln und fesselnde Videoskripte zu erstellen und Avatar-basierte Videos aus den Skripten zu generieren. Mit branchenspezifischen Workflows und einem Inhaltskalender erleichtert es das Verwalten von Videos und den geplanten Einsatz auf verschiedenen Plattformen.

Vidnamipro.com und **Visla.us** sind andere Plattformen, die es ermöglichen, per Prompt Marketingvideos zu generieren. Es bietet Funktionen zur automatisierten Videoerstellung, basierend auf Texten, und bietet eine Auswahl an visuellen Vorlagen. Weitere für Videosynthese interessante Plattformen sind **Imagine.art und Banuba.com**.

Es muss betont werden, dass die Qualität und Zuverlässigkeit der Tools variieren kann. Es empfiehlt sich, verschiedene Plattformen auszuprobieren, um diejenige zu finden, die am besten zu Ihren eigenen Anforderungen passt.

7.8 Praxisbeispiel

Viele Plattformen können Videopräsentationen von brauchbarer Optik generieren. Die Plattform **Fliki.ai** erlaubt das Bearbeiten auf der Stufe der einzelnen Elemente, stellt über 100 Stimmen in 75 Sprachen und eine kleine Auswahl an Musik zur Verfügung. Eigene Videoaufnahmen können eingebunden werden. Wählen Sie nach der Anmeldung einen Workflow aus, etwa Script, und laden Sie Ihren Text hoch (Abb. 7.2).

Der Text wird in einzelne Aussagen aufgeteilt. Anpassungen der einzelnen Sätze können im Detail vorgenommen werden; man kann den Text, die Geschwindigkeit, die Dauer, die Stimme, den Untertitel, Effekte und Musik für jeden einzelnen Clip bearbeiten und Bilder neu generieren lassen (Abb. 7.3).

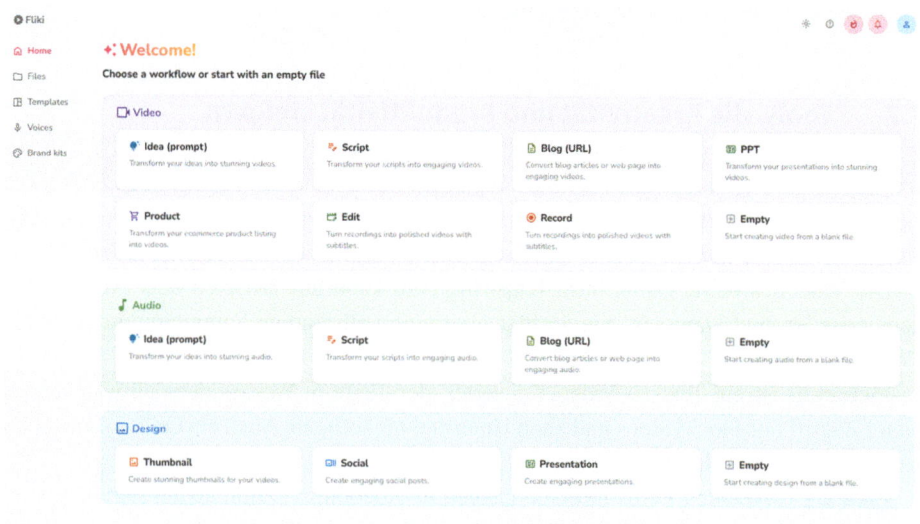

Abb. 7.2 Auswahl eines Workflows (Screenshot Fliki.ai, 2025)

7.8 Praxisbeispiel

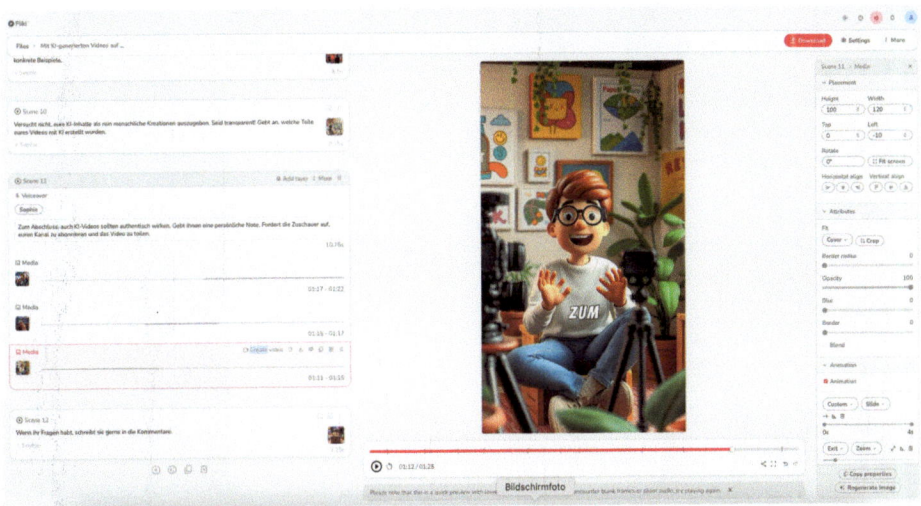

Abb. 7.3 Texte, Geschwindigkeit, Dauer und Musik können für jeden Satz angepasst werden (Screenshot Fliki.ai, 2025)

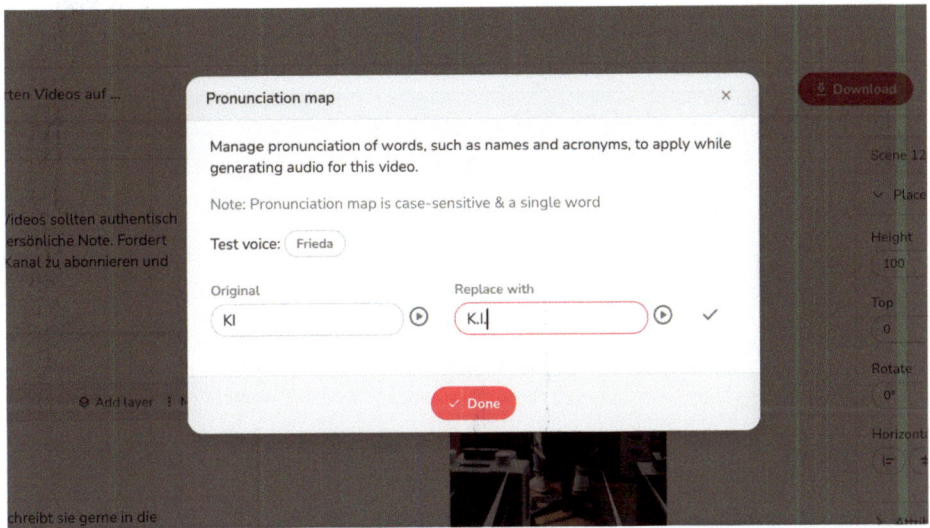

Abb. 7.4 Korrigieren der Aussprache einzelner Wörter (Screenshot Fliki.ai, 2025)

Gerade bei deutschsprachigen Texten kommt es immer wieder vor, dass man die Aussprache einzelner Wörter oder Abkürzungen korrigieren muss (Abb. 7.4). Wenn man fertig ist, legt man Querformat, Quadrat oder Hochformat fest (Abb. 7.5) und startet den Download (Abb. 7.6.) Wenn die Qualität des Videos für Ihre Zwecke ausreicht (Abb. 7.7), können Sie das Video in mehr als sechs Dutzend Sprachen, sogar mit unterschiedlichen Akzenten, übersetzen lassen (Abb. 7.8).

Hinweis: Alle Videos in diesem Buch können mit der Springer Nature More Media App angesehen werden.

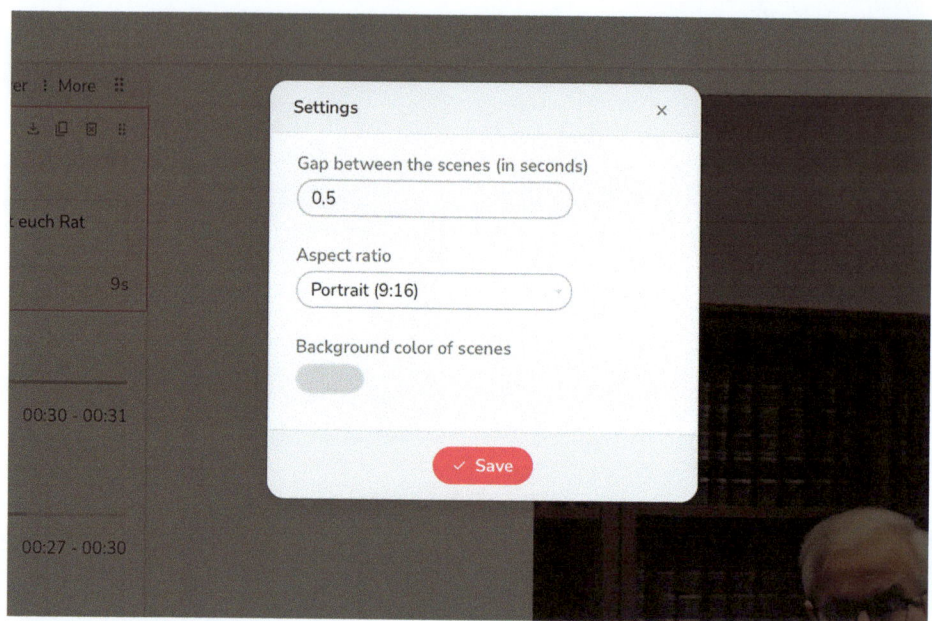

Abb. 7.5 Auswählen des Ausgabeformats (Screenshot Fliki.ai, 2025)

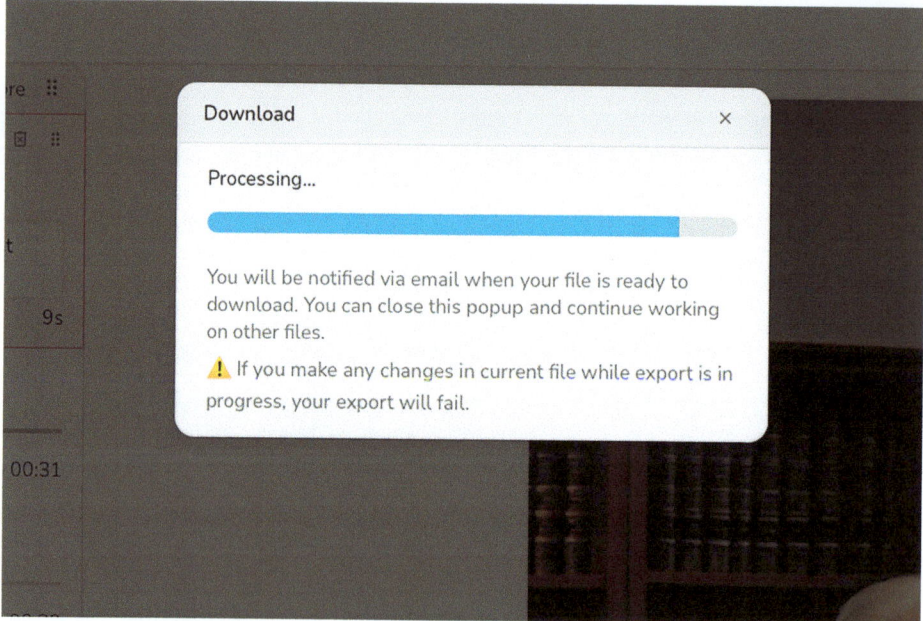

Abb. 7.6 Download (Screenshot Fliki.ai, 2025)

7.8 Praxisbeispiel

Abb. 7.7 Ergebnis eines automatisiert erstellten Erklärvideos (generiert mit Fliki.ai, 2025) (▶ https://doi.org/10.1007/000-h5d)

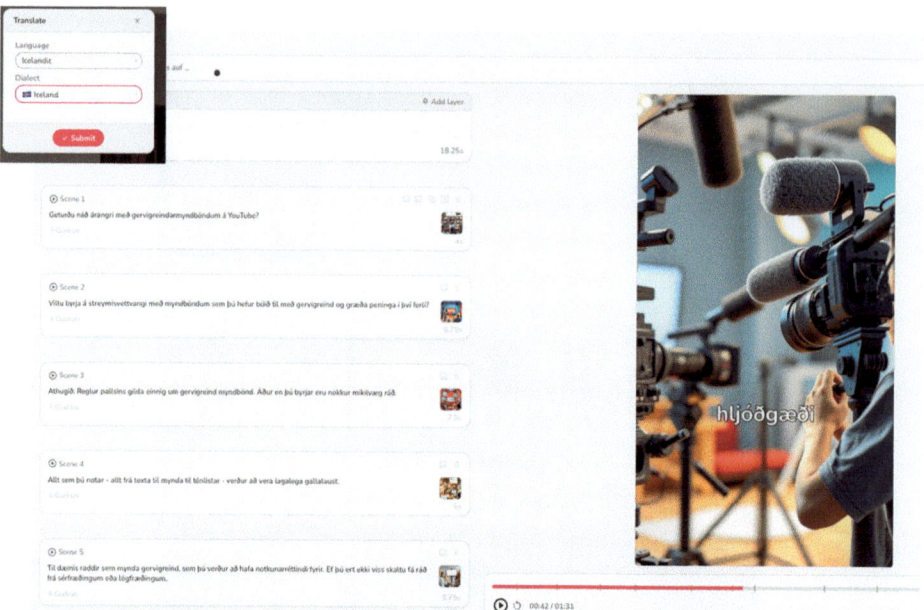

Abb. 7.8 Erstellen von mehreren Sprachversionen (Screenshot Fliki.ai, 2025)

> **Fragen**

1. Warum sind Videos im Vergleich zu anderen Content-Formaten auf Social Media besonders attraktiv, und welche Rolle spielen Engagement-Kennzahlen dabei?
2. Was sind wichtige Qualitätsmerkmal für Videos auf Social Media, und warum sollte Qualität Vorrang vor Quantität haben?
3. Wie können Influencerinnen und Influencer sicherstellen, dass der Einsatz von KI bei der Videoproduktion ihre Authentizität nicht gefährdet?
4. Welche Faktoren beeinflussen die Rankingschwierigkeit von Keywords, und wie können diese für Video-Content optimiert werden?
5. Welche Unterschiede gibt es zwischen Social-Media-Clips und Imagefilmen, insbesondere hinsichtlich Zielsetzung und Storytelling?
6. Diskutieren Sie die Aussage, dass soziale Medien stärker auf Engagement-Kennzahlen als auf die Qualität des Inhalts fokussiert sind. Welche Vor- und Nachteile ergeben sich daraus für die Content-Gestaltung?
7. Welche ethischen und rechtlichen Aspekte müssen bei der Erstellung von KI-generiertem Content beachtet werden, insbesondere im Hinblick auf die Monetarisierung und die Offenlegung der KI-Nutzung?
8. Analysieren Sie die im Text genannten Erfolgsrezepte für virale Videos. Welche dieser Strategien könnten in einem Ihrer aktuellen Projekte angewendet werden?
9. Warum ist ein effektiver CTA für Videos entscheidend, und wie kann das die Zielgruppenbindung stärken? Entwerfen Sie ein CTA-Beispiel für ein Video Ihrer Wahl.

7.8 Praxisbeispiel

10. Es gibt verschiedene Arten von Geschichten für Imagefilme (z. B. Erfolgsgeschichten, Forschungsgeschichten). Welche Art von Geschichten eignet sich Ihrer Meinung nach am besten, um die Markenidentität eines Start-ups zu stärken, und warum?
11. Welche Vorteile haben Animatics im Vergleich zu traditionellen Storyboards, und in welchen Phasen der Filmproduktion sind sie besonders hilfreich?
12. Inwiefern ist es für Filmschaffende wichtig, eine persönliche Note oder Kreativität in ihre Arbeit einzubringen, obwohl KI-Tools zunehmend in der Content-Erstellung verwendet werden können?

Antworten
1. Videos sind auf Social Media besonders attraktiv, weil sie mehrere Sinne gleichzeitig ansprechen und sowohl visuelle als auch auditive Informationen vermitteln. Sie schaffen eine stärkere emotionale Verbindung und können Geschichten effektiver erzählen als reine Texte oder Bilder. Gute Engagement-Kennzahlen wie Views, Likes, Kommentare und Shares spielen eine zentrale Rolle, da sie die Sichtbarkeit eines Accounts erhöhen und bestimmen, ob Algorithmen den Content weiterverbreiten. Plattformen priorisieren Inhalte, die hohe Interaktionen auslösen, wodurch selbst mittelmäßige Inhalte erfolgreich sein können, wenn sie emotional oder kontrovers gestaltet sind.
2. Wichtige Qualitätsmerkmale sind ansprechendes Design, glaubwürdige und relevante Inhalte, klare Botschaften, emotionaler Impact, sowie die technische Qualität (z. B. Auflösung, Ton). Qualität sollte Vorrang haben, weil sie das Vertrauen und die Loyalität der Zielgruppe stärkt. Während häufige Veröffentlichungen kurzfristig Engagement steigern können, bewirken schlechte Inhalte einen langfristigen Vertrauensverlust und senken die Wahrscheinlichkeit, dass Zuschauer wiederkommen oder Empfehlungen aussprechen.
3. Influencer können ihre Authentizität wahren, indem sie den KI-Einsatz offenlegen und klar kommunizieren, welche Aspekte durch KI unterstützt wurden. Ergänzend sollten KI-generierte Inhalte stets durch menschliche Überarbeitung personalisiert und überprüft werden. Der Einsatz von KI sollte das eigene Branding und Storytelling unterstützen, ohne den individuellen Stil zu verwässern. Transparenz schafft Vertrauen bei der Zielgruppe und vermeidet den Eindruck, dass Inhalte „unpersönlich" oder gar „automatisch" erstellt wurden.
4. Die Rankingschwierigkeit wird beeinflusst durch:
    (a) **Konkurrenz:** Wie viele andere Websites oder Videos optimieren auf dieses Keyword?
    (b) **Suchvolumen:** Hohe Suchvolumina ziehen oft mehr Konkurrenz an.
    (c) **Relevanz:** Passen die Inhalte des Videos zu den Suchintentionen?
    (d) **Art des Keywords:** Long-Tail-Keywords (z. B. „beste Kamera für Anfänger 2025") sind spezifischer und oft weniger umkämpft.

(e) **SEO-Aktivitäten der Wettbewerber:** Professionell optimierter Content erhöht die Herausforderung.

Zur Optimierung sollten relevante Keywords sorgfältig recherchiert und in Titel, Beschreibungen und Tags integriert werden. Die Nutzung spezifischer Keywords mit mittlerer Rankingschwierigkeit kann besonders effektiv sein.

5. Social-Media-Clips sind kürzer (20–30 s) und darauf ausgelegt, schnelle Aufmerksamkeit zu gewinnen und Engagement auszulösen. Sie setzen häufig auf provokante Inhalte oder Trends. Imagefilme hingegen sind gewöhnlich länger (manchmal bis zu 10 min), ermöglichen detailliertes Storytelling und dienen der Markenbildung. Sie vermitteln eine zentrale Botschaft zu den Unternehmenswerten oder vermitteln Erfolgsgeschichten, und sie zielen auf ein nachhaltigeres Verständnis der Marke ab.
6. Vorteile sind schnelle Sichtbarkeit und Viralität, unabhängig von der Quelle, niedrige Einstiegshürden für neue Creators und Messbarkeit des Erfolgs durch Kennzahlen wie Shares oder Likes. Nachteile sind die Tendenz, dass oberflächliche Inhalte manchmal bevorzugt werden und Qualitätsinhalte wegen geringer Interaktion untergehen können. Der Fokus von Einsteigerinnen auf Trends kann die Markenidentität verwässern. Für die Content-Gestaltung bedeutet dies, einen Ausgleich zwischen Engagement-Optimierung und langfristiger Qualität zu finden.
7. Ehtische Aspekte: Offenlegung der KI-Nutzung, um Transparenz zu gewährleisten, und Sicherstellen, dass KI-generierter Content einen echten Mehrwert bietet und nicht täuschend wirkt. Rechtliche Aspekte: Klärung von Urheberrechten für Text, Bild, und Ton, Einhaltung von Plattformrichtlinien, die den Einsatz von KI regeln. Monetarisierung kann nur erfolgen, wenn die Inhalte die Plattform- und Community-Richtlinien erfüllen.
8. Die Erfolgsrezepte umfassen zum Beispiel Hingucker, Humor, provokante Fragen und Twists. Für ein aktuelles Projekt könnte ein „Hingucker" (z. B. ungewöhnliche Perspektiven oder ein Wow-Moment) genutzt werden, um die Aufmerksamkeit zu gewinnen. Ein humorvoller Twist könnte die Spannung auflockern und die Zielgruppe stärker einbinden.
9. Ein CTA (Call-to-Action) motiviert Zuschauer zu einer konkreten Handlung, wie Abonnieren, Teilen oder Kaufen, und fördert die Interaktion. Dadurch bleibt die Zielgruppe aktiv eingebunden. Beispiel: „Klick jetzt auf den Link in der Bio und entdecke die Geheimnisse erfolgreicher Videoproduktion – starte noch heute dein eigenes Projekt!"
10. Gründungsgeschichten eignen sich besonders, da sie Authentizität, Vision und Leidenschaft des Start-ups zeigen. Diese Geschichten schaffen eine emotionale Verbindung zur Zielgruppe und stärken das Vertrauen in die Marke.
11. Animatics bieten eine dynamische Vorschau von Bewegungsabläufen und Timing. Sie sind besonders in der Vorproduktion hilfreich, um den Schnitt, die visuelle Abfolge und die Wirkung von Szenen zu beurteilen, bevor aufwendige Dreharbeiten oder Animationen beginnen.

12. Eine persönliche Note ist entscheidend, da sie Authentizität und Einzigartigkeit schafft. KI-Tools reproduzieren oft bestehende Muster, während Menschen originelle Ideen und emotionale Feinheiten einbringen können. Kreativität ermöglicht es, sich von der Masse an KI-generierten Inhalten abzuheben. Die Kombination aus KI-Unterstützung und menschlichem Input ist ideal, um sowohl Effizienz als auch Originalität zu erreichen.

Literatur

Akshita, S. (2024). *40+ ChatGPT prompts for video content creation.* https://narrato.io/blog/40-chatgpt-prompts-for-video-content-creation/. Zugegriffen am 06.08.2024.

Benkowitz, P. (2014). *Corporate Film. Workbook für Filmemacher.* UVK Verlagsgesellschaft mbH.

Blog, No Vid (2023). *Social Media Strategy, Video Marketing.* https://pictory.ai/blog/youtube-monetize-ai-generated-videos?el=0160&htrafficsource=pictoryblog. Zugegriffen am 11.06.2024.

Dzuniulu R. (2024). *The "Fake Helpfulness Epidemic" that's Plaguing the SEO Industry.* https://medium.com/@jlrutkevich/the-fake-helpfulness-epidemic-thats-plaguing-the-seo-industry-f3fe7ed18d9e. Zugegriffen am 01.01.2025.

Fritzsche, S. (2009). *TV-Moderation.* UVK Verlagsgesellschaft mbH.

Gillham, D. (2024). *5 key strategies for elevating your corporate video content.* https://www.colossyan.com/posts/corporate-videos. Zugegriffen am 15.09.2024.

Green, M. C., Fitzgerald, K., & Moore, M. M. (2019). Archetypes and narrative processes. *Psychological Inquiry, 30*(2), 99–102. https://doi.org/10.1080/1047840X.2019.1614808. S. 100.

Hellermann, J. (2024). *What are 10 ways to start your screenplay? Get your creative juices flowing.* https://nofilmschool.com/10-ways-to-start-your-screenplay. Zugegriffen am 06.04.2025.

Henning, C., Unger, A., & Unger, H. (2022). *Play! Das Handbuch für YouTuber.* Rheinwerk Verlag.

Hosp, P. (2024). *OnPage-Optimierung 2024: Die Top-SEO-Maßnahme erklärt.* https://www.evergreen.media/ratgeber/onpage-optimierung/. Zugegriffen am 19.02.2025.

José, P. A. (2024). *Everything we know about AI search engines and their impact on blogs: do we still need Google?* https://bettermarketing.pub/everything-we-know-about-ai-search-engines-and-their-impact-on-blogs-acc3c9e789f5. Zugegriffen am 29.12.2024.

Kaiser-Mühlecker, M. (2019). Wer nicht mit Videos kommuniziert, kommuniziert nicht. In P. Buchenau (Hrsg.), *Chefsache Zukunft. Was Führungskräfte von morgen brauchen* (S. 355–383). Springer.

Krapp, R. (2019). *Dramaturgie Werbespots, Ausbildungsskriptum.* ohne Verlag.

Lampi, D. (2024). *Unlock AI Content Your Audience Craves.* https://learnaiforproft.com/unlock-ai-content-your-audience-craves-53b94b3240c1. Zugegriffen am 31.12.2024.

Ravenscraft, E. (2014). *The Three Key Steps to Creativity: Copy, Transform, and Combine.* https://lifehacker.com/the-three-key-steps-to-creativity-copy-transform-and-1561711228. Zugegriffen am 08.08.2024.

Riedel, B. (2024). *Instagram für Selbständige* (4. Aufl.). Eigenverlag.

Salinas, G. (2025) How to lose money on YouTube. https://www.creatorhandbook.net/how-to-lose-money-on-youtube/?utm_source=creator-handbook.beehiiv.com&utm_medium=newsletter&utm_campaign=tuesday-12-31-24-ch-4c&_bhlid=30358c3a44bbc1129a374466e96cd2650c56eb57. Zugegriffen am 01.01.2025.

Sammer, P., & Heppel, U. (2015). Visual Storytelling. In *Visuelles Erzählen in PR & Marketing.* dpunkt.

Samora, R., & Pera-McGhee, M. (2024). *Can an AI make a data-driven, visual story?* https://pudding.cool/2024/07/ai/ Zugegriffen am 07.08.2024.

Stubblebine, T. (2024). *Be part of a better internet: The internet is broken. Fixing it won't be free.* https://blog.medium.com/be-part-of-a-better-internet-5c4aa58ec826. Zugegriffen am 10.08.2024.

Taylor, M. (2024). 50 Call-to-Action Examples (and How to Write the Perfect CTA). https://www.flick.social/learn/blog/post/call-to-action-examples. Zugegriffen am 10.12.2024.

So bleiben Sie auf der sicheren Seite: Rechtliche und ethische Rahmenbedingungen

8

Inhaltsverzeichnis

8.1	Welche Gesetze sind für KI-Videogestalter bedeutsam?	248
8.2	Wer hat Rechte an KI-generierten Werken?	253
8.3	Wie können Sie als Urheberin anerkannt werden?	254
8.4	Für welche Bearbeitung brauche ich eine Zustimmung?	257
8.5	Wann ist etwas Unwesentliches Beiwerk?	259
8.6	Was und wie muss ich kennzeichnen?	259
8.7	Checklist	263
8.8	Medienethische Fragen	264
Literatur		267

▶ **Auftakt** Als Gestalterin liegt Ihr Fokus darauf, für Ihre Auftraggeberin hochwertige Filme zu liefern. Sie fragen sich vielleicht, was kümmern mich rechtliche und ethische Fragestellungen? Leider passiert es deshalb manchmal – selbst bei professionellen Produktionen –, dass das Haftungsrisiko aus dem Blick gerät und Herstellerinnen vor Gericht landen, denn auch bei hochwertigen, aus kreativer Sicht einwandfreien Produktionen lauern Haftungsfallen. Ein gutes Verständnis des Medienrechts ist hilfreich. Beispielsweise schützt die korrekte Umsetzung der Kennzeichnungspflicht bei KI-generierten Inhalten nicht vor Rechtsverletzungen im Zusammenhang mit Datenschutz, Persönlichkeitsrechten oder der Verletzung von Immaterialgüterrechten Dritter. Andererseits beugt ein durchdachter, gut strukturierter Umgang mit generativer KI nicht nur unnötigen rechtlichen Auseinandersetzungen vor, sondern stärkt die Credibility eines Unternehmens am Markt (Gumpelmaier-Mach et al., 2024). Gleiches gilt für medienethische Fragen. Unternehmen und Mediengestalterinnen agie-

© Der/die Autor(en), exklusiv lizenziert an Springer Fachmedien Wiesbaden GmbH, ein Teil von Springer Nature 2025
L. Riedl, *Videos mit künstlicher Intelligenz gestalten*, X.media.press, https://doi.org/10.1007/978-3-658-46663-3_8

ren im Rahmen gesellschaftlich anerkannter medienethischer Grundlagen. Sich nicht darum zu kümmern, führt sehr schnell zu einem Verlust der Glaubwürdigkeit von Persönlichkeiten oder Organisationen.

8.1 Welche Gesetze sind für KI-Videogestalter bedeutsam?

Viele Schäden kann eine Filmhaftpflichtversicherung abdecken, doch schon aus Kostengründen können Sie sich nicht gegen alles versichern. Sich rechtzeitig Rechtsberatung einzuholen – die dieses Kapitel nicht ersetzen kann –, wird Ihnen helfen, Rechtssicherheit zu gewinnen. Und wie Sie von vornherein rechtlich auf der sicheren Seite bleiben, wollen wir uns jetzt genauer ansehen.

Die Entwicklung der KI stellt das traditionelle Urheberrecht vor neue Herausforderungen. Müssen wir Film- und Videogestalter uns in Rechtsfragen auskennen, um Risiken zu minimieren?

Für den Einsatz KI-gestützter Systeme bei der Videogestaltung gilt bereits ein umfangreiches Regelwerk – das Filmrecht! Keineswegs bewegen wir uns in einer juristischen Grauzone, wie oft behauptet wird. Gute und sehr praxisnahe Handbücher des Filmrechts haben Patrick Jacobshagen (2008) und Hans-Jürgen Homann (2008) verfasst, neue Entwicklungen wie Streaming, Filesharing, Downloading, Geoblocking werden im *Handbuch Filmrecht* kommentiert, das Mathias Schwarz (2020) herausgegeben hat. Doch im Hinblick auf KI entwickeln sich divergierende rechtliche Rahmenbedingungen: Im nordamerikanischen Raum wird tendenziell eher die Innovation gefördert, und Hürden für KI werden niedrig gehalten; gleichzeitig führen der Mangel an Transparenz und mögliche Voreingenommenheit der KI dort zu intensiven Diskussionen. Im Gegensatz dazu geht die EU auf proaktive Weise den Weg einer Risikominimierung (Cole, 2024), die gleichzeitig dazu führt, dass bestimmte Angebote in der EU aufgrund der Datenschutz-Grundverordnung (DSGVO) und des EU-Digitalgesetzes DMA vorerst nicht eingeführt oder angeboten werden (Müller, 2024). Sichtbar wurde das etwa an der Frage, welche Daten dem Meta-Konzern als Trainingsdaten zur Verfügung stehen. Reicht eine Opt-out-Regelung, so sieht das Meta, oder braucht es eine explizite Zustimmung der Urheberinnen (Wieduwilt, 2024)?

Schadensersatzpflicht kann etwa durch das **Irreführungsverbot** des Bundesgesetzes gegen unlauteren Wettbewerb (UWG in Deutschland, in Österreich und in der Schweiz) entstehen. Rücksicht nehmen muss man bei KI-generierten Bildern und Videos auch auf **den markenrechtlichen Schutz**, denn damit kann man ebenfalls **Markenrechte** verletzen; dabei reicht eine Verwechslungsgefahr aus. Gerade generative KI erfindet manchmal Logos, die einer bekannten Marke sehr ähnlich sehen. Durch Eintragung werden Zeichen geschützt, die geeignet sind, Waren oder Dienstleistungen von denen anderer Unternehmen zu unterscheiden; das können beispielsweise Wörter, Buchstaben, Zahlen, Abbildungen, aber auch Farben, Hologramme, Multimediazeichen und Klänge sein (DPMA, 2024). Eine Markenrechtsverletzung liegt jedenfalls dann vor, wenn ein geschütztes Zeichen im geschäftlichen Verkehr benutzt wird (Seifried, 2024). Auch beim **Designschutz** sind jene haftbar, die sich der KI bedienen.

Durch Zivilgesetze ist das **Recht am eigenen Bild** geschützt, soweit berechtigte Interessen der abgebildeten Person verletzt werden; das gilt auch für KI-generierte Bilder – wenn eine konkrete reale Person darauf identifizierbar ist. Im schlimmsten Fall könnte das strafrechtlich relevant sein, zum Beispiel wenn ein Bild oder Video die Hilflosigkeit einer Person zur Schau stellt, und sogar zu einer Freiheitsstrafe von bis zu zwei Jahren führen (Frotscher & Siebert, 2024).

Personen des öffentlichen Lebens und der Zeitgeschichte sind zwar ausgenommen – es kommt dann zu einer Interessenabwägung (je berühmter jemand ist, desto weniger Privatsphäre wird zugestanden) –, aber sie sind ebenfalls geschützt, wenn die Bilder oder Videos für Werbung verwendet werden sollen. Beleidigung, Herabwürdigung und Informationen über das Intim- oder Privatleben führen in jedem Fall zu Schadensersatzpflicht.

Es gibt bereits einen ersten Fall, bei dem ein KI-generiertes Bild einer realen Person sehr ähnelte; da das Bild ohne Zustimmung verwendet wurde, folgten rechtliche Auseinandersetzungen (Gumpelmaier-Mach et al., 2024). Auch wegen der angeblichen Verwendung der Stimme der Schauspielerin Scarlett Johansson, die durch Blockbuster sehr bekannt geworden ist (Abb. 8.1), gibt es Vorwürfe gegenüber einem großen KI-Anbieter (ZDFheute, 2024).

Weder die Stimme noch das Bildnis einer Person sind aber urheberrechtlich schutzfähig. Das heißt, gegen eine unrechtmäßige Verwendung können nur die Rechteinhaber des Ausgangsmaterials – also z. B. die Urheber des Fotos oder des Videos – Unterlassungs- und Schadensersatzansprüche geltend machen.

Fälschungen (sogenannte Deep Fakes, aber auch simple Fotomontagen) verstoßen gegen den Bildnisschutz, wenn der glaubhafte Eindruck entsteht, dass die dargestellte Person und Situation echt seien (oder – selbst wenn eine Person genannt wird und gar nicht

Abb. 8.1 OpenAI weist den Vorwurf von Schauspielerin Scarlett Johansson zurück, ihre Stimme für KI-Training verwendet zu haben. (Foto: Andrea Raffin Shutterstock)

im Bild zu sehen ist – gegen den Ehrenschutz). Daraus entstehen ein Unterlassungs- und ein Beseitigungsanspruch, bei schwerwiegenden Verletzungen zusätzlich ein Anspruch auf Entschädigung (BMJV, 2024)

Die europäische **Datenschutz-Grundverordnung** (**DSGVO**) enthält mehrere für die Arbeit mit KI-Plattformen relevante Regelungen. Jede Datenverarbeitung muss durchgängig auf Rechtsgrundlagen gestützt werden können, welche es erlauben, personenbezogene Daten für konkrete Zwecke zu verarbeiten. Das gilt auch für KI-generierte oder mit KI bearbeitete Videos. Grundsätzlich ist eine natürliche Person immer dann erkennbar, wenn sie direkt oder indirekt identifiziert werden kann (EuGH-Urteil vom 09.11.2023, C-319/22). Und natürlich sind Videoaufnahmen, Cartoons oder Avatare von konkreten Menschen personenbezogene Daten.

Daraus ergeben sich Informationspflichten über die involvierte Logik (Art. 13, 14 DSGVO) und Dokumentationspflichten (Verzeichnis von Verarbeitungstätigkeiten, Art. 30 Abs. 1 DSGVO). Der Abschluss eines Vertrags über **Auftragsverarbeitung** ist verpflichtend, denn die Betreiberin einer KI-Plattform ist Auftragsverarbeiterin (Art. 28), und ein Unternehmen, das die KI einsetzt, ist Verantwortlicher im Sinne der DSVGO. Technische und organisatorische Maßnahmen müssen nach dem Stand der Technik angemessen sein (Art. 32 DSGVO). Die **Datenschutzerklärung** muss als eigenes Dokument oder eigene Landingpage auf einer Webseite angeboten werden und verständlich sowie deutlich formuliert sein.

Häufig führt die DSGVO unbemerkt zu Rechtsverletzungen, da personenbezogene Daten nur dann auf nichteuropäischen Servern gespeichert oder verarbeitet werden dürfen, wenn bei einem Transfer in ein Land außerhalb der EU bzw. des EWR ein angemessenes Datenschutzniveau sichergestellt wird. Dieser Datentransfer erfordert nach der DSGVO besondere (Voraus-)Informationen bzw. Einwilligungen.

Notwendig ist dazu grundsätzlich ein Angemessenheitsbeschluss der Europäischen Kommission (European Commission, 2025), welcher den Transfer in die USA über das Data Privacy Framework (DPF) erlaubt, sofern der dortige Dienstleister zertifiziert ist. Die DPF-Zertifizierung dient als Erlaubnis für die Übermittlung personenbezogener Daten in die USA nach Art. 45 Abs. 3 DSGVO und ist zeitlich befristet. Auf der Data Privacy Framework List https://www.dataprivacyframework.gov/list kann überprüft werden, ob der Abschluss eines Auftragsverarbeitungsvertrags möglich ist (zurzeit z. B. mit Adobe, Meta, Substack) und ob auch Human-Resources-Daten umfasst sind (zurzeit z. B. bei Google, HeyGen, Immersive, Microsoft, Vimeo, X).

Alternativen zum DPF sind ebenfalls möglich, wie etwa Standardvertragsklauseln (Standard Contracting Clauses, SCCs) oder Binding Corporate Rules (BCRs).

Wenn personenbezogene Daten aus der EU in die USA zum Zweck der Auftragsverarbeitung übermittelt werden, ist natürlich unabhängig davon ein Auftragsverarbeitungsvertrag erforderlich (Piltz, 2023). In diesem Vertrag müssen die rechtlichen Vorgaben der DSGVO für den Datentransfer erfüllt werden, etwa auch das dabei durchgeführte Speichern in einer Cloud.

Die für KI-Modelle verwendeten **Trainingsdaten** (Abb. 8.2) könnten zu einem Haftungsrisiko führen. KI-Modelle werden oft mit großen Datensätzen trainiert, die

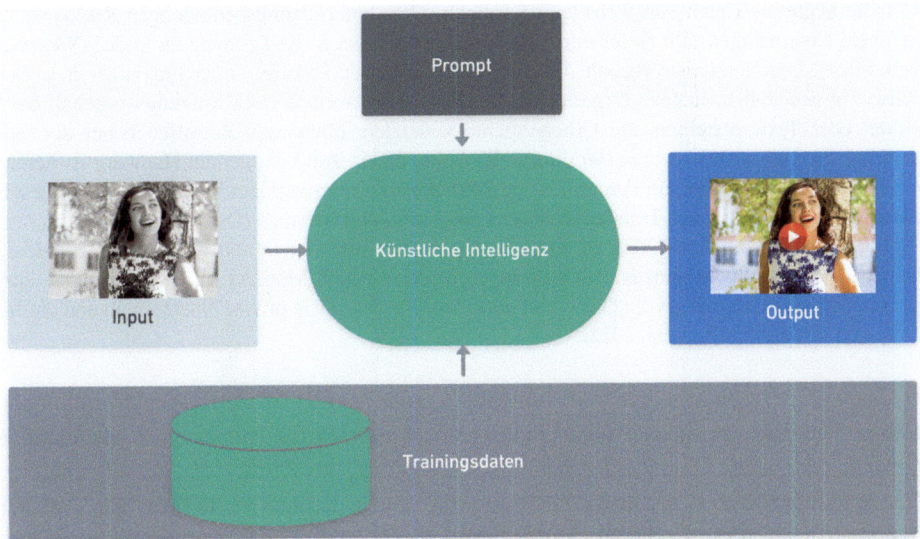

Abb. 8.2 Prompt, Input, Trainingsdaten und der Output können urheberrechtlich relevant sein (erstellt mit Whimsical Pro)

urheberrechtlich geschützte Werke enthalten können. So wurde zum Beispiel berichtet, dass ein KI-Text-zu-Video-Generator mit YouTube-Videos großer Unterhaltungsunternehmen wie Netflix, Disney, Nintendo und Rockstar Games trainiert worden sei (Roth, 2024). Daher laufen in den USA gegenwärtig Klagen gegen einzelne Entwickler von Deep-Learning-Modellen. Es geht um Fair Use öffentlich verfügbarer Daten und um die Frage, ob die von der KI generierten Bilder als rechtlich eigenständige Werke gelten können oder zu stark den Ursprungswerken gleichen und damit Urheberrechte verletzen (Von dem Bussche, 2024).

In Europa stellt sich die Frage, ob die (beim maschinellen Lernen durchgeführte) Vervielfältigung der geschützten Inhalte erlaubt ist oder nicht. Nach verbreiteter Ansicht kann das **Training der Modelle** unter die rechtlichen Bestimmungen des Text- und Data-Mining (TDM) subsumiert werden. Das ist insofern von Bedeutung, als in Europa das TDM selbst für kommerzielle Zwecke erlaubt ist (sofern die Daten öffentlich legal zugänglich sind). Das regelt etwa in Deutschland § 44b des Urheberrechtsgesetzes (UrhG) (Metzmacher, 2024). Das Gesetz beschreibt TDM als automatisierte Analyse von einzelnen oder mehreren digitalen oder digitalisierten Werken, um daraus Informationen insbesondere über Muster, Trends und Korrelationen zu gewinnen (Von dem Bussche, 2024).

Nutzungsvorbehalte
Rechteinhaberinnen, die eine Nutzung ihrer im Internet veröffentlichten **Inhalte als Trainingsdaten** für softwarebasierte Textgeneratoren verhindern wollen, können einen entsprechenden Vorbehalt erklären – beispielsweise im Impressum der eigenen Webseite. Haben Rechteinhaberinnen ein sogenanntes **Opt-out** maschinenlesbar erklärt, darf ihr Inhalt nicht für das Training von KI-Modellen genutzt werden (BMJV, 2024). Dessen ungeachtet hätten angeblich große Technologieunternehmen Untertitel von YouTube-Videos unrechtmäßig verwendet (Gilbertson & Reisner, 2024) und KI-

Crawler aggressiv Daten von Websites gesammelt, ohne auf Nutzungsbedingungen Rücksicht zu nehmen. Unternehmen fällt es schwer, Schutzmaßnahmen gegen KI-Scraping zu finden (Weatherbed, 2024). Der Nutzungsvorbehalt funktioniere zwar in der Theorie, in der Praxis sei er jedoch schwierig anwendbar, meinen Experten, denn falls KI-Plattformen trotz Nutzungsvorbehalt doch Bilder oder Texte erstellten, die Urheberrechte verletzten, bliebe den Betroffenen nur der aufwendige Weg einer Beschwerde (Welling & Pankoke, 2024). Am Landgericht Hamburg ist bereits ein Fall anhängig, in dem ein Fotograf einen Softwareentwickler verklagt hat, sein Bild trotz eines Nutzugsvorbehalts in einen Trainingsdatensatz aufgenommen zu haben (Ostendorff, 2024).

Meta kündigte im April 2025 an, Daten europäischer Nutzerinnen und Nutzer zum Trainieren seiner künstlichen KI zu nutzen. Auch Prompts für den Chatbot Meta AI würden verwendet, ausgenommen wären allerdings die Daten von unter 18-Jährigen sowie private Nachrichten und die Inhalte von WhatsApp (Reuters, 2025).

Bisher war meist nicht so genau dokumentiert, woher ein KI-Modell seine Informationen nimmt. Um so etwas nachverfolgen zu können, müssen künftig Anbieter von sogenannten Grundlagenmodellen (sie werden in der EU-Verordnung als KI-Modelle mit allgemeinem Verwendungszweck bezeichnet) Zusammenfassungen darüber veröffentlichen, welches Trainingsmaterial sie für die KI genutzt haben.

Die KI-Verordnung der EU (Verordnung (EU) 2024/1689 des Europäischen Parlaments und des Rates vom 13.06.2024), häufig **AI Act** genannt, legt erstmals harmonisierte Vorschriften für KI EU-weit fest. Der AI Act trat am 02.08.2024 in Kraft und wird Schritt für Schritt in nationales Recht umgesetzt (IHK, 2024). Die KI-Verordnung bringt eine gewisse Erleichterung und Sicherheit für die bloßen Nutzer von KI-Plattformen. Videogestalterinnen und Autorinnen etwa, die generative KI nutzen, arbeiten zwar mit Grundlagenmodellen, das zählt aber nicht zur Hochrisiko-KI. Daraus lässt sich folgern, dass die Nutzerinnen **nicht** verpflichtet sind zu dokumentieren, mit welchen Trainingsdaten die KI angelernt worden ist, und sie auch nicht gewährleisten müssen, dass die KI keine Voreingenommenheit (kein Bias) entwickelt.

Beim Landgericht München ist eine Klage gegen das KI-Unternehmen Suno anhängig, die durch die Interessensvertretung GEMA eingereicht wurde. Die GEMA (Gesellschaft für musikalische Aufführungs- und mechanische Vervielfältigungsrechte) ist eine Verwertungsgesellschaft in Deutschland, die 95.000 deutsche und über zwei Millionen internationale Rechteinhaber vertritt. Sie bemängelt Urheberrechtsverletzungen durch die Musik-App Suno (Kap. 5), die Songs im Stil bekannter Künstler generieren kann. Konkret kritisiert die GEMA, dass Suno geschützte Werke für das Training seiner KI verwende, ohne die Künstler angemessen zu vergüten, und fordert ein Zwei-Säulen-Lizenzmodell, das sowohl die Nutzung der Werke für das KI-Training als auch die generierten Werke selbst berücksichtige (Gema, 2025). Die rechtliche Auseinandersetzung dreht sich hauptsächlich um die Frage, ob das Training der KI mit urheberrechtlich geschützten Werken im Hinblick auf das Text- und Data-Mining rechtmäßig war, und die Frage der Gültigkeit des 2022 ausgesprochenen Nutzungsvorbehalts. Zudem wird diskutiert, ob die Generierung von KI-Songs an und für sich schon eine Verletzung des „Rechts der öffentlichen Wiedergabe" darstellen könne, wenn die Ähnlichkeit mit vorbestehenden Werken sehr groß wäre. Die Klage der GEMA wirft somit zentrale Fragen zum Urheberrecht auf und könnte richtungsweisend sein (Schmid, 2025).

8.2 Wer hat Rechte an KI-generierten Werken?

Wir wollen uns jetzt mit den wichtigsten rechtlichen Fragestellungen im Umgang mit generativer KI beschäftigen und eine erste Orientierung geben – auch wenn einige rechtliche Festlegungen erst durch die Rechtsprechung ausgestaltet werden müssen:

- Wer hat Rechte an KI-generierten Videos?
- Was darf ich mit den KI-Ergebnissen machen?
- Wann bin ich zur Kennzeichnung verpflichtet?
- Worauf sollte ich achten, wenn ich Bilder und Videos von anderen verwende?

Klarheit besteht darüber, dass KI keine Schöpferin sein kann – und damit keine Urheberin, denn KI gilt nur als Werkzeug. Auch Programmiererinnen einer KI-Anwendung erwerben keine Rechte an den damit generierten Ergebnissen. Der Output eines KI-Modells ist also erst einmal nicht urheberrechtsfähig. An einfachen, unbearbeiteten KI-Ergebnissen kann niemand Rechte geltend machen, sie lassen sich für beliebige Zwecke völlig legal übernehmen und weiterverwenden. Dies umfasst generell Texte, Bilder, Musik und andere kreative Arbeiten.

Auch die gesetzlichen Bestimmungen des Leistungsschutzes sind auf menschliche Künstler beschränkt und lassen sich nicht auf KI anwenden.

Etwas anderes ist es, wenn der KI-Output von einem Menschen schöpferisch bearbeitet und über diesen Schritt ein sogenanntes Mindestmaß an Originalität oder individueller kreativer Leistung erreicht wurde. Künstlerinnen erwerben kein Urheberrecht an einem von einer KI generierten Bild, indem sie einfach zwischen verschiedenen Ergebnissen auswählen. Sie müssen dafür die Bilder umfassend bearbeiten, wie etwa beim sogenannten Outpainting. Ob das zutrifft, beurteilt die Rechtsprechung im Einzelfall (Von dem Bussche, 2024).

Urheberinnen im Anstellungsverhältnis
Die Gestaltung eines individuell und kreativ geschnittenen Filmes, der aus mehreren KI-Videos, Musik, Sprechertext und vielleicht noch Grafik besteht, wird fast immer als eigenes Werk anzusehen sein. Grundsätzlich bleibt das Urheberrecht bei der Schöpferin – übrigens ganz ohne Copyright-Vermerk – mit folgenden Vermutungen:

- Aufgrund eines Arbeitsverhältnisses gilt im Zweifel die gesamte Rechteübertragung auf die Arbeitgeberin als vereinbart.
- Die Verwertungsrechte an gewerbsmäßig hergestellten Filmwerken stehen (mit bestimmten Beschränkungen) dem Inhaber des Unternehmens (also der Filmherstellerin) zu.
- Wer sich zur Mitwirkung bei der Herstellung eines Filmes verpflichtet, räumt damit für den Fall, dass er ein Urheberrecht am Filmwerk erwirbt, der Filmherstellerin im Zweifel das ausschließliche Recht ein, das Filmwerk, Übersetzungen und andere filmische Bearbeitungen und Umgestaltungen des Filmwerkes auf alle Nutzungsarten zu nutzen.

8.3 Wie können Sie als Urheberin anerkannt werden?

Urheber zu sein, ist ein enorm wichtiger Hebel, um mit Videos Einkommen erzielen zu können. Das Urheberrecht schützt Werke, welche die sogenannte **Werkhöhe** oder **Schöpfungshöhe** erreichen. Das ist ein zentraler Begriff im Urheberrecht und bestimmt, ob ein Werk den notwendigen Grad an Originalität und Kreativität aufweist, um urheberrechtlich geschützt zu sein. Je mehr ich als menschliche Urheberin Einfluss nehme (etwa durch einen umfangreichen Prompt), desto eher könnte eine geistige Schöpfung der menschlichen Benutzerin angenommen werden, was notwendig wäre, um einen urheberrechtlichen Schutz behaupten zu können. Dazu gibt es aber noch kaum Rechtsprechung.

In der fachlichen Diskussion wird dieser Ansicht entgegengehalten, dass Textschöpfung keine Urheberschaft am Bild begründen könne, da das Bild erst durch die KI erzeugt wird. Bei kreativem Umgang mit Prompts und Plattformen scheint es mir jedoch plausibel, dass die Software lediglich ein Hilfsmittel darstellt und ihr Einsatz im Entstehungsprozess des Werkes von untergeordneter Bedeutung ist. Daraus würde folgen, dass eine Urheberschaft der Nutzerin der KI in Betracht gezogen werden sollte. Es ist dann im Einzelfall abzugrenzen, ob ausreichender Einfluss auf die konkrete Formgestaltung in der Hand des Menschen verblieben ist oder nicht (BMJV, 2024). Der menschliche Input muss signifikant sein, damit Urheberrechte entstehen können; das ist dann anzunehmen, wenn der Schaffensprozess „intensiv" war. Einfach Prompts für schnelle Outputs genügen nicht (Solmecke, 2024a).

Für den Schutz ist außerdem entscheidend, dass das Werk **Originalität** aufweist, also eine persönliche kreative Schöpfung ist und sich vom Alltäglichen, Landläufigen, üblicherweise Hervorgebrachten unterscheidet, also **Individualität** ausstrahlt (Gumpelmaier-Mach et al., 2024). Das könnte bei einem KI-generierten Werk der Fall sein; dazu muss es zwar keine „absolute Neuheit" sein, aber jedenfalls über das Gewöhnliche, Alltägliche, Übliche hinausgehen (Abb. 8.3).

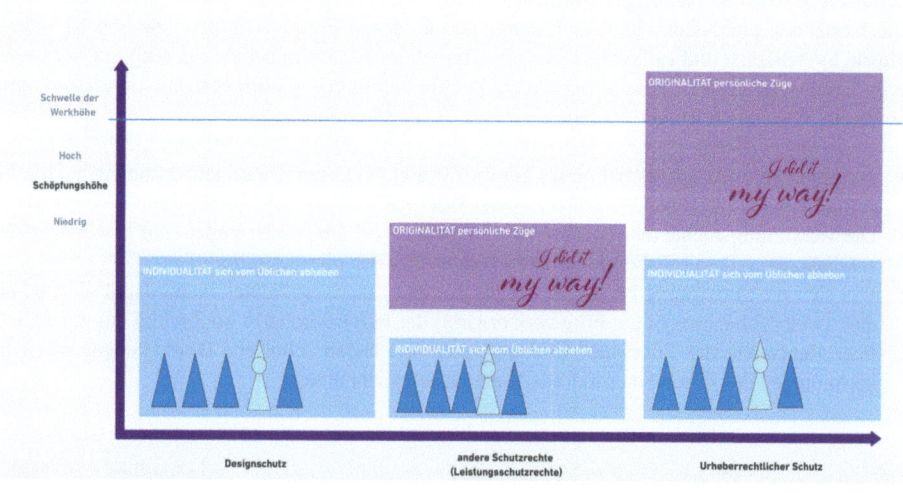

Abb. 8.3 Schöpfungshöhe = Individualität plus Originalität (Diagramm erstellt mit Whimsical Pro)

8.3 Wie können Sie als Urheberin anerkannt werden?

Welchen Maßstab sollte die Rechtsprechung hier anlegen? Wenn man generative KI erneut auffordert, Bilder auf Grundlage eines bestimmten Prompts zu generieren, wird sie möglicherweise völlig andere Bilder ausgeben. Eine Analogie zu den Regeln für Computerprogramme nach § 40a des deutschen Urheberrechtsgesetzes (UrhG) dürfte damit nicht infrage kommen. Prompts sind deshalb eher wie ein Sprachwerk (§ 2 Z 1 UrhG) zu beurteilen, und viele einfache Prompts werden nicht Werkhöhe erreichen; verkörpern doch kurze Prompts eher eine Art Idee oder einen Gedanken, wie ein Bild oder Video aussehen könnte. Ideen sind aber gerade nicht schutzfähig (Geuer, 2024).

Wenn wir die Analogie vom Schreiben von Prompts zum Schreiben von Texten weiterdenken, wie würden wir die Schöpfungshöhe bei Texten ermitteln? Bei durch Prompts generiertem Output wäre dann wie bei Texten entscheidend (Beurskens, 2020, S. 34):

- eine individuelle Auswahl,
- die individuelle Darstellung (der Stil),
- eine individuelle Gedankenführung oder
- innovativer Inhalt (Themen- und Figurenschutz).

Als weitere Analogie käme die Gestaltungshöhe bei Fotos infrage. Fotografien sind Lichtbildwerke (§ 2 Abs. 1 Nr. 5 UrhG); von einer ausreichenden Gestaltungshöhe kann dann ausgegangen werden, wenn die Fotografin ihr Können nutzt, um beispielsweise eine inhaltliche Aussage zu treffen. Das kann durch eine besondere Komposition, den Lichteinfall, die Perspektive oder Ähnliches geschehen. Auch die nachträgliche Bearbeitung des Bildes kann ein Lichtbildwerk begründen (OLG Koblenz GRUR, 1987, 435; Wagenknecht, 2011). Dagegen kann man nicht von einem Lichtbildwerk ausgehen, wenn das Bild einen „Schnappschuss" darstellt. Einfach gesagt: wenn das Bild so gemacht wurde, wie es jeder machen würde. Ein KI-Bild oder KI-Video, das „wie ein Schnappschuss" durch einen gewöhnlichen Prompt entstanden ist, kann demnach kein Werk sein. Bei sehr individuellen, ausführlichen, kreativ gestalteten Prompts – wie in Kap. 3 und 4 beschrieben – könnte dagegen Werkhöhe erreicht werden. Das im Einzelfall zu entscheiden, ist Angelegenheit der Gerichte.

Das Urheberrecht eines Staates kann nur in den Grenzen des jeweiligen Landes Geltung beanspruchen. Folglich gelten genau genommen die Normen des deutschen Urheberrechts nur auf deutschem Staatsgebiet und die des österreichischen Urheberrechts auf österreichischem Territorium. Für die Schweiz gilt das Bundesrecht der Schweizerischen Eidgenossenschaft, vornehmlich das Bundesgesetz über das Urheberrecht und verwandte Schutzrechte (Schweizerische Eidgenossenschaft, 1993). Das liegt daran, dass dem internationalen Urheber- und Leistungsschutzrecht das Territorialitätsprinzip zugrunde liegt. Selbst wenn die europäischen Urheberrechtssysteme heute weitgehend harmonisiert sind, kann es trotzdem tendenzielle Unterschiede in der Rechtsprechung geben. Wie war die Rechtsprechung zur Werkhöhe bisher?

Gemeinsam ist allen drei Ländern, dass die Werkhöhe eine künstlerische Qualität und Originalität verlangt, dagegen gibt es in der Rechtsprechung Unterschiede hinsichtlich der Anforderungen an die Originalität und Individualität. In Deutschland liegt ein starker

Fokus auf der persönlichen geistigen Schöpfung, die sich deutlich vom Alltäglichen abheben muss. Österreich betont ebenfalls die schöpferische Eigentümlichkeit, wobei der Begriff der „eigentümlichen geistigen Schöpfung" zentral ist. In der Schweiz steht der „individuelle Charakter" des Werkes im Vordergrund.

Werkhöhe im deutschen Urheberrecht: Der Bundesgerichtshof (BGH) hat in mehreren Entscheidungen die Kriterien für die Werkhöhe präzisiert. Oft genannt wird hier das „Telefonkarte II"-Urteil, in dem der BGH feststellte, dass eine Gestaltung eine individuelle Prägung aufweisen muss, die über das Alltägliche hinausgeht (BGH-Urteil vom 05.06.2003 – I ZR 192/00). Im „Metall auf Metall"-Urteil entschied der BGH, dass selbst kurze Tonfolgen urheberrechtlichen Schutz genießen können, wenn sie eine individuelle schöpferische Leistung darstellen (BGH-Urteil vom 13.12.2012 – I ZR 182/11). Dieses Urteil ist allerdings nicht rechtskräftig, da es vom Bundesverfassungsgericht aufgehoben wurde und derzeit zur Vorabentscheidung beim EuGH liegt (BGH2023).

Interessant ist auch das Urteil zu „Comic-Helden". In diesem Fall wurde entschieden, dass selbst einfache Comicfiguren urheberrechtlich geschützt sein können, wenn sie eine persönliche geistige Schöpfung darstellen (BGH-Urteil vom 04.04.2019 – I ZR 54/16).

Werkhöhe im österreichischen Urheberrecht: Die österreichische Rechtsprechung legt besonderen Wert auf die Individualität und Originalität des Werkes. Beispielsweise entschied der Oberste Gerichtshof (OGH), dass sogar einfache Alltagsgegenstände, wie ein Spielzeug, urheberrechtlich geschützt sein können, wenn sie eine hinreichende schöpferische Eigentümlichkeit aufweisen (OGH-Urteil vom 20.12.1994, 4 Ob 265/94). An anderer Stelle betont der OGH, dass die Grenze zur urheberrechtlich relevanten Schöpfung überschritten wird, wenn eine Gestaltung eine gewisse künstlerische Qualität und Individualität erreicht (OGH-Urteil vom 22.11.2016, 4 Ob 183/16x).

Werkhöhe im schweizerischen Urheberrecht: Artikel 2 URG verlangt, dass Werke „geistige Schöpfungen der Literatur und Kunst" sind, die „individuellen Charakter" haben. Das Schweizerische Bundesgericht (BGer) hat mehrfach entschieden, dass dafür der individuelle Charakter ausschlaggebend ist. Es wurde vom BGer etwa entschieden, dass selbst alltägliche Texte urheberrechtlich geschützt sein können, wenn sie eine persönliche Prägung aufweisen (BGer-Urteil vom 26.03.2003, 4C.116/2002), oder dass auch technische Zeichnungen urheberrechtlichen Schutz genießen können, sofern sie einen individuellen Charakter besitzen (BGer-Urteil vom 26.03.2003, 4C.116/2002).

Fazit: Gerichtsurteile in allen drei Ländern zeigen, dass die Schwelle zur urheberrechtlichen Schutzfähigkeit je nach Einzelfall unterschiedlich hoch sein kann, wobei oft auch die Branche und der spezifische Kontext des Werkes eine Rolle spielen. Die Anforderungen an die Werkhöhe sind zwar vergleichbar, aber in der praktischen Anwendung bestehen Unterschiede, die im Detail zu beachten sind. Dies unterstreicht die Bedeutung einer genauen Prüfung jedes Einzelfalles im Hinblick auf die urheberrechtliche Schutzfähigkeit.

Was bedeutet das konkret bei der Verwendung von fremdem Material, das durch KI generiert wurde? Auf vielen KI-Plattformen sind Bilder, Videos oder Musikstücke der User frei zugänglich. Dürfen sie diese in eigene Filme einbauen oder nicht? Meist gibt es in Benutzungsbedingungen der Plattformen dazu Regeln; so schließen etwa Midjourney oder Gencraft diese Verwendung dezidiert aus (Terms of Service, 2024).

Doch auch unabhängig von den Benutzungsbedingungen ist es angebracht, hier Vorsicht walten zu lassen. Die unterste Grenze der Schöpfungshöhe bei Kunst-, Musik-, Sprachwerke wird als **„kleine Münze"** bezeichnet, sie bestimmt, was gerade noch als urheberrechtlich geschützt gilt. Solche Werke besitzen nur wenig Individualität und heben sich nur leicht von Alltäglichem, Gewöhnlichem, Banalem ab. Wenn Sie Fremdmaterial einbauen und auf der sicheren Seite bleiben wollen, dann gehen Sie im Zweifel davon aus, dass das von Ihnen benutzte Artefakt dem Urheberrecht unterliegen könnte. Übernehmen Sie fremde Texte, Grafiken, Bilder, Videos, Musikstücke nicht ohne Erlaubnis der Rechteinhaberinnen, es sei denn, es handelt sich ganz offensichtlich um etwas sehr Einfaches und Banales (Loose, 2021).

8.4 Für welche Bearbeitung brauche ich eine Zustimmung?

Jede Bearbeitung von Werken braucht die Zustimmung der Urheberinnen. Maßgeblich ist nach Rechtsprechung des Europäischen Gerichtshofs, dass das Werk eine „eigene geistige Schöpfung" eines Menschen darstellt, die die Persönlichkeit des Urhebers widerspiegelt, indem es dessen „freie kreative Entscheidungen" zum Ausdruck bringt. Ob diese Schutzschwelle erreicht ist, muss, wie in Abschn. 8.3 festgestellt, im Einzelfall geprüft werden (BMJV, 2024).

Das ist noch in einem anderen Zusammenhang wichtig. KI-generierte Werke sind zwar meist keine Bearbeitung, sondern eine Nachschöpfung. Ein KI-generiertes Bild oder Video, das dem Original einer anderen Urheberin zu ähnlich und somit eine Bearbeitung oder gar Entstellung wäre, würde eine **Urheberrechtsverletzung** darstellen (Abb. 8.4). Was, wenn durch KI Urheberrechte verletzt werden, weil sie Werke nachahmt, die andere geschaffen haben, oder sogar Teile plagiatsmäßig übernimmt? Das wäre dann ein Problem für die Anwenderin, denn wer immer KI verwendet hat, wird in so einem Fall schadensersatzpflichtig.

Hier gilt es abzuwarten, welche Maßstäbe die Rechtsprechung bei der Abgrenzung zwischen der erlaubten „freien Benutzung" und der zustimmungsbedürftigen Bearbeitung anlegen wird. Im analogen Bereich wurde das bei Parodien und bei Repliken von Kunstwerken vom Bundesgerichtshof bereits detailliert ausjudiziert. Entscheidend ist der Abstand, den das neue Werk zum ursprünglichen hat. Ein ausreichender Abstand liegt nach dem Europäischen Gerichtshof dann nicht vor, wenn das benutzte Werk wiedererkennbar ist (EuGH GRUR, Urteil vom 29.07.2019, 929, 931, Metall auf Metall III). Für eine zulässige freie Benutzung müssen angesichts des neu geschaffenen Werkes die entlehnten Züge des vorherigen Werkes verblassen (BGH, Urt. v. 20.03.2003 – I ZR 117/00 (Gies-Adler), NJW 2003, S. 3633 und S. 3635; BGH, Urt. v. 26.03.1971 – I ZR 77/69, S. 2169).

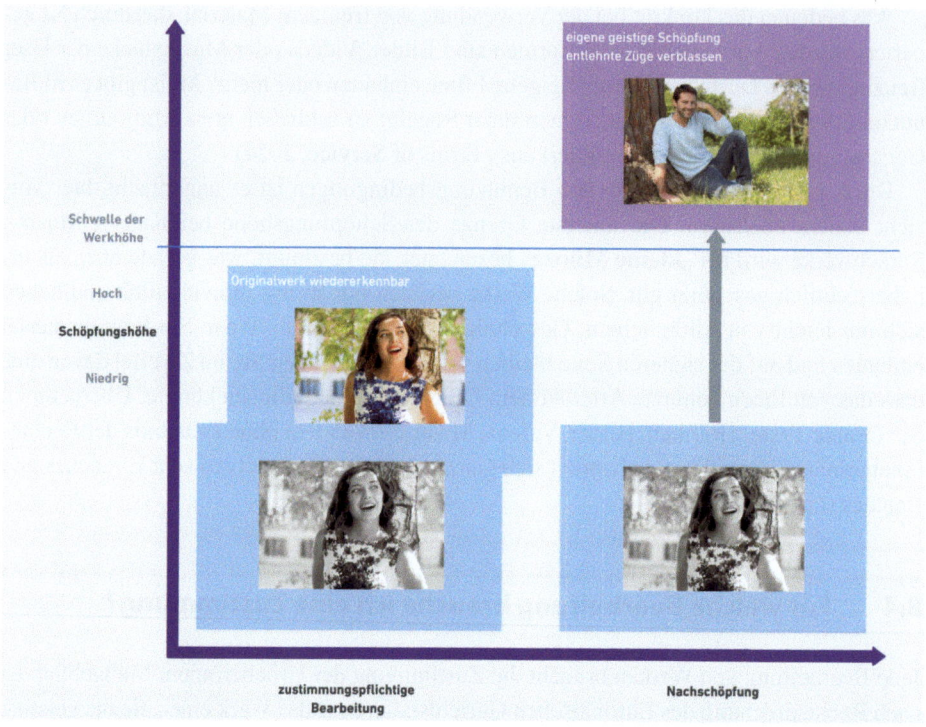

Abb. 8.4 Bearbeitung oder Nachschöpfung (Diagramm erstellt mit Whimsical Pro, 2024)

Kommt man zu dem Ergebnis, dass der KI-Inhalt eine Rechtsverletzung darstellt, wird der Unterlassungsanspruch nach § 97 Abs. 1 Deutsches UrhG unmittelbar schlagend, weil er verschuldensunabhängig ist. Selbst wenn die Nutzer von KI von der zufälligen Übereinstimmung nichts gewusst haben sollten und somit unverschuldet gehandelt hätten, müssten sie ein angemessenes Entgelt zahlen. Für einen Schadensersatzanspruch wäre darüber hinaus ein vorsätzliches oder fahrlässiges Handeln erforderlich (Lober & Klein, 2023). Wer einen anderen schuldhaft schädigt, wird schadensersatzpflichtig bis zum Doppelten des gebührenden Entgelts und hat darüber hinaus den entgangenen Gewinn zu ersetzen (Solmecke, 2024b).

KI-generierte Ergebnisse wären durch die Nutzer also zu verwerfen, wenn vorbestehende Werke darin erkennbar wären. Dann müssten für die Nutzung des KI-generierten Inhalts Erlaubnisse anderer Rechteinhaberinnen eingeholt werden (BMJV, 2024). Der EuGH hat etwa in der Vergangenheit entschieden, dass ein aus bloß elf Wörtern bestehender Auszug eines geschützten Werkes urheberrechtlich geschützt sein kann (EuGH GRUR, Urteil vom 16.07.2009, 1041, Rn. 48, Infopaq). Es wird interessant sein, welchen Sorgfaltsmaßstab hier die Gerichte anlegen werden. Von jedem einzelnen Bild und Videoclip eine Rückwärtssuche in einer Suchmaschine zu erwarten, wäre aus meiner Sicht nicht zumutbar. Werke zu erkennen, mit denen Nutzerinnen zuvor in einem anderen Kontext selbst gearbeitet haben, könnte dagegen möglicherweise von der Rechtsprechung als notwendig angesehen werden.

8.5 Wann ist etwas Unwesentliches Beiwerk?

Geschützte Werke finden oft unbemerkt Eingang in KI-Werke, zum Beispiel Muster von Tapeten oder die Form von Stühlen. Spielt das verwendete Werk eine untergeordnete Rolle, ist für die Verwertung das Einverständnis des Urhebers nicht erforderlich. Welche Kriterien gelten dafür? Ein Werk ist unwesentlich im Sinne von § 57 UrhG, wenn das Werk weggelassen oder ausgetauscht werden kann, ohne dass es einem durchschnittlichen Betrachter auffällt oder die Gesamtwirkung des Hauptinhaltes beeinflusst wird (BGH-Urteil vom 17.11.2014 – I ZR 177/13). Von unwesentlichem Beiwerk kann natürlich nur gesprochen werden, wenn das dekorative Element zufällig ins Video oder ins Bild gekommen ist – und nicht bewusst ausgewählt wurde (Norbert, 2024).

8.6 Was und wie muss ich kennzeichnen?

Kennzeichnungspflicht für KI-generierte Inhalte Die Kennzeichnungspflicht, die im europäischen AI Act festgelegt ist, soll vor Manipulation und Täuschung schützen, denn Deep Fakes bergen das Risiko, dass sie missbraucht werden, um Menschen zu beeinflussen (Batke, 2024). Der europäische AI Act legt deshalb eine Kennzeichnungspflicht fest, die bis Mitte 2025 in nationales Recht umgesetzt werden musste (vergleichbar etwa mit der Kennzeichnungspflicht von entgeltlichen Einschaltungen und Produktplatzierungen). Für Verstöße können Geldbußen von bis zu 15 Millionen Euro oder drei Prozent des weltweiten Jahresumsatzes verhängt werden (Europäisches Parlament, 2024, Art. 101). In Artikel 50 sind Transparenzpflichten für Anbieter und Nutzer bestimmter KI-Systeme und KI-Werkzeuge vorgesehen.

KI-Systeme wurden in vier Risikokategorien eingeteilt; streng reguliert wurden die beiden höchsten Klassen (Oswald, 2024). Für generative Bild-, Audio- und Videogestaltung ist vor allem die dritte Kategorie relevant, das sind KI-Systeme mit begrenztem Risiko. Hier gelten nur wenige Einschränkungen für die Anbieter von KI-Plattformen, aber hohe Transparenzverpflichtungen (Oswald, 2024). Anbieter von KI-Tools, die Audio-, Bild-, Video- oder Textinhalte erzeugen, müssen sicherstellen, dass der Output der Anwendungen in einem maschinenlesbaren Format als künstlich erzeugt oder manipuliert gekennzeichnet ist. Die Transparenzverpflichtung geht weit über einen einfachen Hinweis auf KI-generierte Inhalte hinaus und peilt robuste und maschinenlesbare technologische Methoden an, also etwa Wasserzeichen, Metadatenkennzeichnungen, kryptografische Methoden zum Nachweis der Herkunft und Authentizität von Inhalten, Protokollierungsmethoden, Fingerabdrücke und andere Techniken (EU Artificial Intelligence Act, 2024).

Schließlich legt der AI Act aber auch den Nutzerinnen (Anwendern) von KI-Systemen Pflichten auf, so etwa, dass Gestalterinnen eindeutig kennzeichnen müssen, welche Texte, Bilder und Töne durch KI erstellt wurden. Unter Nutzerinnen sind „Betreiber" zu verstehen, das sind natürliche oder juristische Personen, die ein KI-System einsetzen, außer das KI-System wird nur im Rahmen einer persönlichen und nicht beruflichen Tätigkeit verwendet (Intersoft Consulting, 2024a).

Wenn Nutzerinnen ein KI-System zum Erzeugen oder zum Manipulieren von Bild-, Audio- oder Videoinhalten verwenden (etwa KI-Bildgeneratoren, KI-Sprachgeneratoren, KI-Musikgeneratoren oder KI-Videogeneratoren) und die Inhalte wirklichen Personen, Gegenständen, Orten, Einrichtungen oder Ereignissen merklich ähneln und einer Person fälschlicherweise echt oder wahr erscheinen würden (Deep Fakes), müssen sie klar und deutlich offenlegen, dass die Inhalte künstlich erzeugt oder manipuliert wurden, indem sie die Ausgaben von KI entsprechend kennzeichnen und auf ihren künstlichen Ursprung hinweisen (Intersoft Consulting, 2024b). Nutzer müssen auch KI-Texte zu Themen von öffentlichem Interesse kennzeichnen, wenn diese künstlich erzeugt wurden. Ausnahme: Der Text wurde von Menschen überprüft und redaktionell bearbeitet (Hillebrandt, 2024). Die Ausnahme der redaktionellen Prüfung gilt wohl nur für Texte, nicht für Bilder und Videos.

Eine andere Rechtsansicht vertritt Christian Solmecke (2024b) vom Deutschen Fachjournalisten-Verband: Die Transparenzpflicht treffe lediglich die Anbieter der Systeme, die Bilder mit technischen Mitteln in „maschinenlesbarer Form" kennzeichnen müssen, es reiche nach den Richtlinien des Pressekodex, KI-generierte Bilder als symbolische Illustrationen zu kennzeichnen. Dem ist aus meiner Sicht entgegenzuhalten: Eine technische Kennzeichnung gibt keine hundertprozentige Sicherheit. Markierungen im Inhalt, ob sichtbar oder unsichtbar, können entfernt werden. Gerade Wasserzeichen bieten keine Sicherheit gegen Entfernung, besonders wenn viele Inhalte auf die gleiche Weise markiert sind und das Wasserzeichen öffentlich überprüfbar ist (Fraunhofer Institut, 2024). Bei der Anwendung der Rechtsvorschrift ist deshalb auf den Schutzzweck der Norm abzustellen; das ist der Schutz vor unzulässiger Beeinflussung durch Deep Fakes. Die Kennzeichnungspflicht soll dem Risiko von Fehlinformation und Manipulation entgegenwirken. Bloß nur maschinenlesbare Wasserzeichen oder Einträge in den Metadaten werden diesem Schutzzweck in vielen Fällen nicht genügen können. Vor allem bei KI-generierten Texten, Bildern und Videos, die die Öffentlichkeit über wichtige Themen informieren sollen, muss transparent gemacht werden, wenn die Inhalte künstlich erstellt wurden.

Es lohnt sich außerdem, die Erwägungsgründe der Gesetzgeberin in die Auslegung einzubeziehen.

Erwägungsgrund 134 stellt klar, dass die Kennzeichnungspflicht für Deep Fakes (Abschn. 8.1.1) die Meinungs- und Kunstfreiheit nicht beeinträchtigen soll. Wenn der Inhalt Teil eines offensichtlich satirischen, künstlerischen, fiktionalen Werks oder Programms ist und geeignete Schutzvorkehrungen für die Rechte und Freiheiten Dritter bestehen, dann beschränkt sich die Transparenzpflicht darauf, das Vorhandensein solcher erzeugten oder manipulierten Inhalte so offenzulegen, dass der „Genuss" des Werkes nicht beeinträchtigt wird (Intersoft Consulting, 2024b).

Erwägungsgrund 133 erläutert, dass diese Kennzeichnungspflicht für folgende KI-Systeme nicht gilt:

- KI-Systeme, die in erster Linie eine unterstützende Funktion für die Standardbearbeitung ausführen. Häufig genannt werden von Expertinnen etwa Upscaling oder Color Grading.

8.6 Was und wie muss ich kennzeichnen?

- KI-Systeme, die die vom Betreiber bereitgestellten Eingabedaten oder deren Semantik nicht wesentlich verändern (Intersoft Consulting, 2024c). Das träfe etwa auf Texteinblendungen oder ähnliche Grafikanwendungen zu.

Wie müssen KI-Inhalte laut EU AI Act gekennzeichnet werden? Der europäische AI Act enthält keine konkreten Vorgaben, wie die Kennzeichnung von KI-generierten Inhalten genau erfolgen muss. Er schreibt lediglich vor, dass alle KI-generierten Inhalte wie zum Beispiel Texte, Bilder, Sprecherinnen, Musik und Video „eindeutig" als solche gekennzeichnet werden müssen. Nutzerinnen sollen klar erkennen können, wenn Inhalte durch KI erzeugt wurden. Wie diese Transparenz und Kennzeichnung konkret umzusetzen sind, beispielsweise durch Disclaimertexte, Wasserzeichen auf Bildern, Hinweise in Metadaten, lässt der AI Act offen. Die genaue Ausgestaltung der Kennzeichnungspflicht wird den Plattformbetreiberinnen und Nutzerinnen von KI-Systemen überlassen, womit rechtliche Klarheit erst durch die Rechtsprechung erreicht werden wird (ähnlich wie das bei der DSGVO der Fall war).

Mögliche Ansätze sind:

- Ein Symbol oder Logo, das für KI-generierte Videos steht, also ein sichtbares Wasserzeichen
- Ein kurzer Text im Video selbst oder in der Bildunterschrift, etwa „Dieses Video wurde mithilfe von KI erstellt und zeigt keine realen Personen" oder „Generative KI – (Name der Videoproduzentin)"
- Beschreibung in Begleittexten, dass es sich um ein KI-generiertes Bild handelt, beispielsweise in Blogposts oder Marketingmaterialien
- Eine Farbcodierung oder ein anderer visueller Hinweis, der auf KI hindeutet und das Video von realen Kameraaufnahmen unterscheidet
- Eine Kombination aus diesen Elementen.
- Beim Teilen KI-generierte Bilder auf Social-Media-Plattformen Verwendung von Hashtags wie „#KIgeneriert" oder „#GenerativeKunst", um die Herkunft zu verdeutlichen (Mittelstand-Digital Zentrum Berlin, 2024)

Wichtig ist, dass die Kennzeichnung intuitiv verständlich und konsistent ist. Zuseher bzw. User sollen sie leicht erkennen und einordnen können (Batke, 2024).

Kennzeichnung bei großen Online-Plattformen Wie gehen die großen internationalen Plattformen mit der Kennzeichnung um? Viele dieser Plattformen unterliegen der US-amerikanischen Jurisdiktion. Der Erlass des US-Präsidenten vom 30. Oktober 2023 für sichere und vertrauenswürdige künstliche Intelligenz (Executive Order on the Safe, Secure, and Trustworthy Development and Use of Artificial Intelligence; The White House, 2023) sieht die Einführung digitaler Wasserzeichen für generierte, Inhalte schon ab Anfang 2025 vor (Sebisch, 2023).

Der California Provenance, Authenticity and Watermarking Standards Act ist ein kalifornischer Gesetzesentwurf von Februar 2024, der darauf abzielt, synthetische und echte Inhalte zu authentifizieren (Legiscan, 2024). Da sich in Kalifornien der Sitz wichtiger Tech-Unternehmen befindet, hat dieses Gesetz indirekt weltweite Auswirkungen (Imatag, 2024). Seit Februar 2025 müssen Anbieter von KI-generierten Inhalten (iaGEN) unmerkliche und unauslöschliche Wasserzeichen in synthetische Inhalte einbetten. Diese Wasserzeichen werden Angaben zur Herkunft enthalten, sodass die Rückverfolgbarkeit der Inhalte gewährleistet ist. Diese Gesetzgebung ist besonders bemerkenswert, da sie nicht nur auf KI-generierte Inhalte abzielt, sondern auch auf echte Inhalte, die von Personen erstellt wurden, die Aufzeichnungsgeräte verwenden. Bis zum 1. Januar 2026 müssen alle neu hergestellten Digitalkameras und Aufnahmegeräte, die in Kalifornien verkauft oder vertrieben werden, einschließlich Smartphones, den Nutzern die Möglichkeit bieten, Wasserzeichen, die Echtheit und Herkunft angeben, in die von ihnen produzierten Inhalte einzubetten. Dieser umfassende Ansatz steht im Gegensatz zum europäischen KI-Gesetz, das sich ausschließlich auf KI-generierte Inhalte konzentriert. Einige große Online-Plattformen und soziale Netzwerke haben schon eine Kennzeichnungspflicht eingeführt oder kennzeichnen KI-Inhalte automatisch. Hier der Stand heute:

YouTube:
Seit 2023 muss ein Creator beim Hochladen von YouTube-Videos angeben, ob diese KI-generierte Inhalte enthalten, die echt wirken könnten. Auch geringfügige Bildveränderungen, etwa mit Photoshop, müssen ausgewiesen werden. Von der Kennzeichnungspflicht ausgenommen bleiben rein ästhetische, inhaltlich nicht relevante Veränderungen, etwa Upscaling oder Farbkorrektur. Die Kennzeichnung erfolgt über eine Option im YouTube Studio, die *Altered content* („veränderter Inhalt") heißt; die Kennzeichnung wird dann in der Videobeschreibung angezeigt.

Vimeo:
Im Allgemeinen müssen Ersteller Inhalte kennzeichnen, die

- eine echte Person darstellen, die etwas sagt oder tut, was sie nicht getan hat,
- Aufnahmen eines tatsächlichen Ereignisses oder Ortes verändern,
- eine lebensechte Szene schaffen, die nicht stattgefunden hat.

Realistische Inhalte und bedeutsame Änderungen müssen offengelegt werden, unrealistische oder geringfügige Änderungen hingegen nicht. Geringfügige Änderungen sind in erster Linie ästhetischer Natur und verändern den Inhalt nicht auf eine Weise, die den Betrachter über das, was tatsächlich passiert ist, in die Irre führen könnte.

Wenn erheblich veränderte oder synthetisch erstellte Inhalte nicht offengelegt werden, kann Vimeo proaktiv eine Kennzeichnung anbringen, welche die Ersteller nicht entfernen können (Vimeo, 2024).

Meta (Facebook, Instagram, Threads):
Meta setzt auf zwei Standards: Zum einen auf die Coalition for Content Provenance and Authenticity (C2PA) sowie den des International Press Telecommunications Council (IPTC). Diese Standards beschreiben Verfahren, um Bilder digital zu markieren. Beim C2PA-Standard sind Microsoft und Adobe beteiligt, die ebenfalls KI-generierte Inhalte markieren. Bei Videos sollen diejenigen, die Inhalte bei Facebook und Instagram hochladen, selbst offenlegen, ob es sich um KI-Inhalte handelt. Verwendet wird die Kennzeichnung „Made with AI" (Schieb, 2024).

X (ehemals Twitter):
Bei X gibt es bislang keine konkreten Handlungsempfehlungen, Richtlinien oder Pflichten, KI-generierte Inhalte zu kennzeichnen (Hillebrandt, 2024).

TikTok:
TikTok hat 2023 ein Tool eingeführt, mit dem Creators ihre KI-generierten Inhalte kennzeichnen können. Wer ein Video auf TikTok hochlädt, kann die Option „KI-generiert" wählen. Der entsprechende Hinweis („Von Creator*in als KI-generiert gekennzeichnet") erscheint dann direkt unter dem Video. Die Kennzeichnung ist **freiwillig** (A-SIT 2023)

Abschließend darf erwähnt werden, dass neben rechtlichen Anforderungen auch ethische Überlegungen eine Rolle spielen. Verantwortungsbewusstem und respektvollem Umgang mit KI ist der Vorzug zu geben, besonders bei Inhalten, die sensible oder umstrittene Themen behandeln. Ein interner Ethikbeirat oder externe Beratung können helfen, ethische Standards zu wahren (Gumpelmaier-Mach et al., 2024).

8.7 Checklist

Zusammenfassend folgt eine Checklist, die bei der täglichen Verwendung von KI-Inhalten relevant sein kann:

Nutzungsbedingungen des Werkzeugs: Erlauben die Nutzungsbedingungen (*Terms of service*, *Terms of use*) oder die Lizenzbedingungen des Werkzeugs die Verwendung der Ergebnisse? Manche Tools, wie etwa Gencraft.ai, setzen für die kommerzielle Nutzung der Ergebnisse bestimmte Abo- oder Tarifmodelle voraus. Gibt es inhaltliche Einschränkungen?

Trainingsdaten: Gibt es Gründe anzunehmen, dass das KI-Modell mit unrechtmäßigen Trainingsdaten angelernt worden wäre? Das wäre der Fall, wenn etwa ein Gerichtsurteil vorliegt.

Rechte an den Inputdaten: Liegen die erforderlichen Verwertungsrechte für alle Daten vor, die als Input verwendet worden sind? Das betrifft zum Beispiel Referenzbilder, die für generative Video-KI verwendet wurden, Texte, aus denen von einem Chatbot ein Drehbuch verfasst wurde, sowie verwendete literarische Figuren.

Datenverarbeitung von personenbezogenen Daten: Wurde bei der Verarbeitung von personenbezogenen Daten die nach DSGVO erforderliche Zustimmung für die Verarbeitung auf Servern außerhalb der EU eingeholt? Liegen ein Auftragsverarbeitungsvertrag, ein Verzeichnis von Verarbeitungstätigkeit und eine Datenschutzerklärung vor?

Ähnlichkeit mit vorbestehenden Werken: Ahmt der Output der KI ein bekanntes Originalwerk nach (oder entstellt es)? Ist der Abstand zum Originalwerk ausreichend groß?

Persönlichkeitsrechte abgebildeter Personen: Sind konkrete Personen identifizierbar? Bei Personen des öffentlichen Lebens und der Zeitgeschichte: Schlägt die Abwägung zugunsten des öffentlichen Interesses aus, und handelt es sich nicht um eine kommerzielle Nutzung?

Marken- und Konsumentenrechte: Sind Muster-, Marken-, oder Designrechte betroffen? Ist eine Irreführung von Konsumenten ausgeschlossen?

8.8 Medienethische Fragen

Ethische Beurteilung Ethische Überlegungen sind bei der Entwicklung und Bereitstellung der KI-Videos von hoher Tragweite. Wie bei allen Medienprodukten ist es wichtig sicherzustellen, dass generierte Videos keine schädlichen, unangemessenen oder illegalen Inhalte enthalten.

Zu diesen Bedenken gehören das Potenzial zur Generierung falscher Informationen sowie inhärente Voreingenommenheit (Bias) in den Modellen (Paschou, 2024).

Zusätzlich zu gesetzlichen Bestimmungen sollte der Maßstab ethischer Wertvorstellungen angelegt werden (Deutscher Werberat, 2025; Österreichischer Werberat, 2025):

- Werbung darf mangelnde Erfahrung oder fehlendes Wissen nicht ausnutzen.
- Werbung darf Kindern und Jugendlichen keinen Schaden zufügen.
- Werbung darf keine Stereotypisierung oder andere Form der Diskriminierung darstellen, die auf Rasse, Abstammung, Religion, Geschlecht, Alter, Behinderung oder sexuelle Orientierung oder die Reduzierung auf ein sexuelles Objekt abzielt. Wie viele KI-Systeme können Text-zu-Video-Modelle in ihren Trainingsdaten vorhandene Voreingenommenheit (Bias) übernehmen und verstärken. Dies kann zur Generierung voreingenommener oder diskriminierender Inhalte führen.

- Werbung darf keine Form gewalttätigen, aggressiven oder unsozialen Verhaltens anregen oder dulden.
- Werbung darf keine Angst erzeugen oder Unglück und Leid instrumentalisieren.
- Werbung darf keine die Sicherheit gefährdenden Verhaltensweisen anregen oder dulden.

Umgang mit Künstlicher Intelligenz Es ist von entscheidender Bedeutung sicherzustellen, dass KI-Modelle verantwortungsbewusst verwendet werden und Schutzmaßnahmen gegen Missbrauch implementiert werden (Singh, 2024). Was für Filmgestalterinnen besonders relevant ist:

- In Medienunternehmen und vergleichbaren Organisationen braucht es KI-Leitlinien, die eine Orientierung geben, wie in der Redaktion, in der Dokumentation, aber auch in der Produktion und im Vertrieb mit KI umgegangen wird. KI sollte nie den berechtigten Ansprüchen hinsichtlich Faktentreue, Ausgewogenheit und Unabhängigkeit entgegenstehen.
- Verantwortliche Medienunternehmen kopieren keine vertraulichen Personen- oder Unternehmensdaten in KI-Systeme, die keine Datenschutz- und Sicherheitsprüfung durchlaufen haben.
- Bei der Auswahl von KI-Systemen wird darauf geachtet, dass diese den geltenden Rechtsrahmen einhalten.
- Auch bei der Beauftragung von Dienstleistern, die KI einsetzen, wird sichergestellt, dass diese Anforderungen erfüllt werden.
- Erfahrungen und Tests mit KI werden dokumentiert und intern sowie im Austausch mit anderen Medienunternehmen und Partnern weitergegeben, um kontinuierlich von gemeinsamen Erkenntnissen zu profitieren.

Interne Grundsätze für den Einsatz von KI hat beispielsweise die SPIEGEL-Gruppe nach Auseinandersetzung mit KI auf unterschiedlichen Ebenen des Hauses festgelegt (DER SPIEGEL Devblot, 2024; Bühler, 2023). Auch das ZDF hat schon im Jahr 2023 Grundsätze festgeschrieben. Für Generative-KI-Tools gilt dort das Zwei-Quellen-Prinzip, wobei generative KI selbst nicht als Quelle zählt. Generative-KI-Tools dürfen nur nach vorheriger Prüfung durch die Redaktion mit personenbezogenen Daten, Daten von Dritten und anderen sensiblen Unternehmensdaten angereichert werden (ZDF, 2025).

Der ORF betreibt mit aiditor.orf.at eine eigene KI-Umgebung, die für alle Mitwirkenden zugänglich ist. Anwendungsfälle werden in drei Kategorien eingeteilt: Redaktionelle Inhalte, Informationsinhalte und nichtredaktionelle Bereiche. Bevor neue KI-Tools im redaktionellen Bereich eingesetzt werden, müssen sie von einem KI-Board mit einem Ampelsystem eingeordnet und freigegeben werden. Automatischer Videoschnitt ist etwa erlaubt, solange das Human-in-the-Loop-Prinzip eingehalten wird. Nicht erlaubt ist dagegen beispielsweise ein KI-generierter Audiohintergrund in der nachrichtlichen Berichterstattung (ORF, 2025).

Jede Art von Kommunikation, auch kommerzielle Kommunikation, Public Relations und Werbung, sollte von Fairness im Wettbewerb und Verantwortung gegenüber der Gesellschaft getragen sein (Tomfeah & Haug, 2021). Spätestens, bevor Sie Ihr Werk an die Auftraggeberin abliefern, bevor Sie selbst etwas veröffentlichen oder posten, nehmen Sie sich noch einmal Zeit für die rechtliche und ethische Beurteilung Ihres Filmes.

Fragen

1. Wer besitzt das Urheberrecht an einem mit KI generierten Video?
2. Dürfen Sie zur Generierung eines Videos Fotos als Input verwenden, von denen Sie nicht der Urheber sind?
3. In einem KI-generierten Bild ist zufällig ein Wagen einer bekannten Autoherstellerin erkennbar – dürfen Sie das Bild verwenden?
4. Die Mitarbeiterin eines Unternehmens hat mit einem KI-Tool Bilder und Filme erstellt. Wem gehören die Rechte an diesen Medienprodukten?
5. Worauf kann bei Verletzung von Filmrechten geklagt werden?
6. Eine Auftraggeberin hat Ihnen Interviews von Managern und Managerinnen der Firma zur Verfügung gestellt. Unter welchen Bedingungen dürfen Sie diese mit KI-Tools bearbeiten?
7. Ein KI-generierter Cartoon ähnelt einer sehr bekannten Politikerin – sie ist eindeutig wiedererkennbar. Unter welchen Voraussetzungen dürfen Sie diesen Film veröffentlichen?
8. Was darf Werbung nicht – was ist aufgrund ethischer Maßstäbe auszuschließen?

Antworten

1. An einem mit KI generierten Video könnte die Nutzerin (der Anwender) einer KI ein Urheberrecht erwerben, aber nur, falls der menschliche Input gegenüber der Software signifikant überwiegt und das Ergebnis durch hohe Individualität und Originalität die sogenannte Werkhöhe erreicht.
2. Falls ich Fotos als Input für eine KI verwende, an denen ich kein Urheberrecht habe, brauche ich die Zustimmung der Urheberin des Bildes – es sei denn, es handelt sich bei dem Bild um etwas sehr Einfaches, Banales, Alltägliches.
3. Wenn der Wagen einer Autoherstellerin in einem Bild deutlich erkennbar ist, könnte die Verwendung gegen den Designschutz oder gegen Markenrechte verstoßen. Ich darf das Bild nicht verwenden, es sei denn, es handelt sich um keine markenmäßige Nutzung (also außerhalb des Geschäftsverkehrs), oder die Autoherstellerin hat ihre Zustimmung gegeben.
4. Bei einem von Mitarbeiterinnen eines Unternehmens erstellten Film wird aufgrund des Arbeitsverhältnisses vermutet, dass die gesamten Rechte auf das Unternehmen übertragen werden. Die Mitarbeiterin bleibt zwar Urheberin, die Rechte an diesen Medienprodukten gehören aber dem Unternehmen.

5. Bei Verletzung von Filmrechten kann geklagt werden auf
   - Unterlassung und Beseitigung,
   - Schadensersatz und
   - entgangenen Gewinn.
6. Interviews sind personenbezogene Daten. Sie dürfen nur unter den Auflagen der Europäischen DSGVO verarbeitet werden (Verzeichnis von Verarbeitungen, Auftragsverarbeitungsvertrag, Datenschutzerklärung). Für die Speicherung und Bearbeitung durch KI-Tools, die auf nichteuropäischen Servern gehostet sind, zum Beispiel für Upscaling oder Color Grading, ist die ausdrückliche Zustimmung jeder einzelnen Interviewpartnerin erforderlich.
7. Die Person des öffentlichen Lebens darf jedenfalls nicht beleidigend oder herabwürdigend dargestellt sein, und es darf keine Informationen über den Intimbereich der realen Person enthalten sein. Der KI-generierte Film mit der bekannten Politikerin darf ohne Zustimmung nicht für Werbeproduktionen verwendet werden. Im redaktionellen Rahmen darf der Film nur veröffentlicht werden, wenn das öffentliche Interesse überwiegt, er eindeutig als KI-generiert gekennzeichnet ist oder es ganz offensichtlich erkennbar ist, dass der Film Teil eines satirischen, künstlerischen, fiktionalen Werkes oder Programms ist.
8. Werbung darf
   - mangelnde Erfahrung oder fehlendes Wissen nicht ausnutzen,
   - Kindern und Jugendlichen keinen Schaden zufügen,
   - nicht diskriminierend sein (hinsichtlich Rasse, Abstammung, Religion, Geschlecht, Alter, Behinderung, sexueller Orientierung oder einer Reduzierung auf ein sexuelles Objekt),
   - keine Form gewalttätigen, aggressiven oder unsozialen Verhaltens anregen oder dulden,
   - keine Angst erzeugen oder Unglück und Leid instrumentalisieren,
   - keine die Sicherheit gefährdenden Verhaltensweisen anregen oder dulden.

Literatur

A-SIT (Zentrum für sichere Informationstechnologie – Austria) (2023). *KI-generierte Inhalte: Kommt bald die Kennzeichnungspflicht?* https://www.onlinesicherheit.gv.at/Services/News/KI-Kennzeichnungspflicht.html. Zugegriffen am 22.07.2024.

Batke, A. (2024). *AI Act: Die Kennzeichnungspflicht für KI-Systeme im Detail.* https://aiadvice.de/ai-act-die-kennzeichnungspflicht-fuer-ki-systeme-im-detail/. Zugegriffen am 27.06.2024.

Beurskens, M. (2020). *Urheberrecht 02 – Das Werk.* https://ilias.uni-passau.de/ilias.php?baseClass=ilrepositorygui&cmdNode=yq:np&cmdClass=ilObjFileGUI&cmd=sendfile&ref_id=109273. Zugegriffen am 26.09.2025.

BGH (Bundesgerichtshof) (2023). *Bundesgerichtshof legt Gerichtshof der Europäischen Union Fragen zum urheberrechtlichen Begriff des Pastiches vor.* Pressemitteilung vom 14. September

2023. https://www.bundesgerichtshof.de/SharedDocs/Pressemitteilungen/DE/2023/2023157.html. Zugegriffen am 24.09.2024.

Bühler, R. (2023). *Braucht Werbung Ethik, Werte und Moral?* https://www.buehler-buehler.ch/story/82/braucht-werbung-ethik-werte-und-moral/. Zugegriffen am 19.07.2024.

BMJV (Bundesministerium der Justiz) (2024). *Künstliche Intelligenz und Urheberrecht. Fragen und Antworten.* https://www.bmj.de/SharedDocs/Downloads/DE/Themen/Nav_Themen/240305_FAQ_KI_Urheberrecht.pdf?__blob=publicationFile&v=2. Zugegriffen am 26.06.2024.

Cole, M. (2024). *Disconnected rules in a connected world: ideas for AI innovation and regulation. Reuters commenatary.* https://www.reuters.com/legal/legalindustry/disconnected-rules-connected-world-ideas-ai-innovation-regulation-2024-07-09/. Zugegriffen am 19.07.2024.

DER SPIEGEL Devblog (2024). *Künstliche Intelligenz und der Journalismus: Wie wir beim SPIEGEL darüber denken.* https://devspiegel.medium.com/künstliche-intelligenz-und-der-journalismus-wie-wir-beim-spiegel-darüber-denken-c83ee5c68965. Zugegriffen am 13.08.2024.

Deutscher Werberat (2025). https://werberat.de/leitfaden-zum-werbekodex-des-deutschen-werberats/. Zugegriffen am 26.09.2025.

DPMA (Deutsches Patent- und Markenamt) (2024). *Markenschutz.* https://www.dpma.de/marken/markenschutz/index.html. Zugegriffen am 24.07.2024.

EU Artificial Intelligence Act (2024). *Erwägungsgrund 133 des KI-Gesetzes.* https://artificialintelligenceact.eu/de/recital/133/. Zugegriffen am 22.07.2024.

Europäisches Parlament (2024). *Plenary sitting. Corrigendum 19.04.2024.* https://www.europarl.europa.eu/doceo/document/TA-9-2024-0138-FNL-COR01_EN.pdf. Art. 101. Zugegriffen am 27.06.2024.

European Commission (2025). *Adequacy decision for the EU-US Data Privacy Framework. Commission Implementing Decision EU 2023/1795 of 10 July 2023 pursuant to Regulation (EU) 2016/679 of the European Parliament and of the Council on the adequate level of protection of personal data under the EU-US Data Privacy Framework (notified under document C(2023)4745).* https://commission.europa.eu/document/fa09cbad-dd7d-4684-ae60-be03fcb0fddf_en. Zugegriffen am 28. 4. 2025.

Fraunhofer Institut (2024). *Mensch oder Maschine – wer hat das erstellt? Kennzeichnung und Erkennung von KI-generierten Inhalten.* Fraunhofer-Institut für Sichere Informationstechnologie (ohne Datumsangabe). https://www.sit.fraunhofer.de/de/ki-inhalte-erkennen/. Zugegriffen am 25.06.2024.

Frotscher, F., & Siebert, S. (2024). *Fotos von Personen als rechtliche Stolperfalle: Wie Sie Personenfotos rechtssicher auf Ihrer Webseite veröffentlichen.* https://www.e-recht24.de/urheberrecht/13269-recht-am-eigenen-bild.html#:~:text=Darüber%20Hinaus%20werden%20sie%20von,ziehen%20(§%2033%20KUG). Zugegriffen am 28.07.2024.

Gema (2025). *Faire Vergütung gefordert: GEMA klagt gegen Suno Inc.* https://www.gema.de/de/w/pm-klage-gegen-suno. Pressemeldung vom 21. Januar 2025. Zugegriffen am 28.04.2025.

Geuer, E. (2024). *Künstliche Intelligenz und Urheberrecht.* https://www.geuer.at/2023/05/30/kuenstliche-intelligenz-urheberrecht/. Zugegriffen am 07.07.2024.

Gilbertson, A., & Reisner, A. (2024). *Apple, Nvidia, Anthropic Used Thousands of Swiped YouTube Videos to Train AI. Creators claim their videos were used without their knowledge.* https://www.proofnews.org/apple-nvidia-anthropic-used-thousands-of-swiped-youtube-videos-to-train-ai/. Zugegriffen am 28.07.2024.

Gumpelmaier-Mach, W., Gaderer, M., & Gorzala, J. (2024). *AI & Urheber*innenrecht: Herausforderungen und Perspektiven für die Kreativwirtschaft.* https://creativeregion.org/2024/05/ai-urheberrecht-kreativwirtschaft/. Zugegriffen am 24.06.2024.

Hillebrandt, F. (2024). *Muss man KI-Inhalte kennzeichnen? Und wenn ja, wie?* https://www.gradually.ai/ki-inhalte-kennzeichnen/. Zugegriffen am 26.06.2024.

Homann, H. (2008). *Praxishandbuch Filmrecht: Ein Leitfaden für Film-, Fernseh- und Medienschaffende.* Springer.

https://www.europarl.europa.eu/doceo/document/TA-9-2024-0138-FNL-COR01_EN.pdf. Zugegriffen am 27.06.2024.

IHK (Industrie- und Handelskammer) (2024). *Datenschutz und Künstliche Intelligenz – Darauf müssen Sie achten*. https://digitalisierung-mittelfranken.de/2024/08/28/ihk-ratgeber-datenschutz-und-kuenstliche-intelligenz-darauf-muessen-sie-achten/. Zugegriffen am 02.06.2024.

Imatag (2024). *Kaliforniens bahnbrechende Gesetzgebung: Der „California Provenance, Authenticity and Watermarking Standards Act"*. https://www.imatag.com/de/blog/californiens-gesetzgebung-provenance-authenticity-and-watermarking-standards-act. Zugegriffen am 22.07.2024.

Intersoft Consulting (2024a). *KI-Gesetz. Erwägungsgrund 13*. https://ai-act-law.eu/de/erwg/13/. Zugegriffen am 25.06.2024.

Intersoft Consulting (2024b). *KI-Gesetz. Erwägungsgrund 134*. https://ai-act-law.eu/de/erwg/134/. Zugegriffen am 26.06.2024.

Intersoft Consulting (2024c). *KI-Gesetz. Erwägungsgrund 133*. https://ai-act-law.eu/de/erwg/133/. Zugegriffen am 26.06.2024.

Jacobshagen, P. (2008). *Filmrecht im Kino- und TV-Geschäft. Alles was Filmemacher wissen müssen*. PPVMEDIEN GmbH.

Legiscan (2024). *California Provenance, Authenticity and Watermarking Standards. Bill Text: CA AB3211*. https://legiscan.com/CA/text/AB3211/id/2984195. Zugegriffen am 22.07.2024.

Lober, A., & Klein, S. (2023). *Recht der Künstlichen Intelligenz. Beiten Burkhardt Rechtsanwaltsgesellschaft mbH (Herausgeber)*. https://www.advant-beiten.com/sites/default/files/downloads/Recht%20der%20Künstlichen%20Intelligenz_ADVANT%20Beiten.pdf. Zugegriffen am 11.06.2024.

Loose, Y. (2021). *Was ist Schöpfungshöhe?* https://www.twillo.de/oer/web/was-ist-schoepfungshoehe/. Zugegriffen am 08.07.2024.

Metzmacher, D. (2024). *Was muss man bei KI-Bildern beachten?* https://www.zdf.de/nachrichten/wirtschaft/urheberrecht-kuenstliche-intelligenz-ki-internet-100.html. Zugegriffen am 18.07.2024.

Mittelstand-Digital Zentrum Berlin. (2024). *Leitfaden zur Kennzeichnung von KI-generierten Texten und Bildern. Blog des Mittelstand-Digital Zentrums Berlin*. https://digitalzentrum-berlin.de/leitfaden-ki-generierte-inhalte-kennzeichnen. Zugegriffen am 24.06.2025.

Müller, N. (2024). *Meta stoppt Einführung neuer KI-Modelle in der EU*. https://www.faz.net/pro/d-economy/kuenstliche-intelligenz/meta-stoppt-einfuehrung-neuer-ki-modelle-in-der-eu-19864008.html. Zugegriffen am 18.07.2024.

Norbert, C. (2024). *Unwesentliches Beiwerk (§ 57 UrhG): Welche Vorgaben gelten?* https://www.urheberrecht.de/unwesentliches-beiwerk/. Zugegriffen am 24.07.2024.

ORF (2025). *ORF veröffentlicht KI-Guidelines*. https://der.orf.at/unternehmen/leitbild-werte/ki-guidelines/index.html. Zugegriffen am 28.02.2025.

Ostendorff, S. (2024). *Erster Rechtsstreit zu Datennutzung in KI-Training – Das sind die ersten Ergebnisse*. https://blog.wikimedia.de/2024/07/18/erster-rechtsstreit-zu-datennutzung-in-ki-training-das-sind-die-ersten-ergebnisse/. Zugegriffen am 24.07.2024.

Oswald, B. (2024). *Was bedeutet der AI Act für mich?* https://www.br.de/nachrichten/netzwelt/kuenstliche-intelligenz-das-bedeutet-der-ai-act-der-eu-fuer-mich,TyyKV0h. Zugegriffen am 26.06.2024.

Österreichischer Werberat (2025). *Neufassung. Ethik-Kodex der Werbewirtschaft*. https://www.werberat.at/layout/ethik%20kodex/ETHIK_KODEX_04_2025_END.pdf. Zugegriffen am 26.09.2025.

Paschou, V. (2024). *Bias bei künstlicher Intelligenz: Risiken und Lösungsansätze*. https://www.activemind.legal/de/guides/bias-ki/. Zugegriffen am 05.11.2024.

Piltz, C. (2023). *Das EU-US Data Privacy Framework – neue Grundlage für den Datentransfer in die USA*. https://www.piltz.legal/news/das-eu-us-data-privacy-framework-neue-grundlage-fuer-den-datentransfer-in-die-usa. Zugegriffen am 02.04.2025.

Reuters (2025, April 14). *Meta to use public posts, AI interactions to train models in EU*. https://www.reuters.com/technology/artificial-intelligence/meta-use-public-posts-ai-interactions-train-models-eu-2025-04-14/. Zugegriffen am 28.04.2025.

Roth, E. (2024). *Runway's AI video generator trained on thousands of scraped YouTube videos*. The Verge. Vox Media. https://www.theverge.com/2024/7/25/24206120/runway-ai-video-generator-scraped-youtube-videos-report. Zugegriffen am 28.07.2024.

Schieb, J. (2024). *„Made with AI": Meta will KI-Inhalte kennzeichnen*. https://www1.wdr.de/nachrichten/KI-Fotos-Kennzeichnung-Meta-100.html. Zugegriffen am 26.06.2016.

Schmid, R. (2025). *GEMA VS. SUNO: Künstler-Vergütung für KI-generierte Musik?* https://www.wbs.legal/urheberrecht/gema-vs-suno-kuenstler-verguetung-fuer-ki-generierte-musik-81781/. Zugegriffen am 28.02.2025.

Schwarz, M. (Hrsg.). (2020). *Handbuch Filmrecht*. C.H.Beck.

Schweizerische Eidgenossenschaft (1993). *Fedlex – Die Publikationsplattform des Bundesrechtes*. https://www.fedlex.admin.ch/eli/cc/1993/1798_1798_1798/de. Zugegriffen am 07.07.2024.

Sebisch, J. (2023). *US-Präsident Biden erlässt Richtlinie zum Umgang mit KI*. Germany Trade & Invest. https://www.gtai.de/de/trade/usa/recht/us-praesident-biden-erlaesst-richtlinie-zum-umgang-mit-ki-1051062. Zugegriffen am 22.07.2024.

Seifried, T. (2024). *Markenrechtsverletzungen – Voraussetzungen, Konsequenzen, Kosten*. https://gewerblicherrechtsschutz.pro/markenrechtsverletzung#c5067. Zugegriffen am 24.07.2024.

Singh, S. (2024). *Evaluating and Finetuning Text To Video Model – Case Study*. https://www.labellerr.com/blog/evaluating-and-finetuning-text-to-video-model/. Zugegriffen am 15.09.2024.

Solmecke, C. (2024a). *AI-Act: Holprige Zielgerade für weltweit erstes KI-Gesetz*. DFJV-News. Deutscher Fachjournalisten-Verband. https://www.dfjv.de/publikationen/news/ai-act-holprige-zielgerade-fuer-weltweit-erstes-ki-gesetz. Zugegriffen am 27.06.2024.

Solmecke, C. (2024b). *Praxis-Rechtstipp: Der Umgang mit generativer KI für Medienschaffende*. https://www.dfjv.de/publikationen/news/praxis-rechtstipp-der-umgang-mit-generativer-ki-fuer-medienschaffende. Zugegriffen am 27.06.2024.

Terms of Service (2024). https://docs.midjourney.com/docs/terms-of-service und Terms of Use https://gencraft.com/terms. Zugegriffen am 23.07.2024.

The White House (2023). *Safe, Secure, and Trustworthy Development and Use of Artificial Intelligence*. Presidential Document. Federal Register. https://www.federalregister.gov/documents/2023/11/01/2023-24283/safe-secure-and-trustworthy-development-and-use-of-artificial-intelligence. Zugegriffen am 26.09.2025.

Tomfeah, A., & Haug, H. (2021). *Glaubwürdige Unternehmenskommunikation: Impulse für eine verantwortungs- und wirkungsvolle Praxis*. Springer Gabler.

Vimeo. (2024). *How do I label my videos?* https://help.vimeo.com/hc/en-us/articles/25551485186833-How-do-I-label-my-videos-to-indicate-they-contain-AI-generated-content. Zugegriffen am 15.09.2024.

Von dem Bussche, K. (2024). *Generative KI und Recht: Wem gehören die Bilder und Texte?* https://www.palmerhargreaves.de. Zugegriffen am 19.07.2024.

Wagenknecht, F. (2011). *Die Gestaltungshöhe im Detail und die Auswirkungen im Fotorecht*. https://www.rechtambild.de/2011/06/die-gestaltungshoehe-im-detail-und-die-auswirkungen-im-fotorecht/. Zugegriffen am 08.07.2024.

Weatherbed, J. (2024). *Anthropic's crawler is ignoring websites' anti-AI scraping policies*. The Verge. Vox Media. https://www.theverge.com/2024/7/25/24205943/anthropic-ai-web-crawler-claudebot-ifixit-scraping-training-data. Zugegriffen am 28.07.2024.

Welling, M., & Pankoke, M. (2024). *War das jetzt ok, KI?* https://www.journalist.de/werkstatt/werkstatt-detail/war-das-jetzt-ok-ki/. Zugegriffen am 25.06.2024.

Wieduwilt, H. (2024). *Datenschutz rettet Künstler vor Metas KI-Hunger. Aber nur in der EU.* https://www.faz.net/pro/d-economy/plattformen/metas-ki-hunger-datenschutz-rettet-kuenstler-vor-meta-ai-19798126.html. Zugegriffen am 18.07.2024.

ZDF. (2025). KI-Grundsätze des ZDF. https://www.zdf.de/unternehmen/organisation/technik/ki-grundsaetze-des-zdf-100.html. Zugegriffen am 26.09.2025.

ZDFheute (2024). OpenAI: Haben Johanssons Stimme nicht kopiert. https://www.zdf.de/nachrichten/wirtschaft/unternehmen/openai-chatgpt-ki-stimme-scarlett-johansson-100.html. Zugegriffen am 24.07.2024.

Avatare, 3D-Animation, Ausblick 9

Inhaltsverzeichnis

9.1 Avatare in der Filmproduktion: Künstliche Schauspieler und ihre Möglichkeiten 274
    9.1.1 Dreidimensionalität, die in flachen Bildern steckt 274
    9.1.2 Gestalten mit Elementen 274
    9.1.3 Avatare zum Generieren von künstlichen Darstellerinnen 276
    9.1.4 Workflows in der Praxis 281
    9.1.5 Gesichter tauschen und mehr 282
9.2 Fakes erkennen 284
9.3 Authentische Herkunft kennzeichnen 288
9.4 3D-Animation und virtuelle Realität 290
9.5 Künstliche Intelligenz für Live-Events 293
    9.5.1 Veränderungen in der Live-Produktion 293
    9.5.2 Automatisiertes Live-Streaming 293
9.6 Die Zukunft von künstlicher Intelligenz im Film: Was kommt als Nächstes? 294
9.7 Ausblick für Medien im Zeitalter der KI 295
Literatur 298

Ergänzende Information Die elektronische Version dieses Kapitels enthält Zusatzmaterial, auf das über folgenden Link zugegriffen werden kann: https://doi.org/10.1007/978-3-658-46663-3_9. Die Videos lassen sich durch Anklicken des DOI-Links in der Legende einer entsprechenden Abbildung oder durch Scannen dieses Links mit der Springer Nature More Media App abspielen.

© Der/die Autor(en), exklusiv lizenziert an Springer Fachmedien Wiesbaden GmbH, ein Teil von Springer Nature 2025
L. Riedl, *Videos mit künstlicher Intelligenz gestalten*, X.media.press, https://doi.org/10.1007/978-3-658-46663-3_9

▶ **Auftakt** Der Begriff „Avatar" kommt vom Sanskrit-Wort *avatâra*, das „Niederkunft" bedeutet. Er bezeichnet anthropomorphe Figuren in der virtuellen Welt, die Menschen oder intelligenten Chatbots zugeordnet werden. Ein Avatar hat ein menschliches Erscheinungsbild, weshalb reine Sprachassistenten keine Avatare sind.

KI-generierte Avatare umfassen ein breites Spektrum von einfachen zweidimensionalen Profilbildern bis hin zu komplexen dreidimensionalen Figuren. Je mehr die dritte Dimension ins Spiel kommt, umso eher ist eine digitale Figur für Filme einsetzbar. Realistisch aussehende, mit Steuerungsvideos animierbare Avatare können aus zweidimensionalem Videomaterial berechnet werden (Ryte Wiki, 2021). An dieser Schwelle zur dritten Dimension sind noch bahnbrechende Entwicklungen zu erwarten.

9.1 Avatare in der Filmproduktion: Künstliche Schauspieler und ihre Möglichkeiten

9.1.1 Dreidimensionalität, die in flachen Bildern steckt

Immer wieder erstaunlich ist, wie generative KI in der Lage ist, Videos von Menschen aus zweidimensionalen Vorlagen zu erstellen (Abb. 9.1). Das von Monet (Abb. 9.2) inspirierte Video (Abb. 9.1) wurde ausgehend von einem Bild von Ana von vorn generiert. Es ist das erste Bild im Video. Bemerkenswert ist, wie nahe das errechnete, letzte Bild des Clips einem realen Foto von Ana kommt, das ihr Gesicht von der Seite zeigt (Abb. 9.3). Hinweis: Alle Videos in diesem Buch können mit der Springer Nature More Media App angesehen werden.

9.1.2 Gestalten mit Elementen

Die Bild-zu-Video-Funktion von Kling AI bietet eine Möglichkeit, Videos mit Elementen anzufertigen. Mit bis zu vier Bildern können Elemente hochgeladen werden, die dann im Text-Prompt angesprochen und im Video arrangiert werden können. Im folgenden Beispiel wurden die drei in Abb. 9.4, 9.5 und 9.6 gezeigten Bilder verwendet.

Ein einfacher Prompt nimmt auf diese Elemente dann Bezug:

```
The man wearing a diving suit is biking over the moon surface using a
bike in the direction of the camera. The diver wears his neoprene di-
ving suit, a diving mask and a breathing apparatus that is connected to
an oxygen cylinder on his back via tubes.
```

Das Ergebnis beweist, dass bei der Mondlandung auf teure Raumanzüge und schwere *roving vehicles* verzichtet werden kann. Eine handelsübliche Tauchausrüstung und ein E-Bike genügen auch (Abb. 9.7).

9.1 Avatare in der Filmproduktion: Künstliche Schauspieler und ihre Möglichkeiten 275

Abb. 9.1 Animation aus einem Anfangsbild (Image-Prompt) (erstellt mit Runway, 2025) (▶ https://doi.org/10.1007/000-h5g)

Ähnlich funktionieren Referenzen in Runway Gen-4. Drei Bilder können gepromptet oder hochgeladen werden, um damit eine Figur, Posing, Beleuchtung, Grading oder Bildkomposition festzulegen. Um ein Bild danach in einem Video-Prompt aufrufen zu können, bewegt man den Mauszeiger darüber und gibt einen Namen an. Im Prompt kann dann mit „@Name" ein gespeichertes Referenzbild verwendet werden. Man könnte zwar auch ganz einfach „Bild 1", „Bild 2" in der Reihenfolge des Uploads schreiben, eleganter ist es aber natürlich, die Referenzen klar zu benennen. In unserem Beispiel genügt als Bild-Prompt dann etwa:

```
Show the @diver cycling with the Bike on the Surface of the moon!
```

Abb. 9.2 Claude Monet: Studie einer Figur im Freien – *Frau mit Sonnenschirm nach links blickend* (1886, Leinwand)

Derzeit sind Referenzen besonders hilfreich für konsistente Figuren und Locations. In Zukunft soll die Unterstützung auch auf Objekte, Stile und mehr ausgeweitet werden.

Mit „use" kann danach eines der neu geschaffenen Bilder ausgewählt werden, um ein Video zu generieren (Runway, 2025). Diese Funktion ist eine reine 2D-Applikation, kommt aber einem künftigen 3D-KI-Workflow schon sehr nahe.

9.1.3 Avatare zum Generieren von künstlichen Darstellerinnen

In Abschn. 4.3.3 haben wir Möglichkeiten beschrieben, Bilder lippensynchron zu animieren. Eine andere Methode ist die Verwendung digitaler Avatare. Einmal trainiert, bleibt diese Kunstfigur unverändert. Der Nachteil ist, dass Avatare bislang nur über einen begrenzten „Baukasten" an Emotionen verfügen, die in die Darstellung einfließen. Doch die nuancierte Verwendung unterschiedlicher Mimik und Gestik durch KI wird laufend besser.

Abb. 9.3 Reales Foto mit Gesicht von der Seite zum Vergleich (Ana Heman, 2024)

Einfache und bedienungsfreundliche Tools wie beispielsweise **humva.com** eignen sich hervorragend, um zu experimentieren und das Prinzip von Avataren nachzuvollziehen. Es gibt eine große Anzahl niederschwelliger und sogar kostenloser Tools. Für eine höhere Qualität muss noch auf kostenpflichtige Plattformen zugegriffen werden.

HeyGen.com ist eines der Tools, die es ermöglichen, personalisierte Avatare zu erstellen. Avatare können aus Vorlagen ausgewählt und mit verschiedenen Stimmen angepasst werden. Zusätzlich zur Videoerstellung bietet HegGen einen integrierten Editor, der es ermöglicht, Videos weiter zu bearbeiten, beispielsweise Untertitel zu generieren oder bestehende Untertitel hinzuzufügen. Außerdem können Videos in über 150 Sprachen übersetzt werden, um ein weltweites Publikum zu erreichen.

Mit HeyGen kann ein Avatar auch geprompted werden. Die Beschreibung beginnt mit körperlichen Merkmalen wie Gesichtsform, Haaren, Augen und Gesichtsausdruck. Es können auch spezifische Angaben zur Kleidung gemacht werden, etwa „ein Geschäftsmann in einem eleganten marineblauen Anzug".

Abb. 9.4 Foto von einem Tauchgang als Element

Abb. 9.5 freigestelltes Bild eines Bikes als Element

Abb. 9.6 NASA-Foto des Mondes als Element

Abb. 9.7 Radtour am Mond (erstellt mit Kling 1.6, 2025) (▶ https://doi.org/10.1007/000-h5f)

Nach der Eingabe der Beschreibung wird „Vorschau generieren" ausgewählt, um mehrere Looks anzuzeigen. Entspricht keiner der Looks den Vorstellungen, kann die Eingabeaufforderung über „Eingabeaufforderung bearbeiten" verfeinert und anschließend erneut generiert werden. Mit „Modell trainieren" wird in weiterer Folge die Grundform des Avatars erzeugt. Nach Abschluss des Trainings können kurze Prompts verwendet werden, um das Erscheinungsbild des Avatars zu ändern, zum Beispiel:

```
Avatarpose ändern, um in einem Restaurant Platz zu nehmen.
```

Nach Eingabe des Prompts wird auf „Generieren" geklickt. Die Bildqualität kann durch Hochskalierung auf 4K verbessert werden. Dazu klickt man auf die drei Punkte neben dem gewünschten Avatar-Look und wählt „Hochskalieren".

Mit der Funktion „Generate looks" lassen sich eigene, hochwertige Avatare aus Studioaufnahmen generieren.

Dass Mona vor einem Greenscreen aufgenommen wurde (Abb. 9.8), erleichtert das Einfügen unterschiedlicher Videohintergründe. In Abb. 9.9 ist das Beispiel eines mit HeyGen generierten Avatar-Videos gezeigt, zu dem mit Premiere Pro ein anderer Hintergrund

Abb. 9.8 Zwei-Minuten-Aufnahme, Video vor Greenscreen

Abb. 9.9 Ein mit Textprompt animierter Avatar vor eingeblendeten Hintergründen (erstellt mit HeyGen und Premiere Pro, 2025) (▶ https://doi.org/10.1007/000-h5e)

hinzugefügt wurde. Ideal sind Avatare dieser Art für Videopräsentationen, für personalisierten Kundenkontakt und Managementinformation in Dutzenden Sprachen. Content Creators erlangen dadurch die bahnbrechende Möglichkeit, Zielgruppen weltweit in der jeweiligen Muttersprache zu erreichen. Interessant ist, dass auch Kamerawinkel über die Schulter verwendet werden können, selbst Aufnahmen im Gehen sind möglich – ideal, um Dialoge zu kreieren. Für die Generierung von ausdrucksstarken Figuren in Spielfilmen wären aber differenziertere Einflussmöglichkeiten auf die Emotionen erforderlich.

9.1.4 Workflows in der Praxis

Synthesia ist eine ähnliche Plattform zur Erstellung von KI-generierten Avataren, die Texte sprechen oder singen können. **Elai.io** ermöglicht die Kreation professioneller Avatare; dieses Tool eignet sich vor allem für Videopräsentationen und Unternehmensfilme. Ähnliche Möglichkeiten bietet **aistudios.com** von Deep Brain. Es entstehen gerade immer mehr Plattformen, die den erforderlichen Workflow ohne Medienbrüche bewältigen.

Eines davon ist **Scenario**. Es ist ein für Cartoons (Zeichentrickfilme) oder Animatics (Video-Storyboards) geeignetes Werkzeug. Bilder für Figuren können mithilfe eines Prompt-Builders geschaffen werden. Ausgehend von einem männlichen oder weiblichen Körper entwirft man eine Figur von verschiedenen Seiten (vorn, hinten, seitlich), danach verwendet man „Enhanced upscale", um die Figurenbilder fertigzustellen und geordnet abzulegen.

Mit „Train your own model" kann man dann diese Bilder wieder hochladen und einen Namen für die Figur vergeben. Die so gestalteten *AI models* können in Hintergründen eingefügt werden, und dort gegebenenfalls mit den Canvas-Funktionen Inpainting oder Outpainting noch abschließend bearbeitet werden (Simmons, 2024).

Viggle AI Viggle AI kann über Discord kostenlos über einen Animate-Kanal im Abschnitt „Creator" genutzt werden. So geht's:

- **/character:** Verwenden Sie diesen Befehl, um eine Figur basierend auf Ihrer Texteingabeaufforderung zu erstellen. Wählen Sie ein Bild aus vier Ergebnissen aus und beschreiben Sie dann die Bewegung, die Ihr Charakter ausführen soll.
- **/ideate:** Mit diesem Befehl können Sie das vollständige Figurenvideo mit einem Text prompten, ohne ein Bild hochladen zu müssen. Beschreiben Sie den Charakter, den Sie erstellen möchten, und die Bewegung, die er ausführen soll.
- **/animate**: Verwenden Sie diesen Befehl, um ein Standbild zu animieren. Es muss ein Bild mit einer klaren Gestalt hochgeladen werden. Sie können eine Aktion prompten oder etwas aus den Vorlagen von Viggle AI auswählen.
- **/stylize:** Laden Sie ein Bild mit einer Figur hoch, beschreiben Sie Änderungen, die Sie am Stil vornehmen möchten, wählen Sie ein Bild aus vier Ergebnissen aus und fügen Sie dann die Bewegung hinzu, die Ihre Figur ausführen soll.
- **/mix:** Mit diesem Befehl können Sie nun Ihre Figur mit einem Steuerungsvideo animieren. Laden Sie ein Bild mit der Figur und ein Steuerungsvideo hoch.

Viggle AI generiert die Videos mit einem weiß-grünen Hintergrund. Um ihn zu entfernen, kann ein Schnittprogramm wie DaVinci Resolve, Final Cut oder Adobe Premiere Pro verwendet werden. Alternativ steht **Capcut** zur Verfügung (die Funktion dort ist kostenlos) oder etwa **Canva** (Knobl, 2024).

9.1.5 Gesichter tauschen und mehr

Reface Die Face-Swap-App für Mobilgeräte ist eine unterhaltsame und einfache Möglichkeit, Gesichter von Freunden oder Prominenten auszutauschen oder in ein selbst gedrehtes Video einzufügen. Es nutzt die Face-Swap-Technologie, die es ermöglicht, Gesichter mithilfe einer Kamera in Echtzeit auszutauschen. Es bietet auch eine Reihe von Filtern, GIFs und lustigen Videoclips, funktioniert aber nur als mobile App.

Vasa-1 von Microsoft Vasa soll künftig nicht nur Fotos von Personen in animierte Videos verwandeln, sondern diese sogar in einem Online-Streaming-Modus mit bis zu 40 Bildern pro Sekunde in Echtzeit generieren können. Livestreamer können so ihr Gesicht durch ein virtuelles Abbild ersetzen und dabei lippensynchron bleiben (Fuhrmann, 2024).

Gesichter tauschen mit InsightFaceSwap Gesichter tauschen, zwar nicht live, gelingt auch gut mit einem eigens dafür entwickelten Bot in Midjourney. Um mit InsightFaceSwap zu beginnen, muss der Bot zum gewünschten Discord-Server hinzugefügt werden (Abb. 9.10). Das Tool ist Teil eines Open-Source-Projekts und kostenlos (Mezano, 2024).

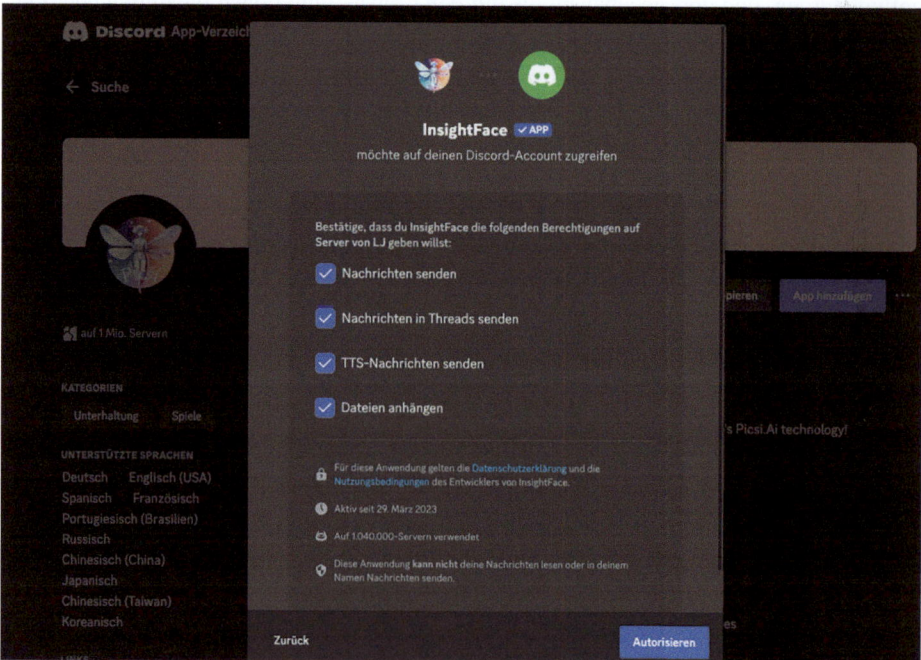

Abb. 9.10 Den Bot InsightFace zum Midjourney-Server hinzufügen (Screenshot Discord, 2025)

9.1 Avatare in der Filmproduktion: Künstliche Schauspieler und ihre Möglichkeiten

Mit Midjourney wurde per Textprompt ein Mann vor einer P-38 Lightning generiert (Abb. 9.11). Leider ist das Notizbuch ein bisschen zu groß ausgefallen.

Danach wurde ein Foto von Saint-Exupéry gesucht, das in das KI-generierte Bild hineingerechnet werden könnte. Idealerweise sollte das Gesicht zentriert und direkt in die Kamera gerichtet sein. Im Fall von Saint-Exupéry haben wir ein Bild des Piloten in Tunis verwendet (und zugeschnitten), das gemeinfrei ist (Public domain), das Gesicht ist allerdings etwas von der Kamera abgewandt.

Mit dem Befehl /saveid wird ein Name vergeben, dann wird das erste Bild hochgeladen. Nach dem Speichern des Gesichts gibt man den Befehl /swapid ein, nennt den Namen des gespeicherten Gesichts und lädt das Bild des zu tauschenden Gesichts hoch – dann kann man swappen (Abb. 9.12).

Mit der Pro-Version können mehrere Gesichter auf einmal getauscht werden, indem mehrere Dateinamen mit Kommas getrennt angegeben werden. Tipps: Bei der Aufnahme des Avatars können Kostüme, Kopfbedeckung oder Brillen getragen werden. Wenn die Figur etwas in der Hand hält, führt das zu natürlicherer Gestik. Ein Hintergrund mit leichter Bewegung erzeugt zusätzliche Lebendigkeit.

Abb. 9.11 Mann vor einer P-38 Lightning (Screenshot Midjourney, 2025)

Abb. 9.12 Gesichter mit InsightFaceSwap tauschen (Screenshot FaceSwap, 2025)

Inzwischen lassen sich Gesichter mit einem Bild und einem Prompt in Midjourney auch direkt einfügen. Diese Fähigkeit zur **Multi-Image-Fusion** wird bereits auf mehreren Plattformen angeboten (Abschn. 3.4.5).

Mit dieser Technik wurde das Ausgangsbild erzeugt, auf dessen Basis das Video von Antoine de Saint-Exupéry generiert werden konnte. Es ist in Abb. 2.2 zu sehen.

Butterflies.ai: Dieses und viele andere soziale Netzwerke verkuppeln menschliche Profile und KI-Avatare, die von Nutzerinnen gleichsam wie Puppen gelotst werden können. KI-Kunstfiguren können posten, doch die Inhalte werden durch deren Erstellerinnen beauftragt. Nutzerinnen haben klassische Profile, quasi wie bei Instagram, und können mit KI-Avataren chatten, sie können poken (Beiträge generieren lassen) und mehrere Kunstfiguren aufstellen. Die Plattform bietet einen For-you-Feed mit Vorschlägen und einen Feed von abonnierten Accounts, ähnlich wie bekannte soziale Netzwerke (Weiß, 2024).

9.2 Fakes erkennen

Von der Plattform Butterflies können wir zur Frage überleiten, wie wir künftig im Netz mit unserem Erscheinungsbild umgehen wollen. Sind KI-Kunstfiguren demnächst so etwas wie bisher Schminke und Verkleidung? Oder bleiben sie Fakes? In diesem Wort „Fälschung" wäre ja die Betrugsabsicht mitgemeint. Wenn alle wissen und davon ausgehen, dass Bilder und Videos KI-generiert sein können, handelt es sich keineswegs mehr um Betrug. Andererseits, wer vertraut dann noch echten, authentischen Bildern?

Beispiel Zendaya: KI braucht zum Erzeugen von Fakes in manchen Fällen nicht einmal mehr ein Referenzbild. Sehen Sie sich Abb. 9.13 an. Schauspielerin Zendaya wurde in diesem Bild nur durch einen Text-Prompt – ganz ohne Bildvorlage und damit gleichzeitig ohne Urheberrechtsverletzung – generiert. Natürlich kann eine Veröffentlichung dieser Darstellung ihr Recht auf das eigene Bild betreffen.

```
Create image of a woman standing on a red carpet at a premiere event.
The red carpet is a deep, rich color, leading into the middle and lower
part of the image. The background shows blurred people and an illumina-
ted sign, suggesting an outdoor evening event. The woman is clad in a
sophisticated sleeveless white gown with a high neckline and embellis-
hed with small floral appliqués. The gown features a daring thigh-high
slit on the left side and cascades into a gentle train trailing behind
her. The garment hugs her body, emphasizing a slim silhouette. She wears
white pointed heels that match her dress, adding elegance to her stance.
Her hair is pulled back into a sleek, tight bun, highlighting her poi-
sed expression and sharp jawline. Makeup is minimal yet chic, comple-
menting her strong, confident facial features. Her left hand gracefully
touches the split of her dress, while her right arm falls naturally by
her side, enhancing the gracefulness of her posture.
```

Abb. 9.13 Schauspielerin Zendaya in einem Bild, das mittels Recraft (2024) nur durch einen Text-Prompt – ohne Bildvorlage – generiert wurde

Wir müssen uns immer wieder vor Augen führen, dass die KI-Technologie rasch voranschreitet und es bei manchen KI-generierten Bildern heute schon unmöglich ist, sie von echten Bildern zu unterscheiden, selbst wenn sie ohne Image-Prompt und nur aus Texten generiert wurden. Im Folgenden finden Sie einige Tipps, die vorerst noch dabei helfen, von KI generierte Bilder zu erkennen.

Metadaten und Quellinformationen: Von KI generierten Bildern fehlen häufig die Metadaten aus Fotoapparaten und Handys, oder sie enthalten inkonsistente oder unvollständige Angaben zum Ursprung des Bildes. Außerdem möchte ein echter Bildautor, sei es eine Fotografin oder ein digitaler Künstler, im Allgemeinen als Urheberin für ihre Arbeit genannt werden, sodass es bei neueren Fotos möglich sein könnte, die Autorin zu finden.

Ungewöhnliche oder unnatürliche Elemente: Von KI generierte Bilder weisen manchmal seltsame oder unplausible Merkmale auf, zum Beispiel Objekte oder Personen in eigenartigen Positionen, unrealistische Beleuchtung oder verzerrte Perspektiven. Abgebildete Texte (z. B. auf Tafeln oder Printprodukten) sind nicht konsistent. Gegenstände passen nicht in die Zeit oder in die Geografie.

Perfekte Symmetrie oder makellose Muster: KI neigt umgekehrt dazu, Bilder mit nahezu perfekter Symmetrie oder makellos sich wiederholenden Mustern zu erstellen. Wenn ein Bild mit zu viel Symmetrie oder einem zu perfekten Muster auffällt, könnte es von KI stammen.

Zu kräftige oder gesättigte Farben: KI-Algorithmen neigen derzeit zu kräftigen oder gesättigten Farbtönen.

Unheimliches Tal: Das Konzept der Akzeptanzlücke (*uncanny valley*; Abschn. 3.6) legt nahe, dass KI-generierte Bilder manchmal in einen Wahrnehmungsbereich fallen können, in dem sie fast, aber nicht ganz menschlich erscheinen. Wenn ein Bild eine Person oder ein Objekt darstellt, das unangenehm künstlich, weil eben nicht ganz realistisch, wirkt, könnte es sich um ein KI-generiertes Bild handeln.

Bildersuche: Führen Sie eine „umgekehrte" Suche mit einem Eingabebild auf Plattformen wie Google Images oder mit speziellen Tools wie **TinEye** durch. Wenn das Bild auf mehreren voneinander unabhängigen Websites oder Bildagenturen ohne konsistente Quelle erscheint, könnte es sich um ein KI-generiertes Bild handeln.

Augenrefexionen: Augenreflexionen sagen sehr viel aus! Bei Deep Fakes unterscheiden sich meist die Reflexionen im linken und im rechten Auge. Man muss hineinzoomen, und technisch gesehen könnte der Unterschied in der Reflexion auch etwa durch eine Lampe verursacht worden sein. Aber wenn man unterschiedliche Reflexionen feststellen kann, ist es doch ein sehr deutlicher Hinweis auf ein Fake-Bild.

Ungewöhnliche Texte auf Bekleidung können ebenfalls ein sicheres Indiz sein. Texte auf KI-generierten Bildern oder Deepfake-Videos bestehen oft nicht einmal aus plausiblen Buchstaben. Bei Hineinzoomen auf Personen im Hintergrund wird das manchmal offenkundig.

Gestalterische Mängel: Selbst wenn ein KI-Bild keine Artefakte zeigt, so sind es doch häufig Eigenheiten, die aus künstlerisch-gestalterischer Sicht mangelhaft sind und bei genauerem Hinsehen auffallen. Zu perfekte Haut kann ein Hinweis sein, gerade wenn die Poren zu klein oder zu gleichmäßig erscheinen. Zu diesen zentralen Schwächen KI-generierter „Kunst" zählen zu gleichförmige Texturen (Materialien wie Haut, Kleidung und Haare wirken wie aus Plastik), fehlerhafte Anatomie (häufig unnatürliche Proportionen, und anatomische Ungenauigkeiten), fehlende Perspektive (keine klare Tiefenstaffelung oder atmosphärische Dimension, alles wirkt flach und undifferenziert), einfache Kamerawinkel (sehr oft auf Augenhöhe, selten dynamischen Winkel), unklare Lichtquellen (die Beleuchtung ist diffus, ohne erkennbaren Ursprung oder räumliche Logik), verwischte Details. Elemente wie Haare und Hintergründe verschmieren oft unsauber, weil KI diese Überschneidungen im Bild nicht immer korrekt bewerkstelligen kann (Hayward, 2023).

Videos: Ein Fake-Gesicht bei Deepfake-Videos reagiert zwar ohne Verzögerung, das gilt auch live, aber wer weiß, worauf zu achten ist, kann die Fälschung meist doch noch ausmachen: Wenn jemand blinzelt, sieht man oft, wie das Fake-Gesicht für einen Moment etwas kleiner wird. Auch einer Bildmaske sind Grenzen gesetzt; das sieht man am Rand

Abb. 9.14 An mehreren Merkmalen ist die KI-Generierung erkennbar (erstellt mit Kling AI 1.0)
(▶ https://doi.org/10.1007/000-h5h)

eines Kopfes, der in einen anderen Hintergrund einkopiert wurde. Wenn eine Person den Kopf zu weit dreht, kommt es in der Regel zu Verzerrungen. In einer Live-Situation könnte man jemanden bitten, sich nach links und rechts zu drehen, und genau hinsehen, was passiert (from Holland, 2024).

Ein Beispiel illustriert all das deutlich: In dem mit Kling AI generierten Video (Abb. 9.14) fallen als Erstes die Bewegungen auf. Der Junge geht wie ein Erwachsener. Die Kinder fassen sich eigenartig an den Händen, die Außenhand des Mädchens ist auffällig unproportional.

Was sind Artefakte?
Der Begriff „Artefakt" hat mehrere Bedeutungen. In der Videoproduktion sind damit Bildstörungen aufgrund von Kompressionsverfahren (wie etwa Blockbildung, Unschärfe) gemeint. Im IT-Security-Bereich handelt es sich um unentbehrliche Elemente, die bei einem Angriff eingesetzt werden. Beispiele für diese Artefakte sind etwa das Attachment bei einer Phishing-Mail oder ein nachträglich heruntergeladener Code. Im Bereich der KI dagegen werden damit nichtauthentische Bild- oder Tonelemente bezeichnet.

Typische Artefakte bei Gesichtsmanipulationen

- **Sichtbare Übergänge:** Bei einem Face Swap wird das Gesicht einer Zielperson in den Kopf einer anderen Person eingesetzt. Dadurch kann es zu sichtbaren Artefakten am Rand rund um das Gesicht kommen. Ebenso ist es möglich, dass die Hautfarbe und Hauttextur an diesem Übergang auffällig sind oder dass sich in manchen Frames das Ursprungsgesicht teilweise am Gesichtsrand durch doppelte Augenbrauen bemerkbar macht.
- **Scharfe Konturen verwaschen:** Häufig kommt es noch vor, dass Face-Swapping-Verfahren nicht richtig lernen, scharfe Konturen, wie sie in den Zähnen oder im Auge vorkommen, zu erzeugen. Bei genauem Hinsehen wirken diese auffällig verwaschen.

- **Begrenzte Mimik, unstimmige Belichtung:** Aufgrund einer begrenzten Datenlage kann es dazu kommen, dass ein Modell nur begrenzt fähig ist, manche Gesichtsausdrücke oder Beleuchtungssituationen korrekt zu imitieren. Häufig ist die Profilansicht eines Gesichts unzureichend erlernt. Ein starkes Drehen des Kopfes zum Beispiel kann zu Bildfehlern führen, bei welchen das Gesicht verzerrt wird.

Typische Artefakte bei synthetischen Stimmen

- **Falsche Aussprache:** Häufig können KI-Verfahren nicht alle Wörter korrekt aussprechen. Dies kann beispielsweise passieren, wenn ein KI-Modell für die deutsche Sprache trainiert wurde, aber ein englisches Wort ausgesprochen werden soll.
- **Monotone Sprachausgabe:** Vor allem wenn die Trainingsdaten nicht ausreichend verschiedengestaltig waren, kann das generierte Audiosignal sehr monoton hinsichtlich Sprachmelodie und Betonung von Wörtern sein.
- **Falsche Sprechweise:** Meist sind Verfahren vergleichsweise gut dafür geeignet, die Klangfarbe einer Stimme zu imitieren, haben jedoch gleichzeitig Probleme damit, die spezifischen Charakteristika einer Stimme nachzuahmen, sodass beispielsweise Akzente oder Betonungen von Wörtern nicht denen der Zielsprecherin entsprechen.
- **Unnatürliche Geräusche:** Wenn ein KI-Modell Eingangsdaten erhält, die stark von den Trainingsdaten abweichen, kann das Verfahren unnatürliche Geräusche erzeugen. Das kann beispielsweise bei einem langen Text, der von einer synthetischen Stimme gesprochen wird, oder bei auffälliger Stille bei einem Voice-Conversion-Verfahren der Fall sein.
- **Zeitliche Verzögerung:** Die meisten Verfahren zur Erzeugung von synthetischen Stimmen müssen zunächst einen Teil des zu erzeugenden semantischen Inhalts als Eingangsdaten empfangen, um ein qualitativ hochwertiges Ergebnis zu erzeugen. Darum gehen qualitativ hochwertige Fälschungen mit einer gewissen zeitlichen Verzögerung einher, weil der semantische Inhalt zunächst erfasst werden muss, bevor er synthetisch erzeugt und ausgegeben werden kann.
- Um die Fähigkeit zu trainieren, manipulierte Audiodaten zu detektieren, kann beispielsweise eine von Fraunhofer AISEC entwickelte Anwendung verwendet werden (BSI, 2025).

9.3 Authentische Herkunft kennzeichnen

Für zweihundert Jahre kamen der Fotografie – und später dann dem Film – so etwas wie physikalische Beweiskraft zu. Diese zwei Jahrhunderte von der ersten Fotografie bis zum Handyvideo sind gleichwohl nur ein Moment in der Geschichte der Menschheit.

Zugegeben, es gab auch bisher eigenwillige Perspektiven, welche die gewohnte Wahrnehmung infrage stellten, subtile Manipulationen bis hin zu glatten Fälschungen. In der Quantentheorie wurde zwar widerlegt, dass Objekte so einfach an sich existieren; Physikerinnen nehmen an, dass Objekte nur als Konstrukte existieren (Müller, 2017, S. 240). Doch grosso modo hat sich das, was durch eine Optik auf ein Medium projiziert und dort eingefangen wurde, tatsächlich zuvor in „der Wirklichkeit" abgespielt. Das bestärkte die Gewissheit einer von den Beobachtenden unabhängigen, „objektiven" Welt.

Jetzt erinnert einiges an die Zeit vor der Erfindung der Fotografie. Was von Künstlerinnen gezeichnet, gemalt oder in Stein gehauen worden war, war immer schon Ausdruck einer subjektiven Empfindung, kein physikalischer Beweis. Das Gleiche gilt nun gleichermaßen für digitale Fotos und Videos.

Die mahnenden Stimmen zu Fehlinformationen sollten gleichzeitig nicht überhört werden. KI arbeitet immer nur mit Daten, die dem System zur Verfügung gestellt werden. Unvollständige Ergebnisse oder gar Fakes sind eine nicht zu unterschätzende Gefahr beim Einsatz von allen KI-Anwendungen. Da KI-Systeme darüber hinaus „halluzinieren", also fehleranfällig sind in dem Sinn, dass sie unerwünschte Ergebnisse (Artefakte) ausstoßen können, ist es für viele Anwendungen wichtig, eine **menschliche Plausibilitätsprüfung** (*human in the loop*) sicherzustellen (Johnson, 2024).

Der Begriff „Deepfake" wird schon lange in der öffentlichen Diskussion verwendet. 2017 startete eine unbekannte Person unter dem Namen „Deepfakes" ein Diskussionsforum auf Reddit. Es ging um jene Videos, in denen die Gesichter von Hollywood-Schauspielerinnen auf die Körper von Pornostars montiert worden waren. Bald gelangten ähnliche Formen der Pornografie auf Mainstream-Plattformen (Glick & Peregrin, 2021).

Die Unterscheidbarkeit von Realvideos und synthetisch generierten Videos nimmt rasch ab. Mit der Entwicklung optimierter Werkzeuge wird es immer komfortabler, sehr real erscheinende Videos zu generieren. Selbst teure **Tools zum Erkennen von KI** leisten oft nicht das, was man sich erwarten würde. Das gilt beispielsweise für die sonst sehr hochwertige Plattform **Originality.ai** (Souers, 2023).

Ebenso funktioniert **AI or Not** (https://www.aiornot.com) gut, wenn hochwertige, große KI-Bilder zur Analyse bereitgestellt werden. Die Leistung wird sogar durch Wasserzeichen nicht beeinträchtigt. Auch bei echten Bildern bleibt die Erfolgsquote gut, selbst wenn sie komprimiert sind. Allerdings ist die Erkennung komprimierter KI-Bilder enttäuschend. Dieser Punkt ist insbesondere für die Open-Source-Recherche relevant, weil hier selten Zugang zu großen (Original-)Bildern gegeben ist (Kovtun, 2023).

Thomas Pock forscht am Institut für Maschinelles Sehen und Darstellen der TU Graz an der Bildverarbeitung mittels KI. Er fasst das Dilemma so zusammen: „Wenn es eine Fake-Technologie gibt, dann wird man wahrscheinlich auch Technologien erfinden können, die das erkennen. Es ist wie in der Spieltheorie: Es gibt zwei Spieler und einer probiert immer besser zu sein als der andere. In der Spieltheorie heißen solche Optimierungsprobleme Min-Max-Games. Wenn die Fake-Technologie weiß, wie sie erkannt werden kann, dann kann sie wieder verbessert werden usw. Das führt dazu, dass die prüfende KI, die als Diskriminator bezeichnet wird, den Fake nicht mehr erkennen kann. Ein Beispiel für dieses Katz-und-Maus-Spiel ist Adversial Training. Das wurde unter anderem sehr erfolgreich bei sogenannten generativen neuronalen Netzwerken eingesetzt. Es gibt ein Netzwerk, das generiert Bilder und dann gibt es ein zweites Netzwerk, das erkennen muss, ist das jetzt ein generiertes Bild oder ein echtes Bild. Man trainiert den Bild-Generator und den kontrollierenden Diskriminator dahingehend, dass einer immer probiert, besser als der andere zu sein. Das geht so weit, bis die generierten Bilder so gut sind, dass der Diskriminator sie nicht mehr von echten Bildern unterscheiden kann" (Schoklitsch, 2023)

Kennzeichnung: Die Kennzeichnung von KI-generiertem Material ist unumgänglich. Eingeführt wurde zum Beispiel **Synth-ID**. Das ist ein Wasserzeichen für Video und Audio zur Kennzeichnung von KI.

Die **Content Authenticity Initiative (CAI)** geht den umgekehrten Weg. Diese im November 2019 von Adobe, der *New York Times* und Twitter gegründete Vereinigung hat einen Industriestandard zum Ziel, der sichere Aussagen über die Herkunft digitaler Inhalte erlauben soll. **C2PA-Metadaten** ergänzen Dateiinhalte um zusätzliche Metadaten und beziehen sich auf jene Daten, die von CAI-konformen Systemen verarbeitet, gespeichert oder dargestellt werden. Dabei wird zusätzlich ein digitaler Fingerabdruck (Hashwert) des eigentlichen Inhalts der Datei (Foto, Text ...) gespeichert. Für visuelle Inhalte gibt es die Möglichkeit, ein verkleinertes Vorschaubild des Inhalts (ein Thumbnail) zu speichern.

Anders als bei den bekannten Metadaten wie Exif oder IPTC sind diese Daten gegen Fälschungen gesichert. Manipulationen können aufgrund kryptografischer Methoden mit großer Wahrscheinlichkeit erkannt werden. CAI-konforme Systeme, die Inhalte mit C2PA-Metadaten darstellen, werden dies in naher Zukunft anhand eines grafischen Symbols mit dem Buchstaben „i", **L1 Indikator** genannt, kennzeichnen. Beim Anklicken dieses Symbols werden Internetseiten einige elementare Informationen anzeigen, etwa zum Herausgeber der Datei (**L2 Herkunftsübersicht**).

Andere Initiativen konzentrieren sich auf spezifische Problemfälle. YouTube etwa verstärkt Maßnahmen gegen Deep Fakes und kooperiert dabei mit der Schauspielagentur Creative Artists Agency (CAA). Gemeinsam haben sie ein System entwickelt, das KI-generierte Inhalte, die Prominente oder Künstlerinnen imitieren, schnell identifizieren kann. Betroffene Persönlichkeiten erhalten Zugang zu einem Frühwarnsystem und können Feedback geben. Take-down-Anfragen werden als Datenschutzbeschwerden behandelt, um eine missbräuchliche Verwendung von Darstellungen zu verhindern (Salinas, 2024).

9.4 3D-Animation und virtuelle Realität

Die Produktion von Animationsfilmen erfolgt noch „von Hand" mit den etablierten 3D-Tools, wie etwa **Cinema 4D** und **Redshift**. Durch KI verschwimmt aber die Grenze zwischen zweidimensionaler Filmproduktion und 3D-Animation zunehmend. KI-gestützte 3D-Objektgeneratoren haben die Art und Weise, wie 3D-Modelle erstellt und visualisiert werden, verändert. KI eliminiert nach und nach den Bedarf an teuren und zeitaufwendigen Produktionsmethoden. Die Fähigkeit, statische Bilder in dynamische 3D-Videos zu verwandeln, ist längst nicht mehr ausschließlich Expertinnen mit spezialisierter Software vorbehalten. KI-Tools ermöglichen es, 3D-Modelle aus Prompts oder 2D-Referenzbildern zu generieren, wodurch der Arbeitsaufwand bei der Erstellung von 3D-Assets erheblich reduziert werden kann. Das beschleunigt etwa auch das Erstellen von virtuellen Umgebungen, mit denen die Game Engine eines Virtual Production Studio versorgt werden kann.

Für einen Einstieg in die KI-gestützte 3D-Animation eignet sich ganz hervorragend **Stage** von Krea AI, eine experimentelle Plattform, die die Erstellung von 3D-Szenen und Videos stark vereinfacht und beschleunigt. Mit Stage kann aus einem Bild oder einem Text-Prompt eine bearbeitbare 3D-Umgebung erstellt werden – ganz ohne komplexe Modellierungssoftware oder leistungsstarke Hardware. Aus einfachen Bildern werden 3D-Objekte, sogar das Rigging ist automatisiert (also ein Skelett in ein 3D-Modell einzubauen

9.4 3D-Animation und virtuelle Realität

und die Bewegungs- und Steuerungsmöglichkeiten zu definieren). Licht, Objekte und Szenenelemente lassen sich intuitiv anpassen. Stage senkt den Kosten- und Zeitaufwand für eine 3D-Produktion erheblich.

Text-zu-3D verwendet Natural Language Processing (NLP), um Textbeschreibungen in 3D-Modelle umzuwandeln, **Bild-zu-3D** wandelt 2D-Bilder mithilfe von Tiefenwahrnehmung und Objekterkennung in 3D-Modelle um, und **Video-zu-3D** wandelt Videomaterial durch Bewegungsanalyse in 3D-Modelle oder 3D-Umgebungen um. Hierzu einige Beispiele:

- **3dfy.ai** ermöglicht es Nutzerinnen, schnell eine Vielzahl von 3D-Assets zu generieren. Es bietet Zugriff auf kuratierte 3D-Datenbanken und kann digitale Objekte basierend auf textuellen Anweisungen entwickeln. Es ist besonders nützlich für Designer, die effiziente Lösungen für die Erstellung von 3D-Inhalten suchen.
- **Avaturn.me** ermöglicht die Erstellung von 3D-Avataren aus Fotos und bietet eine umfassende Anpassungsmöglichkeit für Körperkonfiguration, Kleidung und Accessoires. Das Tool stellt ein vollständig zusammengesetztes 3D-Modell zur Verfügung, das in Spielen und virtuellen Welten verwendet werden kann. Avaturn richtet sich an Spieleentwicklerinnen und bietet eine einfache Integration in bestehende Plattformen durch Softwareentwicklungskits und Anleitungen.
- Mit dem App-Baukasten **Appypie.com** kann ein 3D Model Generator für e-Commerce, Produktdesign und Marketing selbst gebaut werden. Dies ermöglicht eine einfache Nutzung durch Hintergrundentfernung und eine Drag-and-Drop-Oberfläche, Formate wie .glb und .obj werden unterstützt.
- **HyperHuman hyper3d.ai/chatavatar** ist genial für das Erstellen von animierbaren 3D-Gesichtern.
- Mit der **Plattform leiapixai.com** können statische Bilder in 3D-Videos umgewandelt werden. Der Umwandlungsprozess bei LeiaPix geht über das Hinzufügen von Bewegung hinaus – er ergänzt eine Tiefenkarte. Nach der Verarbeitung steht eine Palette von Animationsstilen zur Auswahl. Zusätzlich ermöglicht das Tool den Export der Animationen als 3D-Video oder als 3D-Bild mit detaillierten Tiefenkarten.
- Mit dem **3D-VR-Programm Masterpiecestudio.com** können Nutzer per Prompt funktionsfähige 3D-Modelle und Animationen erstellen. Die Benutzeroberfläche ermöglicht es, vergleichsweise schnell hochwertige Modelle zu erzeugen.
- **Meshcapade.com** bietet sowohl eine API, eine KI-Plattform als auch Plugins für Unreal Engine, Blender und Maya für die Erstellung von 3D-Avataren. „Motion from text", „motion from video" und „body shape from images" stehen als Funktionen zur Verfügung.
- **Meshy.ai** bietet Funktionen wie Text zu Textur und Bild zu Textur, die es Nutzerinnen ermöglichen, Texturen aus Prompts oder Referenzbildern zu generieren. Zudem können per Text-Prompt oder mit Image-Prompt texturierte 3D-Modelle erstellt werden. Meshy unterstützt gängige 3D-Dateiformate wie .fbx, .obj und .gltf und bietet Plugins für Blender und Unity. Einfache, einzeilige Prompts genügen, um zum Beispiel rasch Gegenstände für den Hintergrund zu schaffen (Abb. 9.15).

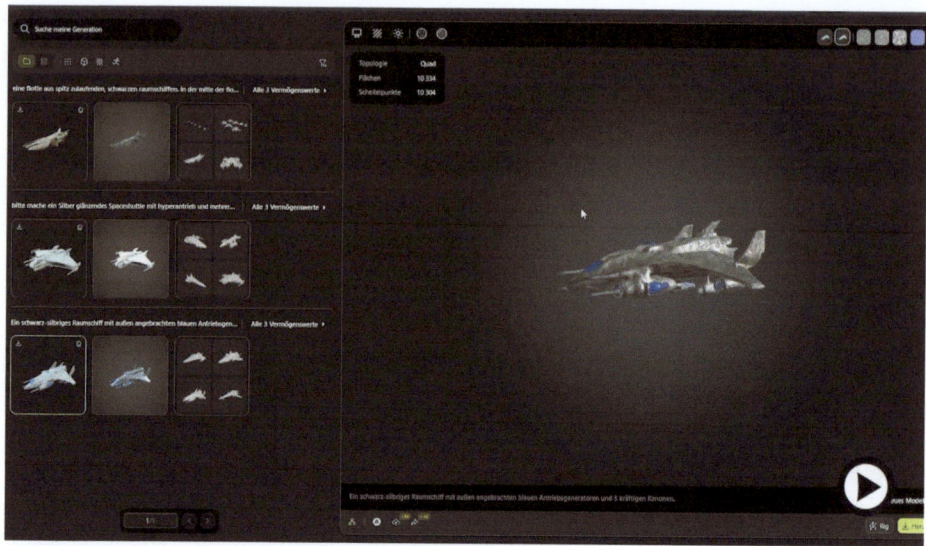

Abb. 9.15 Ein 3D-Objekt das mit einem einzeiligen Text-Prompt generiert wurde. Meshy 2025
(▶ https://doi.org/10.1007/000-h5j)

- **deepmotion.com/saymotion** unterstützt die Animation von zuvor erstellten Figuren mittels Text-Prompts.
- **Spline.design** ist eine 3D-Designsoftware, die mit Funktionen wie 3D-Vektorbearbeitung und Kamerasteuerung direkt im Browser verwendet werden kann. Sie eignet sich durch ihre Echtzeit-Kollaborationsfunktion für Teamprojekte, etwa um interaktive Web-Erlebnisse zu erstellen.
- **tripo3d.ai** stellt eine interessante Sammlung sofort verwendbarer Figuren zur Verfügung.
- Das **Flow Studio** von **wonderdynamics.com** ist ein KI-Tool, das CGI-Figuren automatisch animiert, beleuchtet und zu einer Live-Action-Szene zusammensetzt.

Die KI-gestützte 3D-Objektgenerierung hat die künstlerische Gestaltung von 3D-Modellen für Design, Spieleentwicklung und e-Commerce vereinfacht. KI-Tools bieten Funktionen, die den Prozess von der Textbeschreibung bis zum fertigen 3D-Modell abdecken. Diese Tools sind leistungsstark genug, um kleine 3D-Assets schnell zu erstellen. Durch den Einsatz von KI können Entwickler und Designer ihre Produktivität steigern und neue kreative Freiräume ausschöpfen.

Das „**World Model**" von **Genie 3** kann eine **interaktive, spielbare 3D-Umgebung** in Echtzeit generieren. Es behält die visuellen und physischen Details der Welt für einige Minuten bei, während User oder KI-Agenten sich in der 3D-Welt bewegen können. Die Umgebung kann in Echtzeit durch neue Text-Prompts verändert werden (sogenannte „promptable world events"), z. B. um neue Figuren oder Objekte hinzuzufügen. Genie 3 ist derzeit noch ein Forschungswerkzeug und nicht öffentlich zugänglich, aber seine Fähigkeiten deuten auf einen bedeutenden Schritt in Richtung der Erstellung synthetischer, interaktiver Umgebungen hin.

9.5 Künstliche Intelligenz für Live-Events

9.5.1 Veränderungen in der Live-Produktion

KI beginnt, die Broadcast-Produktion zu verändern, indem sie Teilaufgaben vereinfacht oder automatisiert. Zu den wichtigsten Neuerungen gehören (Billingsley, 2024):

- **Kameraautomatisierung mit KI:** Robotertechnik und KI in Kamerasystemen, wie Polymotion Chat, nutzen Computer Vision (CV) und Prognosemodelle, um flüssige, menschliche Kamerabewegungen zu erzeugen. Das ermöglicht einer Bedienerin, mehrere Kameras problemlos zu steuern, und macht Produktionsabläufe flexibler.
- **Automatisierung in der Postproduktion:** KI wird zunehmend eingesetzt, um Video-Editing-Aufgaben zu beschleunigen. Sie kann schnell Material sortieren sowie generative Video- oder Bildfüllungen und Verlängerungen auf Prompts hin übernehmen. Das spart Zeit, genauso wie automatische Transkription, Übersetzung und Untertitelung (Kap. 6).
- **Personalisierte Zuschauererlebnisse anbieten:** Content-Anbieter suchen nach Systemen, mit denen Zuschauerinnen personalisierte Erlebnisse angeboten werden sollten. KI-Technologien wie maschinelles Lernen, natürliche Sprachverarbeitung und prädiktive Analytik können die Präferenzen der Zuschauer bereits gut analysieren, um Inhalte maßgeschneidert vorzuschlagen. KI-gesteuerte Empfehlungssysteme brauchen aber noch eine verfeinerte Inhaltserkennung, damit sie auditive und visuelle Elemente innerhalb von Videos und Filmen im richtigen Kontext interpretieren können.
- **Live-Übersetzung im Streaming:** Während die Generierung von Untertiteln in über 100 Sprachen schon einigermaßen verlässlich funktioniert, etwa mit **Captionhub.com**, ist das Erzeugen von Live-Stimmen noch in Entwicklung. **Syncwords.com**, **Livevoice.io**, **Stenomatic.ai**, **Interprefy.com** und **Wordly.ai** haben anpassbare Glossare, was für die Übersetzung von Fachvorträgen unabdingbar ist. **Kudo.ai** bietet die Möglichkeit, neben KI auch menschliche Dolmetscher zu integrieren.
- **Generierung personalisierter Zuschauererlebnisse,** etwa eigens fabrizierter Inhalte auf einem Second Screen, sind noch im Entwicklungsstadium.

9.5.2 Automatisiertes Live-Streaming

KI wird zunehmend eingesetzt, um Teilbereiche des Live-Editings zu automatisieren, nämlich den Live-Bildschnitt, das Audio-Mixing und die Echtzeitintegration von Grafiken. Das Einblenden von Untertiteln, das Tagging von Videos und die Inhaltsprotokollierung, die früher zeitaufwendige Postproduktionserfordernisse waren, können schon heute in Echtzeit erledigt werden.

Immer mehr Hersteller entwickeln KI-Kamerasysteme, die in der Lage sind, eine Vielzahl von Sportarten abzudecken, von Fußball über Basketball bis hin zu Golf. Es sind bereits Systeme im Einsatz, welche Sportveranstaltungen ohne die Hilfe von Kameraleuten live übertragen.

Dafür werden hochauflösende Kameras rund um das Spielfeld montiert, um das Spiel aus mehreren Winkeln streamen zu können. KI-Algorithmen analysieren das Videomaterial und liefern Einblicke wie Spielerstatistiken, Schussdiagramme und Heatmaps für Trainer, Teammanager und Fans.

Das System **coaching-eye.de** ermöglicht eine Auswertung von Spielen und Trainingseinheiten durch die Kombination einer GoPro-Kamera und einem Befestigungssystem mit der Analysesoftware Kinovea. Das Trainerteam erhält damit die Möglichkeit, das Spielfeld aus der Vogelperspektive aufzunehmen und eine Auswertung von Spielen und Trainingseinheiten vorzunehmen.

Veo bietet eine Lösung, um Ballspiele aufzuzeichnen und direkt live zu streamen. Die KI-gestützte Spielverfolgungstechnologie ist hinter dem Geschehen auf dem Spielfeld her und erzeugt mit automatischen Zoomfahrten und Schwenks ein Live-Übertragungserlebnis, zu sehen beispielsweise auf fan.at. Nach dem Spiel wird die Aufzeichnung auf die Veo-Plattform hochgeladen. Die KI von Veo markiert Schlüsselmomente des Spieles wie Tore und Torschüsse im Fußball, Tries und Penaltys im Rugby, Face-offs/Draws und Torschüsse beim Lacrosse. Im Veo-Editor kann man Videos mit den besten Spielszenen zusammenstellen. Doch ab hier beginnt vorerst noch die Handarbeit. Um aus den Highlight-Clips zum Beispiel einen TV-Bericht über das Spiel anzufertigen, braucht man definitiv Sportreporterinnen und Sportreporter.

Das Geschäftsfeld der automatisierten Sportübertragung wächst weltweit sehr schnell. Einzelne Anbieter installieren die Systeme kostenlos und erzielen damit Einnahmen über Abonnements von Zuschauern durch KI-basierte Analysen für Trainer und Teammanager (Kumar, 2023). Insgesamt hat KI das Potenzial, das Live-Broadcasting erheblich zu transformieren, indem sie sowohl die Effizienz steigert als auch das Zuschauererlebnis bereichert (Suman, 2024).

9.6 Die Zukunft von künstlicher Intelligenz im Film: Was kommt als Nächstes?

Virtuelle Filmsets: Die Umsetzung von virtuellen Filmsets bietet Vorteile. Sie sind kostengünstiger als traditionelle Sets und bieten mehr Flexibilität, da etwa das Wetter, die Lichtsituation oder der Platz von Requisiten und Hintergründen schneller angepasst werden können.

Andererseits stellt sich die Frage nach der Authentizität und der emotionalen Wirkung. Können Darstellerinnen in einem Virtual Production Studio ebenso authentisch spielen – und kann ein virtuelles Filmset die gleiche emotionale Wirkung auf das Publikum ausüben wie ein tatsächliches Set (Steinkamp, 2024)?

CGI: Hollywood arbeitet bereits mit Techniken wie KI-gesteuertem Gesichtsersatz, automatischer Hintergrundgenerierung und virtuellen Umgebungen in Echtzeit. Diese Innovationen machen visuelle Effekte realistischer und die Produktion effizienter. Der Film *Hier* (Regie Robert Zemeckis) beispielsweise nutzte eine KI-gestützte De-Aging-Technologie, um die Schauspieler Tom Hanks und Robin Wright in unterschiedlichem Alter – über 60 Lebensjahre hinweg – zeigen zu können. Im Gegensatz zu herkömmlicher CGI (*Computer Generated Imagery*), die in der Postproduktion erfolgt und Monate dauern kann, ermöglichte dieser Ansatz eine sofortige Verwandlung am Set, was nicht nur Zeit und Geld sparte, sondern gleichzeitig mehr kreativen Einfluss am Set ermöglichte (Vina, 2024).

9.7 Ausblick für Medien im Zeitalter der KI

Da die Medienbranche zunehmend mit großen Datenmengen arbeitet, spielt die effiziente **Verwaltung von Metadaten** eine immer größere Rolle. KI hilft dabei, Daten zu analysieren, zu kategorisieren und automatisch zu kennzeichnen, was besonders für die Archivierung und das Auffinden von Inhalten wichtig ist. Das klappt mit Gesichtserkennung und dem Tagging von Inhalten in Sportübertragungen schon gut. Vom erforderlichen Level an Genauigkeit und Verlässlichkeit, das für Medienunternehmen notwendig ist, sind die Tools nicht mehr weit entfernt.

Einige innovative KI-Projekte streben an, Bias in der Darstellung von Geschlechtern, Kulturen und Ethnien zu identifizieren und zu kennzeichnen. Diese Tools könnten dazu beitragen, eine ausgewogene und faire Berichterstattung flächendeckend zu verwirklichen (Mayne, 2024).

Generative KI wird Kreativschaffende nicht ersetzen, sondern als Werkzeug dienen, um ihre Arbeit zu erleichtern und zu bereichern. Sie steht für eine neue Ära der Kreativität, die sowohl Chancen als auch Herausforderungen mit sich bringt. Während KI immer bessere Videos generieren kann, fehlt ihr das, was menschliche Kreativität antreibt: gelebte Erfahrungen, Emotionen und persönliche Geschichten. Diese tiefen Quellen menschlicher Erfahrung geben jeder Art von Kunst, Schreiben, Musik und Video, ihre Kraft – etwas, das KI nicht nachahmen kann.

Viele Künstlerinnen nutzen KI als „Atelier", um Ideen auszuprobieren, Grenzen zu erweitern und ihre schöpferischen Prozesse zu verbessern. Diese kreative Arbeitsumgebung führt zu einzigartigen Werken, die menschliche Intuition und maschinelle Effizienz vereinen. Berechtigterweise gibt es Bedenken, dass KI kreativ tätige Menschen verdrängen könnte, weil sie günstiger und schneller ist. Um dem entgegenzuwirken, ist es entscheidend, für faire Entlohnung und Anerkennung aller Kunstschaffenden einzutreten (Liouta, 2024).

Für Filmschaffende bricht ein neues Zeitalter an. Sie müssen sich besinnen, was es bedeutet, Kunstschaffende in einer digitalen Welt zu sein. Die Zukunft erfordert Offenheit gegenüber neuen Technologien und ein Bewusstsein für deren Potenziale und Grenzen. Es geht nicht darum, dass Maschinen Menschen ersetzen, sondern darum, wie Menschen diese neuen Ideenräume und Digitalwerkstätten nutzen, um die Grenzen der Kreativität zu erweitern. KI bietet die Möglichkeit, künstlerische Visionen zum Leben zu erwecken, die zuvor undenkbar waren (Dira, 2024).

Heute werden auch digitale Bilder und Videos wieder ganz einfach zum persönlichen Ausdruck, vom Echo einer Resonanz mit unserer wahrgenommenen Welt bis hin zu freien

Schöpfungen unserer Fantasie. Also haben Sie Mut! Sie können sich in Ihren Filmen und Videos von den Beschränkungen der „analogen" Welt frei machen! Lassen Sie sich ein auf die neue Welt der entfesselten Kreativität!

Wie wir wissen, birgt jede Art der Kommunikation die Gefahr, sich vorherrschenden Machtverhältnissen und scheinbar unausweichlichen Logiken anzupassen. Video- und Filmschaffende, die diese bewusst reflektieren, können ihren Teil dazu beitragen, dass Kommunikation vertrauenswürdig bleibt und die Menschenwürde respektiert wird. Wir können uns einen Content Creator als Brücke vorstellen, denn ein Kommunikator ist konsequenterweise ein Brückenbauer. Filmschaffende dürfen jene zu Protagonistinnen machen, die zuvor als Statistinnen am Rand standen oder gar nicht berücksichtigt wurden. Auf diese Weise helfen wir, gesellschaftliche Brüche zu überwinden und Gleichgültigkeit in Akzeptanz und Solidarität zu verwandeln.

Markus Gull, auch bekannt als Blogger Story Dude, schreibt:‚ „Was wäre, wenn es stimmt, dass unsere Geschichten unser Leben treiben, tragen, führen? Dass, bevor etwas entsteht, eine Geschichte dazu entsteht. Dass, bevor sich etwas verändert, sich die Geschichte verändert, die darüber erzählt wird. Was wäre, wenn das stimmt, was Joseph Campbell sagte: ‚If you want to change the world, you have to change the metaphor'" (Gull, 2024).

> **Fragen**
>
> 1. Wie beeinflusst die Entwicklung von KI-gestützten Avataren die Filmproduktion, und welche Vorteile bieten sie gegenüber traditionellen Methoden der Figurenerstellung?
> 2. Welche Herausforderungen bestehen bei der Nutzung von KI-generierten Avataren, insbesondere in Bezug auf Emotionen und die Wahrung der Konsistenz in Mimik und Gestik?
> 3. Inwiefern erleichtert eine Plattform wie heygen.com, elai.io, aistudios.com oder synthesia.io die Erstellung und Anpassung von Avataren, und für welche Anwendungen eignet sich diese Technologie besonders?
> 4. Welche ethischen und technischen Herausforderungen ergeben sich durch die Verbreitung von Deepfakes, und welche Maßnahmen können getroffen werden, um ihre missbräuchliche Nutzung zu verhindern?
> 5. Was ist die Content Authenticity Initiative, und wie funktioniert die Kennzeichnung von Videos?
> 6. Wie verändert KI die 3D-Animation, und welche Vorteile bietet die Generierung von 3D-Modellen aus Text- oder Bild-Prompts im Vergleich zu traditionellen Methoden?
> 7. Welche Rolle spielt KI in der automatisierten Live-Produktion, etwa bei Sportübertragungen, und wie verändert sie den Arbeitsaufwand und die Qualität der Inhalte?
> 8. Wie könnte eine Zusammenarbeit zwischen menschlicher Kreativität und KI die Zukunft der Filmproduktion prägen, und welche Bereiche bleiben trotz technologischer Fortschritte auf menschliche Intuition angewiesen?

9.7 Ausblick für Medien im Zeitalter der KI

Antworten
1. KI-gestützte Avatare verändern die Filmproduktion, indem sie die Erstellung realistischer Figuren automatisieren. Das reduziert den Aufwand und die Kosten für Casting, Dreharbeiten und Postproduktion. Avatare können konsistent in verschiedenen Szenen oder Produktionen eingesetzt und in Echtzeit animiert werden, wodurch Produktionszeiten verkürzt werden. Ein großer Vorteil ist die interkulturelle Anpassungsfähigkeit: Avatare können an verschiedene Sprachen, Kulturen und Zielgruppen angepasst werden, was die Reichweite von Inhalten erhöht. Im Gegensatz zu traditionellen Methoden, die auf menschliche Schauspieler oder manuelle Animationen angewiesen sind, ermöglichen KI-Avatare eine hohe Flexibilität und Wiederholbarkeit.
2. Ein Hauptproblem bei KI-generierten Avataren ist die noch begrenzte emotionale Bandbreite. Obwohl sich Mimik und Gestik verbessert haben, wirken die KI-Darstellerinnen und KI-Darsteller oft oberflächlich. Nuancen wie subtile Gesichtsausdrücke oder natürliche Übergänge zwischen Emotionen sind schwer zu simulieren und können die Authentizität beeinträchtigen. Zudem besteht die Gefahr, dass Zuschauer das *uncanny valley*-Phänomen erleben, wenn Avatare fast, aber nicht ganz menschlich wirken, was Unbehagen auslöst.
3. Plattformen wie HeyGen und Synthesia vereinfachen das Erzeugen von Avataren durch intuitive Benutzeroberflächen, die es ermöglichen, Avatare einfach zu erstellen und zu personalisieren. Diese Tools bieten Funktionen wie lippensynchrone Animationen, Sprachsynthese in mehreren Sprachen und die Integration von Avataren in bestehende Videos. Sie eignen sich besonders für Unternehmenspräsentationen, Marketingvideos, E-Learning-Inhalte und personalisierte Kundenkommunikation. Für Influencer bieten sie die Möglichkeit, ein globales Publikum in deren Muttersprache zu erreichen, und für Unternehmen stellen sie eine kosteneffiziente Alternative zu traditionellen Videoproduktionen dar.
4. Die Verbreitung von Deepfakes stellt ethische Herausforderungen dar, da sie zur Verbreitung von Desinformation, Rufschädigung oder Identitätsdiebstahl genutzt werden können. Technisch gesehen wirken Deepfakes immer realistischer, was die Erkennung erschwert. Maßnahmen zur Prävention umfassen die Entwicklung und Anwendung von KI-basierten Erkennungstools, die Kennzeichnung von KI-generierten Inhalten durch Wasserzeichen (z. B. Synth-ID) und eine strenge Regulierung durch Plattformbetreiber. Bildungsprogramme können zudem das Bewusstsein für Deepfake-Technologien und deren Risiken schärfen, um Missbrauch zu minimieren.
5. Die Content Authenticity Initiative (CAI) ist ein Standard zur Authentifizierung digitaler Inhalte. Ziel ist es, die Herkunft von Bildern und Videos transparent zu machen, um Manipulationen oder Fälschungen zu erkennen. Die Kennzeichnung erfolgt durch die Integration kryptografisch gesicherter Metadaten in Dateien (C2PA-Metadaten). Diese enthalten Informationen über die Urheberin, den Ursprung, Änderungen und Bearbeitungen. Ein grafisches Symbol („L1 Indikator") signalisiert den Nutzern, dass die Inhalte authentifiziert sind. Durch Aufrufen der Herkunftsübersicht können weitere Details über die Herstellung angezeigt werden, was das Vertrauen in digitale Inhalte stärkt.

6. KI transformiert die 3D-Animation, indem sie die Erstellung von einfachen Modellen und Animationen enorm beschleunigt und vereinfacht. Mit Text- oder Bild-Prompts können Designer selbst komplexe 3D-Modelle generieren und adaptieren, ohne tiefer gehende Kenntnisse in der Modellierung zu benötigen. Das spart Zeit im Vergleich zu den aktuellen Methoden, die umfangreiche manuelle Arbeit und spezialisiertes Knowhow erfordern. KI-basierte Tools wie 3DFY AI oder Meshcapade ermöglichen eine bessere Anpassung an spezifische Anforderungen, wie zum Beispiel die Integration in virtuelle Welten. So entstehen neue Möglichkeiten für Design, Spieleentwicklung und Produktpräsentationen.
7. KI automatisiert viele Aspekte der Live-Produktion, wie Kamerasteuerung, Videoschnitt, Untertitelung und Grafikintegration. Für Sportübertragungen übernehmen KI-gesteuerte Kamerasysteme künftig Aufgaben wie Spielverfolgung und das Produzieren von *highlight cuts*, wodurch der Arbeitsaufwand für menschliche Kameraleute und Cutterinnen reduziert wird. Gleichzeitig ermöglicht KI personalisierte Zuschauererlebnisse durch maßgeschneiderte Inhalte, Statistiken und Empfehlungen. Diese Automatisierung steigert die Effizienz, während sie die Qualität und Interaktivität der Inhalte verbessert.
8. Die Zusammenarbeit zwischen KI und menschlicher Kreativität könnte die Filmproduktion durch schnellere Prozesse und neue kreative Möglichkeiten revolutionieren. KI kann Routineaufgaben automatisieren, Vorschläge für Storylines machen und 3D-Assets generieren, wodurch Filmschaffende sich stärker auf die künstlerische Vision konzentrieren können. Dennoch bleibt die menschliche Intuition in Bereichen wie Storytelling, Figurenentwicklung und kultureller Sensibilität unverzichtbar. Während KI effiziente Werkzeuge bietet, ist sie nicht in der Lage, gelebte Erfahrungen und persönliche Geschichten authentisch zu replizieren. Der Mensch bleibt entscheidend für die Schaffung tief berührender und origineller Werke.

Literatur

Billingsley, J. (2024). *Industry Insights: How AI is impacting broadcast production workflows.* https://www.newscaststudio.com/2024/03/11/industry-insights-how-ai-is-impacting-broadcast-production-workflows/. Zugegriffen am 28.06.2024.

BSI (Bundesamt für Sicherheit in der Informationstechnik) (2025). *Deepfakes – Gefahren und Gegenmaßnahmen.* https://www.bsi.bund.de/DE/Themen/Unternehmen-und-Organisationen/Informationen-und-Empfehlungen/Kuenstliche-Intelligenz/Deepfakes/deepfakes_node.html. Zugegriffen am 12.01.2025.

Dira (2024). *How generative AI is shaping the future of content creation.* https://bydira.medium.com/how-generative-ai-is-shaping-the-future-of-content-creation-71b420f8d599. Zugegriffen am 01.01.2024.

Fuhrmann, M. (2024). *Microsoft zeigt eine KI, die Videos von euch anhand eines Fotos erstellt – doch das birgt Risiken.* https://t3n.de/news/ki-erstellt-videos-von-euch-anhand-eines-fotos-risiken-1620192/. Zugegriffen am 19.07.2024.

Literatur

Glick, J., & Peregrin, I. (2021). *Media literacy in the age of deepfakes*. The MIT Center for Advanced Virtuality. https://deepfakes.virtuality.mit.edu/part2/pg8/. Zugegriffen am 12.02.2025.

Gull, M. (2024, Dezember 16). *Eine Verstörung. Ein Manifest. Ein Geschenk*. Blog Story Inside. https://www.linkedin.com/pulse/eine-verstörung-ein-manifest-geschenk-markus-gull-jelif/. Zugegriffen am 01.02.2025.

Hayward, J. (2023). *How to spot images generated by AI*. https://medium.com/counterarts/how-to-spot-fake-images-generated-by-ai-8f2f6bcd4484. Zugegriffen am 12.05.2024.

Johnson, J. (2024). *The AI commander. Centaur teaming, command, and ethical dilemmas* (S. 61). Oxford University Press.

Knobl, E. (2024). *How to animate your characters any way you want with this free AI tool*. https://medium.com/design-bootcamp/how-to-animate-your-characters-any-way-you-want-with-this-free-ai-tool-b369d0456237. Zugegriffen am 05.09.2024.

Kovtun, D. (2023). *Testing AI or not: how well does an AI image detector do its job?* https://www.bellingcat.com/resources/2023/09/11/testing-ai-or-not-how-well-does-an-ai-image-detector-do-its-job/. Zugegriffen am 12.01.2025.

Kumar, R. (2023). *Role of a camera in AI-driven automated sports broadcasting*. https://www.e-consystems.com/blog/camera/applications/role-of-a-camera-in-ai-driven-automated-sports-broadcasting/. Zugegriffen am 27.06.2024.

Liouta, E. (2024). *The debate over AI-generated art and authentic creativity. Do we consider what is AI generated as art?* https://medium.com/design-bootcamp/the-debate-over-ai-generated-art-and-authentic-creativity-0848d93536a3. Zugegriffen am 04.12.2024.

Mayne, M. (2024). *AI in Broadcast: Accelerated adoption*. https://www.ibc.org/artificial-intelligence-in-broadcasting/1096.article. Zugegriffen am 15.07.2024.

Mezano, D. (2024). *How to easily swap faces using midjourney*. https://medium.com/@davemazano/how-to-easily-swap-faces-using-midjourney-134a079a4cba. Zugegriffen am 03.12.2024.

Müller, E. (2017). *Grundlagen und Interpretation der Quantentheorie. Konstruktivistische Interpretation der QT*. https://www3.itp.tu-berlin.de/fileadmin/a3233/TEMP/Physikvorlesung_2019_20__14.01.2020.pdf Zugegriffen am 03.12.2024.

Runway (2025). *Gen-4 References*. https://academy.runwayml.com/gen4/gen4-references?utm_source=Runway&utm_medium=Email&utm_campaign=ReferencesLaunch. Zugegriffen am 04.05.2025.

Ryte Wiki (2021). Digitales Marketing Lexikon. https://de.ryte.com/wiki/. Zugegriffen am 28.02.2025.

Salinas, G. (2024). *YouTube is cracking down on deepfakes*. https://www.creatorhandbook.net/youtube-is-cracking-down-on-deepfakes/?utm_source=creator-handbook.beehiiv.com&utm_medium=newsletter&utm_campaign=tuesday-12-24-24-ch-4b&_bhlid=b927355facadc8b0e45f69b469e735e366aaf42b. Zugegriffen am 30.12.2024.

Simmons, T. (2024). *This new AI tool does consistent characters (for real)*. https://www.youtube.com/watch?v=v_FXC0iq1Sk. Zugegriffen am 28.12.2024.

Souers, R. (2023). *I tested originality*. AI's Detector. https://medium.com/the-generator/i-tested-originality-ais-ai-detector-9572501 1bbe7. Zugegriffen am 05.12.2024.

Steinkamp, T. (2024). *Virtuelle Filmsets und KI: Die Zukunft der Filmproduktion*. https://www.ki--und-fotografie.de/artikel/virtuelle-filmsets-ki-filmproduktion. Zugegriffen am 02.01.2025.

Suman, D. (2024). *The role of AI in real-time video editing for live broadcasting*. https://www.linkedin.com/pulse/role-ai-real-time-video-editing-live-broadcasting-suman-das-p4hwc. Zugegriffen am 27.06.2024.

Schoklitsch, F. (2023). Für die KI ist ein Bild nur ein Feld aus Zahlen. Interview mit Thomas Pock. https://www.tugraz.at/tu-graz/services/news-stories/tu-graz-news/einzelansicht/article/fuer-die-ki-ist-ein-bild-nur-ein-feld-aus-zahlen. TU Graz. Zugegriffen am 12.05.2023.

Vina, A. (2024). *Künstliche Intelligenz beim Filmemachen: Neue kreative Möglichkeiten*. https://www.ultralytics.com/de/blog/artificial-intelligence-in-filmmaking-new-creative-possibilities#ki-gestutztes-storytelling-im-film. Zugegriffen am 02.01.2025.

Weiß, E. (2024). *Butterflies – KI-Charaktere mischen im neuen sozialen Netzwerk mit*. https://www.heise.de/news/Butterflies-KI-Charaktere-mischen-im-neuen-sozialen-Netzwerk-mit-9768920.html. Zugegriffen am 27.07.2024.

from Holland, W. (2024). *How to recognize AI generated images and videos*. https://www.foolproofme.org/articles/975-how-to-recognize-ai-generated-images-and-videos-artificial-intelligence. Zugegriffen am 15.09.2024.

10 Begriffe und Abkürzungen

Inhaltsverzeichnis

Literatur 312

1080i Videoformat mit einer vertikalen Bildauflösung von 1080 Zeilen (meist daher 1920 × 1080 Pixel, High Definition) und Halbbildscan (i für *interlaced*) (Schmidt, 2005).

1080p Videoformat mit einer vertikalen Bildauflösung von 1080 Zeilen (meist daher 1920 × 1080 Pixel, High Definition) und Ganzbildern (p für *progressive*) (Schmidt, 2005).

4:2:2-Abtastung Verhältnis zwischen der Auflösung bzw. der Abtastfrequenz des Luminanzsignals und der der beiden Farbdifferenzsignale. Die Ziffer 2 bedeutet, dass jedes der beiden Farbdifferenzsignale mit der halben Frequenz des Luminanzsignals abgetastet wird (Schmidt, 2005).

720i Videoformat mit einer vertikalen Bildauflösung von 720 Zeilen (meist daher 1280 × 720 Pixel) und Halbbildscan (i für *interlaced*) (Schmidt, 2005).

720p Videoformat mit einer vertikalen Bildauflösung von 720 Zeilen (meist daher 1280 × 720 Pixel) und Ganzbildern (p für *progressive*) (Schmidt, 2005).

aac (Advanced Audio Coding) Advanced Audio Coding: Ein Verfahren zur Audiodatenkompression mit mehreren Varianten. In der höchstkomprimierten Variante lassen sich für Monosignale 24 kbit/s, für Stereosignale 48 kbit/s und für fünf Surround-Kanäle eine Gesamtdatenrate von nur 320 kbit/s bei brauchbarer Qualität erreichen (Meyer-Schwarzenberger (2003), S. 285 f.).

AC3 Ursprünglich von Dolby entwickeltes Verfahren zur Speicherung komprimierter Audiodaten. Es ermöglicht die Übertragung von Stereo- oder 5.1-Audiodaten mit variabler Bitrate zwischen 64 und 448 kbit/s (Meyer-Schwarzenberger (2003), S. 286).

Algorithmus Bei Social Media ein Rechenvorgang, der über Reihenfolge und Sichtbarkeit von Beiträgen entscheidet. Er bezieht Faktoren wie Nutzerinteraktionen, Relevanz und Timing mit ein (Riedel, 2024, S. 154).

Animatic Animiertes →Storyboard. Oft in Form animierter schemenhafter Zeichnungen in Schwarz-Weiß, manchmal farbig wie ein Cartoon, ist sie mit einer Tonspur arrangiert, um die Wirkung von Einstellungen und Schnitten einer späteren Produktion abschätzen zu können (Adobe, 2025).

Archetyp Aus der Jung'schen Tiefenpsychologie stammender Begriff für universelle Figuren, wie die Rebellin oder die Mutter, die in verschiedenen kulturellen Erzählungen genauso wie in modernen Narrativen zu finden sind (Jung, 1968).

Artefakte In der Videoproduktion sind damit Bildstörungen (Blockbildung, Unschärfe) aufgrund der Komprimierung gemeint (Süsse & Rodner, 2014). Im IT-Security-Bereich handelt es sich um wesentliche Elemente, die bei einem Angriff eingesetzt werden. Beispiele für diese Artefakte sind etwa ein Attachment bei einer Phishing-Mail oder nachträglich heruntergeladener Code. Im Bereich der KI werden damit nichtauthentische Bild- oder Tonelemente bezeichnet.

Avatar Darstellung einer Person in virtuellen Welten, sozialen Medien, Websites und Communitys. Sie können sowohl in zweidimensionaler als auch in dreidimensionale Form generiert werden (Ryte Wiki, 2021).

Basismodell →Foundation Model

Bias In der KI ist damit ein Phänomen gemeint, das auftritt, wenn KI-Systeme systematisch verzerrte Ergebnisse liefern, die bestimmte Gruppen oder Individuen ungerecht bevorzugen oder benachteiligen (Paschou, 2024).

Bildertreatment Ausführliche Erzählung eines Filmes, chronologisch gegliedert in Szenen (Bilder) auf zumindest 20 bis 30 Seiten. Es enthält jedenfalls alle Figuren und alle weiteren wesentlichen Gestaltungselemente des Filmes (außer den ausformulierten Dialogen).

Bokeh Dieser Begriff bedeutet „unscharf", „verschwommen" und drückt die ästhetische Qualität von unscharfen Bereichen in einer Abbildung aus, die vom Objektiv erzeugt wird. Objekte vor oder hinter der Schärfeebene werden umso unschärfer, je größer Blende und Brennweite sind (Pixolum, 2025).

CapCut Video-Editing-Plattform von TikTok zum Schneiden von Videos und zum Hinzufügen von Effekten (Riedel, 2024, S. 170).

CGI (Computer Generated Imagery) Oberbegriff für alle 2D- und 3D-Verfahren, mit denen Kameraaufnahmen durch Computergrafik verändert oder ersetzt werden.

Chatbot Softwareanwendung, die darauf ausgelegt ist, menschliche Konversationen zu simulieren. Diese können regelbasiert oder durch KI angetrieben sein und sind oft für spezifische Aufgaben wie Kundensupport konzipiert. Während regelbasierte Chatbots einfache, oft vordefinierte Antworten liefern können, basieren KI-Chatbots auf LLMs wie GPT-4 und generieren komplexe Antworten auf der Grundlage von Mustern, die sie aus großen Textmengen gelernt haben (Golem, 2024).

Color Grading →Grading

Codec Kurzform für Compressor/Decompressor. Bezeichnet jede Technologie für die Komprimierung und Dekomprimierung von Daten. Codecs können in Software, Hardware oder beiden enthalten sein (Schmidt, 2005).

Cuda Die Berechnungstechnologie von NVIDIA ermöglicht eine deutliche Steigerung der Performance, indem die Rechenleistung des Grafikprozessors genutzt wird (Wilde, 2022).

Deep Learning Ein neuronales Netz, das aus mehr als drei Schichten besteht – einschließlich der Eingaben und des Outputs – kann als Deep-Learning-Algorithmus betrachtet werden. Ein neuronales Netz, das nur zwei oder drei Schichten hat, ist nur ein einfaches neuronales Netz (IBM, 2025b).

De-Interlacing Verfahren, bei dem aus Videos mit Halbbildern Videos mit Ganzbildern erzeugt werden (Bühler et al., 2018).

Density In der Welt der generativen KI wird damit die gefühlte Dichte der Musik beschrieben (Birkins, 2024):

- **Lead Density:** Komplexität der Melodie – mehr Noten bedeuten eine höhere Dichte
- **Bass Density:** Intensität und Frequenz des Basses
- **Chord Density:** Häufigkeit der Akkordwechsel, beeinflusst die Harmonie
- **Drum Density:** Intensität der Schlagzeugbeats, steuert die rhythmische Dynamik

Discord Kommunikations-App, die zu Beginn hauptsächlich von Gaming-Communitys genutzt wurde, aber zunehmend von anderen Gruppen für Sprach-, Video- und Text-Chats verwendet wird.

Engagement Wird im Deutschen wie das englische Wort ausgesprochen. Umfasst die Interaktionen der Zielgruppe mit Beiträgen auf Social Media, wie Kommentare, Likes und Shares (Riedel, 2024, S. 157).

Exposé Konzept eines Filmprojekts auf zwei bis drei Seiten. Es umfasst den Arbeitstitel, die zentrale Figur, den Hauptkonflikt, stellt die Welt des Filmes vor und beschreibt Grundzüge der Handlung.

Fair use Gemäß § 107 dem US-amerikanischen Copyright Act (17 U.S.C.) und den Urheberrechtssystemen anderer Common-Law-Länder wird damit die nichtautorisierte Nutzung von geschütztem Material zugestanden, sofern sie der öffentlichen Bildung und der Anregung geistiger Produktionen dient (Wikipedia, 2024).

Facebook Soziale Netzwerkseite, um mit Freunden, Familie und Gemeinschaften in Kontakt zu treten.

Face Swapping Tauschen von Gesichtern in Videoaufnahmen mithilfe generativer KI.

Flickr Foto-Sharing-Plattform, um Bilder zu präsentieren.

Foundation Model Grundmodell oder Basismodell. Maschinelles Lernmodell der KI, das mit einer großen Menge von Daten derart trainiert wird (oft durch selbstüberwachtes Lernen oder halbüberwachtes Lernen), dass es auf eine Vielzahl von nachgelagerten Aufgaben angepasst werden kann. Meist handelt es sich dabei um künstliche neuronale Netze. Foundation-Modelle (z. B. GPT-4, Gemini oder Runway Gen-3 Alpha) beeindrucken zwar, können jedoch unerwartet scheitern oder diskriminierend sein (Center for Research on Foundation Models, 2024). Die neue Generation von Basismodellen wird für multimodales Training im großen Maßstab entwickelt, um Verbesserungen in Bezug auf Wiedergabetreue, Konsistenz und Bewegung zu erzielen, und sie sind ein Schritt in Richtung des Aufbaus allgemeiner Weltmodelle (*General World Models*).

FPV (First Person View) Sicht aus dem Blickwinkel der ersten Person. Wird für einen Drohnenflug (auch Immersionsflug genannt) verwendet. Nicht zu verwechseln mit →P.O.V. (Beobachterin/Kamera ist Teil der Handlung **plus** die Kamera befindet sich in der Nähe einer Figur) oder mit der →subjektiven Kameraperspektive (Beobachter/Kamera ist Teil der Handlung **plus** Beobachter/Kamera **sind** die Augen der Figur) (Andreoli, 2023).

Frame Als Einzelbild (im Halbbildverfahren zwei Felder) bezeichnet man ein einzelnes Bild einer Filmsequenz (Bühler et al., 2018).

Gamma Die Wiedergabe von Helligkeitsabstufungen wird mit sogenannten Gamma-Kurven beschrieben. Der Gamma-Verlauf bezeichnet die Farbverteilung aller Mitteltöne zwischen dem Schwarz- und dem Weißpunkt eines Bildes (Fietta, 2003, S. 122).

GAN (Generative Adversarial Network) Modell, das aus einem Generator und einem Diskriminator besteht, die miteinander konkurrieren, um realistische Videos zu erzeugen (Lang, 2022).

Generative KI Texte, vor allem aber komplexe Inhalte wie Bilder, Musik, Stimmen und Videos, die aus Input- und Trainingsdaten durch ein KI-Modell aufgrund eines ➜Prompts erzeugt werden.

Generatives Videomodell Werkzeug der KI. Es analysiert im Trainingsprozess einen umfangreichen Datensatz an Videos. So wird es in die Lage versetzt, neue Videoclips zu generieren.

GPU (Graphics Processing Unit) Der Grafikprozessor dient zur Berechnung der Bildschirmausgabe auf Computern.

Grading Kurz für Color Grading. Prozess der Postproduktion, in dem die Farbgebung eines Filmes so angepasst wird, dass ein passender Look erzeugt wird. Die deutsche Übersetzung „Farbkorrektur" wird dem Color Grading nicht gerecht, denn es geht bei diesem Bearbeitungsschritt nicht nur um Korrektur, sondern darüber hinaus um die Wirkung und kreative Beeinflussung von Farben (Janßen, 2022).

Greenbox Studio mit gleichmäßig ausgeleuchtetem, einfarbig grünem Hintergrund, der das Freistellen von Personen und Objekten erleichtert.

GT Klare Gesamtgestalt, klare Teilgestalt.

gT Unklare Gesamtgestalt, klare Teilgestalt.

Gt Llare Gesamtgestalt, unklare Teilgestalt.

gt Unklare Gesamtgestalt, unklare Teilgestalt.

Grundmodell ➜Foundation Model

H.264-Codec Sehr effizienter MPEG-Codec, gewährleistet Videos mit hoher Qualität bei geringen Datenraten, kompatibel mit vielen Anwendungen (Schmidt, 2005).

H.265-Codec Dieser MPEG-Codec, noch effizienter als der H.264-Codec, gewährleistet Videos mit hoher Qualität bei nochmals halbierten Datenraten, noch keine durchgängige Kompatibilität (Schmidt, 2005).

Halbüberwachtes Lernen Die Kombination aus überwachtem und unüberwachtem Lernen wird als semiüberwachtes oder halbüberwachtes Lernen bezeichnet. Hier ist lediglich ein kleiner Teil der Lerndaten bereits gelabelt. →Selbstüberwachtes Lernen unterscheidet sich davon, da es ganz ohne explizite Labels auskommt (wikipedia.org).

Halluzinieren Im Kontext der KI ist eine Halluzination (alternativ auch Konfabulation genannt) ein überzeugend formuliertes Resultat einer KI, das nicht durch Trainingsdaten gerechtfertigt zu sein scheint und objektiv falsch sein kann (Farquhar et al., 2024).

HD (High Definition) Gängige Auflösung für Web, Streaming, Social Media und TV, also 1920 × 1080 Pixel, Bildwiederholraten von 24p über 25i bis 60p; der für HD definierte Farbraum ist Rec709 (Bühler et al., 2018).

HDMI (High Definition Multimedia Interface) Digitalschnittstelle, die hochauflösende Videodaten (oder in der Version 2 sogar UHD) sowie dazu den Ton und Daten übertragen kann (Bühler et al., 2018).

Hulu Online-Videoplattform mit einem Angebot an Serien und Spielfilmen in guter Qualität für mobile und stationäre Endgeräte (Ryte Wiki, 2021).

Hyperlapse →Zeitraffer, bei dem sich die Kamera im Gegensatz zum →Timelapse über weite Strecken im Raum bewegt.

Driving Video (Steuerungsvideo) Video, das die Bewegungen in einem animierten Bild steuert – und so Mimik und Gestik auf das neu generierte Video (einen Avatar) überträgt.

Inpainting KI-gestütztes Verfahren der Bildbearbeitung; dabei werden zuvor ausgewählte Bereiche eines Bildes ersetzt oder bearbeitet. Dies macht es zu einem nützlichen Werkzeug für das Entfernen von Defekten und Artefakten oder sogar das Ersetzen eines Bildbereichs durch etwas völlig Neues.

Instagram Foto- und Video-Sharing-Plattform, die sich auf visuelle Inhalte und Geschichten konzentriert.

Interlace Das aufgenommene Bild setzt sich aus zwei Halbbildern zusammen (Zeilensprungverfahren entsprechend der technischen Fernsehnorm ITU-R BT.709) (Schmidt, 2005).

Interlacing Verfahren, bei dem aus Videos mit Ganzbildern Videos mit Halbbildern erzeugt werden (Schmidt, 2005).

10 Begriffe und Abkürzungen

Keyword Schlüsselwort. Keywords sind der erste „Anhaltspunkt" beim Versuch der KI, einen Text zu „verstehen". Bei der Schlüsselwortextraktion handelt es sich um den automatisierten Prozess, bei dem die relevantesten Wörter und Ausdrücke aus dem Prompt extrahiert werden. Sie hilft dabei, den Inhalt zusammenzufassen und die Hauptthemen zu erkennen.

Kontextfenster Textbereich, den ein großes Sprachmodell (→LLM) zum Zeitpunkt der Informationsgenerierung verarbeiten kann. Die Größe des Kontextfensters umfasst die aktuellen Benutzer-Prompts und KI-Antworten. In der Regel verwaltet das LLM das Kontextfenster einer Textsequenz, analysiert den Prompt und die gegenseitige Abhängigkeit der Wörter im Kontextfenster und codiert Text als Antwort. Die KI greift dabei nicht auf einen Datensatzverlauf zu, der außerhalb der definierten Größe des Kontextfensters liegt (Kohli, 2024).

LinkedIn Professionelle Netzwerkplattform für Karriereentwicklung und Geschäftsverbindungen.

LLM (Large Language Model) Auf Deutsch vereinzelt übertragen „großes Sprachmodell". Zeichnet sich durch seine Fähigkeit zur Textgenerierung aus.

LUT (Look-up Table) Eine Lookup-Tabelle kann verwendet werden, um stilisierte Looks umzusetzen oder um eine Farbraumtransformation vorzunehmen. Sie wird häufig bei Aufnahmen mit RAW oder Log verwendet, die eine flache Gammakurve verwenden, um in der Postproduktion mehr Spielraum für das →Grading zu ermöglichen. Eine LUT kann entweder direkt in einer Kamera verwendet oder bei der Postproduktion auf Videomaterial angewandt werden (Sony, 2024).

Maschinelles Lernen Beim maschinellen Lernen (Machine Learning) werden Algorithmen darauf trainiert, Muster und Korrelationen in großen Datensätzen zu finden und auf Basis dieser Analyse die besten Entscheidungen und Vorhersagen zu treffen. Anwendungen für maschinelles Lernen verbessern sich mit ihrer Nutzung und werden umso genauer, je mehr Daten sie zur Verfügung haben (SAP SE, 2025).

Mastering Der letzte Schritt der Audiobearbeitung, die Erstellung eines finalen „Masters" zur Sendung, Veröffentlichung oder Distribution, in den alle vorherigen Bearbeitungsschritte eingeflossen sind. Der Mastering-Prozess gleicht Lautstärke, Frequenzspektrum, Stereo-Balance und Dynamik aus, um sicherzustellen, dass der Klang auf verschiedenen Geräten (Kopfhörer, Lautsprecher, Autoradios) konsistent bleibt. Der Master wird in einem formatgerechten technischen Standard erstellt (z. B. Bitrate, Samplingrate), um die Anforderungen der Verbreitung (z. B. Streaming, Vinyl, CD) zu erfüllen (Miranda, 2024).

Medium Blogging-Plattform, auf der Benutzer Artikel veröffentlichen und sich mit anderen Autoren verbinden können.

Metadaten Strukturierte Daten, die kontextbezogene Informationen über eine Ressource, beispielsweise Videos oder Bilder, enthalten. Durch Metadaten wird die Informationsressource mit zusätzlichen Daten beschrieben, um sie maschinell verarbeiten zu können (Ryte Wiki, 2021).

Montage Als Lehnwort aus dem Französischem bezeichnet es die Komposition von Text, Bild und Ton als gesamter Prozess im Sinne der Dramaturgie (Kauz & Weibel, 2021, S. 29). Montage (in der Bedeutung aus dem angloamerikanischen Raum) beschreibt aber auch eine Schnitttechnik in Abgrenzung zum narrativen Continuity-Schnitt, also Bilder und Geräusche zusammenzubauen, die in Zeit und Raum nicht verbunden sind (Pearlman, 2009, S. 155).

Moodboards Bilder, die bereits in der Vorproduktion die visuelle Ästhetik und den atmosphärischen Eindruck des geplanten Filmes aufzuzeigen. Vor allem Stimmungen, Farbklima und Umgebungen eines späteren Filmes werden exemplarisch für wichtige Figuren oder Sets überprüft. →Storyboards dagegen skizzieren die gesamte Abfolge an Einstellungen einer Sequenz in schemenhaften Bildern (Adobe, 2024).

Moodboard Sammlung von Bildern zur Beeinflussung des Ausgabestiles, etwa auf der Plattform Midjourney.

Multimodales Training Der Unterschied zwischen multimodaler KI und monomodaler KI sind die Trainingsdaten. Eine monomodale KI ist in der Regel auf einen einzigen Datentyp ausgelegt. So verwendet eine Finanz-KI beispielsweise Finanzdaten von Unternehmen zusammen mit Wirtschaftsdaten, um Analysen durchzuführen oder Finanzprognosen zu erstellen. Das heißt, die monomodale KI ist auf eine bestimmte Aufgabe zugeschnitten. Die multimodale KI dagegen nimmt unterschiedliche Daten auf und verarbeitet sie, einschließlich Video, Bilder, Sprache, Ton und Text, und ermöglicht so eine nuanciertere Wahrnehmung der jeweiligen Situation. Auf diese Weise simuliert multimodale KI die menschliche Wahrnehmung besser (Lawton, 2024).

Neuronales Netzwerk Ein künstliches neuronales Netzwerk besteht aus Schichten von Knoten – einer Eingabeschicht, einer oder mehreren verborgenen Schichten und einer Output-Schicht. Jeder Knoten ist mit anderen Knoten verbunden und verfügt über eine bestimmte Gewichtung und einen Schwellenwert. Wenn der Output eines einzelnen Knotens über dem angegebenen Schwellenwert liegt, wird dieser Knoten aktiviert und sendet Daten an die nächste Schicht des Netzes. Anderenfalls werden keine Daten an die nächste Schicht des Netzes weitergegeben (IBM, 2025a).

NLP (Natural Language Processing) Computerlinguistik oder linguistische Datenverarbeitung. Zweig der KI und des maschinellen Lernens, der sich mit der Analyse, dem Verständnis und der Generierung von Wörtern und Sätzen (natürlicher Sprache) beschäftigt.

Durch NLP können wir Menschen mit den Computern auf „natürliche" Weise kommunizieren, sodass diese unsere menschliche Sprache „verstehen" (Wuttke, 2024).

Outline Interne Arbeitshilfe für das Entwickeln eines Stoffes für Filme oder Serien, vor allem bei der Drehbuchentwicklung im Team (Pepersack, 2016).

Outpainting Erweitern eines Bildes über seine ursprünglichen Grenzen hinaus, das Ergänzen von Bildteilen unter Beibehaltung des ursprünglichen Stiles, Lichtes und der Farbwelt; für Videos kann es auch bedeuten, einzelne Bildteile durch Bewegung lebendig zu machen.

O-Ton Aufzeichnung im Originalton von Interviews oder Reden (Deutsche Journalisten-Akademie, 2025).

Patch Verkleinerte (aber hochskalierbare) Darstellung von Videos und Bildern (im „latenten Raum") für das Training generativer Video-Modelle (OpenAI, 2024).

PCM (Puls Code Modulation) Setzt ein analoges Signal in ein digitales Signal um (Bosi & Goldberg, 2003).

Picture Lock Meilenstein im Postproduktionsprozess. Wird der Picture Lock festgelegt, bedeutet dies, dass der Bildschnitt bildfeldgenau feststeht und nicht mehr geändert wird (Gsellmann, 2023).

Pinterest Plattform zum Teilen und Entdecken visueller Inhalte, beispielsweise von Bildern, Artikeln und DIY-Ideen.

Pitch Sehr kurze Präsentation eines Drehbuches oder eines Filmprojekts.

P.O.V. Kameraposition, sehr nahe oder direkt aus dem Blickwinkel einer Figur. Nicht zu verwechseln mit der →subjektiven Einstellung (kurz Subjektiven), in der die Szene „mit den Augen" einer Figur beobachtet wird (Andreoli, 2023).

Progressive Das aufgenommene Bild setzt sich aus Ganzbildern zusammen (im Gegensatz zu →Interlace, welches das Zeilensprungverfahren für Fernsehbilder bezeichnet) (Bühler et al., 2018).

Prompt Stammt vom IT-Begriff *input prompt* („Eingabeaufforderung") ab. Im Kontext der KI meint der Begriff „Prompt" eine Frage, Anweisungen oder andere Texte, die einem KI-Modell gegeben werden. Prompts sind Aufgabenstellungen, die das Modell auffordern, bestimmte Ergebnisse zu generieren. KI-Modelle nutzen Prompts, um kontextabhängige Ergebnisse zu erzeugen, indem sie den eingegebenen Anweisungen folgen.

Prompting Erstellen von →Prompts.

Prompt Library Digitale Plattform, die es ermöglicht, die von Nutzern erstellten Prompts mit anderen Nutzern zu teilen oder zu verkaufen. Prompt-Datenbanken bieten eine Hilfe bei der Formulierung von Prompts.

Quora Frage-und-Antwort-Plattform, auf der Benutzer Wissen erfragen, beantworten und entdecken können.

Reddit Forumbasierte Plattform, auf der Benutzer an Diskussionen teilnehmen und Inhalte in verschiedenen Subreddits teilen.

Rekurrentes neuronales Netzwerk Modell, das zeitliche Abhängigkeiten in Videos erfasst und Sequenzen gemäß den gelernten Mustern erstellt (Patterson & Gibson, 2024).

Schnitt Der handwerkliche Prozess des Aneinanderfügens von Einstellungen (Kauz & Weibel, 2021, S. 29). Mit Schnitt wird auch der Zeitpunkt von Anfang oder Ende einer Einstellung bezeichnet.

Selbstüberwachtes Lernen Teilgebiet des maschinellen Lernens, das eine Zwischenform von überwachtem und unüberwachtem Lernen darstellt. Es handelt sich um eine Art autonomes Lernen mithilfe künstlicher neuronaler Netze, bei dem keine durch Menschen im Voraus klassifizierten Trainingsdaten benötigt werden. Zunächst wird das Netzwerk mit Voraufgaben (*pretext tasks*) konfrontiert, die vergleichsweise einfach zu lösen und auszuwerten sind, aber ein hohes Maß an semantischem Verständnis der Daten erfordern. Daraus lernt das System für eine andere, nachgelagerte Aufgabe (*downstream task*) (wikipedia.org).

SEO (Search Engine Optimization) Teil des Suchmaschinenmarketings, der sich um die Sichtbarkeit von Inhalten für die Benutzerinnen einer Suchmaschine bemüht und bezahlte Werbung ausschließt. SEO umfasst sowohl die OnPage-Optimierung (d. h. der eigenen Seite) sowie die OffPage-Optimierung (d. h. Einfluss auf andere Seiten) (Hosp, 2024).

Snapchat Multimedia-Messaging-App, die unter anderem durch selbstlöschende Nachrichten und Storys bekannt wurde.

Steuerungsvideo (Driving Video) Video, das die Bewegungen in einem animierten Bild steuert – und so Mimik und Gestik auf das neu generierte Video (einen Avatar) überträgt.

Storyboard Darstellung eines späteren Filmes in Einzelbildern, vor allem um Einstellungen, Kamerawinkel und Schnittfolgen besser abschätzen zu können. →Moodboards dagegen verkörpern vor allem Stimmungen, Farbklima und Umgebungen eines späteren Filmes. →Animatics sind animierte Storyboards.

Subjektive Einstellung (Subjektive) Einstellung, in der die Szene „mit den Augen" einer Figur beobachtet wird. Nicht zu verwechseln mit der Kameraposition →P.O.V., die sehr nahe am Blickwinkel einer Figur geführt wird (Andreoli, 2023).

Telegram Messaging-App mit Schwerpunkt auf großen Gruppenchats.

TikTok Soziale Videoplattform zum Erstellen und Teilen von Kurzformvideos.

Timelapse →Zeitraffer, der mit einem Stativ oder einer Motion-Control-Schiene für eine geringfügige Seitenbewegung aufgenommen wird. Bei einem →Hyperlapse dagegen bewegt sich die Kamera im Raum.

Token Kleinste sinnvolle Einheit in einem Text. Indem Eingabetext in Tokens aufgeteilt wird, können KI-Modelle danach auf die Bedeutung und Struktur eines Textes zugreifen. Ein Token kann dabei je nach Modell und Aufgabe unterschiedlich definiert sein, also Wörter, Wortbestandteile (Subwörter) oder einzelne Satzzeichen umfassen. Das Modell wandelt die Tokens dann in eine numerische Darstellung um, die Embedding genannt wird (Beazley, 2024).

Treatment Erzählung eines Filmes auf 10 bis 15 Seiten im Fließtext. Neben dem Arbeitstitel umfasst es zumindest die Hauptfiguren, die wichtigsten Erzählbögen und die wesentlichen Schauplätze.

Tumblr Plattform zum Teilen von Multimedia-Inhalten und zum Bloggen in einer kreativen Community.

Twitch Live-Streaming-Plattform, etwa für Gamer, aber auch für alle anderen andere Arten von Live-Inhalten.

UHD (Ultra High Definition) Bildraster mit vierfacher HD-Auflösung, also 3840 × 2160 Pixel, Bildwiederholrate 50p oder 60p; der für UHD definierte Farbraum 2020 wird von neueren Fernsehgeräten und neueren Softwareplayern korrekt dargestellt (Schmidt, 2005).

Upscaling Hochskalierung. Aufbereitung des Bildsignals eines Bildes oder eines Videos, bei der die Ursprungsauflösung auf eine höhere Bildauflösung hochgerechnet wird, indem die fehlenden Bildpunkte (Pixel) interpoliert werden.

Variationaler Autoencoder Generatives Modell, das eine latente Darstellung der gesamten Videos lernt und neue Videosequenzen erstellt, indem er aus dem gelernten latenten Raum Sampling durchführt (Foster, 2023).

Vimeo Video-Sharing-Plattform, auf der Benutzer Videos hochladen, ansehen und mit ihnen interagieren können.

Virtual Reality Computergenerierte Illusion, die Benutzerinnen mithilfe einer speziellen Brille (VR-Brille) erleben können.

Virtuelles Set Studio, in dem der Hintergrund in Echtzeit bearbeitet werden kann. Ein virtuelles Set ermöglicht es, die Kulisse mit bewegten digitalen Grafiken zu gestalten.

VO (Voiceover) Fachbegriff aus der Film- und Fernsehstudiotechnik. Er bezeichnet die Tonaufnahme einer Stimme, die über eine Filmszene gelegt wird.

WeChat Chinesische Mehrzweck-Messaging-, Social-Media- und Zahlungs-App.

WhatsApp Messaging-App für Text-, Sprach- und Videokommunikation.

YouTube Video-Sharing-Plattform, auf der Benutzer Videos hochladen, ansehen und mit ihnen interagieren können.

Zeitraffer Jede beschleunigte Darstellung der Echtzeit im Film. Die Form des →Timelapse und des →Hyperlapse wird meist mit Fotokameras und leistungsstarken Automatisierungen in der nachträglichen Sequenzstabilisierung produziert.

Literatur

Adobe (2024). *Der ultimative Leitfaden zur Definition von Moodboards: Alles, was man darüber wissen muss.* https://www.adobe.com/de/express/learn/blog/ultimate-guide-mood-boards. Zugegriffen am 19.02.2025.

Adobe (2025). *Animatics: Definition und Technik.* https://www.adobe.com/de/creativecloud/animation/discover/animatics.html. Zugegriffen am 01.02.2025.

Andreoli, M. (2023). *What is FPV Video? Here's the Honey Sweet Answer.* https://blog.pond5.com/29682-what-is-fpv-video/. Zugegriffen am 25.02.2025.

Beazley, D. (2024). *Tokenizing Text.* O'Reilly Media Inc.

Birkins, J. (2024). *7 AI Music Generation Tools Tested – Suno Alternative?* https://medium.com/@pamperherself/7-ai-music-generation-tools-tested-suno-alternative-19c1892512d3. Zugegriffen am 04.12.2024.

Bosi, M., & Goldberg, R. (2003). *Introduction to Digital Audio Coding and Standards.* Springer.

Bühler, P., Schlaich, P., & Sinner, D. (2018). *AV-Medien: Filmgestaltung – Audiotechnik – Videotechnik.* Springer Vieweg.

Literatur

Standford Center for Research on Foundation Models (2024). *What is a Foundation Model?* https://crfm.stanford.edu. Zugegriffen am 11.12.2023.

Deutsche Journalisten-Akademie (2025). Journalismus-Lexikon. https://deutschejournalistenakademie.de/journalismus-lexikon/o-ton/. Zugegriffen am 01.02.2025.

Farquhar, S., Kossen, J., Kuhn, L., & Gal, Y. (2024). Detecting hallucinations in large language models using semantic entropy. *Nature*. https://doi.org/10.1038/s41586-024-07421-0

Fietta, H. (2003). Kameratechnik. In Schule für Rundfunktechnik (srt) (Hrsg.), *Ausbildungshandbuch audiovisuelle Medienberufe, Band II* (3. Aufl.) VDE Verlag GmbH Berlin Offenbach.

Foster, D. (2023). *Generative Deep Learning*. O'Reilly Media, Inc.

Golem (2024). *Chatbots im Vergleich – ChatGPT vs. Copilot vs. Gemini*. https://karrierewelt.golem.de/blogs/karriere-ratgeber/chatbots-im-vergleich-chatgpt-vs-copilot-vs-gemini. Zugegriffen am 29.12.2024.

Gsellmann, M. (2023). *Meilenstein: Picture Lock*. https://www.annaundmoses.at/blogs/news/18-meilenstein-picture-lock. Zugegriffen am 04.06.2025.

Hosp, P. (2024). *OnPage-Optimierung 2024: Die Top-SEO-Maßnahme erklärt*. https://www.evergreen.media/ratgeber/onpage-optimierung/. Zugegriffen am 19.02.2025.

IBM (International Business Machines Corporation) (2025a). *Was sind neuronale Netzwerke?* https://www.ibm.com/de-de/topics/neural-networks#:~:text=Ein%20neuronales%20Netz%20ist%20ein,abzuwägen%20und%20Schlussfolgerungen%20zu%20ziehen. Zugegriffen am 02.01.2025.

IBM (International Business Machines Corporation) (2025b). *Neuronale Netzwerke vs. Deep Learning*. https://www.ibm.com/de-de/topics/neural-networks#:~:text=Ein%20neuronales%20Netz%20ist%20ein,abzuwägen%20und%20Schlussfolgerungen%20zu%20ziehen. Zugegriffen am 02.01.2025.

Janßen, J. (2022). *Anwendungen künstlicher Intelligenz in Farbkorrektur und Color Grading von digitalem Video*. https://ai.hdm-stuttgart.de/downloads/student-white-paper/Winter-2223/KI_in_Farbkorrektur_und_Color_Grading.pdf. Zugegriffen am 23.02.2025.

Jung, C. G. (1968). *Der Mensch und seine Symbole* (10. Aufl., S. 96). Walter. 1979.

Kauz, M., & Weibel, B. (2021). *Assoziative Filmsprache: Unsagbares in Bild und Ton erzählen*. Praxis Film, 97. Köln.

Kohli, V. (2024). *Kontextfenster*. https://www.computerweekly.com/de/definition/Kontextfenster. Zugegriffen am 26.02.2025.

Lang, N. (2022). *Was ist ein Generative Adversarial Network?* https://databasecamp.de/ki/generative-adversarial-network. Zugegriffen am 02.01.2025.

Lawton, G. (2024). Multimodale künstliche Intelligenz (multimodale KI). https://www.computerweekly.com/de/definition/Multimodale-kuenstliche-Intelligenz-multimodale-KI. Zugegriffen am 02.01.2025.

Meyer-Schwarzenberger, G. (2003). In Schule für Rundfunktechnik (srt) (Hrsg.), *Ausbildungshandbuch audiovisuelle Medienberufe, Band III* (2. Aufl.). VDE Verlag GmbH.

Miranda, C. (2024). *23 Audio Mastering-Mythen: Fakten von Fiktion trennen*. https://moises.ai/de/blog/tipps/audio-mastering-mythen/. Zugegriffen am 17.10.2024.

OpenAI (2024). https://images.openai.com/blob/1d2955dd-9d05-4f33-b346-be531d2a7737/figure-patches.png?trim=0,0,0,0&width=2000. Zugegriffen am 20.03.2024.

Paschou, V. (2024). *Bias bei künstlicher Intelligenz: Risiken und Lösungsansätze*. https://www.activemind.legal/de/guides/bias-ki/. Zugegriffen am 05.11.2024.

Patterson, J., & Gibson, A. (2024). *Deep Learning*. O'Reilly Media, Inc.

Pearlman, K. (2009). Cutting Rhythms: Shaping the Film Edit. : Focal Press. ISBN 978-0-240-81014-0.

Pepersack, C. (2016). *Logline & Outline formulieren: Die Story greifbar machen*. https://filmschreiben.de/logline-outline-formulieren-die-story-greifbar-machen/. Zugegriffen am 05.05.2023.

Pixolum (2025). *Bokeh Effekt fotografieren: Objektive und Einstellungen*. https://www.pixolum.com/blog/fotografie/bokeh-effekt-tutorial-die-schoenheit-der-unschaerfe. Zugegriffen am 06.02.2025.

Riedel, B. (2024). *Instagram für Selbständige* (4. Aufl.). Bad Soden.

Ryte Wiki (2021). Digitales Marketing Lexikon. https://de.ryte.com/wiki/. Zugegriffen am 28.02.2025.

SAP SE (2025). *Was ist Machine Learning?* https://www.sap.com/austria/products/artificial-intelligence/what-is-machine-learning.html#:~:text=Machine%20Learning%20oder%20maschinelles%20Lernen%20ist%20eine%20Teilmenge%20von%20KI,die%20von%20Maschinen%20ausgenutzt%20wird. Zugegriffen am 03.01.2025.

Schmidt, U. (2005). *Professionelle Videotechnik. Analoge und digitale Grundlagen, Filmtechnik, Fernsehtechnik, HDTV, Kameras, Displays, Videorecorder, Produktion und Studiotechnik.* Springer.

Sony (2024). *Ambassador-LUT-Galerie.* https://www.sony.de/alphauniverse/lut-gallery. Zugegriffen am 04.01.2025.

Süsse, H., & Rodner, E. (2014). *Bildverarbeitung und Objekterkennung.* Springer Vieweg.

Wikipedia (2024). *Fair Use.* https://de.wikipedia.org/wiki/Fair_Use. Zugegriffen am 28.02.2025.

Wilde-IT GmbH (2022). *Cuda.* https://www.wilde-it.com/cuda/. Zugegriffen am 22.02.2025.

Wuttke, L. (2024). *Natural Language Processing (NLP): Funktionen, Aufgaben und Anwendungsbereiche.* https://datasolut.com/natural-language-processing-einfuehrung/. Zugegriffen am 03.01.2025.

MIX
Papier aus verantwortungsvollen Quellen
Paper from responsible sources
FSC® C105338

If you have any concerns about our products,
you can contact us on
ProductSafety@springernature.com

In case Publisher is established outside the EU,
the EU authorized representative is:
**Springer Nature Customer Service Center GmbH
Europaplatz 3, 69115 Heidelberg, Germany**

Printed by Libri Plureos GmbH
in Hamburg, Germany